KB119304

1부 2권

양반도 깨어라 상놈도 깨어라 ②

이승만과 김구

1875~1919

손 세 일

서울대학교 문리과대학 정치학과를 졸업하고,
미국 인디애나대학교 저널리즘 스쿨,
일본 도쿄대학교 법학부 대학원에서 수학했다.
〈사상계〉, 〈신동아〉 편집장과 〈동아일보〉 논설위원을 거쳐
1980년에 정계에 투신하여, 3선 국회의원을 지냈다.

저서로 《이승만과 김구》(1970), 《인권과 민족주의》(1980),
《한국논쟁사(I~V)》(편) (1976) 등이 있고,
역서로 《트루먼 회고록(상, 하)》(1968) 등이 있다.

1부 2권

양반도 깨어라 상놈도 깨어라 ②
이승만과 김구 1875~1919

2008년 9월 5일 발행
2008년 9월 5일 1쇄

저자_ 孫世一
발행자_ 趙相浩
발행처_ (주) 나남
주소_ 413-756 경기도 파주시 교하읍
출판도시 518-4
전화_ 031) 955-4600 (代)
FAX_ 031) 955-4555
등록_ 제 1-71호(79. 5. 12)
홈페이지_ www.nanam.net
전자우편_ post@nanam.net

ISBN 978-89-300-8328-7
ISBN 978-89-300-8326-3 (세트)
책값은 뒤표지에 있습니다.

손세일의 한국 현대사《이승만과 김구》 1부 2권

양반도 깨어라
상놈도 깨어라 ②

이승만과 김구
1875~1919

손세일

나남
nanam

양반도 깨어라
상놈도 깨어라 ②

이승만과 김구

1875~1919

차례

제 13 장 독서와 시작과 저술

이승만의 감옥생활(2)

제 14 장 아버지와 약혼녀의 죽음

제 15 장 '밀서' 가지고 미국으로

1부 1권

1부 3권

방랑 끝에 찾아간 마곡사

1. 방랑길에서 실감한 반상의 모순

탈옥한 김창수는 어느 쪽으로 가야 할지 몰랐다. 늦은 봄 안개가 자욱한 데다가 인천은 연전에 서울 구경을 왔을 때에 한번 지나쳤을 뿐이어서 길이 생소했다. 지척을 분간할 수 없는 캄캄한 밤에 밤새도록 바닷가 모래톱을 헤매고 나서, 동이 틀 때에 살펴보니까 기껏 달아났다는 것이 감리서 뒤쪽 용동(龍洞) 마루터기였다. 잠시 숨을 돌리고 주위를 둘러보았다. 수십 보 저쪽에서 순검 한 사람이 칼소리를 제그럭거리며 그가 있는 곳으로 달려왔다. 김창수는 또 죽었구나 하고 숨을 곳을 찾다가 길가의 어떤 가겟집 아궁이를 가려놓은 긴 판자 밑에 급히 몸을 숨겼다. 순검의 흔들리는 칼집이 그의 코끝을 스칠 듯이 지나갔다.

아궁이에서 나오자 훤하게 날이 밝아오고 천주교당의 뾰족탑이 보였다. 이때에 김창수가 본 천주교당은 인천광역시 중구 답동에 있는 답동성당(畓洞聖堂)이었다. 1897년에 건축된 답동성당은 한국 성당 가운데 가장 오래된 서양식 건물 가운데 하나이다. 김창수는 그곳이 동쪽일 것으로 짐작하고 그 방향으로 걸어갔다. 한참 걸어가다가 무턱대고 어떤 집으로 들어가서 도움을 청했다. 주인에게 자신의 이름을 밝히고, 감리가 비밀리에 석방해 주었으나 이런 몰골로는 대낮에 길을 갈 수 없으므로, 날이 저물 때까지 그곳에 있게 해달라고 부탁했다. 그러나 주인은 매정하게 거절했다. 다시 화개동(花開洞) 방향으로 가다가 맨상투바람에 두루마기만 걸치고 아직 잠에서 덜 깬 목소리로 노래를 부르며 지나가는 모주꾼 한 사람을 만났다. 모주꾼은 식전 막걸리집으로 가는 모양이었다. 김창수가 붙잡자 그는 깜짝 놀라며 "누구시오?" 했다. 김창수는 모주꾼에게 자신의 이름과 석방된 사연을 말하고 길을 가르쳐 달라고 했다. 모주꾼은 기꺼이 승낙하고 이 골목 저 골목 후미진 길로만 걸어서 화개동 마루터기까지 동행해 주었다. 그는 동쪽을 가리키면서 말했다.

"저리로 가면 수원(水原) 가는 길이고 저리로 가면 시흥(始興)으로 올라가는 골목이니까 마음대로 갈 길을 정하시오."

거기에서 모주꾼과 작별했다. 김구는 너무 급한 나머지 미처 그의 이름도 묻지 못했다고 《백범일지》에 적고 있다.[1)]

이때에 김창수가 전혀 알지 못하는 집주인에게나 길가는 모주꾼에게까지 이름을 밝히면서 도움을 청한 것은 재판과정을 통하여 인천 사람들에게 자기의 이름이 널리 알려져 있으리라고 믿었기 때문이었을 것이다.

김창수는 시흥으로 가는 길을 택했다. 서울로 가기로 한 것이었다. 그의 행색은 누가 보든지 도둑으로 알기 십상이었다. 머리는 감옥에서 장티푸스를 앓아서 머리털이 전부 빠지고 새로 난 머리카락을 꼭대기만 노끈으로 졸라매어 솔잎상투를 틀고 수건으로 동인 채였고, 옷차림은 두루마기도 없이 바지저고리 바람이었다. 옷으로만 본다면 가난한 사람의 옷은 아니었으나, 새로 입은 옷에 흉하게 흙이 묻어 있어서 자기가 보기에도 몰골이 말이 아니었다.

인천항 5리 밖에 이르자 해가 떴다. 바람결에 들리는 것은 온통 호각소리였다. 산에도 사람이 희끗희끗 보였다. 김창수는 이런 행색으로 계속 길을 가는 것은 위험하다고 생각했다. 산 속에 숨더라도 반드시 수색을 당할 것이므로 그것도 위험했다. 생각 끝에 그는 허즉실 실즉허〔虛則實

---

1) 도진순 주해, 《김구자서전 백범일지》, 돌베개, 1997, pp. 133~134.

實則虛: 허술한 것이 오히려 실속 있고, 실속 있게 한 것이 오히려 허술함) 격으로 차라리 큰길가에 숨기로 작정하고, 길가에 드문드문 심어 놓은 반송(盤松) 밑으로 두 다리를 디밀고 들어가서 반듯이 누웠다. 드러난 얼굴은 솔가지를 꺾어서 가렸다. 순검과 간수들이 떼를 지어 그가 숨어 있는 솔포기 앞을 지나갔다. 그들의 주고받는 말을 통하여 조덕근(曺德根)은 서울로, 양봉구(梁鳳求)는 배들이 정박해 있는 쪽으로 달아난 것을 알았다.

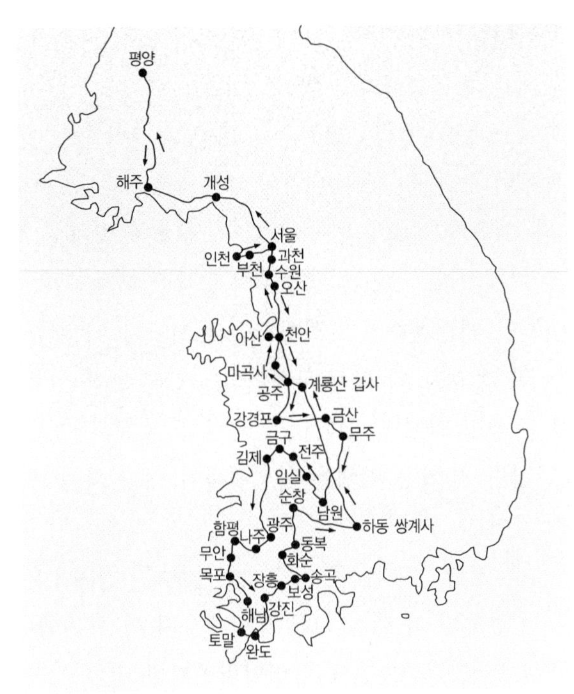

김구가 탈옥한 뒤에 삼남지방을 여행한 코스.

"김창수는 어디로 갔을까? 김창수는 잡기가 어려울 걸. 과연 장사야. 김창수는 잘했지. 갇혀 있기만 하면 무엇 하나."

마치 반송 밑에 숨어 있는 자신을 보고 들으라고 하는 말 같았다.

순검들은 부근 산기슭을 모두 수색한 모양이었다. 해거름이 되어 아침에 지나갔던 순검들과 간수 김장석(金長石) 등이 발부리 앞을 지나서 인천으로 돌아가는 것을 보고서야 김창수는 솔포기 밑에서 나왔다. 전날 이른 저녁밥을 먹고 난 뒤로 하루종일 물 한 모금 먹지 못한 터라 하늘이 빙빙 돌고 정신을 차릴 수 없었다.

김창수는 근처 동네의 어떤 집에 들어갔다. 자기는 서울 청파(靑坡)

사람인데 황해도 연안(延安)에 가서 곡식을 옮겨오다가 북성포(北城浦) 앞에서 파선당했다고 말하고, 밥을 좀 먹여 달라고 청했다. 주인은 죽 한 그릇을 주었다. 김창수는 어떤 사람이 정표로 준 화류(花柳) 거울을 호주머니 속에 지니고 있었는데, 그것을 꺼내어 그 집 아이에게 주었다. 그러면서 하룻밤 묵어 갈 수 있게 해달라고 부탁했다. 그러나 주인은 거절했다. 주인은 김창수의 몰골을 보고서 수상히 여겼던지 집에 들이기를 꺼려했다. 그 화류거울은 시가가 백동전 한냥이었는데, 그것은 쌀 한 말 값도 더 되는 돈이었다. 결국 죽 한 그릇을 쌀 한 말을 주고 사 먹은 셈이 되고 말았다.

"저기 저 집 사랑에는 나그네들이 더러 자고 다니니, 그 사랑에나 가서 물어 보시오."

그러면서 주인은 나가 달라고 말했다. 김창수는 할 수 없이 그 집으로 가서 하룻밤 자고 갈 것을 부탁했으나 역시 거절당했다. 가만히 동네를 둘러보았다. 한가운데에 디딜방앗간이 있고 그 옆에 볏짚단이 있었다. 그는 볏짚단을 안아다가 방앗간에 펴고 하룻밤을 보낼 잠자리를 준비했다. 방앗간에 볏짚단을 베고 누워서 《손무자(孫武子)》와 《삼략(三略)》을 소리내어 외우자 동네사람들이 수군거렸다.

"거지도 글을 읽는다."

"그 사람 거지가 아닌가 보던데. 아까 큰 사랑에 와서 하룻밤 자고 가자고 청하던 사람이다."

김창수는 홍겨운 생각이 들었으나, 장량(張良)이 흙다리 위를 조용히 걸었던 고사에 비하면 자신의 오늘의 처지는 보잘것없다고 여겨져서, 미친 사람 모양으로 욕설을 함부로 하다가 잠이 들었다. 장량의 고사란, 한(漢)나라 고조(高祖)의 참모였던 장량이 일찍이 하비(下邳)에 숨어 살 때에 흙다리에서 황석공(黃石公)이 떨어뜨린 신을 주워다 주고 그에게서 병서를 얻었다는 이야기인데, 여기서는 자신의 거지흉내가 장량이 신분을 감추는 것에 비하면 어림없다고 생각하여 미친 시늉을 했다는 뜻이다.

김창수는 새벽 일찍 일어나서 좁은 길을 골라 걸으면서 서울로 향했다. 벼리고개를 향해 걸어가다가 어떤 집 문 앞에서 아침밥을 구걸했다. 김창수는 활인서〔活人署: 조선시대에 병인을 구호하는 임무를 관장하던 관서〕의 걸인배들이 집집마다 여남은명씩 몰려다니면서 크고 힘찬 소리로 고함지르듯이 구걸한다는 말을 들었던 생각이 났다. 그러나 그는 그렇게는 못하고, 기껏 "밥 좀 주시오" 하고 소리를 질렀으나 아무런 기척이 없었고, 그 집 개가 어지러이 짖어대는 사품에 주인이 머리를 내밀었다.

"걸식을 하려면 미리 시켜야지, 그렇지 않았으니 무슨 밥이 있겠느냐."

"여보, 밥 숭늉이라도 좀 주시오."

김창수는 하인이 가져다주는 숭늉 한 그릇을 마시고 일어섰다.

김창수는 큰길을 피해서 시골 마을로만 걸었다. 이 동네에서 저 동네에 가는 마을사람 모양으로 인천과 부평 등지의 여러 군을 지나갔다. 이삼년 동안 좁은 감옥 안에서만 웅크리고 생활하다가 넓은 세상에 나와서 가고 싶은 곳을 마음껏 활개치며 걸으니까 심신이 상쾌했다. 그는 감옥에서 배운 시조와 타령을 흥얼거리면서 걸었다.

그날로 서울 양화진(楊花津) 나루에 당도했다. 날은 저물고 배는 고팠으나 주머니에는 뱃삯 한푼 없었다. 동네 서당을 찾아가서 선생과 만나기를 청했다. 서당 선생은 김창수가 나이도 젊고 의관도 제대로 갖추지 못한 것을 보고 초면에 하대를 했다. 김창수는 정색을 하고 서당 선생을 나무랐다.

"당신이 남의 사표가 되어가지고 마음이 이처럼 교만한데 어찌 아이들을 잘 가르칠 수 있겠소. 내가 일시 운수불길하여 길에서 도적을 만나서 이 모양으로 선생을 대하게는 되었으나 결코 선생에게 하대받을 사람은 아니오."

그러자 서당 선생은 김창수에게 사과하고 내력을 물었다. 김창수는 능청스럽게 둘러댔다.

"나는 서울 사는 아무개인데, 인천에 볼 일이 있어서 갔다가 돌아오는 길에 벼리고개에서 도적을 만나 의관과 행장을 다 빼앗겼소. 집으로 가는 길에 날도 저물고 주리기도 하여 예절을 아실 만한 선생을 찾아왔소."

그러자 서당 선생은 함께 있을 것을 승낙하고, 토론을 하면서 하룻밤을 지냈다. 이튿날 아침밥을 먹은 뒤에 서당 선생이 편지를 써서 학동을 시켜 나루 주인에게 전했다. 그 덕에 김창수는 뱃삯 없이 양화나루를 건널 수 있었다. 탈옥수 김창수의 능란한 임기응변이었다.

김창수가 서울로 가는 목적은 특별한 것이 아니었다. 그는 인천감옥에 있으면서 여러 곳의 사람들을 만났는데, 그들을 찾아가서 도움을 청하고 또 같이 탈옥한 조덕근도 만나볼 생각이었다. 김창수는 감옥에서 사귀었던 남영희궁(南營羲宮) 청지기를 찾아갔다. 청지기는 배오개 유기장 등 대여섯 사람을 모아서 인천 앞바다에 배를 띄우고 백동전 사주(私鑄)를 하다가 모두 체포되어 1년 남짓 동안 김창수와 함께 감옥살이를 했다. 그들은 출옥할 때에 김창수에게 평생 잊지 못할 은혜를 입었다면서 출옥하거든 꼭 연락해 달라고 신신당부했었다.

김창수가 남대문을 들어서서 남영희궁을 찾았을 때는 이미 초저녁이었다. 김창수는 청지기 방문 앞에 서서 소리쳤다.

"이리 오너라."

그러자 청지기 방에서 누군가가 미닫이를 반쯤 열고서 말했다.

"어디서 편지를 가져왔으면 두고 가거라."

그 목소리는 바로 김창수가 찾아온 진오위장(陳五衛將)의 목소리였다.

"예. 편지를 친히 받아 주세요."

이렇게 말하고 김창수는 뜰 안으로 들어섰다. 마루로 나와서 김창수를 자세히 바라보던 진씨는 소스라치게 놀랐다.

"아이구머니. 이게 누구요!"

그는 버선발로 마당에 뛰어내려와서 김창수에게 매달렸다. 자기 방에 들어가자 진오위장은 곡절을 물었다. 김창수는 사실대로 말해 주었다. 진오위장은 자기 식구들을 불러 김창수에게 인사를 시킨 다음, 같이 감옥살이를 했던 공범들을 불러모았다. 그들은 김창수의 행색이 초라한 것을 보고, 제각기 갓과 두루마기와 망건을 하나씩 새로 사다 주었다. 서너 해 만에 망건을 쓰자 김창수는 자신도 모르게 저절로 눈물이 흘러내렸다.

김창수는 며칠 동안 그들과 어울려서 잘 놀다가 청파동의 조덕근의 집을 찾아갔다. 문 밖에서 "이리 오너라"하고 불렀다. 조덕근의 큰마누라는 김창수를 꺼리는 빛이 역력했다.

"우리집 선달님이 옥에서 나왔다고 인천집에서 기별은 있었으나, 이 모댁에나 와서 계신지 오늘 내가 가보고 내일 오시면 말씀드리겠습니다."

김창수는 그러려니 여기고 돌아왔다가 이튿날 다시 갔다. 역시 모른다고 했다. 조덕근이 김창수를 피하는 것이 분명했다. 조덕근은 김창수가 자기보다 중죄이므로 이미 출옥한 바에는 다시 만나서 덕될 것이 없다고 생각하고 잡아떼는 수작이었다. 그제야 김창수는 자신이 퍽도 어리석다는 생각이 들었다. 먼저 파옥하고 나와서 혼자서 쉽게 달아날 수 있었는데도 조덕근의 애걸하던 모습이 눈에 아른거려 위험을 무릅쓰고 다시 들어가서 구해 주지 않았던가. 김창수는 자신을 피하는 조덕근의 행실을 깊이 꾸짖을 것도 없다고 자책했다.

그러나 조덕근은 김창수가 서울을 떠난 직후인 1898년 4월 초에 붙잡혀서 인천감옥에 재수감되었다.[2] 같이 탈옥한 다섯 사람 가운데에서

2) "報告書 第5號: 仁川港裁判所判事 徐相喬가 議政府贊政 法部大臣 李裕寅에게 보낸 1998년 4월3일자 보고서", 白凡金九先生全集編纂委員會, 《白

유일하게 잡힌 것이었다. 다시 투옥된 조덕근은 이듬해 1월에 탈옥하려던 동료 죄수들의 계획을 간수에게 고발하기도 했다.[3]

김창수는 며칠 동안 이 사람 저 사람에게서 성찬을 대접받으면서 쉬었다. 김창수가 그들에게 팔도강산 유람이나 하겠다면서 작별하려 하자 그들은 노자를 추렴하여 한 짐 지워 주었다.[4] 그런데 그가 서울에 잠시 머물렀던 1898년 3월 하순은 이 나라 역사에서 매우 획기적인 때였다. 1896년 4월에 결성된 독립협회(獨立協會)의 자주민권운동은 이 무렵에 이르러 근대적 대중집회인 만민공동회(萬民共同會)로 발전하고 있었다. 3월10일에 열린 최초의 만민공동회에서 이승만이 극적으로 등장한 것은 앞에서 본 바와 같다. 이러한 사실은 《독립신문》, 《제국신문》 등 당시의 신문에 자세히 보도되고 있었는데, 김창수는 그러한 사실을 몰랐던 것 같다.

여비를 마련한 김창수는 그날로 동적강〔銅赤江: 동작나루〕을 건너서 삼남지방으로 향했다. 탈옥수의 방랑길이 시작된 것이었다. 마음이 매우 울적해진 그는 승방(僧房) 뜰에서부터 폭음을 시작하여 밤낮을 계속해서 마셨다. 그리하여 과천(果川)을 지나서 겨우 오산(烏山) 장터에 이르렀을 때에는 한 짐이나 되던 노자가 모두 동이 나고 말았다.

김창수는 오산 장터 서쪽 동네에 사는 김삼척(金三陟)의 맏아들을 찾아갔다. 김삼척은 전에 삼척영장(三陟領將)을 지낸 사람인데, 그 큰아들이 인천항에서 장사를 하다가 실패하고 그 일 때문에 인천감옥에서 김창수와 한 달 동안 같이 고생한 적이 있었다. 그는 김창수를 몹시 존경하여 출옥하면서 뒷날 다시 만날 것을 약속해 두었었다. 김창수는 김삼

凡金九全集(3)》, 대한매일신보사, 1999, p. 295.

3) 《매일신문》 1899년 2월1일자, “잡보”.

4) 《백범일지》, pp. 137~139.

이순신의 산소 앞에 있던 '이충무공 신도비'.

척의 여섯 아들들과 어울려서 술 마시고 노래 부르면서 며칠을 보냈다.

며칠 뒤에 김창수는 약간의 노자를 얻어가지고 다시 길을 떠났다. 아산(牙山)을 지나다가 배암밭 동네〔현재 현충사가 있는 아산시 염치읍 백암리(白巖里)〕에 들어가서 충무공 이순신(李舜臣)의 기념비를 구경했다. 김창수가 배암밭 동네까지 들어간 것은 이순신에 대한 관심 때문이었을 것으로 짐작되나, 《백범일지》에는 특별한 언급은 없다.

아산에서 공주(公州)를 지나 은진(恩津)의 강경포(江景浦)에 있는 공종열(孔鍾烈)을 찾아갔다. 공주에서는 임진왜란 때에 맨 먼저 승병(僧兵)을 일으킨 고승 영규(靈圭)의 비를 보고 "많은 느낌을 받았다"고 《백범일지》는 적고 있다.[5] 공종열은 마침 부친 공중군(孔中軍)의 상중이었다. 공종열은 사람됨이 영리하고 학문도 웬만큼 있어서 일찍이 운현궁 청지기를 지냈고, 조병식(趙秉式)의 마름으로서 강경포에서 물상객주를 경영하다가 금전관계로 살인소송에 걸려들어 여러 달 동안 인천감옥에 갇힌 적이 있었는데, 감옥에 있는 동안 김창수와 절친하게 지냈었다.

공종열의 집은 매우 크고 넓었다. 공종열은 김창수를 보자 그를 일곱째 대문으로 들어가서 자기 부인방에서 묵도록 했다. 공종열의 어머니

5) 《백범일지》, p. 150.

도 인천에서 만나 알게 되었으므로 반갑게 절을 하고 인사했다. 공종열이 김창수를 특별히 대우한 것은 옥중동료에 대한 친절 때문이기도 했으나, 강경포가 인천에서 아침저녁으로 오갈 수 있는 가까운 거리였기 때문이기도 했다. 강경포는 대구와 평양과 함께 조선의 3대시장으로 불릴 만큼 조선 후기에 번성했던 포구였다. 사랑방마다 동서남북 각지 사람들이 드나들고 있었으므로 김창수의 비밀이 드러날까 걱정했던 것이다.

며칠 쉬고 있던 어느 날 밤이었다. 사방이 훤히 보일 정도로 유난히 달이 밝았다. 공종열의 어머니 방문을 여닫는 소리가 들렸다. 김창수는 가만히 일어나 앉아서 창문 유리로 마당을 내다보았다. 갑자기 칼빛이 번쩍했다. 자세히 살펴보니까 공종열은 칼을 들고 그 어머니는 창을 끌며 군사를 동원했다. 김창수는 뜻밖의 사태가 발생할지 모른다는 생각에서 옷을 차려 입고 앉았다. 얼마 있다가 공종열이 어떤 청년의 상투를 끌고 들어왔다. 그는 하인을 불러모아 두레집을 짓고 거기에 그 청년을 거꾸로 매어달았다. 그러고는 열 살 안팎의 사내아이 둘을 불러서 방망이 하나씩을 쥐어 주면서 말했다.

"너희들의 원수다. 너희들 손으로 때려죽여라."

그러다가 공종열은 김창수가 있는 방으로 들어와서 이렇게 말했다.

"형이 매우 놀랐을 터이니 미안하오. 그러나 형과 나 사이에 무슨 숨기고 꺼릴 일이 있겠소. 내 누님 한 분이 두 아들을 데리고 과부로 혼자 살면서 수절하다가 내 집 상노놈과 간통하여 얼마 전에 해산하고 죽고 말았소. 저놈을 불러 '네 자식을 데리고 먼 곳으로 가서 기르고 내 앞에 보이지 말라'고 하였소. 그런데 저놈이 천주학을 하여 신부의 세력을 믿고 내 집 곁에 유모를 두어 내 집안에 수치를 끼치는 것 아니겠소. 형이 나가서 호령하여 저놈이 멀리 달아나게 해 주오."

공종열이 방망이를 쥐어 준 아이들은 죽은 과부의 두 아들이었다. 김창수는 어느 모로 보나 공종열의 청을 들어 주지 않을 수 없었다. 그는 마당으로 나가서 달아맨 것을 풀어 주고 그 자의 죄를 하나하나 열거하며 호통쳤다.

"네가 이댁에서 길러 준 은혜를 생각한들 주인의 면목을 그다지도 무시할 수 있느냐?"

그러자 천주학장이는 김창수를 슬쩍 보고는 겁에 질린 낯빛으로 말했다.

"나리 분부대로 하겠습니다. 살려 주십시오."

공종열이 다시 다그쳤다.

"네가 오늘 밤으로 네 자식을 내다버리고 이 지방을 떠날 터이냐?"

그는 그러겠다고 대답하고 물러갔다.

김창수는 공종열에게 물었다.

"그자가 자식을 데리고 갈 곳이 있는가?"

"개울 건너 임피〔臨陂: 지금의 전북 옥구군 임피면〕땅에 제 형이 사니까, 그리로 가면 자식도 기를 수 있을거요."

집안이 이렇게 소란스러워지자 김창수는 자신의 신분이 탄로날 것이 염려되어 날이 밝는 대로 떠나겠다고 말했다. 공종열은 자기 매부 진선전(陳宣傳)이 무주(茂朱) 읍에 살고 있는데, 그 집이 부자일 뿐만 아니라 그곳이 한적한 곳이니까 그리로 가서 세월을 기다리는 것이 좋겠다면서 소개편지를 써주었다.[6]

이튿날 아침에 공종열의 집을 출발한 김창수는 강경포를 채 벗어나기 전에 거리에서 사람들이 웅성거리는 것을 보았다. 모여든 사람들은 새벽에 갯가에서 어린아이 우는 소리를 들었는데, 지금은 그 소리가 끊긴 것으로 미루어 보아 아마 아이는 죽은 모양이라고들 말했다. 그 말을 듣자 김창수는 천지가 아득했다.

"오늘 살인을 하고 가는 길이로구나. 그 자가 밤에 내 얼굴을 대하면서 심히 무서워하더니, 공종열의 말을 곧 내 명령으로 생각하고 제 자

---

6) 《백범일지》, pp. 138~142.

식을 안아다가 강가에 버리고 도주한 것 아닌가."

가뜩이나 울적한 참이던 김창수는 아무 죄 없는 어린아이를 자기의 말 한마디로 죽게 했다는 자책감에 무척 서글픈 심정이 되었다. 이때부터 김창수는 삼남지방을 방랑하면서 심한 반상(班常)의 신분차별을 체험했다. 이때에 김창수가 체험한 것은, 일찍이 청국(淸國)에 가면서 함경도지방을 여행한 것과 함께, 그가 우리나라의 실정을 직접 견문하는 값진 기회가 되었다.

김창수는 공종열이 시키는 대로 무주로 갔다. 가는 길에 금산(錦山)에서는 임진왜란 때에 의병 700명과 함께 전사한 의병장 조헌(趙憲)의 패적유지〔敗績遺址: 칠백의총〕를 둘러보았다. 무주읍에 사는 진선전의 집을 찾아가기는 했으나 구구하게 한 곳에 오래 머물러 있는 것은 마음을 더욱 우울하게 할 뿐이었다.

김창수는 마침내 무전여행을 떠나기로 결심했다. 이왕 삼남지방을 돌아다닐 바에는 남원(南原)의 김형진(金亨鎭)을 찾아보아야겠다는 생각이 들었다. 김형진의 매부 최군선(崔君善)이 전주(全州) 남문 안에서 한약국을 하고 있다는 것을 알고 있었으나, 먼저 남원 이동(耳洞)[7]의 김형진의 고향을 찾아갔다. 동네에 들어서면서 그는 김형진이 사는 곳을 물었다. 그러자 동네사람들은 놀라고 의아해하면서 김형진을 찾는 까닭을 물었다. 김창수는 서울에서 알게 되어 지나는 길에 들렀다고 말했다. 사람들은 김형진이 이 동네에서 대를 이어 살기는 했으나 연전에 동학에 가담했다가 집안이 몰락하여 식솔들을 이끌고 도망간 뒤로는 소

---

7) 김형진의 손자 金南植의 증언에 따르면, 김형진의 본향은 남원군 산동방 耳寺洞이다. 현재의 행정구역상으로는 구례군 산동면 둔사리이다("民族의 큰 스승 白凡金九(56)", 金永模, "항일행적과 통일운동 자취: 삼남행 ①, 《문화일보》 1996년 3월12일자").

식이 끊겼다고 했다.

김형진이 동학에 가담했었다는 말은 전혀 뜻밖이었다. 같이 청국을 다녀오고 온갖 위험을 함께 겪으면서 김창수는 김형진에게 자신의 일생에 대해서 빠짐없이 다 털어놓았었다. 그런데도 김형진은 자신의 내력을 숨기고 비밀로 했다는 것이 이해가 되지 않았다. 김창수는 김형진이 여간 야속하지 않았다. 그러나 김형진이 최시형(崔時亨)으로부터 금구접주(金溝接主)로 임명된 것은 김창수와 헤어진 뒤인 1897년이었으므로,[8] 동학농민봉기 때에는 동학교도가 아니었을 것이다. 그가 동학에 입도한 것은 오히려 김창수와 행동을 같이 했던 것이 계기가 되었는지 모른다. 김창수는 전주로 가서 김형진의 그 뒷일을 알아보기로 했다.

남원을 출발한 김창수는 임실(任實)을 지나서 전주로 향했다. 임실에서 전주로 가는 길에 방고개〔芳峴〕[9]라는 고개를 넘을 때의 일이었다. 김창수는 풍채가 부잣집 주인 같아 보이는 마흔 남짓의 중늙은이 한 사람을 만났다. 그는 혼자서 나귀를 타고 가다가 고개 밑에서부터 나귀에서 내려서 걷기 시작했다. 그리하여 두 사람은 자연스럽게 길동무가 되어 서로 인사를 나누었다. 그는 임실 읍내에 사는 문지래(文之來)라고 했다. 서로 이야기를 하는 사이에 고갯마루에 닿았다. 고갯마루에는 주막이 서너 채 있었고, 주막 근처에는 보부상 수십명이 쉬고 있었다. 문지래가 고개 위에 도착하자 한 주막 주인이 나와서 오위장(五衛將) 영감 오시느냐고 반가이 맞으면서 들어가 술이나 한 잔 자시라고 권했다. 문지래는 사양하다가 김창수에게 같이 쉬어가자고 말했다. 그는 주막 주인의 특별한 환대를 받는 처지인 것 같아서 김창수는 그의 권유를 사

8) 《백범일지》, p. 143 주27).

9) 《백범일지》에는 이 고개의 이름을 '堂峴'이었다고 했으나, 그것은 임실군과 완주군의 경계에 있는 임실군 관촌면의 芳峴〔방고개〕이다("民族의 큰 스승 白凡金九(57)", 金永模, "항일행적과 통일운동 자취: 삼남행 ②, 《문화일보》 1996년 3월19일자").

동학농민군에게 점령당했던 전주성의 남문.

양하고 혼자서 고개를 넘었다. 서산마루에 해가 뉘엿뉘엿 넘어가고 있었다.

김창수는 걸음을 재촉하여 완주군 상관(上關)의 한 주막에 들어갔다. 저녁밥을 먹고 앉아 담배를 피울 때쯤 해서 급보가 전해졌다. 해지기 직전에 고갯마루에 30여명의 강도가 나타나서 행상들의 재물을 약탈했는데, 문지래는 취중에 그 강도들을 보고 호령하다가 강도들의 도끼에 찍혀 죽었다는 것이었다. 김창수는 가슴이 섬뜩했다. 만일에 문지래의 권유대로 술자리를 같이 했더라면 그의 목숨도 온전하지 못했을 것이기 때문이었다. 사람들의 이야기로는 문지래는 임실의 서리배로서 그의 동생이 민영준(閔泳駿)의 신임을 받는 청지기임을 빌미로 위세를 부리다가 인근 사람들의 인심을 잃은 탓에 이번에 화를 만난 것이었다.10)

전주에 도착한 김창수는 최군선의 한약국을 찾아갔다. 자신이 김형진의 친구임을 밝히고 김형진이 사는 곳을 물었다. 그러자 최군선은 냉담한 어투로 말했다.

"김형진 말씀이오? 김형진이 내 처남인 것은 사실이나, 내게는 지기 어려운 무거운 짐을 지우고 자기는 벌써 황천객이 되었소."

어렵사리 최군선을 찾아간 김창수는 여간 실망스럽지 않았다. 최군

---

10) 《백범일지》, pp. 150~151.

선의 태도가 너무 불친절하여 더 이상 물어볼 생각도 나지 않았다. 김형진이 동학에 가담했었다는 사실은 그로 하여금 김형진에 대해 더욱 깊은 동지적인 우정을 느끼게 했을 것이다.

그런데 일찍이 동학농민군의 선봉장으로서 해주성(海州城) 공략에 앞장섰던 그가 동학농민군의 승전지였던 전주에 와서 어떤 감회를 느꼈는지는 《백범일지》에 아무런 언급이 없다. 삼남지방을 여행하면서 이순신과 임진왜란 때의 의병장들의 유적지에 대해서는 특별한 감회를 느꼈다고 적으면서, 정작 동학농민봉기의 현장들을 방문하면서도 아무런 언급이 없는 것은 의아스러운 일이다. 그것은 이미 개화파가 되어 있는 김창수의 동학과 동학농민봉기에 대한 인식이 그만큼 달라졌음을 말해주는 것일 것이다.

최군선과 작별한 김창수는 그날이 마침 전주 장날이었으므로 장터로 가서 장구경을 했다. 그는 이리저리 다니다가 백목전(白木廛)에 가서 포목 환매〔換買: 돈 대신 물품을 주고 다른 물품을 사는 것〕하는 것을 구경했다. 시골 농사꾼으로 보이는 어떤 젊은이가 포목을 환매하는 것을 우연히 보았다. 그는 용모가 김형진과 너무도 흡사했다. 김형진보다는 젊어 보였으나, 말하는 것과 행동거지가 꼭 김형진 같았다. 다만 김형진에게는 문사의 자태가 보였으나 그 젊은이는 농사꾼 같아보이는 것이 다를 뿐이었다. 김창수는 그 사람이 일을 다 보고 돌아가려 할 즈음에 물었다.

"당신 김 서방 아니시오?"

"예, 그렇지라오마는 당신은 뉘시오니까?"

"노형이 김형진씨 계씨가 아니오?"

젊은이는 머뭇거리며 대답을 못 했다. 김창수는 계속해서 물었다.

"나는 당신 면모를 보고 김형진씨 계씨임을 짐작했소. 나는 황해도 해주에 사는 김창수요. 노형 백씨 생전에 혹시 내 이야기를 들은 적이 있소?"

김창수가 김형진의 동생을 우연히 만났을 무렵의 전주 장날 풍경.

그러자 그 젊은이는 갑자기 두 눈에 눈물이 가득 고여 말을 못 하고 흐느껴 울었다.

"과연 그랬습니까? 내 형 생전에 당신께 관한 말씀을 들었을 뿐 아니라, 별세하실 때에도 창수를 생전에 다시 못 보고 죽는 것이 유한이라고 했지라오. 제 집으로 가십시다."

김창수는 그를 따라 금구 원평(院坪)으로 가서 조그마한 집으로 들어갔다. 젊은이가 자기 어머니와 형수에게 김창수가 찾아온 것을 말하자 집안에 곡성이 진동했다. 이 날은 김형진이 죽은 지 열아흐레째 되는 날이라고 했다. 김창수는 영연(靈筵)에 들어가서 절을 하고 예순 노모와 서른 과수에게 인사를 했다. 열아홉 살쯤 나 보이는 아들 맹문(孟文)은 아직 철을 몰랐다. 장에서 만났던 젊은이는 김형진의 둘째아우였는데, 그에게도 아들이 하나 있었다.

김창수는 김형진의 집에서 이미 이 세상 사람이 아닌 옛 벗을 생각하며 며칠을 묵고 다시 목포(木浦)를 향해 떠났다. 김구는 이때에 전주에서 목격했던 일이라면서 다음과 같은 이야기를 《백범일지》에 적고 있다. 전주에서는 영리(營吏)와 사령(使令)이 신분이 다른 것 때문에 서로 원수처럼 생각하여 진위대(鎭衛隊) 병정을 모집할 때에도 영리들이 혹시 사령이 입영될까 염려하여 자기네 자식들과 조카들을 전부 병정으로 몰아넣었다. 이들은 머리에는 상투를 그대로 두고 그 위에 모자를 높직하게 만들어 쓰고 있었다.[11] 이러한 사실은 삼남지방의 반상 사이의 심한 알력과 함께 갑오경장 이후에도 지방관리들의 기강이나 군기가 얼마나 흐트러져 있었는가를 말해 준다.

그러나 김구는 "삼남지방의 양반의 위엄이나 속박이 심하기는 하나 그런 가운데에도 약간의 미풍양속이 없지 않다"[12]면서 그 보기로 김제(金堤) 만경(萬頃)평야를 지나면서 본 모내기 광경을 소개했다. 농사꾼들은 아침에 일을 시작할 때에 "농자천하지대본(農者天下之大本)"이라고 쓴 큰 농기(農旗)를 들고 장구를 치며 들에 나가서 기를 세웠다. 모를 심을 때에 선소리꾼이 북을 치고 농가(農歌)를 인도하면 남녀 농사꾼들은 손발을 흔들고 춤을 추며 일을 했다. 논 주인은 막걸리를 논두렁 여기저기에 동이째 내다놓고 마음대로 마시게 하고, 행인이 지나가면 다투어 술을 권했다. 농사꾼들이 음식을 먹을 때에는 현직 감사나 수령이라도 말에서 내려 인사말을 건넨다고 했다. 또한 대개의 농업 노동자들에게는 조직이 있어서 논 주인이 일꾼을 살 때에는 그 지방 조직의 유사〔有司: 우두머리〕와 교섭을 하는데, 그때에 미리 의복, 품삯, 휴식, 질병 등에 대한 조건을 정하고, 실제 감독은 유사가 맡아서 하며, 일꾼이 게으름을 부려도 논 주인이 마음대로 다루지 못하고 유사에게

11) 《백범일지》, p. 151.

12) 《백범일지》, p. 149.

말해서 징계하게 한다는 것이었다.

김구는 광주(光州) 역말이라는 동네를 지나면서 들은 이야기도 소개하고 있다. 그 동네에 가구수가 몇 백 호인지는 알 수 없으나 동네에 동장이 무려 일곱 사람이나 일을 본다고 하더라는 것이었다. 이는 서북지방에서는 보지 못한 특이한 풍습이어서 인상 깊었다고 한다.

김창수는 광주에서 목포로 향하던 길에 함평(咸平) 이 진사의 육모정〔六角亭〕에서 보름가량 머물렀다. 이때의 일을 김구는 뒷날 국사원본 《백범일지》를 펴낼 때에 다음과 같이 덧붙이고 있다.

> 나는 함평의 이름난 육모정 이진사 집에 과객으로 하룻밤을 잤다. 이 진사는 부유한 사람은 아니었으나 육모정에는 언제나 빈객이 많았고, 손님들에게 조석을 대접할 때에는 이 진사도 손님들과 함께 상을 받았다. 식사는 주인이나 손님이나 일체 평등이요 조금도 차별이 없었고, 하인들이 손님들에게 대하는 태도는 그 주인에게 대하는 것과 꼭 같이 하였다. 이것은 주인 이 진사의 인격의 표현이어서 참으로 놀라운 규모요 가풍이었다.[13]

육모정은 만경군수를 지낸 이동범(李東範) 진사의 정자였다. 주위로 원형의 못이 있는데, 그 못 안에 연꽃이 많아서 연정(蓮亭)이라고도 불렀다. 육모정에는 침실, 식당, 응접실, 독서실, 휴게실 등이 있었다고 한다.[14]

김창수는 이 진사집에서 하룻밤만 쉬고 떠나려고 했으나 더 묵어가라고 붙드는 이 진사의 정성에 감동되어 보름이나 묵게 된 것이었다. 이 진사의 사랑에는 함께 지내는 과객이 대여섯 사람이나 있었다. 그 가운데에는 이 진사집에서 손님 노릇을 한 지가 열아홉 해나 된 사람도 있었

13) 《金九自敍傳 白凡逸志》, 國士院, 1947, p. 139.
14) 박치정, "白凡 金九가 은거했던 마을", 《月刊 藝鄕》, 1986년 3월호, p. 227.

함평 이진사 집의 육모정 자리와 본채. 육모정은 1985년에 용인민속촌으로 옮겨졌다.

다. 손님이 일하면 주인이 가난해진다는 미신이 있어서 손님들은 손가락 하나 움직이지 않고 주인과 같은 대우를 받고 있었다.

이곳 풍습으로는 양반이 아니고는 아무리 큰 부자라도 사랑문이 밖으로 열리게 달지 못했다. 또한 과객이 주인을 찾아 숙박을 청하면 첫대면에 묻는 말이 "간밤에는 어디서 유숙하였소?" 라는 말이었다. 만일에 유숙한 집이 양반의 집이면 두말하지 않으나, 중인(中人)의 집에서 잔 것 같으면 그 과객의 부주의를 타일렀다. 또한 만일에 상인(常人)이 과객을 맞아 재워주게 되면 양반이 사사로이 잡아다가 형벌을 주는 등 괴악한 습속이 많았다. 김창수는 이 지방에서 과객으로 유명한 홍초립(洪草笠)과 박도포(朴道袍)라는 사람의 이야기를 들었다. 홍초립은 초립동이 시절부터 과객으로 살다가 죽었고, 박도포는 늘 도포만 입고 과객 행세를 했다고 했다. 두 사람은 어느 집에 들어가든지 주인이 응대를 조금이라도 잘못하면 발악을 했다는 것이었다.

이 진사의 육모정에서 보름을 묵은 김창수는 다시 길 떠날 차비를 했다. 이때에 김창수를 자기집으로 초대하는 사람이 있었다. 그는 김창수보다 나이가 많은 장년의 선비로서, 육모정에 놀러와서 날마다 김창수와 이야기를 나누던 사람이었다. 김창수는 그 선비의 뜻을 물리칠 수

김구가 방문하기 1년 전인 1897년에 개항한 목포항. 해초작업이 한창이다.

없어서 저녁밥을 먹으러 그의 집으로 갔다. 그 선비의 집은 초라한 단칸방이었다. 부인이 개다리소반에 주인과 겸상으로 저녁상을 들여왔다. 주발 뚜껑을 열자 밥 같지는 않은 무엇인가가 담겨 있었다. 한 숟가락을 떠서 입에 넣자 맛이 쓰기가 곰의 쓸개와 같았다. 그것은 쌀겨와 팥으로 만든 겨범벅이었다. 그 가난한 선비는 김창수가 이 진사집에서 날마다 흰 밥에 좋은 반찬을 먹는 것을 보았는데도 안되었다는 말도 없고 미안하다는 빛도 없이 흔연히 먹으면서 김창수에게도 권했다. 그 선비의 높은 뜻과 깊은 정에 감격한 김창수는 겨범벅을 조금도 남기지 않고 다 먹었다.15)

김창수가 목포를 찾아간 것은 같이 탈옥한 양봉구를 만나기 위해서였다. 목포는 개항한 지 얼마 되지 않아서 그때까지 관청건물도 완성되지 않았을 정도로 모든 것이 엉성해 보였다. 김창수는 지게를 지고 노동자

15)《金九自敍傳 白凡逸志》, 國士院, p. 140.

행세를 하면서 양봉구를 찾아냈다. 양봉구에게 인천소식을 물었다. 조덕근은 다시 잡혔는데, 눈 한 개가 빠졌고 다리가 부러졌다고 했다. 탈옥할 때에 당직이었던 간수는 아편중독으로 감옥 안에서 죽었고, 김창수 자신에 대한 소문은 듣지 못했다고 했다. 양봉구는 인천과 목포 사이에는 순검들이 내왕하기 때문에 오래 머무를 곳이 못 된다고 말하고, 김창수에게 약간의 노자를 건네주면서 목포를 떠나라고 했다.[16]

목포를 방문할 때까지만 해도 김창수는 감옥 생활을 같이한 사람들과 그들이 소개해 주는 사람들을 찾아서 이동했다. 그러나 목포를 떠나면서부터는 낯설고 물선 고장을 정처없이 떠돌아다니게 되었다.

목포를 떠나서 해남(海南)으로 간 김창수는 윤씨 집안 사랑에 유숙했다. 해남에서 가장 세력이 큰 양반은 윤씨와 이씨 두 성씨였다. 윤씨들은 유명한 "오우가(五友歌)"의 시인 윤선도(尹善道)와 선비화가 윤두서(尹斗緖)의 후손들이다.

밤이 저물었는데, 사랑문 앞 말뚝에 어떤 사람을 묶어 놓고 심한 매질을 하고 있었다. 주인이 추상같은 호통을 쳤다.

"네 이놈, 죽일 놈. 양반이 작정하여 준 품삯대로 받는 것이 아니라 네 마음대로 올려받다니!"

벌을 받는 사람은 극구 사죄했다. 김창수는 주인에게 물었다.

"양반이 작정한 품삯은 얼마이고 상놈이 제 마음대로 올려받으려 한 것은 얼마나 되오?"

"내가 금년에는 동네 품삯을 계집년은 두푼, 사내놈은 서푼씩 정했는데, 저놈이 어느 댁 일을 하고 한푼 더 받았기 때문에 징계하여 다스리는 것이오."

김창수는 다시 주인에게 물었다.

16) 《백범일지》, pp. 143~144, p. 418.

"길가는 행인들이 주막에서 먹는 음식값도 한 끼에 최하가 대여섯푼이오. 하루 품삯이 밥 한 상값의 반도 못 되면 혼자 살림도 유지해 나가기 어려운데 식구들을 데리고 어찌 살 수 있겠소?"

주인은 주저 없이 말했다.

"가령 한 집에 장정이 년놈 합하여 두명이라 하면 매일 한 사람씩이라도 양반집 일을 안 할 때가 없고, 일하는 날은 그놈의 집 식구가 다같이 와서 밥을 먹소. 품삯을 많이 지불하여 상놈집에 의식주가 풍족하게 되면 자연히 양반에게 공손하지 못하게 될 것 아니오? 그래서 그같이 품삯을 작정해 주는 것이오."

김창수는 이 말을 듣고 깜짝 놀랐다. 자신이 해주에서 겪은 상놈천대는 아무것도 아니었다. 이때의 소감을 김구는 다음과 같이 적었다.

> 내가 상놈으로 해주 서촌(西村)에 태어난 것을 늘 한탄했으나, 이곳에 와서 보니 양반의 낙원은 삼남(三南)이요, 상놈의 낙원은 서북이로다. 내가 해서(海西) 상놈이 된 것이 큰 행복이다. 만일에 삼남 상놈이 되었다면 얼마나 불행하였을까?[17)]

삼남에서는 특히 백정에 대한 차별이 심했다. 김구는 "경상도 지방의 반상간에는 다른 지방에 없는 특수한 풍습이 있다"면서 그곳의 백정에 대한 차별을 소개하고 있다. 그곳에서는 도우한〔屠牛漢: 소 잡는 백정〕은 망건을 쓰지 못하는 것이 통례였다. 그들은 맨머리에 패랭이를 쓰고 다녀야 했다. 백정은 패랭이 밑에 대나무 테를 둘러 대고 거기에 끈을 매어 썼다. 그러한 행색으로 길을 가다가 길에서 남녀노소를 막론하고 사람을 만나면, 반드시 길 아래로 내려서서 "소인 문안드리오" 하고 인사를 해야 하고, 행인이 지나가고 나서야 제 갈 길을 간다는 것이었다.

반상의 구별이 그처럼 엄격했으나 예외적인 경우도 있다고 했다. 정

17) 《백범일지》, p. 148.

월 초승과 팔월 한가위에는 마을과 마을 중간에 나무기둥이나 돌기둥을 세우고, 그 기둥에 동아줄을 매고 기둥 끝이 각기 자기 마을 쪽으로 넘어지도록 경쟁하는 놀이를 했다. 이때에는 남녀노소와 반상의 구별 없이 흥겹게 서로 어울려 논다는 것이었다.

해남을 떠난 김창수는 강진(康津)의 고금도(古今島)로 갔다. 고금도는 고금진(古今鎭)이 있던 곳으로서, 옛것을 숭상하는 도덕군자가 많은 곳이라고 해서 그런 지명이 생긴 것으로 전해진다. 이곳에서 김창수는 이순신 장군의 전적을 둘러보고, 특별한 감회에 젖기도 했다. 김창수가 삼남지방을 방랑하면서 이순신의 연고지나 의병들의 유적지를 특별히 찾은 것은 주목할 만한 일이다.

그는 완도(莞島)를 돌아보고 장흥(長興)을 거쳐서 보성(寶城)으로 갔다. 보성의 송곡〔松谷: 현재는 득량면(得粮面) 삼정리(三亭里) 심송(深松) 부락〕을 방문했을 때에는 보리가 누렇게 익어 가는 5월 하순이었다. 안동 김씨의 집성촌인 이 마을은 큰길에서 보면 산으로 둘러싸여 밖에서는 보이지 않으나 마을에 들어서면 넓고 따뜻하여 옛부터 좋은 은둔지나 피란지로 전해진다. 김창수는 훈장인 김광언(金廣彦)을 찾아가서 자신은 송도(松都)에 사는 종친 김두호(金斗昊)라고 말하고 정처 없는 사람이니까 아무 일이나 하며 머물 수 있도록 해달라고 부탁했다. 김광언은 양반 차림의 김창수가 이야기를 잘하고 글도 잘해서 깍듯하게 대접했다고 한다.[18] 김창수는 김광언의 집에서 40여일 동안이나 머물렀다. 삼남지방을 방랑하는 동안에 한 곳에서 가장 오래 머문 것이었다. 아마도 마을 사람들이 그를 종친으로 친절하게 대해 주어 다른 어느 곳에서보다도 편안한 마음으로 지낼 수 있었기 때문이었던 것 같다. 그는 특히 자신과 동갑인 선계근(宣桂根) 내외와는 격의없이 지냈다.[19]

---

18) 박치정, 앞의 글, pp. 228~229.

19) 《백범일지》, p. 416 ; 박치정, 앞의 글, p. 229.

김구가 40여일 동안 머물렀던 보성군 득량면 심송 부락 전경.

김창수가 떠나려고 하자 선씨는 이별을 아쉬워하면서 부인 안씨가 손수 만든 붓주머니를 정표로 선물했고, 김창수는 답례로 가지고 다니면서 애독하던 《동국사략(東國史略)》을 선물했다.[20] 그런데 탈옥하여 정처 없이 방랑하는 김창수가 《동국사략》을 가지고 다니며 애독했다는 것은 주목할 만한 일이다. 《동국사략》이란 하륜(河崙), 권근(權近) 등이 태종(太宗)의 명으로 성리학적 명분론의 입장에서 한국고대사를 편찬한 책인데, 16세기에 이르러 이우(李嵎), 박상(朴祥) 등 여러 사람이 각각 같은 제목의 책을 저술했다. 또한 1906년에는 역사학자 현채(玄采)도 근대적 역사서술방법으로 같은 제목의 한국 역사서를 출간하기도 했다.[21]

김창수는 이 책 속표지에 이별을 아쉬워하는 한시 한 수를 남겼다.

離別難 離別難	이별이란 이별이란 참으로 어렵구나
離別莊處花樹開.	이별하는 곳에 꽃이 핀다.
花樹一枝分絶半	꽃나무 한 가지를 반씩 나누어
半留宗家半行帶.	반절은 종가에 두고 반절은 들고 간다.
生今天地逢何時	넓은 천지에 언제나 살아서 만날지
捨此江山去亦難.	이 강산을 버리고 떠나기 또한 어렵구나.
四員同遊至餘月	달포가 넘게 한가히 놀고 지내다가

20) 《백범일지》, p. 144, p. 416. 이 책은 지금도 선계근 후손들이 보존하고 있다.
21) 鄭求福, "東國史略에 대한 史學史的考察", 《歷史學報》 제68집, 1975, p. 12.

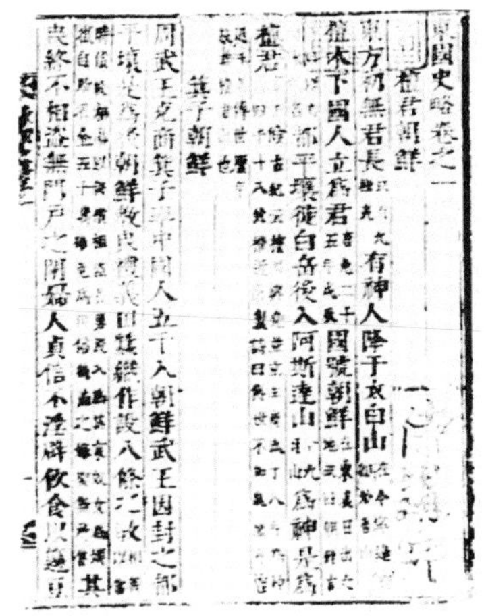
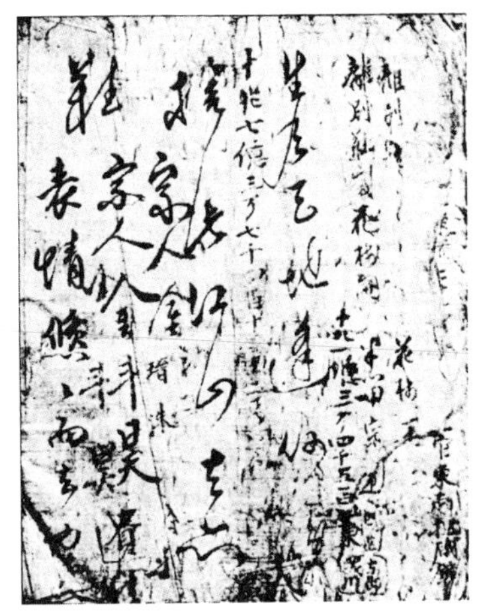

김구가 심송부락을 떠나면서 정표로 준 《동국사략(東國史略)》의 첫장과 표지 뒷장에 써준 이별을 아쉬워하는 시. 끝에 적은 '김두호(金斗昊)'는 김구의 가명이다.

齟齬惜別而去也.	석별을 아쉬워하며 덧없이 떠난다.
日後見此或可思	먼 훗날 이것을 보면 혹 생각날까 하여
餘否耶遺此表情.	이 글을 정표로 남겨 두고
悠悠而去也.	멀리 멀리 떠난다.
宗人 金斗昊[22]	종문 사람 김두호

김구는 이때의 정을 못내 잊지 못하여 해방되고 귀국한 뒤에 지방순회를 할 때에 송곡리를 찾았다. 마을 사람들도 이때의 김구와의 인연을 소중하게 생각하여 마을 입구에 '김구선생 은거비(金九先生隱居碑)'를 세워서 오늘날까지 기념하고 있다.[23]

보성을 출발한 김창수는 화순(和順), 동복(同福), 순창(淳昌), 담양(潭陽)[24]을 지나서 하동(河東)의 쌍계사(雙溪寺)에 이르렀다. 장흥과

22) 박치정, 앞의 글, p. 229.

23) 《朝鮮日報》 2000년 7월19일자.

24) 《백범일지》에는 '大明'이라고 적혀 있으나 이는 '潭陽'일 것이다(《백범일지》,

보성 등지를 여행하면서는 콩잎을 따서 여러 가지 용도로 사용하는 것을 알았다. 여름철에는 따서 바로 국도 끓여 먹고, 또 뜯어 말려서 삼동에 먹기도 하며, 소나 말에 실어서 장에 내다팔기도 한다고 했다. 또한 화순, 순창, 담양 일대를 지날 때에는 난생 처음으로 무성한 대밭을 보았다. 김창수는 여남은 살 될 때까지도 대나무가 1년에 한 마디씩 자라는 줄 알고 있었다고 한다.

쌍계사에서는 유명한 칠불아자방(七佛亞字房)을 구경했다. 쌍계사 칠불암(현재는 칠불사)은 김수로왕(金首露王)의 아들 일곱 형제가 성불(成佛)한 곳이라고 전해지는데, 여기에는 '아(亞)'자 모양의 특이한 온돌방이 있다. 그것이 칠불아자방이다.

2. 마곡사에서 중이 되어 영천암으로

김창수가 삼남지방을 돌아서 계룡산(鷄龍山)의 갑사(甲寺)에 도착한 것은 가을이 깊어갈 무렵이었다. 절 근방에는 감나무가 숲을 이루고 있었고, 탐스럽게 익은 붉은 홍시가 저절로 땅에 떨어지곤 했다. 갑사에서 점심을 먹던 김창수는 동학사(東鶴寺)로부터 와서 점심을 먹는 마흔 살쯤 되어 보이는 한 사람을 만났다. 김창수가 인사를 건네자 그는 공주에 사는 이서방이라고 했다. 이서방은 김창수에게 유산시(遊山詩)를 들려주기도 했는데, 읊는 시나 말하는 것으로 보아서 무척 비관적인 사람인 듯했다. 초면에도 말이 잘 통했다. 김창수는 자기는 개성에서 성장하여 장사에 실패하고 홧김에 강산 구경이나 하자고 떠나서 근 1년 동안 남도를 돌아다니다가 이제 고향으로 돌아가는 길이라고 둘러댔다. 그러자 이서방은 다정하게 마곡사(麻谷寺)가 40리밖에 안 되니까 구경

---

p. 145 주33 참조).

이나 하고 가자고 말했다.

김창수의 귀에는 마곡사라는 말이 매우 의미심장하게 들렸다. 어릴 때에 그의 집에 《동국명현록(東國明賢錄)》이라는 책이 있었던 것은 앞에서 본 바와 같다. 그런데 그 책에 있는 내용이라면서 김순영(金淳永)이 소설처럼 들려주던 이야기 가운데에서 화담(花潭) 서경덕(徐敬德)에 관한 이야기가 생각났기 때문이었다.

대궐의 동지하례(冬至賀禮)에 참례한 서경덕이 혼자서 크게 웃었다. 이를 본 임금이 서경덕에게 물었다.

"경은 무슨 일로 무리 가운데에서 혼자 웃는고?"

서경덕이 대답했다.

"오늘 밤 마곡사 상좌승이 밤중에 죽을 쑤려고 불을 때다가 졸음을 이기지 못해 죽솥에 빠져 죽었사온데, 다른 중들은 전혀 알지 못하고 죽을 퍼먹으며 희희낙락하는 것을 생각하니 우습사옵니다."

임금은 곧 발마(撥馬)를 놓아 하루 밤낮 쉬지 않고 300여리를 달려 마곡사로 가서 사실여부를 알아보게 했는데, 과연 그것이 사실이더라는 것이었다.[25] 그런데 현존하는 《동국명현록》에는 위와 같은 서화담의 일화는 없다. 《동국명현록》은 사육신(死六臣), 생육신(生六臣), 삼학사(三學士), 5현(賢) 등 역대 현인들의 인명과 종묘배향 인물, 조선 역대공신, 8도 서원, 8도 산성의 명칭을 간단히 기록하고, 끝에 송시열(宋時烈)과 관련된 축문을 적은 작자미상의 인명록으로서, 출간연대는 영조(英祖) 대 이후로 추정되는 책이다. 또한 서화담 문집에도 그러한 일화는 없다. 서화담은 벼슬을 단념하고 오랫동안 수도생활을 하면서 여러 가지 특이한 일화를 많이 남긴 것은 두루 알려진 일이다. 위의 일화는 아마도 김구가 어릴 때에 다른 책에서 읽었거나 아버지에게서 들은 이야기일 것이다.

---

25) 《백범일지》, p. 146.

김창수는 이서방과 같이 마곡사를 향했다. 이서방은 홀아비로 몇 년 동안 사숙의 훈장을 지냈고, 지금은 마곡사로 가서 중이나 되어 일생을 편안하게 지내려 한다면서 김창수에게도 함께 중이 되기를 권했다. 김창수도 얼마쯤 그럴 생각이 없는 것은 아니었으나, 갑작스러운 일이어서 쉽게 결심하지 못하고 하루종일 이야기만 하며 걸었다.

충청남도 공주시 사곡면 운암리 태화산(泰華山)의 남쪽 기슭에 위치한 마곡사는 643년에 자장율사(慈藏律師)가 창건한 절이다. 지금은 대한불교 조계종 제6교구 본사로서 인근 지역의 여러 절과 암자를 관할하는 충청남도 일대에서 가장 큰 절이다. 태화산의 지맥에 둘러싸인 마곡사의 산수 형세는 태극형이라고 하여 《택리지(擇理志)》나 《정감록(鄭鑑錄)》 등에는 전란을 피할 수 있는 십승지지(十勝之地)의 하나로 적혀 있다. 1902년에 궁내부 소속으로 사사관리서(寺社管理署)가 설치되고, 「대한사찰령(大韓寺刹令)」을 반포할 때에 충청남도에서는 유일하게 전국 16개 중법산(中法山) 사찰의 하나로 지정되었다.[26]

하루종일 걸어서 마곡사 앞 고개에 올라서자 때는 황혼이었다. 온 산 가득히 단풍으로 붉은빛이 도는 늦가을의 정취는 갈 곳 없는 나그네의 마음을 더욱 스산하게 했다. 멀리서 저녁예불을 알리는 인경소리가 마치 일체 번뇌를 버리라는 소리같이 들렸다. 이때의 처연했던 심정을 김구는 다음과 같이 적었다.

> 저녁 안개가 산 밑에 있는 마곡사를 마치 자물쇠로 채운 듯이 둘러싸고 있는 풍경을 보니, 나같이 온갖 풍진 속에서 오락가락하는 자의 더러운 발은 싫다고 거절하는 듯했다. 그러나 또 한편으로는, 저녁 종소리가 안개를 헤치고 나와 내 귀에 와서 모든 번뇌를 해탈하고 입문하라는 권고를 들려주는 듯했다.[27]

---

26) 《전통사찰총서(12) 대전-충남의 전통사찰(Ⅰ)》, 寺刹文化硏究院, 1999, pp. 87~88.

머뭇거리는 김창수에게 이서방이 다시 한번 다그쳐 물었다.

"노형, 어찌 하시려오? 세상사를 다 잊고 나와 중이 됩시다."

"이 자리에서 노형과 결정하면 무엇하겠소. 일단 절에 들어가 봐서 중이 되려는 사람과 중을 만들려는 사람 사이에 의견이 맞아야 하지 않소."

"그건 그렇겠소."

이윽고 두 사람은 몸을 일으켜 마곡사를 향해 걸어갔다. 계곡에는 안개가 자욱했다. 김구는 이때의 자신의 심경을 다음과 같이 묘사했다.

걸음 걸음 들어간다. 한 발걸음씩.
오탁(汚濁)의 세계에서 청정계(淸淨界)로,
지옥에서 극락으로,
세간〔世間: 속세〕에서 걸음을 옮겨 출세간〔出世間: 속세를 벗어남〕의 길을 간다.[28]

두 사람이 처음 도착한 곳은 해탈문(解脫門)을 들어서서 왼쪽에 위치한 매화당(梅花堂)이었다. 매화당을 지나서 두 사람은 다시 조그마한 다리 하나를 건넜다. 김구는 이때에 "크게 소리쳐 흐르는 내 위에 걸린 긴 다리를 건넜다"라고 했는데, 그 다리는 국사봉(國師峰)으로부터 남쪽으로 흘러 내려온 마곡천이 절 옆을 돌아 흘러가는 지점에 놓인 극락교(極樂橋)를 말하는 것이었다. 두 사람이 극락교를 건너서 들어간 곳은 절의 종무소로 사용되는 심검당(尋劍堂)이었다. 대머리 노승 하나가 그림폭을 펼쳐놓고 보고 있다가 두 사람을 보자 인사를 했다. 이서방은 노승과 구면이었다. 그 승려는 포봉당(抱鳳堂)이라고 했다. 이서방은 김창수를 심검당에 두고 다른 방으로 갔다.

얼마 있다가 김창수에게도 밥상이 나왔다. 저녁밥을 다 먹고 앉아 있

---

27) 《백범일지》, p. 151.

28) 《백범일지》, p. 152.

노라니까 머리가 하얗게 센 노승이 들어와서 김창수에게 공손히 인사를 했다. 김창수는 자기는 개성에서 출생했는데 일찍이 부모를 여의고 도와줄 만한 가까운 친척 하나 없는 혈혈단신으로서 강산구경이나 하려고 집을 나와서 떠돌아다닌다고 말했다. 이처럼 김창수는 노승 앞에서도 능청스럽게 거짓말을 했다. 그러자 노승은 자신의 속세의 성씨는 소(蘇)씨요 익산 사람으로서, 머리를 깎은 지 4, 50년 되었다면서, 김창수에게 자기의 상좌가 되라고 했다. 그러나 김창수는 겸손한 태도로 사양했다.

"저는 본래 학식이 모자라고 재질이 둔한 자입니다. 노대사께 누가 될 것 같아 망설여집니다."

그러자 노승은 더 간곡하게 권했다.

"당신이 내 상좌만 되면 고명한 대사에게서 불학(佛學)을 배우고 익힐 수 있을 거요. 장래 큰 강사(講師)가 될지도 모르니 부디 결심하고 삭발하시오."

김창수는 그날 밤을 마곡사에서 잤다. 이튿날 보니까 이서방은 이미 삭발을 했다. 그는 달걀처럼 반질반질한 머리를 하고 김창수를 찾아와서 말했다.

"노형도 주저 마시고 삭발하시오. 어제 찾아왔던 하은당(荷隱堂)은 이 절에서 재산이 갑부인 보경대사(寶鏡大師)의 상좌요. 그러니 후일 노형이 공부하려 하더라도 학자금 염려는 없을 것이오. 내 노형의 이야기를 했더니 자기가 나와 보고서 매우 마음에 든다고 나더러 속히 결정하라고 권하라고 합디다."

김창수는 하룻밤 사이에 청정법계(淸淨法界)로 들어서서 만 가지 생각이 다 재로 돌아가 버린 기분이었다. 그는 중이 되기로 결심했다. 얼마 뒤에 사제(師弟) 호덕삼(扈德三)이 면도칼을 가지고 와서, 같이 냇가로 나갔다. 호덕삼이 삭발진언(削髮嗔言)을 쏭알거리더니 김창수의 상투가 모래 위에 툭 떨어졌다. 그러나 "이미 결심은 했지만 머리털과 같이 눈물이 뚝뚝 떨어졌다"[29] 고 술회하고 있는 데서 보듯이, 김창수의 심정은 착잡했다. 이처럼 이때의 김창수의 삭발은 탈옥수의 절망감과 불안감에서 충동적으로 결행된 것이었다.

법당에서 종이 울리고, 향적실(香積室)에서는 공양주(供養主)가 불공밥을 짓고, 각 암자로부터 가사를 입은 승려들이 모여들었다. 김창수 등 입문자를 위한 법례가 열린 것이었다. 김창수는 검은 장삼에 붉은 가사차림으로 대웅보전으로 인도되었다. 곁에서 호덕삼이 부처님에게 절하는 법을 가르쳐 주었다. 은사 하은당은 김창수의 법명을 원종(圓宗)이라고 명명하고 불전에 고했다. 수계사(受戒師)는 용담(龍潭)이라는 점잖은 승려였는데, 그는 경문을 낭독하고 오계(五戒)를 일러 주었다. 예불절차가 끝난 뒤에 원종은 보경대사를 비롯하여 절 안에 있는 나이 많은 대사들에게 차례로 절을 올렸다. 그리고는 승배(僧拜)를 연습하고 《진언집(眞言集)》과 《초발심자경문(初發心自警文)》 등 불가의 간단한 규칙을 배웠다.

중이 되기 위해서는 무엇보다 먼저 자기마음을 낮추어야 한다고 했다. 사람에게는 말할 나위도 없고, 심지어는 짐승이나 벌레에 대해서까지 자기마음을 낮추지 않으면 지옥의 고통을 받는다고 했다. 전날 밤에 김창수를 찾아와서 자기 상좌가 되어 주기를 청할 때에는 그렇게도 공손하던 하은당의 태도부터 완전히 바뀌었다. "얘, 원종아" 라고 스스럼없이 부르고, "생긴 것이 미련스러워서 고명한 중은 될 성싶지 않다. 얼굴이 어쩌면 저다지도 밉게 생겼을꼬. 어서 나가서 물도 긷고 장작도 패거라!" 하고 명령하는 것이었다. 일찍이 다른 사람에게서 받아보지 못했던 충격적인 수모였다. 이때의 심정을 김구는 다음과 같이 적었다.

> 나는 깜짝 놀랐다. 망명객이 되어 사방을 떠돌아다니던 때에도 내게는 영웅심과 공명심이 있었다. 평생의 한이던 상놈의 껍질을 벗

---

29) 《백범일지》, p. 154.

> 고, 평등하기보다는 월등한 양반이 되어 평범한 양반에게 당해 온 오랜 원한을 갚고자 하는 생각도 가슴속에 품고 있었다. 그러나 중놈이 되고 보니, 이상과 같은 생각은 허영과 야욕에 불과한 것이었다. 그런 생각이야말로 불(佛)씨 문중에서는 추호도 용납할 수 없는 악마와 같은 생각이었다. 만일 이런 따위의 악한 생각이 계속해서 마음속에 싹트고 자랄 때에는 곧 호법선신〔護法善神: 金剛力士, 四天王 등 불법을 수호하는 선신들〕께 의뢰하여 물리치지 않으면 안 되었다.[30]

김창수는 이때에 자신의 신분상승의 욕망이 얼마나 부질없고 허영에 찬 것이었는지를 깨달은 것이다. 그러나 그것은 깊은 해탈(解脫)을 통하여 불가(佛家)에 귀의하겠다고 결심했기 때문이 아니었다. 그보다는 도피생활 끝에 느낀 일종의 허무주의적인 심리상태의 발로였다. 그러한 자신을 돌아보며 김창수는 "하도 많이 돌아다녔더니 나중에는 별세계 생활을 다 하겠다"는 생각이 들어 혼자서 웃다가 탄식하기도 했다.[31] 그만큼 그는 정신적으로 방황하고 있었다. 그러나 당장은 순종하는 수밖에 다른 도리가 없었다.

그날로 불가의 생활이 시작되었다. 원종은 장작도 패고 물도 길었다. 하루는 앞내에 가서 물을 길어오다가 물통 하나를 깨뜨렸다. 하은당이 어찌나 야단을 쳤던지 보다 못한 노사주(老師主) 보경당이 탄식을 했다.

"전에도 다른 사람들은 다 괜찮다 하여 상좌로 데려다주면 못 견디게 굴어서 다 내쫓았는데, 금번 원종이도 잘 가르치고 바로 이끌어만 주면 장래에 제 앞가림은 하겠는걸, 또 저 모양으로 하니 며칠이나 붙어 있을꼬."

이 말을 듣자 원종은 조금은 위로가 되었다. 원종은 낮에는 일하고

30) 《백범일지》, p. 155.

31) 위와 같음.

밤에는 승려들의 평소 생활대로 예불을 올리고 《천수경(千手經)》 등을 외웠다. 용담스님은 원종에게 《보각서장(普覺書狀)》을 가르쳐 주었다. 그는 불가의 학식뿐만 아니라 유가(儒家)의 학문에까지 두루 통달해 있었다. 그는 세상 돌아가는 이치에 밝아서 여러 사람들로부터 존경받는 덕망 있는 스님이었다. 《보각서장》이란, 간화선(看話禪: 公案禪)의 독창적인 전개로 사상계에 큰 영향을 끼친 중국 송(宋)나라 때의 유명한 승려 보각선사(普覺禪師: 호는 大惠禪師)가 사람들에게 써보낸 글을 그의 제자인 혜연(慧然)과 정지(淨智)가 모아서 편찬한 책인데, 불교의 진수가 담겨 있어서 교리학습의 교본이 되어 있다.

용담의 상좌로 혜명(慧明)이라는 청년 불자가 있었다. 그는 원종에게 동정심을 가지고 있었다. 용담도 하은당의 성품이 괴팍스러운 것을 알고서 글을 가르치다가 이따금 원종에게 위로하는 말을 해주었다. 용담은 "견월망지(見月忘指)"의 오묘한 이치와 "인(忍)" 자의 뜻을 가르쳐 주기도 했다. "견월망지"란 달을 보되 그 달을 가리키는 손가락은 잊으라는 뜻이며, "인"은 칼날 같은 마음으로 성나는 마음을 끊으라는 뜻이라고 했다.

정신없이 지내는 동안에 어느덧 승려생활도 반년 가까이 지나고 기해년(己亥年: 1899년)의 새해가 되었다. 스물네 살이 되는 새해를 김창수는 이처럼 산사의 중으로서 맞았다. 절에 있는 100여명 승려들 가운데에는 원종을 매우 행복한 사람으로 부러워하는 사람들도 있었다.

"원종대사가 지금은 고생을 하지만, 노사와 은사가 다 7, 80세 노인들이니까 그분들만 작고하시고 나면 엄청난 재산이 다 원종대사의 차지가 될 거요."

그것은 사실이었다. 원종이 그해 추수상황을 정리한 추수책을 들여다보았더니, 전답을 부치는 소작인들이 해마다 갖다바치는 백미만 200

김구가 머리를 깎고 중이 된 충청남도 공주의 마곡사.

여석이었고, 돈이나 다른 물품만도 수십만냥의 재산이었다.[32)]

원래 승려들이 사사로이 전답을 소유하는 일은 불전(佛典)에서 금지되어 있었다. 그러나 17세기 이후부터는 그 금지규정이 무시되고 승려들의 사유전답이 합법적으로 조성되기 시작했다. 승려들은 한광지(閑曠地)를 개간하고 상업활동으로 얻은 자본으로 전답을 사들이고, 부모 또는 법사(法師)로부터 전답을 상속받기도 하고, 출가 전에 가지고 있던 전답 등을 통하여 사유재산을 늘려 갔다. 이처럼 승려들의 사유재산이 크게 확대되자 조정에서는 불교세력의 성장을 억제하기 위해 승려들의 사유전답이 사찰로 귀속되는 것을 금지하는 법률을 제정했다. 이 규정에 따라 승려들의 재산은 1657년(효종 8년)부터 상좌나 사찰에 상속되는 것이 금지되고 친족에게만 상속되었다. 그러나 이러한 조치에도 불구하고 불교 교단

32) 《백범일지》, p. 156.

마곡사의 김구가 거처했던 건물.

이 더욱 번창하고 승려들의 사유재산이 확대되자 조정에서는 1674년(현종 15년)에 새로운 분재(分財) 기준을 마련했다. 이에 따르면 승려 친족들의 사유전답은 사촌 이내의 친족이 있을 때에는 상좌와 친족에게 절반씩 나누어 주고, 상좌도 없고 사촌 이내의 친족도 없을 때에는 관부에 귀속하도록 했다.[33] 그러므로 보경스님과 하은당이 사망하면 그 상좌인 원종이 그들의 재산을 대부분 상속받을 수 있을 것이었다.

그러나 원종은 그러한 재산을 염두에 두고 승려생활을 계속할 생각은 없었다. 김구는 이때의 자신의 심정을 "망명객의 임시 은신책으로서든 어떻든 간에 청정적멸(淸淨寂滅)의 도법(道法)에만 일생을 희생할 마음은 생기지 않았다"[34]고 술회했다. 그만큼 그는 비록 이름은 원종으로 바꾸었으나 세속의 욕망을 버린 것이 아니었다.

원종은 그리운 사람들의 얼굴을 하나씩 떠올렸다. 작년에 인천감옥을 탈출하면서 작별한 뒤로 생사마저 알 수 없는 부모님의 얼굴이 떠올랐다. 그리고 자기를 구출하기 위해 가산을 다 기울이고 끝내는 몸까지 망치고만 김주경(金周卿)의 소식도 궁금했다. 해주 비동의 고능선(高能善)도 보고 싶고, 청계동의 안태훈(安泰勳)도 다시 만나고 싶었다. 특히 안태훈이 천주교를 믿으려는 것을 대의에 반역하는 행동으로 생각하

33) 金甲周, "朝鮮後期 僧侶의 私有田畓", 《東國史學》 15-16합집, 東國大學校史學會, 1981, pp. 7~24 참조.

34) 《백범일지》, p. 156.

고 불평을 품은 채 청계동을 떠났는데, 안태훈을 다시 만나면 사과해야겠다는 생각이 수시로 가슴속을 채웠다.

마침내 원종은 어느 날 보경당에게 말했다.

"소승이 이왕 중이 된 이상 중이 응당 해야 할 공부를 해야 되지 않겠습니까? 금강산으로 가서 경전의 뜻을 연구하고, 일생 충실한 불자가 되겠습니다."

보경당은 이미 원종의 속마음을 꿰뚫고 있었다.

"내가 벌써 추측은 하고 있었다. 어쩔 수 있느냐, 네 원이 그런데야."

보경당은 원종을 붙잡는 것이 부질없는 일임을 알고 있었다. 곧바로 하은당을 불러들였다. 두 사람이 한참 동안 다투다가 마침내 세간을 내어주었다. 백미 열 말과 함께 가사와 바리때를 챙겨주었다. 그날로 원종은 자유의 몸이 되었다.[35]

이때에 떠난 마곡사의 뒷소식을 김구는 뒷날 안악(安岳)에서 신교육운동에 종사할 때에 하기 사범강습회에서 우연히 마곡사에서 같이 있던 혜명을 만나서 듣게 된다. 원종이 마곡사를 떠난 뒤에 보경당과 하은당은 석유 한 통을 사서 질이 어떤지를 실험한다면서 불붙은 막대기 끝을 석유통에 넣었다가 그만 석유통이 폭발하는 사품에 집안에 있던 포봉스님까지 세 사람이 한꺼번에 사망한 것이었다.

1884년 하반기부터 일본 상인들에 의해 수입되기 시작한 석유는 재래식 식물기름을 몰아내면서 조명용으로 크게 각광을 받았다. 특히 미국 스탠더드 석유회사(Standard Oil) 제품인 '송인(松印)' 석유는 매연이 없는 데다가 견고하고 운반이 편리한 양철제 석유용기에 들어 있어서 다른 제품이 추종할 수 없을 만큼 인기가 높았다. 이처럼 미국산 석유가 인기가 높아지자 일본상인들은 그보다 품질이 떨어지는 일본산과 러시아산에 미국상표를 도용하여 판매하기도 했다.[36] 이 때문에 석유의 품

35) 《백범일지》, pp. 156~157.

질을 판별하는 일이 큰 문제였다. 마곡사의 승려들도 석유의 품질을 실험하려다가 끔찍한 참변을 당했을 것이다.

절에서는 총회를 열어 재산을 관리하고 마곡사의 명성을 이어받을 사람은 오직 원종뿐이라고 결정하고, 덕삼을 금강산까지 보내어 원종의 행적을 탐문했다. 그러나 끝내 원종을 찾지 못하자 재산은 모두 절의 공유가 되고 말았다는 것이었다.[37] 이는 김창수가 마곡사에 머문 것이 반 년도 채 못 되는 기간이었으나, 그의 성실성이 마곡사의 승려들 사이에서 높이 평가되었음을 말해 준다.

원종은 백미 열 말을 팔아서 노자를 만들어가지고 서울로 향했다. 며칠을 걸어서 서울에 도착했다. 승려들의 성 안 출입이 금지되던 때였으므로 원종은 4대문 밖으로 이 절 저 절 돌아다녔다. 서대문 밖의 새절〔지금의 서대문구 봉원사(奉元寺)〕에 가서 하루를 묵다가 거기에서 마침 장단(長湍)의 화장사(華藏寺)로 은사를 찾아가는 마곡사의 사형(師兄) 혜명을 만났다. 원종은 자기는 금강산에 공부하러 가는 길이라고 말하고 헤어졌다.

혜명과 작별한 뒤에 경상도 풍기(豊基)에서 온 혜정(慧定)이라는 중을 만났다. 그는 평양의 강산이 좋다기에 구경가는 길이라고 했다. 원종은 그와 동행하기로 하고, 혜정에게 먼저 송도와 해주 감영부터 구경하고 평양으로 가자고 했다. 부모님 소식을 알아보기 위해서였다. 해주 수양산(首陽山)에 있는 신광사(神光寺) 가까이의 북암(北菴)에 이르러서야 원종은 혜정에게 자신의 사정을 대강 말하고 도움을 청했다.

"텃골 우리집에 가서 내 부모님을 비밀리에 방문하여 주오. 안부만

---

36) 河智姸, "타운센드상회(Townsend & Co.) 연구", 《한국근현대사연구》 제4집, 한울, 1996, pp. 35~43.

37) 《백범일지》, p. 200.

물어보고 내 몸이 건재함을 말씀드리되 내가 지금 어느 곳에 있는 것까지는 말하지 마시오.”

혜정을 고향집으로 떠나보내고 나서 궁금하게 소식만 기다리고 있는데, 4월29일 저녁 무렵에 혜정의 뒤를 따라서 김순영 내외가 북암으로 찾아왔다. 혜정으로부터 아들이 잘 있다는 말을 들은 김순영 내외는 “네가 내 아들이 있는 곳을 알 터이니 너만 따라가면 내 아들을 볼 수 있을 것이다” 하고 그 자리에서 혜정의 뒤를 따라나선 것이었다. 그런데 와서 보니까 뜻밖에도 아들은 돌중이 되어 있지 않은가. 세 식구는 다시 만나자 기쁘기도 하고 슬프기도 하여 서로 붙들고 눈물을 흘렸다.

북암에서 닷새 동안 쉬었다가 원종은 다시 중 행색을 하고 김순영 내외와 혜정과 함께 평양으로 떠났다. 가는 길에 김순영 내외는 그 동안에 겪었던 일들을 아들에게 들려주었다. 자신이 탈옥한 뒤에 김순영 내외가 한때 구속되었던 이야기를 김창수는 이때에 처음 들었다.

일행이 평양에 도착한 것은 단오 하루 전날이었다. 그날은 여관에서 지내고 이튿날에는 모란봉에 가서 사람들이 그네 뛰는 광경을 구경했다. 돌아오는 길에 관동(貫洞) 골목을 지날 때였다. 원종이 우연히 어떤 집을 들여다보았더니 치포관〔緇布冠: 유생들이 평소에 쓰는 검은 베로 만든 관〕을 쓰고 심수의〔深袖衣: 소매가 넓은 옷〕를 입은 선비 한 사람이 두 무릎을 개고 꼿꼿이 앉아 있었다. 원종은 말이나 한 번 붙여 보리라 하고 “소승 문안드리오” 하고 인사를 했다. 그 학자는 원종을 물끄러미 바라보다가 들어와 앉으라고 했다. 그는 간재(艮齋) 전우(田愚)의 제자인 극암(克菴) 최재학(崔在學)이었다.

고산(鼓山) 임헌회(任憲晦)의 제자인 전우는 기호학파(畿湖學派)의 정통을 이은 조선후기의 대표적 유학자의 한 사람이다. 그는 성재(省齋) 유중교(柳重敎)를 비롯한 화서학파(華西學派)와 자주 교유하며 철저하게 수구적 자세를 견지했으나, 처신의 방법에서는 화서학파와 현격한 대조를 보였다. 전우는 화서학파와 같이 의병활동에 직접 참여하지 않았다. 이런 그를 두고 화서학파에서는 "죽음이 두려워 거의(擧義)하지 못했고, 화(禍)가 무서워 척화(斥和)하지 못했다"[38]라고 맹렬히 비난했다. 그러나 전우는 이에 개의하지 않고, 도학의 중흥을 최대의 과제로 삼고 현실문제에 개입하지 않았다.[39]

화서학파인 고능선에게서 배운 김창수는 전우의 명성을 알고 있었던 것 같다. 그리하여 그는 마곡사에서 하산하여 상경하던 길에 간재 전우를 찾아가기까지 했었다.

"소승은 마곡사의 보잘 것 없는 한승(寒僧)으로 이번에 서쪽으로 가던 길에 천안(天安) 금곡(金谷)에 가서 간재 선생을 만나 뵙고자 하였습니다. 마침 그때에 전 선생이 부재 중이셔서 만나뵙지 못하고 단지 봉자를 썼는데, 오늘 선생을 뵙게 되니 매우 반갑습니다."

봉(鳳)자를 썼다는 말은, 존경하는 사람을 찾아갔다가 만나지 못하면 못난 사람이 다녀갔다는 뜻으로 '봉'자를 쓰던 것을 뜻한다.

이어 두 사람이 어떤 대화를 했는지는 알 수 없으나 "도리(道理) 연구에 대한 문답을 몇 마디 나누었다"는 것으로 보아서 학문에 관한 토론을 잠시 했던 것 같다.

그런데 뒷날 을사조약 반대상소투쟁 때에 김구와 최재학이 함께 참여하는 것을 보면, 이때의 만남은 매우 중요한 것이었다. 최재학은 스승의 현실불참론과 달리 대표적 계몽운동단체인 서북학회(西北學會)에도 참여하는 등 현실문제에 적극적으로 참여했다. 서북 출신인 최재학이 어떤 경위로 기호학파의 정통을 이은 전우의 제자가 되었고, 그랬다가 어떻게 뒷날 다시 개화파로 전환하게 되었는지에 대해서는 알려진 것이 없다. 다만 성리학적 전통이 상대적으로 약했던 서북지방 출신의 유학

---

38) 李正奎, 《恒齋集》, 卷九, 雜著, "田說辨", 朴敏泳, "毅菴 柳麟錫의 衛正斥邪運動", 한국민족운동사연구회 편, 《義兵戰爭研究(上)》, 지식산업사, 1990, p. 321에서 재인용.

39) 朴敏泳, 위의 글, pp. 320~322.

자들이 위정척사의 문제점을 반성하고 개화파로 전환하는 경우가 많았던 점[40]을 감안하면, 그의 사상적 전환을 이해할 수 있다.

최재학 옆에 길고 아름다운 수염에 위풍이 당당해 보이는 노인 한 사람이 앉아 있었다. 최재학은 그 노인에게 원종을 소개하면서 원종더러도 그 노인을 뵈라고 했다. 원종은 노인에게 합장배례를 했다. 노인은 평양 진위대(進衛隊) 영관(領官) 전효순(全孝舜)이었다. 그는 1902년 5월22일에 개천군수에 임명되었고, 1904년 4월13일에 면직되었다가, 이듬해 2월3일에 징계가 풀렸다.[41]

최재학이 전효순에게 말했다.

"오늘 이 대사는 도리가 고상한 중이니 영천암(靈泉菴) 방주(房主) 자리를 내어주시면 자제들과 외손자들의 공부에 매우 유익하겠습니다. 영감의 의향은 어떠십니까?"

이처럼 최재학이 초면인 원종에게 영천암 방주의 자리를 추천했다는 것은 그만큼 원종의 학문과 인품을 인정했기 때문이었을 것이다.

전효순은 쾌락했다.

"내가 지금 옆에서 듣기에도 대사의 고상함은 흠모할 만하오. 대사, 어찌하려오? 내가 최 선생에게 내 자식들과 외손자놈들을 부탁하여 영천암이라는 절에서 공부를 시키고 있는데, 주지승의 성행이 불량하여 술만 먹고 돌아다녀서 음식제절(飮食諸節)에 곤란이 막심하니 대사가 최 선생을 보좌하여 내 자손들의 공부를 도와주면 그 은혜가 크겠소."

원종은 겸손하게 사양했다.

"소승의 방탕이 원래 중보다 심할지 어찌 아십니까?"

---

40) 李光麟, "舊韓末 關西地方儒學者의 思想的轉回", 《開化派와 開化思想研究》, 一潮閣, 1991, pp. 285~301 참조.

41) 安龍植 編, 《大韓帝國官僚史研究(II) — 1901. 8. 1~1904. 2. 29》, 延世大學校 社會科學研究所, 1995, p. 821 및 《大韓帝國官僚史研究(III) — 1904. 3~1907. 7》, 1995, p. 629.

원종의 사양은 아랑곳하지 않고 최재학은 전효순에게 즉시 평양 서윤〔庶尹: 漢城府와 平壤府에 1명씩 두었던 정4품 벼슬〕 홍순욱(洪淳旭)에게 교섭하여 영천암 방주의 차첩〔差帖: 임명장〕을 받아달라고 부탁했다. 전효순은 그 길로 홍순욱을 방문하여 "승 원종으로 영천암 방주를 차정(差定)한다"는 첩지를 받아가지고 와서 원종에게 바로 취임하라고 말했다. 영천암은 평양에서 서쪽으로 40리쯤 떨어진 대보산(大寶山)에 있는 조그마한 절인데, 대동강(大同江)이 흐르는 넓은 들과 평양성을 바라보는 경치 좋은 곳에 있었다.

원종은 그만하면 만족스럽다고 생각했다. 부모님을 모시고 다니면서 구걸하기도 황송한 일이었고, 게다가 최재학과 같은 학자와 같이 지내면 학문에 도움도 될 것이었다. 당장 의식주를 걱정하지 않아도 되고, 피신해 다니는 데에도 안성맞춤일 것으로 여겨졌다. 원종은 이를 승낙하고 먼저 혜정과 함께 최재학을 따라 영천암으로 갔다. 원종은 절의 업무를 대충 정돈하고 나서, 방 하나를 정하여 김순영 내외를 거처하게 했다.[42]

학생으로는 전효순의 아들 병헌(炳憲)과 석만(錫萬), 사위 김윤문(金允文)의 아들 형제와 장손과 중손 관호(寬浩), 그리고 그 밖에 몇 명이 있었다. 이들 가운데 전병헌은 뒷날 을사조약 반대상소투쟁을 할 때에 김구와 함께 참여하게 되는 인물이다. 그는 뒷날 왕삼덕(王三德)으로 이름을 바꾸어 상해임시정부의 개조파(改造派)로서 국민대표회의에 참가했고, 상해파 고려공산당에 가입하여 활동했다.

뜻밖의 인연으로 영천암 방주가 된 원종은 곧 무절제하고 방탕한 생활에 빠졌다. 이때의 정황을 《백범일지》는 다음과 같이 적었다.

---

42) 《백범일지》, pp. 159~160.

> 전효순은 하루 걸러 진수성찬을 절로 보냈다. 산 아래 신흥동(新興洞)에 있는 푸줏간을 영천암의 용달소로 하여, 나는 매일 푸줏간에 가서 고기를 한 짐씩 져다가 승복을 입은 채 드러내어놓고 고기를 먹었고, 염불하는 대신 시를 외웠다. 종종 최재학과 함께 평양성에 나가서 사숭재(四崇齋) 황경환(黃景煥) 등 시객들과 율(律)을 짓고, 밤에는 대동문 쪽에 가서 국수를 먹었다. 처음에는 주인이 주는 대로 소면을 먹다가 나중에는 고기꾸미를 얹은 국수를 그대로 먹었다. 불가에서 소위 말하는 "수파저두 구송성경〔手把猪頭 口誦聖經: 손에 돼지머리를 들고, 입으로 경전을 외운다〕"는 구절과 가깝게 되어갔으니, 평양성에서는 시쳇말로 걸시승(乞詩僧)이라 했다.[43)]

이러한 구절도 김구 특유의 처절한 고백의 한 보기라고 할 만하다.

원종의 방탕한 걸시승 생활은 한동안 계속되었다. 하루는 최재학과 학생들이 평양에 나가고 원종 혼자 절을 지키고 있었다. 이때에 대보산 앞 태평시(太平市) 내촌(內村)에 있는 사숙 훈장 김우석(金愚石)이 시인 몇 명과 학동 수십명을 데리고 영사시회〔靈寺詩會: 절에서 시를 읊는 모임〕를 연다면서 술과 안주를 푸짐하게 장만해 가지고 영천암을 찾아왔다.

시회가 시작되자마자 방주승을 찾았다. 원종은 공손히 합장배례했다. 시객 가운데 한 사람이 거만한 태도로 말했다.

"너 이 중놈, 선배〔선비〕님들이 오시는데 거행이 어찌 이처럼 태만하냐?"

"예, 소승이 선배님들 오시는 줄을 알지 못하여 산 아래까지 내려가 영접을 못 하여 매우 죄송하올시다."

"이놈, 그뿐이냐! 네가 이 절의 방주가 된 지 얼마나 되었느냐?"

"예, 서너 달 전에 왔습니다."

---

43) 《백범일지》, pp. 160~161.

"그러면 그 사이에 근처 동네에 계신 양반들을 찾아뵙지 않은 것은 죄가 아니냐?"

"예. 소승이 임무를 맡은 초기라 절의 업무를 정리하느라 인근에 계신 양반들을 미처 찾아뵙지 못했습니다. 그 죄가 막대하나 용서하심을 바라나이다."

이들은 방주승을 혼낼 생각이었으나 원종의 태도가 워낙 공손했으므로, 훈장이 한편으로는 원종을 나무라고 다른 한편으로는 그 시객을 타일러 조용히 넘어갔다. 원종은 혹시 또 무슨 분란이 생길까 염려되어 마음을 졸였다. 그러나 시객들이 술이 반쯤 취하면서 기어이 사달이 나고 말았다. 술이 거나해지자 훈장으로부터 시작하여 시객들은 풍축〔風軸: 여러 사람이 함께 시를 적는 두루마리〕을 펼치고 시를 짓고 쓰면서 큰 소리로 낭송했다. 원종은 술시중을 들면서 그들이 쓴 시를 눈여겨 살펴보았다. 글씨부터 촌티가 나는 것을 절창(絶唱)이니 득의작(得意作)이니 하고 떠드는 것이 가소로웠다. 원종은 평양에 와서 최재학을 만나서 같이 다닌 뒤로 종종 평양의 일류 명사들과 사귀는 사이에 시나 글씨에도 얼마쯤 조예를 터득하고 있었다. 원종은 훈장에게 청했다.

"소승의 글도 더럽다 않으시고 시축의 끝자리에 끼워 주실 수 있겠습니까?"

훈장은 특별히 허락했다.

"네가 시를 지을 줄 아느냐?"

"예, 소승이 오늘 여러 선배님들에게 불공한 죄를 많이 저질렀으므로 겨우 운자(韻字)나 채워서 사죄코자 하나이다."

이렇게 하여 원종은 훈장과 시객들이 쓴 풍축의 끝자락에 시를 한 수 적어 넣었다. 연구(聯句)에 다음과 같은 구절이 있었다.

儒傳千歲佛千歲　　유가가 천년 이어진다면 불가도 천년이요
我亦一般君一般　　내가 보통이면 당신들도 보통이다.

원종의 짓궂은 심사가 그대로 드러나는 시구였다. 자신들을 조롱하는 듯한 시를 보고 훈장과 시객들은 서로 얼굴을 마주보며 중놈이 참으로 오만하다고 생각하는 듯했다. 저마다 못마땅해하는 얼굴빛이 역력했다. 바로 이때에 최재학 일행의 몇몇 명류(名流)가 도착했다. 그들은 시골 시객들의 풍축을 구경하다가 제일 끝에 있는 "봉연승〔奉硯僧: 벼루 심부름하는 중〕 원종"이라고 적힌 시에 이르러 "유전천세 …"의 구절을 보고는 다같이 손뼉을 치고 발을 구르며 절간이 들썩거리도록 걸작이니 절창이니 하고 야단들이었다. 그 사품에 당당하던 시골 시객들의 호기가 쑥 들어가 버렸다. 이 이야기는 이내 평양 성내에까지 전해져서 그 시는 기생들의 노래곡조로 불렸다고 한다. 그리하여 원종은 평양에서 '걸시승 원종'이라는 별명으로 통칭되었다는 것이다.[44] 김구의 이러한 서술로 미루어 보면, 이 무렵에 그는 최재학 등과 함께 평양의 기방출입도 했던 것으로 짐작된다.

원종은 걸시승 생활을 하다가 시골사람들에게 봉변을 당하기도 했다. 어느 날 원종은 전효순의 편지를 가지고 평양 서촌(西村)에서 6, 70리 거리에 있는 갈골〔葛谷〕을 찾아갔다. 갈골에는 당시 평안도에서 이름 높은 김강재(金強齋)가 살고 있었다. 갈골 못 미처 10여리쯤 되는 곳에 있는 주막 앞을 지날 때였다. 갑자기 주막 안에서 "이놈, 중놈!" 하는 고함소리가 들렸다. 고개를 돌리자 쑥대머리를 한 시골사람 여남은 명이 큰 술잔에 술을 마시며 한창 흥이 올라 있었다. 원종은 문 앞에 가서 합장배례했다. 그러자 한 사람이 썩 나서더니 원종을 보고 물었다.

"이 중놈, 너는 어디 사느냐?"

"예, 소승은 충청도 마곡사에 있습니다."

"이놈, 충청도 중놈의 버릇은 그러하냐? 양반님들 앉아 계신 데를 인사도 없이 그저 지나가고. 에이, 고얀 중놈이로군."

---

44) 《백범일지》, pp. 161~163.

"예, 소승이 크게 잘못했습니다. 소승이 갈 길이 바빠서 미처 생각을 못하고 그저 지나쳤습니다. 용서하여 주십시오."

"이놈, 지금 어디를 가는 길이냐?"

"예, 갈골을 찾아갑니다."

"갈골 뉘 집에?"

"김강재 선생댁으로 갑니다."

"네가 김 선생을 알더냐?"

"예, 아직 직접 뵙지는 못했고, 평양성내 전효순씨 편지를 가지고 갑니다."

이 말을 듣자 방금 말하던 사람이 갑자기 두리번거리기만 하고 말을 못 했다. 방안에 앉아 있던 사람들도 서로 얼굴만 쳐다보았다. 한 사람이 나서서 원종에게 시비걸던 사람을 꾸짖었다.

"이 사람, 내가 보기에는 저 대사가 잘못한 것이 없네. 길 가는 중이 가게마다 다 들러 인사하려면 길을 어찌 가겠나? 자네 취했네. 대사, 어서 가게."

그들은 전효순이나 김강재의 노여움을 살까 겁이 난 모양이었다.

원종이 물었다.

"저 양반의 택호〔宅號: 이름 대신 벼슬이름이나 고향 등으로 그 사람 집을 부르는 것〕가 어찌 되시는지요?"

그 중재자가 말했다.

"저 양반은 이 안마을 이 군노(李軍奴) 댁 서방님이라네. 물을 것 없이 어서 가게."

군노(軍奴)는 군아문에 소속된 종을 말한다. 그 취객은 종의 신분이면서 원종 앞에서 양반행세를 하고 거들먹거린 것이었다. 원종은 하도 어이가 없어서 속으로 웃으면서 그 자리를 물러 나왔다. 그리고는 몇 걸음 더 가다가 해거름에 소를 몰고 집으로 돌아가는 농부들을 만났다. 한 사람을 붙들고 이 군노댁이 어딘지 물어보았다. 농부는 손을 들어 산

기슭에 있는 집 한 채를 가리켰다. 원종은 또 물었다.

"이 군노 양반이 지금 계신가요?"

"아니. 이 군노는 죽고 지금은 그 손자가 집을 맡아 있다네."

원종은 우습기도 하고 한심하다는 생각도 들었다.

김강재를 찾아간 원종은 하룻밤을 같이 지내면서 이야기를 나누었다. 뒷날 김구는 김강재가 강동(江東) 군수로 부임했다는 관보를 보았으나 다시 만나지는 못했다.

영천암까지 같이 와서 지내던 혜정은 원종의 불심이 갈수록 약해지고 속된 마음만 자라나는 것을 보고 고향으로 돌아가려고 했으나, 원종을 떠나기가 애처로워서 날마다 산 입구까지 내려갔다가는 차마 떠나지 못하고 울면서 다시 절로 돌아오기를 한 달 남짓 되풀이했다. 그러다가 끝내는 원종이 마련해 준 약간의 노잣돈을 가지고 경상도로 돌아갔다.

김순영은 김순영대로 중노릇하는 아들이 못마땅했다. 그는 큰 기대를 걸고 있는 외아들의 걸시승 생활을 결코 용납할 수 없었던 것이다. 원종이 중 행색으로 서도에 내려온 뒤로 김순영은 아들이 다시는 삭발을 못하게 했다. 그리하여 원종은 장발승이 되었다. 그러한 원종의 승려생활이 오래 갈 수 없었음은 당연한 일이었다. 원종은 구시월경에 치마머리로 상투를 틀고 양반의 의관을 차려입고 김순영 내외와 함께 해주 텃골로 돌아오고 말았다.[45] 평양에 온 지 다섯 달쯤 지난 1899년 10월 무렵이었다.

이렇게 하여 일 년 남짓한 김창수의 승려생활은 끝났다. 이때에 체험한 불교는 김창수에게 정신적으로 큰 영향을 미치지는 못했다. 김창수는 도망자의 은신처로서 불교에 잠시 귀의했을 뿐 세속의 욕망에서 벗어나서 도법에만 정진할 생각은 처음부터 없었다. 그는 경전수업에 충실하기보다는 걸시승과 같은 방탕한 생활로 자신의 울분을 발산하기도

45) 《백범일지》, pp. 163~165.

했던 것이다. 그러나 이 기간에 깨우친 불교의 교리와 불경의 지식은 그의 일생을 통하여 귀중한 교양이 되었다.

기독교 입교와 옥중전도
이승만의 감옥생활(1)

1. 박영효(朴泳孝) 쿠데타 음모사건과 탈옥 실패

이승만은 1899년 1월9일에 체포되었다. 그는 이날 미국인 의료선교사 셔먼(Harry C. Sherman, 薩曼)과 함께 진고개 부근의 낙동(駱洞)에 있는 시의원(施醫院)에 가기 위해 길을 나섰다가 별순검들에게 붙잡힌 것이었다. 시의원은 영국인 기독교인이 설립한 병원이었다. 그곳 의사가 잠시 귀국하면서 셔먼에게 대신 일을 보아 줄 것을 부탁했었는데, 이승만은 셔먼의 통역으로 함께 다녔다. 이날도 이승만은 자신에게 체포령이 내려진 것을 알면서도 셔먼과 함께 길을 나선 것이었다.[1)]

독립협회가 해산된 뒤에도 이승만은 남대문 안 상동(尙洞)의 미국 선교사들의 감리교 병원단지에 있는 제중원 원장 에비슨(Oliver R. Avison, 魚丕信)의 집에 피신해 있으면서[2)] 더욱 적극적으로 비밀활동을 하고 있었다. 그는 일본인 거류지에 피신해 있던 전덕기(全德基), 박용만(朴容萬), 정순만(鄭淳萬) 등과 함께 '(상동) 청년회' 이름으로 "황제는 춘추가 많으시니 황태자에게 양위하셔야 한다"는 내용의 격문을 만들어 서울 장안에 뿌리게도 했다.[3)] 그것은 이규완(李圭完), 황철(黃鐵), 윤세용(尹

1) 《독립신문》 1899년 1월13일자, "별보"; 鄭喬, 《大韓季年史(下)》, 國史編纂委員會, 1957, p.3.

2) 이광린, 《올리버 알 에비슨의 생애》, 연세대학교 출판부, 1992, p.131.

世鏞) 등 박영효의 추종자들이 도모한 쿠데타 계획의 일환으로 추진된 행동이었다.

박영효의 추종자들은 독립협회와 만민공동회를 통한 박영효의 소환과 서용(敍用) 운동이 좌절되자 고종을 폐위시키고 의화군〔義和君 : 뒤에 의친왕(義親王)으로 피봉된 고종의 다섯째 아들 이강(李堈)〕을 황제로 추대하고, 박영효를 중심으로 새 내각을 구성하려는 쿠데타를 기도했다. 이들의 계획은 먼저 강성형(姜盛馨)과 강호선(姜浩善)이 친위대 정위(正尉) 신창희(申昌熙)와 부위(副尉) 이민직(李敏稷)을 끌어들여 그들의 부하 병졸 150명과 자객 30명을 동원하여 고종을 경복궁으로 이어시키고 새 정부를 조직한 다음, 박영효를 귀국시키고 평양으로 천도하여 외국의 간섭에서 벗어나게 한다는 것이었다.[4)]

그러나 이 계획은 사전에 발각되었다. 정부는 시위대 제3대대장이던 이근용(李根澔)을 시켜 쿠데타 관련자들을 일망타진했다. 새로 경무사(警務使)에 제수된 이근용은 신창희와 이민직 등 옛 부하장교들로 하여금 사건을 고발하게 하고 1월6일에 주모자 윤세용, 강성형 등을 체포했는데, 이승만이 체포된 것은 강성형을 문초하는 과정에서 그의 이름이 나왔기 때문이었다.

경무청으로 연행된 이승만은 강성형과 대질신문을 받았다. 그런데 강성형은 "내가 처음 신문을 받을 때에 민회(民會) 회원과 동모하지 않았느냐고 윽박지르며 물었소. 그런데 나는 늘 이승만이라는 이름을 들어왔기 때문에 위협이 두려워 그의 이름을 댄 것이오"라고 하면서 당초

---

3) 徐廷柱, 《李承晩博士傳》, 三八社, 1949, p. 178 ; 韓圭茂, "尙洞靑年會에 대한 硏究 1897~1914", 《歷史學報》 제126집, 1990, p. 76.

4) 法部 編, 《司法稟報》 제23책, 光武4년 1월24일조, 質稟書 제7호 ; 《高宗實錄》 光武4년 2월9일조 ; 尹炳喜, "第二次日本亡命時節 朴泳孝의 쿠데타陰謀事件", 《李基白先生古稀紀念韓國史學論叢(下)》, 一潮閣, 1994, pp. 1678~1707 참조.

의 진술을 번복했다. 이 진술에 근거하여 경무사 이근용은 이승만이 이규완과 접촉한 사실만을 확인한 채 이틀 뒤인 11일에 법부대신 이도재(李道宰)에게 다음과 같은 보고서를 첨부하여 윤세용, 강성형 등과 함께 이승만을 법부로 이송했다.[5]

> 이승만은 규완을 찾아가서 타국에 의지할 수 있는가를 묻고 여기서는 오래 머물 수 없다고 말했다. 그러므로 그의 마음 쓰는 바를 헤아리기 어렵다. 성형과 대질신문할 때에는 실제 사실이 없으므로 꾸며서 만든 것이거니와, 반역자로 거명되는 사람을 일부러 찾아가서 거취를 상의한 것은 매우 어리석고 괴이하다. …[6]

이근용의 보고서는 이때에 이승만이 이규완을 찾아가서 일본으로 망명하는 문제를 상의했음을 말해 주는 것이어서 매우 주목된다. 《독립신문》은 이승만이 강성형의 허위자백으로 체포되었고, "그러나 경무청에서는 이승만씨가 죄 없는 줄은 알았으나 칙령으로 잡은 고로 임의로 놓지 못하고 곧 고등재판소로 넘겼다 하더라"[7] 라고 보도했다.

그런데 이승만을 만난 적이 없고 다만 그의 이름을 많이 들어서 알고 있었기 때문에 거짓 진술을 했다고 한 강성형의 말이나, 또 그러한 말만으로 경무청에서 이승만이 무고하다고 단정했다는 것은 모두 적이 의아스럽다. 쿠데타 계획이 실패하자 이규완은 일본으로 도피했는데, 강성형이 이규완의 매부[8]라는 점을 감안하면 그가 비록 이승만을 직접 만나지는 않았더라도 이규완을 통하여 이승만이 쿠데타 모의에 가담하고 있었던 사실은 알고 있었을 것이다. 그럼에도 불구하고 이승만을 왜 굳이 보호하려고 했는지 알 수 없다. 그리고 경무청은 이승만이 이규완을

---

5) 《제국신문》 1899년 1월12일자, "잡보".
6) 法部 編, 《司法稟報(乙)》 제 14책, 光武3년 1월11일조, 報告書 제 2호.
7) 《독립신문》 1899년 1월13일자, "별보: 경청소문".
8) 法部 編, 《司法稟報》 제 23책, 光武4년 1월24일조, 質稟書 제 7호.

만나서 일본으로 망명하는 문제를 상의한 것까지 확인하고서도 그를 더 이상 추궁하지 않고 서둘러 법부로 이첩한 것도 석연하지 않다. 그것은 아마 이승만의 체포에 대한 미국인들의 강력한 항의와 석방요구가 있었기 때문이었을 것이다.

이승만이 체포되자 그와 동행했던 셔먼과 이승만에게서 조선어를 배우던 이화학당(梨花學堂)의 여선교사 등은 그가 미국인의 통역으로 동행했음을 내세워 알렌(Horace N. Allen, 安連) 공사에게 그의 조속한 석방을 교섭해 줄 것을 요청했고, 알렌은 1월17일부로 외부대신 박제순(朴齊純)에게 공문을 보내어 이승만을 즉시 석방할 것을 요구했다.[9] 그러나 박제순은 1월24일부로 알렌 공사에게 재판이 아직 끝나지 않았기 때문에 석방할 수 없다고 답신했다.[10]

여러 차례에 걸친 교섭에도 불구하고 이승만의 석방이 어려워지자 알렌은 경무청 고문관 스트리플링(A. B. Stripling, 薛弼林)에게 편지를 보내어 이승만을 특별히 보살펴주도록 부탁했다. 일찍이 총세무사 서리로 고빙되었던 영국인 스트리플링은 이때에 경무청 고문관으로 자리를 옮겨 있었다.[11] 그는 옥중의 이승만을 자주 찾아와서 그가 부당한 고문을 당하지는 않는지 감시했고, 그 때문에 이승만은 다른 죄수들보다 편하게 지낼 수 있었다. 이때에 이승만이 조금만 더 참고 기다렸더라면 아마 오래지 않아서 석방되었을 것이다.[12] 아펜젤러(Henry G. Appenzeller,

9) "李承晩放送의 要求", 1899년 1월17일, 《舊韓國外交文書(十一) 美案(2)》, 高麗大學校 亞細亞問題硏究所, 1967, pp. 482~483; 鄭喬, 앞의 책, pp. 12~13.

10) "李承晩放送 要求에 對한 回答", 1899년 1월 24일, 《舊韓國外交文書(十一) 美案(2)》, p. 485; 《매일신문》 1899년 1월27일자, "잡보".

11) 金賢淑, "近代西洋人顧問官硏究, 1882~1904", 梨花女子大學校 博士學位論文 부록, 1998, p. 287.

亞扁薛羅)는 이승만이 "풀려나올 바로 그 무렵에" 탈옥을 시도하다가 실패했다고 그의 일기에 적고 있다.[13)]

이승만은 조속한 석방을 기대하면서도 알렌 공사가 스트리플링에게 편지를 보내어 자신을 특별히 돌보아주도록 부탁한 것을 겸연쩍게 여겼다. 그는 자서전 초록에서 다음과 같이 적었다.

> 미국 공사와 경무청의 고문관은 내가 고문을 당하거나 부당한 형벌을 받을까 염려하여 매일 나를 보러 왔다. 나는 이런 일은 독립정신에 위배되는 일이므로 그들의 간섭을 싫어했다. 그러나 미국 공사는 황제가 외국사신들을 증인으로 세우고 우리의 안전을 보장했던 것이므로 그에게도 책임이 있다고 느끼고 있었다.[14)]

알렌이 매일 감옥서를 찾아왔다는 말은 과장일 것이다. 황제가 외국사신들을 증인으로 세우고 신변의 안전을 보장했다는 말은, 전년 11월 26일에 황제가 만민공동회를 친유(親諭)하여 해산시킬 때에 외국사신들을 그 자리에 초청했던 사실을 말하는 것이었다.

이승만이 어떻게 미국 공사의 석방요구를 '간섭'이라고 생각했는가는 다음과 같은 당시의 신문기사를 미루어 짐작할 수 있다.

> 어느 신문에 이승만씨 일로 미국 공사가 편지한 일에 대하여 말하기를 이승만씨가 편지 사연을 듣게 되면 부끄럽겠다 하였으나, 감옥서에 갇힌 사람이 주선한 것도 아니오, 편지하는 것 알 수도 없

---

12) Robert T. Oliver, *Syngman Rhee—The Man Behind the Myth*, Dodd mead and Company, 1960, p. 45.

13) 아펜젤러의 1899년 12월28일자 일기, 이만열 편, 《아펜젤러—한국에 온 첫 선교사》, 연세대학교 출판부, 1985, p. 415.

14) "Autobiography of Dr. Syngman Rhee", George A. Fitch Papers, Yenching Institute, Harvard University, p. 10 ; "청년이승만자서전", 이정식 지음, 권기봉 옮김, 《초대대통령 이승만의 청년시절》, 동아일보사, 2002, p. 261.

> 고 막을 수도 없은즉 앙불괴 부부작〔仰不愧俯不怍: 仰不愧於天 俯不怍於人의 준말. 하늘을 우러러 부끄러움이 없고, 사람 앞에 부끄러움이 없다는 뜻〕한 일이오, 미국사람이 통사〔통역〕로 끌고 가다가 잡힌 고로 유아지탄(由我之歎)이라고 편지가 있은 모양인데, 종종 이런 편지 있는 것이 전국이 다 부끄러운 일로 아노라.15)

아무리 호의에서라고 하더라도 미결수의 석방을 요구하는 것은 외교관례에 어긋나는 일임은 말할 나위도 없다. 이승만 자신이나 신문이 이에 대해 민감하게 반응한 것은 자주독립의 국권수호가 강조되던 시대상황에서 당연한 일이었을 것이다.

그러나 외국 선교사들은 이러한 반응에 거리끼지 않았다. 아펜젤러가 발행하던 《대한크리스도인회보》는 위와 같은 여론에 대해 다음과 같이 반박했다. 그것은 이승만의 체포에 대한 외국 선교사들의 태도를 짐작하게 하는 것이어서 흥미롭다.

> 대한 법률이 도무지 대중이 없어서 유세(有勢)한 사람은 나라에 해로운 일을 할지라도 충신이라 칭하고 무세한 사람은 충애(忠愛)하는 목적을 가졌어도 역당이라 칭하야 무죄히 죽는 지경에 이르니, 어찌 애통할 곳이 아니리오. 그런즉 이승만씨의 원억〔寃抑: 원통한 누명을 써서 억울함〕한 것을 타국 사람이 간섭하는 것은 대한 법률이 밝지 못한 까닭인즉, 대한 정부에 부끄러운 일이지 이승만씨에게는 조금도 부끄러울 것이 없을 듯하더라.16)

이러한 언설은 이 무렵의 조선의 법질서에 대한 외국 선교사들의 인식을 그대로 보여 주는 것이었다.

---

15) 《제국신문》 1899년 1월25일자, "잡보".

16) 《대한크리스도인회보》 1899년 2월1일자, "내보". 이 무렵의 외국 선교사들의 태도에 대해서는 任善和, "선교사의 독립협회와 대한제국 인식 — 언더우드와 아펜젤러를 중심으로", 《全南史學》 제 14집, 2001. 6, pp. 67~93 참조.

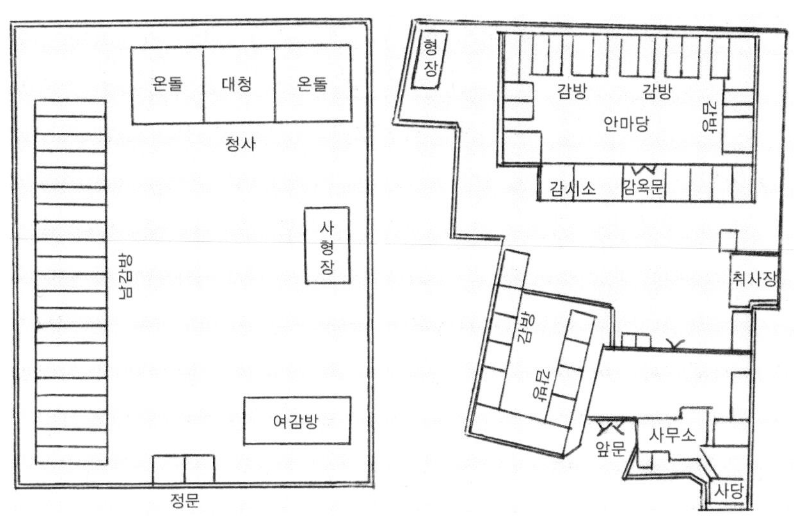

이승만이 처음 수감되었던 서소문감옥서(왼쪽)와 뒤에 옮긴 종로의 한성감옥서 경내 지도.

이승만이 수감된 감옥서는 서소문(西小門) 안에 위치하고 있었다. 판결문과 《고종실록》에는 그가 감옥서 안 병원에 수감되어 있었다고 했고,[17] 이승만 자신은 자기가 수감되었던 방이 하나밖에 없는 온돌방으로서 비교적 점잖은 죄수를 수감하는 곳이었다고 회상했다.[18] 이러한 우대는 물론 스트리플링을 비롯한 외국인들을 의식한 조치였을 것이다.

이 감방에는 이승만에 앞서 이미 유죄판결을 받은 전 강원도 간성(杆城) 군수 서상대(徐相大)가 수감되어 있었다. 그는 간성군수로 있을 때에 건봉사(乾鳳寺)의 승려가 완패(頑悖)한 짓을 하여 잡아 다스린 적이 있었는데, 그 일로 재판이 벌어져서 법부대신 조병식(趙秉式)이 그 승려로부터 뇌물을 받고 재판하는 통에 억울하게 사형을 선고받았다가 15년으로 감형되어 있었다.

이승만은 수감되기 전에는 서상대를 알지 못했다. 이승만은 서상대

17) 《官報》 1899년 8월1일자, "司法"; 《高宗實錄》 1899년 8월27일조.
18) 徐廷柱, 앞의 책, p. 180.

와 함께 하릴없는 나날을 보내다가 먼저 수감되어 있는 독립협회의 동지 최정식(崔廷植)과 함께 있게 해달라고 스트리플링에게 부탁하여 세 사람이 한 감방에 있게 되었다. 이승만과 의기투합하여 《매일신문》을 만들었던 과격파 최정식은 1898년 8월에 이른바 어핍지존(語逼至尊)의 불경죄로 체포되어 다섯 달째 수감생활을 하고 있었다. 8월5일에 독립협회는 화폐발행을 관장하는 탁지부(度支部) 전환국(典圜局) 국장 이용익(李容翊)이 악화(惡貨)를 남발하여 물가가 폭등하자 그를 고발할 것을 논의했는데, 이때에 최정식은 이용익의 행위는 고종의 지시에 의한 것이니까 그를 고발하자면 고종을 증인으로 삼는 결과가 될 것이라면서 고발을 반대했다. 그러나 그 말 자체가 어핍지존의 불경죄에 해당한다는 것이었다.[19] 독립협회는 고종을 자극하지 않기 위해서 최정식을 제명하고 한성재판소에 한 차례 공개재판을 청원했을 뿐 그 이상의 조치는 취하지 않았다.[20] 최정식은 백구(白鷗)타령을 잘 불렀다. 울적한 밤이면 "백구야 훨훨 날지를 마라…"하고 구성지게 목청을 뽑곤 했다.[21]

이들 세 사람이 탈옥하게 되는 경위가 매우 이례적으로 판결문에 기록되어 있다. 판결문에 따르면, 탈옥을 주동한 사람은 최정식이었다. 최정식은 이승만에게 다음과 같이 탈옥을 권유했다고 한다.

"당신과 나 두 사람이 민회 중에서 이름이 있는 사람인데, 장차 앉아 죽기를 기다리려 하오?"

"나는 죄범(罪犯)이 없소이다. 어찌 죽기를 기다리리까."

"시국 형편이 전일과 다르니 당신은 깊이 헤아려 살아날 방도를 도모함이 옳을 것이오."

"죄가 있으면 마땅히 감처〔勘處:죄를 심리하여 처단함〕할 것이요, 죄

---

19) 愼鏞廈, 《獨立協會研究》, 一潮閣, 1976, p.323.

20) 《독립신문》 1898년 8월10일자, "잡보".

21) 徐廷柱, 앞의 책, p.181.

가 없으면 석방이 될 터이거늘 달리 살기를 도모할 방도가 있단 말이오?"

박영효 쿠데타 음모사건의 주동자인 이규완을 찾아가서 일본으로 도망할 방법이 없는지 묻기까지 했던 이승만이 최정식에게 자기는 죄가 없다고 강변하는 것이 흥미롭다. 최정식은 이승만이 어리석다고 나무랐다.

"어리석으이. 시세를 헤아리지 아니함이 어찌 그리 심한고. 만일 내 말을 듣지 않으면 후회해도 쓸데없으리다. 지금 계책은 옥문을 도망하여 나가는 것 만한 것이 없소."

그리하여 이승만도 탈옥을 결심하게 되었다는 것이다.[22] 《고종실록》 역시 최정식과 서상대가 이승만에게 탈옥할 것을 권유도 하고 협박도 하여 같이 탈옥하게 되었다고 적고 있다.[23] 그러나 이러한 기록은 사실과 다르다. 이승만이 탈옥을 결심한 것이 최정식의 회유 때문이 아니었던 것은 그 자신이 자서전 초록에서 다음과 같이 적고 있는 것으로도 짐작할 수 있다.

> 나는 외세의 도움을 받지 않고 뛰쳐나가서 전면적인 민중운동을 다시 시작하려고 했다. 수천명의 사람들은 그들의 지도자가 다시 나서서 그들을 부르기를 원하고 있었는데, 나는 주상호(周商鎬: 周時經)로부터 시국정세를 듣고 있었다. 우리는 민족주의자 군중이 감옥문 밖에서 나를 맞이하여 종로로 달려가서 군중대회를 다시 열기로 결정했다. 권총이 들어왔다. 어느 날 오후에 최정식과 서상대와 나는 감옥을 뛰쳐나왔다. 두 사람은 감리교 주택지대로 뛰어갔으나, 나는 아무도 나를 기다리고 있지 않는 것을 보고 너무 실망하여 쓰러져 버렸다. 나는 한 발자국도 움직일 수 없었다. 서로 약속한 시간에 대한 착오가 있어서 바깥사람들이 나를 기다리고 있지

22) 《官報》 1899년 8월1일자, "司法"; 金炳華, 《近代韓國裁判史》, 韓國司法行政學會, 1974, pp. 576~577.

23) 《高宗實錄》 光武3년 8월27일조.

않을 때에 우리가 나갔던 것이다.[24)]

그러나 이때는 이미 독립협회가 해산된 지 한 달이 지난 뒤였고 사회 분위기도 박영효 쿠데타설과 관련하여 독립협회에 냉담해져 있어서 만민공동회가 다시 열릴 가능성은 거의 없었다. 그럼에도 불구하고 이승만이 정말로 그렇게 생각했다면, 그것은 잘못된 정보에 따른 판단착오였을 것이다. 혹은 주시경이 군중동원을 기도했다가 여의치 않았는지도 모른다.

이때의 일에 대해서 올리버의 전기는 위와 같은 감옥서 밖의 상황을 이승만이 최정식과 서상대에게 알려 주었다고 했고,[25)] 서정주의 전기는 이승만이 한층 더 적극적으로 "서상대와 최정식을 달래어" 같이 탈옥해서 다시 만민공동회를 모아 협회를 부흥하기로 굳게 맹세한 다음 주시경에게 부탁하여 권총을 반입했다고 기술하고 있다.[26)] 매켄지(F. A. McKenzie)도 "이승만과 그의 동료 한 사람은 정부 반대운동을 일으키고자 석방되기 전에 감옥에서 탈출했다. 그러나 그들의 친구들은 잘못 알고 도와줄 자리에 있지 않았기 때문에 그들은 곧 다시 체포되고 말았다"라고 비슷한 서술을 하고 있는데,[27)] 매켄지의 이러한 서술도 이승만의 말을 근거로 한 것이었을 것이다.

이러한 서술들을 종합해 보면, 탈옥을 주도한 사람은 오히려 이승만이었다. 그런데 이승만의 탈옥과 관련하여 윤치호(尹致昊)가 "이승만은 지각이 없는 사람이다. 그는 결과를 생각하지 않는다"[28)]라고 개탄하고

---

24) "Autobiography of Dr. Syngman Rhee", pp. 10~11 ; "청년이승만자서전", 이정식 지음, 권기붕 옮김, 앞의 책, pp. 261~262.

25) Oliver, *op. cit.*, p. 46.

26) 徐廷柱, 앞의 책, p. 182.

27) F. A. McKenzie, *Korea's Fight for Freedom*, 1920, AMS Press, Inc. rep. 1970, p. 74.

28) 《尹致昊日記(五)》1899년 1월30일조, 國史編纂委員會, 1975, p. 206.

있는 것은, 이승만이 탈옥하기 전에 독립협회 간부들과 상의했던 것은 아니었음을 말해 준다. 그의 탈옥과 탈옥한 뒤의 대중집회를 준비하고 있었던 것은 주시경과 전덕기 등 상동청년회 사람들이었다.[29]

주시경은 최정식의 집에 묵고 있는 최학주(崔鶴周)를 통하여 권총 두 자루를 비밀리에 들여보냈다.[30] 주시경이 그처럼 쉽사리 권총을 구할 수 있었다는 것은 이 무렵 서울에서 권총의 암거래가 공공연히 이루어지고 있었고, 치안당국이 그것을 제대로 통제하지 못하고 있었음을 뜻한다. 실제로 독립협회의 주요인사들은 호신용으로 권총을 가지고 있었다.[31]

세 사람은 1월30일에 탈옥했다. 권총은 이승만과 최정식이 나누어 가졌다. 오후 5시쯤에 이들은 감옥문을 벗어나서 서소문 쪽으로 뛰었다. 그러나 맨 뒤에 섰던 이승만은 감옥문 앞에서 스트리플링과 실랑이를 벌이느라고 뒤처져서 때마침 훈련에서 돌아오던 시위대 제 2 대대 행렬과 마주쳤다. 이승만은 뒤쫓아오던 간수들의 고함소리를 들은 병사 최영식(崔永植)에게 붙들리고 말았다.[32]

앞서 달려간 최정식은 간수와 순찰 중이던 병정과 순검들이 함께 추격하자 쫓아오는 간수를 향해 권총을 쏘아 어깨를 맞추고 서상대와 같이 배재학당 담을 넘어 달아났다. 뒤따라 간 스트리플링이 배재학당으로 들어가서 두 사람을 내어달라고 요청했으나 배재학당에서는 미국 공사에게 말하라면서 거절했다. 스트리플링이 미국 공사에게 연락하기 위해 순검을 부르러 간 사이에 두 사람은 배재학당 인쇄소의 유리창을 넘어 도망쳤다.[33]

---

29) 尹孝定, 《韓末秘史 — 最近六十年의 秘錄》, 驚山書林, 1946, pp. 190~191.
30) 鄭喬, 앞의 책, p. 13.
31) 위의 책, p. 12.
32) 같은 책, p. 13.
33) 《매일신문》 1899년 1월31일자, "잡보"; 《皇城新聞》 1899년 2월1일자, "雜

경무청에서는 두 탈옥수를 체포하기 위해 미국 공사관을 상대로 교섭을 벌였다. 경무청 관원이 한성판윤(漢城判尹)의 공문을 가지고 미국 공사관으로 갔다. 그러나 알렌은 외부대신의 공문을 가지고 오면 받겠으나 이 공문은 받을 수 없다고 말하고, 또 서울에 있는 미국인 집을 다 수색하게 할 수는 없으니까 어느 집이든지 지정해 가지고 오면 수색을 허락하겠다고 말했다. 그리하여 2월3일에 경무청 관원들이 외부대신의 공문을 가지고 다시 가서 미국인 순사 한 사람과 같이 배재학당과 아펜젤러의 집을 수색했으나,[34] 그때는 두 사람은 이미 양장한 여자로 변장하고 서울을 빠져나간 뒤였다.

2. 죽음의 공포 속에서 하나님에게 기도

이승만은 칼을 뽑아든 병정들에게 둘러싸여 남대문 안의 시위대 병영으로 끌려갔다. 병영에서 대기하는 동안에 한 병정이 이승만에게 물 한 그릇을 떠다주면서 눈빛으로 위로해 주었다. 그리고는 경무청으로 이송되었고, 경무청에서는 당장 심한 고문이 가해졌다. 심문의 초점은 권총의 출처였다. 이에 대해 이승만은 "최정식이 사람을 시켜 들여왔는데, 도망할 때에 방신지책(防身之策)을 하자고 한 일이다" 라고 책임을 도망간 최정식에게 떠넘겼다.[35]

이승만은 자서전 초록에서 이때에 자기를 고문한 사람이 '박들북'(Park Dul Puk: 서정주의 전기에는 '박돌팍')이라는 황국협회(皇國協會) 사람이었다고 적었다. "그는 나와 가장 적대적인 정적의 한 사람이었는데, 황실에 연락하여 황제로부터 전화로 고문하라는 지시를 받고 있었

報: 獄囚逃走".

34) 《매일신문》 1899년 2월6일자, "잡보".

35) 《제국신문》 1899년 2월4일자, "잡보".

다"는 것이다.[36] '박들북'이란 아마 어떤 인물의 별명이었을 것이다. 서정주는 '박돌팍'이 경무사였다고 적고 있으나,[37] 이때의 경무사 이근용은 황국협회와는 관련이 없는 사람이었다. 이승만이 자신에 대한 '박들북'의 잔인한 고문이 고종의 뜻이었다고 단정적으로 말하고 있는 것은 그가 얼마나 고종을 증오하고 있었는가를 시사해 준다. 고문 당하던 때의 일을 이승만은 다음과 같이 회고했다.

> 그들은 나를 캄캄한 방에 눕혀 놓았는데, 나는 그 다음날 아침까지 무슨 일이 있었는지 알지 못했다. 그리고 나는 다시 감옥으로 끌려갔다. 그때에 나는 감옥으로 다시 끌려가기 전에 얼마나 죽고 싶었는지 모른다. 그들은 나에 대한 적의를 마구 뿜어내는 성난 짐승들 같았다. 족쇄, 수갑, 형틀….[38]

이승만은 2월1일에 한성감옥서로 이감되었다. 이감된 감방은 온돌방이 아닌 흙바닥의 을씨년스러운 중죄수 감방이었다. 이승만의 목에는 큰 칼이 채워지고 손은 뒤로 묶이고 발에는 차꼬가 채워졌다. 처음 며칠 동안 이승만은 매일 끌려나가서 고문을 당했다. 고문은 잔인했다. 무릎과 발목을 묶은 뒤 두 다리 사이에 주릿대를 끼워 경리(警吏) 두 사람이 힘껏 틀었고, 세모난 대나무 토막을 손가락 사이에 단단히 끼워 가지고 살점이 떨어져 나가도록 비틀기도 했으며, 마루 위에 엎드려 놓고 대나무 몽둥이로 살이 해어지도록 팼다. 이때에 받은 고문의 후유증으로 이승만은 뒷날 흥분하거나 초조할 때면 손가락을 후후 부는 버릇이 생겼다.[39]

---

36) "Autobiography of Dr. Syngman Rhee", p. 11 ; "청년이승만자서전", 이정식 지음, 권기봉 옮김, 앞의 책, p. 263. 이정식은 '朴達北'이라고 번역했다.

37) 徐廷柱, 앞의 책, p. 285.

38) "Autobiography of Dr. Syngman Rhee", p. 11 ; "청년이승만자서전", 이정식 지음, 권기봉 옮김, 앞의 책, p. 263.

39) Oliver, *op. cit.*, p. 49.

이승만이 탈옥을 주도했다는 자백을 받아내지 못한 경무청은 심문을 만민공동회 때의 일로 확대했다. 이승만의 진술에 따라 이튿날 연홍식(延洪植) 등 '매질꾼' 다섯 사람이 체포되었다. 이들은 전년 11월21일에 황국협회가 만민공동회를 습격했을 때에 만민공동회 회장 고영근(高永根)으로부터 매일 "일원전 한푼씩"의 일당을 받고 동원된 행동대였다. 이들은 이승만과 함께 법부로 넘겨졌다가 모두 곤장을 맞고 풀려났다.[40)]

법부로 이송되자 이승만은 형사국 마당에서 "어느 날에나 죽이는고" 라고 말하고, 또 고등재판소로 내려가다가는 황토마루에서 관아들이 있는 쪽을 바라보면서 "십아문(十衙門)을 마지막 보는구나" 하고 처연한 심정을 토로하기도 했다.[41)] 그는 자기가 사형당할 것이 틀림없다고 생각했다.

이 무렵의 한성감옥서의 운영실태가 어떤 형편이었는지는 《대한크리스도인회보》의 다음과 같은 기사로 짐작할 수 있다.

> 감옥서 안에 죄인이 여러 백명인데, 혹 무슨 죄명인지 알지도 못하고 갇힌 이도 있고, 혹 죄명은 있으나 여러 달을 가두어두고 한 번도 재판도 아니한 이도 있고, 혹 재판하여 무죄한 줄을 아나 어떤 법관의 사사혐의로 갇히어 있는 이도 있어서, 하루 콩나물 소금국과 뉘와 돌 반지기 밥 두 그릇에 주린 창자를 견디지 못하고 동지섣달 설한풍에 냉기가 뼈를 졸이고 오뉴월 장마 속에 악취가 코를 찔러 그중에 병이 나서 죽는 이도 있고 배가 주려 병난 이도 있어서 그 정세가 말이 못되는지라. 우리나라도 차차 개명에 진보하려면 먼저 백성을 사랑할 것이오, 백성을 사랑하려면 먼저 옥정(獄政)을 바르게 하는 것이 제일 급무라고 사람의 공론이 분운(紛紜)하다

40) 《매일신문》 1899년 2월3일자, "잡보"; 鄭喬, 앞의 책, p. 14.
41) 《매일신문》 1899년 2월4일자, "잡보".

더라.[42]

이승만은 잔혹한 고문을 당하면서 '나는 이제 이 세상에 있는 것이 아니다. 조금만 있으면 다른 세상에 갈 터인데, 저 외국사람들이 나에게 말해 준 예수를 믿지 않았기 때문에 그 세상의 감옥에 가 있게 될 것이다' 라는 생각이 들었다. 그러자 그는 배재학당 예배실에서 어느 선교사가 "당신이 당신의 죄를 회개하면 하나님께서는 지금이라도 용서하실 것이오" 라고 하는 말을 들었던 기억이 떠올랐다. 그리고 하나님에게 기도하면 하나님께서 그 기도에 응답해 주신다고 했던 말도 기억났다. 그는 목에 채워진 칼에 머리를 숙이고 "오 하나님! 저의 영혼을 구해 주시옵소서. 오 하나님! 우리나라를 구해 주시옵소서!" 하고 기도했다.[43]

배재학당에 입학할 당시에 어머니 김씨 부인이 아들을 보고 행여 '천주학꾼'이 되는 것이 아니냐고 걱정하자 "저는 그들이 하는 말을 믿기에는 너무도 총명합니다" 라고 말하면서 기독교인이 될 가능성을 단호히 부인했던[44] 그가, 이제 죽음이 눈앞에 다가왔다는 절박한 심리상태에서 영혼의 구원을 바라며 예수를 찾은 것이었다. 이승만의 기도에 대한 하나님의 응답은 황홀했다. 이 순간의 일을 이승만은 다음과 같이 적었다.

> 갑자기 감방이 빛으로 가득 채워지는 것 같았고, 나의 마음에 기쁨이 넘치는 평안이 깃들면서 나는 완전히 변한 사람이 되었다. 그리고는 선교사들과 그들의 종교에 대하여 가지고 있던 증오심과 그들에 대한 불신감이 사라졌다. 나는 그들이 자기네가 매우 값지게 여기는 것을 한국인들에게 주려고 왔다는 것을 깨달았다.[45]

---

42) 《대한크리스도인회보》 1899년 3월15일자, "내보".

43) "Autobiography of Dr. Syngman Rhee", p. 11 ; "청년이승만자서전", 이정식 지음, 권기붕 옮김, 앞의 책, p. 275.

44) "청년이승만자서전", 위의 책, p. 272.

45) 연세대학교 도서관 소장 "Mr. Rhee's Story of Imprisonment", in Oliver R. Avison, "Memories of Life in Korea," pp. 275~276, 유영익, 《젊은 날의

우리는 이승만이 옥중에서 기독교에 입교한 극적인 순간을 간증하면서, 그때까지 그가 선교사들과 그들의 종교에 대하여 가지고 있던 증오심과 그들에 대한 불신감이 사라졌다고 한 말을 꼼꼼히 톺아볼 필요가 있다. 이승만은 배재학당에 입학한 이후로 선교사들의 도움으로 영어와 미국식 민주주의를 익히면서도, 그들 선교사들이 궁극적으로는 한국을 병합하려는 미국정부의 앞잡이들로 여기고 있었다는 것이다. 그는 다음과 같이 적었다.

> 미국 선교사들이 한국에 오기 시작한 직후에 우리 한국인들은 오래전에 선교사들이 어떻게 하와이 군도에 가서 그곳 원주민들 다수를 기독교에 입교시켰는지를 알았다. 선교사들 뒤로 미국 기업인들이 따라가서 원주민들과의 교역을 통하여 원주민들에게는 그다지 혜택을 끼치지 않으면서도 자기들만은 치부하고 있었다는 것도 알았다.
>
> 그리고 미국 선교사들이 한국에 오기 조금 전에 우리는 미국정부가 이 섬들을 모두 병합하여 그 영토의 일부로 만들었고, 이에 따라 하와이인들의 여왕이 폐위되었음을 알았다. 우리 한국인들은 당연히 우리나라에 대해서도 똑같은 운명이 계획되었던 것으로 생각했다. 미국인들이 일본과 중국과 한국으로 하여금 문호를 개방하고 통상을 하도록 강요한 다음에 선교사들이 왔으므로 우리로서는 그렇게 생각하지 않을 수 있었겠는가?
>
> 우리는 선교사들이 장래의 병합을 준비하기 위해 미국정부가 파견한 앞잡이들(agents)이라고 간주하지 않을 수 없었다. … [46]

그러나 한국에 미국 선교사들이 들어 온 것은 하와이 왕국이 미국에

이승만—한성 감옥생활(1899~1904)과 옥중 잡기 연구》, 연세대학교 출판부, 2002, pp. 60~61, pp. 203~204 ; 올리버 알. 에비슨 저, 황용수 역, 《구한말 40여년의 풍경》, 대구대학교 출판부, 2006, pp. 282~283.

46) 유영익, 위의 책, pp. 61~62, pp. 205~206 ; 올리버 알. 에비슨 저, 황용수 역, 위의 책, p. 282.

병합된 1898년보다 훨씬 앞이었으므로, 이승만의 이러한 말은 과장된 점이 없지 않다. 그것은 아마 뒷날 미국의 교회 등에서 신앙간증 강연을 하면서 미국인들에게 자신의 입교 경위를 극적으로 설명하기 위한 수사였을 것이다.

셔우드 에디가 옥중의 이승만에게 넣어 주었던 《신약성서》를 대통령이 된 뒤에 다시 돌려주고 있다. 이승만은 출옥한 뒤에 이 성서를 에디에게 돌려주었다.

이승만은 성경이 읽고 싶어졌다. 그는 에비슨에게 사람을 보내어 영문성경과 영어사전을 차입해 줄 것을 부탁했다. 에비슨은 캐나다 선교사 해로이드(Harroyd)양을 통하여 셔우드 에디(Sherwood Eddy)가 공급하는 영문 《신약성서(*New Testament*)》를 들여보내 주었다. 이승만은 그 영문 《신약성서》를 열심히 읽었다. 그가 성경을 읽을 때에는 죄수 한 사람이 파수를 서고 또 한 사람은 몸이 부자유스러운 이승만을 위해 책장을 넘겨주었다.[47] 사전 없이도 영문성경을 읽었다는 것은 비록 내용을 다 이해하지는 못했더라도 이때에 이미 이승만의 영어실력이 상당한 수준에 도달해 있었음을 말해 준다.

배재학당에 다닐 때에는 그에게 성경이 아무런 의미가 없었으나, 이제 큰 관심거리가 되었다. 성경을 읽으면서 이승만은 마침내 "나의 마음속에 드리운 그 안위와 평안과 기쁨은 형용할 수 없었다"[48]고 할 만큼

47) "Autobiography of Dr. Syngman Rhee", p. 12 ; "청년이승만자서전", 이정식 지음, 권기붕 옮김, 앞의 책, p. 275.

마음이 안정되었다.

이승만은 자신이 목에 채워진 칼에 머리를 숙이고 기도를 하게 된 시점에 대해서는 두 가지로 다르게 적고 있다. 두 자서전 초록에는 성경을 읽기 전이었던 것으로,[49] "투옥경위서"에는 읽은 뒤였던 것으로 적고 있는데,[50] 정황으로 보아 전자쪽이 사실이었을 것으로 여겨진다. 성경을 한참 읽다가 배제학당의 선교사가 하던 말이 생각나서 기도를 했다는 말은 부자연스럽다.

이승만이 기독교에 입교하기로 결심한 날짜가 언제였는지는 분명하지 않다. 황토마루에서 관아들이 있는 쪽을 바라보면서 "십아문을 마지막 보는구나" 하고 탄식한 일을 보도한 《매일신문》의 발행일자가 1899년 2월3일이었던 것으로 미루어 그가 입교를 결심한 것은 1899년 2월이나 3월쯤이었을 것이다. 이렇게 보면 이승만은 국내에서는 양반 출신 지식인으로서는 거의 최초로 기독교에 입교한 셈이다.[51] 이렇듯 이승만이 기독교도가 된 동기는 서양의 문물을 습득하는 방편으로 기독교에 입교한 다른 개화파 지식인들의 일반적 경향과는 큰 차이가 있었다.

이승만의 체포와 재판의 추이에 대해서 신문들이 많은 관심을 보이는 것은 당연했다. 그가 다시 수감된 지 보름이 지난 2월17일자 《제국신문》의 "잡보"란에 실린 채규상(蔡圭象)이라는 시위대 제1연대 1대대 병정이 기고한 시 형식의 글이 눈길을 끈다.

> 불쌍하다. 불쌍하다. 이승만씨 불쌍하다.
> 위국단심 일편으로 만분지일 보답타가
> 시운이 불행하여 어망홍리(魚網鴻離) 되었구나.

---

48) 위와 같음.

49) 위와 같음.

50) 유영익, 앞의 책, p.60, p.203.

51) 같은 책, p.61.

세궁하고 역진하여 배심월옥 도주타가
자취기화(自取其禍) 되었으니 애닯고 가석토다.
십아문아 잘 있거라 다시 볼 날 어느 때냐.
…………
십목소시(十目所視) 보는 바에 정세가 가긍(可矜)하여
반 모슬총〔毛瑟銃: 모제르총〕 잠깐 잡고 두어 자 기록하나
피눈물이 솟아나서 어불성설 되는구나.
그 몸 대신 속할진대 이내 일신 허하겠소.[52]

황실의 호위를 담당하는 시위대 군인이 탈옥죄로 재수감된 죄수를 동정하는 글을 실명으로 기고했다는 사실은 이 무렵 이미 이승만이 그만큼 광범위한 식자층의 지지를 받고 있었음을 말해 준다. 이승만은 같은 방의 죄수가 심문받으러 나갔다가 검사의 방에서 훔쳐온 신문에서 이 기사를 보고 눈물을 흘렸다고 한다.[53]

이승만의 첫 공판은 3월18일에 열렸다. 그의 회고에 따르면, 그가 재판받으러 가는 것을 보려고 기다리던 복녀는 순검에게 뺨을 맞았고, 복녀의 남편은 이승만을 가마에 태워서 재판소에 데려갔다가 데려왔다.[54] 재판장은 만민공동회가 '오흉(五凶)'의 한 사람으로 규탄했던 법부대신 유기환(兪箕煥)이었다.

이승만의 재판에 대해 《황성신문》은 "풍설을 들은즉 이씨가 일률〔一律: 死刑〕을 면하기 어렵다 하나, 기왕의 조칙 중에 미결수는 판결할 때에 감일등(減一等)하라 하셨으니, 법관들이 조칙대로 시행할 지경이면

52) 《제국신문》 1899년 2월17일자, "잡보".
53) 徐廷柱, 앞의 책, p. 190.
54) "Autobiography of Dr. Syngman Rhee", p. 12; "청년이승만자서전", 이정식 지음, 권기봉 옮김, 앞의 책, p. 264.

이씨의 누명〔縷命: 한 가닥 목숨〕을 보존할 듯하다더라”라고 보도했다.[55] 기사에서 말하는 조칙이란 1898년 11월26일에 고종이 만민공동회와 황국협회 대표를 불러 친유할 때에 만민공동회의 진정에 따라 내린 사면령과 1899년 3월19일자로 황태자의 탄신일을 경축하여 반포한 사면령을 뜻하는 것이었다.[56] 그러나 모반죄인은 제외했기 때문에 이승만이 박영효 쿠데타 음모에 가담한 사실이 밝혀진다면 감형대상에 포함되기는 어려운 일이었다.

언제 사형장으로 끌려나갈지 모르는 암울한 감방생활이 계속되었다. 이승만은 아버지에게 올리는 유서를 써 가지고 있다가 어느 날 감방문이 열리자 사형을 당하게 된 줄 알고 옆에 있는 중죄수에게 그것을 맡겼다. 그러나 끌려나간 사람은 그 중죄수였다. 그는 이승만의 유서를 지닌 채 형장으로 끌려갔다.[57] 이 무렵 이승만은 감옥에서 아버지에게 보내는 유서를 세번 썼고 이경선(李敬善)은 두번이나 아들의 시체를 거두어 가기 위해 감옥서 문 앞에서 밤을 새웠다.[58] 이승만 자신도 자서전 초록에서 “어떤 늙은 죄수가 비밀히 감옥 속으로 들여온 신문을 눈물을 흘리면서 읽어 주었다. 지난 밤에 이승만이 사형을 당했다는 것이었다. 아버지는 며칠을 두고 내 시체를 찾으려고 감옥서 문 앞에 왔다 가셨다”라고 적고 있다.[59] 그러나 현존하는 당시의 신문에서는 그러한 기사는 찾아볼 수 없다.

이승만이 사형될 것이라는 소문이 나자 오달지고 당돌한 성품의 박씨

---

55) 《皇城新聞》 1899년 3월20일자, “雜報: 罪因裁判”.

56) 都冕會, “1894~1905年間 刑事裁判制度硏究”, 서울大學校 博士學位論文, 1998, p. 184.

57) 徐廷柱, 앞의 책, p. 193.

58) 文讓穆, 《독립정신》 서문, 《梨花莊所藏 雩南李承晩文書 東文篇(一) 李承晩著作 1》, 延世大學校 現代韓國學硏究所, 1998, p. 18.

59) “Autobiography of Dr. Syngman Rhee”, p. 11 ; “청년이승만자서전”, 이정식 지음, 권기봉 옮김, 앞의 책, p. 263.

부인이 남편의 구명운동에 나섰다. 박씨 부인은 3월23일에 상소문을 직접 써가지고 인화문(仁化門) 앞에 나아가 엎드렸다. 《황성신문》에 이승만의 재판기사가 난 지 사흘 뒤의 일이었다. 이 사실을 보도한 당시의 신문은 "부인이 남편을 위하야 상소하는 뜻은 뉘 장하다 아니하리오"[60] 라며 칭찬을 아끼지 않았다.

박씨 부인이 이틀 동안을 인화문 앞에 엎드려 통곡하자 궁에서 순검이 나타나서 말했다.

"칙임관(勅任官) 외에는 상소를 못 하기로 접때 관보에 장정(章程)이 났고, 상소할 만한 일이 있으면 중추원으로 헌의하면 중추원에서 회의해서 의정부로 통첩하면 의정부에서 상주하는 것이어늘, 여기서 백날을 있을지라도 격식이 틀려 그 상소를 받아들이지 못하겠으니 중추원으로 가시오."[61]

순검이 말한 장정이란 빈번한 상소를 통제하기 위하여 칙임관 이상만 직접 상소할 수 있게 하고 일반인은 중추원에 헌의하거나 재판소에 제소하도록 한 1899년 1월4일의 조치를 말하는 것이었다.[62]

상소를 올릴 수 없자 박씨 부인은 법부에 남편을 조속히 재판해 줄 것을 청원했다. 그러나 이것마저 여의치 않자 중추원에 다음과 같은 헌의서를 제출했다.

> 본인의 남편이 본디 가세가 청빈하야 외국인의 집으로 다니며 고용을 하다가 연소 몰각한 탓으로 망령되이 민회에 발을 들여놓았고, 횡리지액〔橫罹之厄: 뜻밖에 당한 재액〕을 당하야 죄수가 되었더니, 남의 꾀임을 듣고 월옥 도주하려다가 또 망사지죄〔罔赦之罪: 용서

---

60) 《제국신문》 1899년 3일25일자, "잡보" ; 《독립신문》 1899년 3월25일자, "잡보: 여인상소".

61) 《제국신문》 1899년 3월27일자, "잡보" ; 《조선크리스도인회보》 1899년 3월 29일자, "내보".

62) 《日省錄》 光武2년 11월23일(양력 1899년 1월4일) 조.

> 할 수 없는 큰 죄]를 범하였은즉, 무죄 방송하기는 본인의 헤아리는 바가 아니오나 조속히 판결 방송하야 팔순 시모와 청년 여자의 무의무탁하야 노상으로 유리하여 고생함을 면하게 하여 주소서.[63]

그러나 중추원에 제출한 이 헌의도 거부되었다. 박씨 부인이 헌의서에서 "팔순 시모"라고 한 것은 시부 이경선을 지칭한 것이었다. 시모 김씨 부인은, 앞에서 보았듯이, 3년 전인 1896년 7월에 사망하고 없었다. 그리고 이경선은 이때에 쉰여덟 살이었다.

이승만의 두번째 재판은 4월10일로 예정되어 있었으나 미루어지다가, 함께 탈옥한 최정식이 5월8일에 체포됨에 따라 다시 늦추어져서 7월10일에야 평리원(平理院)에서 열렸다.[64] 서울을 벗어난 최정식은 진남포로 도피하여 일본으로 탈출하려고 기도하다가 묵고 있던 여관집 주인의 밀고로 체포된 것이었다.

5월30일자로 사법제도가 바뀌어 고등재판소가 평리원으로 개편되고,[65] 공교롭게도 황국협회의 만민공동회 습격을 지휘했던 홍종우(洪鍾宇)가 7월7일부로 재판장에 임명되었다.[66] 이때의 재판상황을 이승만은 자서전 초록에서 다음과 같이 자세히 적었다.

> 나의 정적이던 홍종우가 평리원의 재판장으로 부임했다. 그는 자기 앞에서 나의 형틀을 제거하도록 명령했다. 홍종우는 황국협회의 회장으로서 나의 가장 큰 정적의 하나였는데, 재판장이 되어 나의 사건을 판결하는 자가 된 것이었다. 그런데 그는 어떻게 된 일인지 나의 생명을 살리려고 온갖 힘을 써 주었다. 참으로 인생의

---

63) 《매일신문》 1899년 3월30일자, "잡보".

64) 《독립신문》 1899년 4월11일자, "잡보: 재판소문".

65) 《독립신문》 1899년 6월6~23일자, "재판소 개정건"; 金炳華, 앞의 책, p. 82.

66) 《日省錄》 光武3년 5월30일(양력 7월7일) 조.

> 야릇한 역전이었다.… 그〔崔廷植〕와 내가 재판을 같이 받게 된 날 나는 몸이 몹시 쇠약해 있어서 제대로 가눌 수 없는 처지였다. 그는 활기 있게, 그리고 웅변조로 나에게 모든 것을 뒤집어 씌웠다. 그러나 나는 나 자신을 방어할 기력이 없었다. 그런데 그는 너무 말을 많이 하다가 나에 대한 진술 가운데 앞뒤가 맞지 않는 이야기를 했다. 따라서 판사는 다음날 그를 추궁하기 시작했는데, 결국 그가 전날 한 말에 걸려서 빠져나오지 못하게 되어버렸다. 물적 증거로 나의 권총이 제출되었는데, 나는 한 방도 쏘지 않았던 것이 입증되었다.… 재판장 홍종우가 나의 부친에게 나를 살려 주기로 결정했다는 말을 전해 주었다는 소식은 퍽 뒤에 들었다.[67]

이 글로 미루어 보면, 최정식은 이승만이 탈옥을 주도했고 권총을 쏜 것도 이승만이었다고 강력히 주장했던 모양이다. 이튿날의 판결에서 최정식은 탈옥하다가 제지하는 간수에게 총을 쏜 죄로 교수형이 언도되었고, 이승만은 탈옥 종범으로 인정되어 사형을 면하고 태(笞) 일백과 종신형에 처해졌다. 판결문은 다음과 같았다.

> (최정식의) 어핍지존한 일은 증빙이 확적(確的)하지 못하고 이승만이 강성형(姜盛馨)의 구초(口招)에 난 일은 죄있는 정적(情跡)이 없으나, 두 죄범이 옥을 벗어나 도망하다가 최정식이 방포하야 사람을 상한 모든 사실은 피고 등 진공(陳供)과 여러 증참〔證參: 증인으로 현장에 참석함〕으로 더불어 명백한지라. 피고 최정식은 대명률(大明律)에 죄를 범하고 도망하다가 잡는 것을 막고 사람을 몰아 상(傷)하는 율(律)에 비추어 교(絞)에 처하고, 피고 이승만은 같은 조에 수종(隨從)이 된 자의 율에 비추어 태 일백, 징역 종신에 처한다.[68]

---

67) "Autobiography of Dr. Syngman Rhee", p. 12 ; "청년이승만자서전", 이정식 지음, 권기봉 옮김, 앞의 책, pp. 263~264.

68) 《官報》 1899년 8월 1일자, "司法" ; 《독립신문》 1899년 8월 2일자, "선고서".

이처럼 재판은 최정식이 어핍지존한 혐의나 이승만이 박영효 쿠데타 음모에 연루된 사실은 무혐의로 처리했다. 그러나 만일에 이승만이 쿠데타 음모에 가담했던 사실이 그대로 밝혀지고 탈옥도 그가 주도했던 것이 인정되었더라면 그는 사형을 면할 수 없었을 것이다. 그러므로 이때의 이승만에 대한 판결에는 그의 석방교섭을 벌였던 알렌 공사와 외국인 선교사들의 활동이 상당한 영향을 미쳤을 것으로 짐작된다.[69]

이승만의 재판과 관련하여 또 한 가지 상상할 수 있는 것은 고종과 개화파들로부터 함께 신뢰를 받던 한규설(韓圭卨)의 도움이다. 한규설과 이승만의 친분관계가 언제부터였는지는 알 수 없으나, 이승만은 옥중에 있을 때나 옥에서 나와서 미국으로 떠날 때에도 한규설의 도움을 받았다. 이 시기에 이승만이 한규설로부터 받은 한문 편지가 열 통이나 보존되어 있어서 두 사람의 각별했던 친분관계를 짐작하게 한다. 한규설은 이승만이 체포되기 직전인 1898년 12월까지는 법부대신과 고등재판소 재판관 등의 중책을 맡고 있었고, 이승만이 수감생활을 하는 동안에는 궁내부(宮內府) 특진관으로 있었다.[70] 이러한 한규설이었으므로 이승만이 사형을 면할 수 있도록 재판에 영향을 미쳤을 개연성은 있다.

이승만의 재판이 계류되어 있는 동안 독립협회의 잔존세력이 벌인 폭력투쟁도 이승만의 재판에 일정한 영향을 미쳤을 것이다. 6월 초부터 한 달 남짓 동안 서울거리를 온통 공포분위기에 몰아넣었던 이때의 폭력투쟁은 진고개의 일본인 거류지에 숨었던 고영근, 최정덕(崔廷德), 임병길(林炳吉) 등이 주도했는데, 이들은 모두 독립협회와 만민공동회 때에 이승만과 행동을 함께했던 급진과격파들이었다. 보부상단체 상무

69) 高珽烋, "開化期 李承晩의 思想形成과 活動(1875~1904)", 《歷史學報》, 제 109집, 1986, p. 44.

70) 安龍植 編, 《大韓帝國官僚史硏究(Ⅰ)~(Ⅳ)—1896. 8. 1~1910. 8》, 延世大學校 社會科學硏究所, 1994~1995, (Ⅰ)의 pp. 808~809, (Ⅱ)의 p. 969, (Ⅲ)의 p. 744.

사의 대표인 참정대신 신기선(申箕善), 중추원 의장이 되어 있던 조병식, 독립협회 회원이었으나 변절자로 지탄받던 의주군수 방한덕(方漢德), 그리고 박정양(朴定陽) 등 고관들의 집이 잇단 폭탄테러로 큰 피해를 입었다.[71]

경무청에서는 순검을 늘려 순찰을 강화하고 병정들까지 투입하여 밤 이경〔二更: 밤 9시부터 11시 사이〕부터 통행금지를 실시하고,[72] 매 10호를 1통으로 묶어서 1통마다 순검 1명씩을 배치하여 순찰하게 했다. 이러한 삼엄한 경계는 6월22일쯤에 임병길 등 주모자들이 체포될 때까지 계속되었다.[73] 이들이 체포되면서 순검과 병정들은 평상시의 임무로 돌아갔으나, 심야 순찰은 각 궁을 중심으로 보부상패들에 의해 계속되었다.

사형이 집행되던 날 최정식은 교수대로 끌려나가면서 이승만을 보고 말했다.

"이승만씨, 잘 있으시오. 당신은 살아서 우리가 같이 시작한 일을 끝맺으시오."[74]

이승만의 태형 집행을 맡은 간수는 이승만 일행이 탈옥할 때에 최정식이 쏜 총에 다리를 맞은 김윤길(金允吉)이었다. 이경선은 그에게 돈을 주어 매질을 아프지 않게 해달라고 부탁했다. 태형 집행준비가 되었을 때에 입회하러 온 판사는 시작하라고 명령을 하고는 문을 닫고 가버렸고, 김윤길은 큰 소리로 "하나, 둘, 셋 …" 하고 세면서 몽둥이를 들었다 놓았다 할 뿐이었다. 행형이 끝났을 때에 이승만의 몸에는 아무 상처도 나 있지 않았다.[75] 그것은 이경선이 쥐어 준 돈 때문이기도 했으

71) 《독립신문》 1899년 6월10일자, 12일자, 13일자, 14일자, 15일자, "잡보".

72) 《독립신문》 1899년 6월15일자, "잡보: 이경금찰".

73) 《독립신문》 1899년 6월26일자, "잡보: 공초소문".

74) "청년이승만자서전", 이정식 지음, 권기봉 옮김, 앞의 책, p. 264.

75) "Autobiography of Dr. Syngman Rhee", p. 13 ; "청년이승만자서전", 이정식

나, 그보다도 이승만에 대한 정부의 태도가 달라진 것이 더 큰 이유였던 것 같다.

이승만이 투옥되자 당장 문제는 박씨 부인의 호소대로 가족의 생계였다. 이 무렵 이승만의 가족들은 남서(南署)의 장동(長洞)에 살고 있었다.[76] 우수현에 살던 그들이 언제 이곳으로 이사했는지는 확실하지 않으나, 이승만의 판결문에 주소가 한성부 남서 장동으로 되어 있다. 이승만이 감옥생활을 하는 동안 박씨 부인은 살림을 줄여 창신동, 신설동, 누하동 등의 변두리를 전전했고, 그러면서도 거의 하루도 빠지지 않고 새벽마다 남편의 사식을 마련해 갔다고 한다.[77]

이러한 이승만의 가족들을 돌보아 준 것도 외국 선교사들이었다. 아펜젤러는 이승만의 가족에게 담요와 쌀과 장작을 보내 주었고, 옥중의 이승만에게는 옷을 차입해 주었다.[78]

이승만에 대한 구명운동은 꾸준히 진행되었다. 의정부 의정(議政) 윤용선(尹容善)은 이승만을 직접 간접으로 도와주었고, 1899년 11월 중순에는 이른바 육범〔六犯: 음모, 살인, 강도, 절도, 간음, 사기〕을 제외한 모든 죄수는 칙령에 따라서 석방한다고 발표했다. 많은 사람들은 그 조치에 따라서 이승만이 곧 석방될 것이라고 믿었다. 그러나 그 계획이 실행되기 전에 윤용선이 의정에서 물러남으로써 이승만의 석방은 허사가 되고 말았다.[79] 다만 이승만의 형기는 12월13일에 감일등의 특사를 받아 종신징역에서 15년으로, 12월22일에는 다시 10년으로 감형되었

지음, 권기붕 옮김, 위의 책, pp. 264~265.

76) 《독립신문》 1899년 3월25일자, "잡보: 여인상소".

77) 李承晩의 처조카 朴貫鉉 증언. "人間李承晩百年(31)", 《한국일보》 1975년 4월25일자.

78) "李承晩이 아펜젤러에게 보낸 1899년 12월18일자 편지", 이만열 편, 앞의 책, pp. 4~6.

79) "李承晩이 아펜젤러에게 보낸 1900년 2월6일자 편지", 이만열 편, 위의 책, pp. 416~417.

다.[80] 이때의 두 차례의 감형은 장헌세자〔莊獻世子: 뒤주에 갇혀 죽은 사도세자〕를 장조(莊祖)로 추존(追尊)하게 된 데 따른 것이었다.

이승만이 감옥생활을 통하여 인격적 성숙과 학문의 진전을 성취하는 데에 큰 계기가 된 것은 전년 10월에 간수장으로 부임한 김영선(金英善)이 1900년 2월12일에 감옥서장으로 승진 발령된 일이었다.[81] 김영선이 감옥서장이 된 뒤로 감옥서의 급식과 시설 등의 생활환경이 크게 개선되었다. 김영선은 수감된 정치범들의 처우를 개선했을 뿐만 아니라 책을 읽고 글을 쓰는 자유를 허락했고, 특히 이승만에게는 학문에 관한 책을 무엇이든지 번역할 수 있도록 허락했다. 그리고 그 번역작업의 사례로 "남의 이목이 두려울 만큼" 많은 돈까지 주어 이승만이 그 돈으로 밖에 있는 가족들을 부양할 수 있게 해주었다.[82]

김영선이 어떤 인물이며 왜 이승만에게 특별한 호의를 베풀었는지에 대해서는 알려진 것이 없다. 이승만도 자서전 초록에서 "김영선이 감옥서장으로 임명되었는데, 그는 나에게 특별히 친절했다"라고만 적어 놓았을 뿐이다.[83] 이승만의 처조카 박관현(朴貫鉉)의 말로는, 김영선이 엄비(嚴妃)의 사람이었고 이승만의 장모 이씨가 엄비의 침모로 입궁해 있었던 관계로 엄비가 이승만을 잘 알았다고 한다.[84] 한편 올리버는 엄비가

---

80) 《官報》 1899년 12월19일자 및 12월30일자, "司法".

81) 《皇城新聞》, 1900년 2월15일자, "官報"; 安龍植 編, 《大韓帝國官僚史研究(Ⅰ)—1896. 8. 1~1901. 7. 31》, p. 116.

82) "寄本署長書", 《雩南李承晚文書 東文篇(二) 李承晚著作 2》, p. 42; 번역문은 유영익, 앞의 책, pp. 272.

83) "Autobiography of Dr. Syngman Rhee", p. 13; "청년이승만자서전", 이정식 지음, 권기붕 옮김, 앞의 책, p. 265.

84) "人間李承晚百年(36)", 《한국일보》 1975년 5월3일자; 李恩秀, "朴承善의 家系 및 平生" 및 "李恩秀手記", 정병준, 《우남 이승만 연구—한국근대국가의

이승만이 주관하던 《제국신문》 논설의 애독자였다고 했는데,[85] 그것은 이승만 자신도 엄비가 자기에게 관심을 가졌던 것으로 이해하고 있었음을 말해 준다.

또 한 가지 생각할 수 있는 것은 한규설이 재판 때와 마찬가지로, 김영선에게 이승만을 잘 대우하도록 당부했을 개연성이다. 한규설이 이승만의 특사문제를 여러 방면으로 알아본 것이 그가 옥중의 이승만에게 보낸 편지에 나타나 있다. 날짜 미상의 한 편지에서 한규설은 "(감옥) 서장을 만나서 이야기 했소이다.… 그가 혹시 염두에 둘지. 바라건대 안심하시오"라고 썼다.[86] 법부대신을 지냈고 현직 궁내부 특진관인 한규설의 말을 판임관 6급인 한성감옥서장이 소홀히 할 수 없었을 것이다. 새로 부임한 간수장 이중진(李重鎭)도 이승만에게 친절했다.

이승만에 대한 외국 선교사들의 석방운동은 확정판결이 있고 난 뒤에도 계속되었다. 이승만과 친분이 있던 선교사들은 그를 위해 "그들이 할 수 있는 일이면 무엇이든지 다 해주었다".[87] 그 결과 1900년 겨울에는 고종이 언더우드(Horace G. Underwood, 元杜尤) 목사에게 머지않아 기회를 보아 이승만을 사면하여 석방하겠다고 약속했다. 그리하여 선교사들은 이승만이 늦어도 고종 탄신 50주년 경축 특사에는 포함될 것으로 기대했다. 정부는 1901년 9월7일에 경축행사를 성대하게 개최하면서 은사령(恩赦令)을 내려 육범 이외의 죄수들을 모두 사면했다. 그러나 어찌된 일인지 이승만은 제외되었다. 그러자 아펜젤러를 비롯하여 에비슨, 벙커(D. A. Bunker, 房巨), 헐버트(H. B. Hulbert, 紇法, 轄甫), 게일(James S. Gale, 奇一) 다섯 사람은 1901년 11월9일에 연명으로 내부협

형성과 우파의 길》, 역사비평사, 2005, p. 76.

85) Oliver, *op. cit.*, pp. 59~60.

86) "韓圭卨이 李承晩에게 보낸 1904년 8월 이전의 편지", 《雩南李承晩文書 東文篇(十八) 簡札 3》, p. 288.

87) McKenzie, *op. cit.*, p. 75.

판 이봉래(李鳳來) 앞으로 편지를 보냈다. 선교사들이 이봉래 앞으로 편지를 보낸 것은 그가 이들 선교사들에게 고종의 이승만 석방약속을 전달했기 때문이었다. 선교사들의 편지는 문면은 정중했으나 고종이 약속을 지키지 않은 데 대한 항의였다. 그들은 이승만이 한국인 환자의 치료를 위해 왕진 가던 미국인 의사를 도우려 동행하다가 체포되었음을 다시금 상기시키면서 조속한 석방을 촉구했다.[88] 그러나 정부에서는 아무런 반응이 없었다.

황실과 교분이 있는 이들 미국인 선교사들의 청원마저 묵살되자, 이승만에 대한 선교사들의 석방운동은 주춤해질 수밖에 없었다. 게다가 해가 바뀌면서 석방운동의 핵심인물이던 아펜젤러가 뜻밖의 사고로 사망함으로써 이승만은 정신적으로 큰 고통을 겪었다. 아펜젤러는 1902년 6월11일에 목포에서 개최되는 성경번역위원회의 회합에 참석하러 가던 도중에 그가 탔던 배가 다른 배와 충돌하여 침몰하는 사품에 익사하고 말았다.[89] 이승만은 은사의 비보를 듣자 하루 반을 내리 울고 단식했을 정도로 깊은 슬픔에 잠겼다.[90]

이 무렵 이승만은 서소문 옥사에서 서린동에 새로 지은 종로 옥사로 이감되었다. 종로 옥사는 갑오경장 때에 좌우포도청(左右捕盜廳)을 폐지하고 경무청을 설치하면서 종전의 전옥서(典獄署)를 감옥서(監獄署)로 개칭하여 경무청에 소속되게 하고 서소문 안으로 옮김으로써 폐옥이 되었던 것인데, 1901년 5월부터 청국에서 들여온 벽돌로 외벽을 쌓는 등 대대적으로 개축하여 1902년 4월에 준공한 옥사였다.[91] 그러나 감

88) "Letter to Ye Bong Nai", Nov. 9, 1901, 《雩南李承晚文書 東文篇(二) 李承晚著作 2》, pp. 80~81.

89) 이만열 편, 앞의 책, pp. 453~454.

90) 《朝鮮日報》 1934년 11월 27일자, "朝鮮新教育側面史: 培材校 50年 座談會".

91) 韓國內部警務局, 《顧問警察小誌》, 1910, p. 240 ; 中橋政吉, 《朝鮮舊時の刑政》, 治刑協會, 1936, pp. 115~116.

옥서의 운영실태는 크게 개선된 것이 없었다.

3. 감옥서학교와 서적실

이승만의 감옥생활 가운데에서 가장 괄목할 만한 것은 옥중에 학교를 만들어서 죄수들을 가르친 일이다. 이승만은 1901년 초에 감옥서장 김영선에게 형정(刑政)의 개혁을 건의하는 "기본서장서(寄本署長書)"라는 건의서를 제출했다. 한문으로 된 이 장문의 건의서는 이승만의 서양 선진제국의 형정에 관한 지식과 함께 형정개혁에 관한 구체적인 비전을 보여 주는 것이어서 눈여겨 볼 만하다.

> 무릇 감옥을 설치한 것은 사실 백성 가운데 불량한 자로 하여금 개과천선(改過遷善)하게 하기 위함입니다. 그러므로 태서〔泰西: 서양〕의 옥정을 살펴보건대 인애(仁愛)와 관서(寬恕)의 제 조항 밖에도 지극히 선한 한 가지 조항이 더 있습니다. 이는 우리 한국이 마땅히 빨리 본받아 시행해야 할 일입니다. …
>
> 백성으로서 법률을 위반하는 일은 태반이 직업을 잃고 의지할 데가 없는 자들로부터 나오는데, 이것 역시 교화(教化)가 미치지 못하기 때문입니다. 백성 위에 있는 사람은 그들에게 사랑을 베풀 것을 생각하지 않고, 다만 그 죄만을 미워하여 죄과에 따라 오직 법으로만 다스리려 합니다. …

이처럼 이승만은 교화의 중요성을 강조했다. 그러면서 그는 몇 가지 형정 개혁방안과 자신의 언론활동의 경험을 설명하고 나서, 결론적으로 감옥 안에 학교를 개설할 것을 건의했다.

> 바라건대 각하께서는 이러한 정황을 가엾게 여기시고, 겸하여 학교를 세워서 학문을 권장하는 훌륭한 뜻을 본받으십시오. 특별히 방을

> 허락하시어 학문에 뜻을 둔 사람들을 골라서 한 곳에 모아 수업을 받게 하고, 아울러 등에 불을 켜는 것을 윤허해 주십시오. 필요한 화구(火具)는 모두 자력으로 준비하고 주야로 권면하여 연마의 보람을 찾을 수 있을 것이며, 겸하여 심심풀이하는 방편으로 삼고 또한 책을 번역하고 물건을 만들어 비용에 충당하겠습니다. … [92)]

이러한 이승만의 건의에 따라 1902년 8월에 감옥서 안에 학교가 개설되었다. 옥중학교의 설립경위와 운영실태에 대해서는 이승만 자신이 감리교단에서 발행하던 잡지 《신학월보》에 기고한 "옥중전도"라는 인상적인 신앙고백에 자세히 서술되어 있다.

우선 옥사의 한 칸을 치우고 각 칸에 수감되어 있는 소년수 수십명을 모아 "가갸거겨…"를 써서 읽혔다. 더러는 웃기도 하고, 더러는 흉도 보고, 또 더러는 원망도 했다. 그러나 이승만은 이러한 일에 개의하지 않고 아이들을 열심히 가르쳤다. 반년이 채 지나지 않아서 아이들은 국문을 모두 깨우치고 《동국역사(東國歷史)》와 《명심보감(明心寶鑑)》을 어려서부터 배운 아이들 못지않게 익혔다. 각자의 희망에 따라 영어와 일어도 가르쳤고, 산술은 가감승제(加減乘除)를 제대로 할 수 있게 되었다.

글을 가르치는 것과 동시에 그는 전도에도 힘을 기울였다. 그리하여 얼마 지나지 않아서 아이들은 《신약》을 열심히 읽고, 아침저녁 기도는 저희들 입으로 하며, 찬송가 네댓 가지는 "매우 들을 만하게" 부를 수 있게 되었다. 이러한 성과에 대해 이승만은 "어린 마음이 장래에 어떻게 변할는지는 알 수 없으나 지금 믿을 만한 사람은 이 중 몇 아이만한 사람이 많지 못할지라" 라고 자부하고 있다. [93)]

이 시대까지도 한국에서는 물론 세계적으로 미성년범죄자를 별도로 다루는 제도가 거의 없었다. 한국에서는 오히려 부모나 가까운 친척 대

---

92) "寄本署長書", 《雩南李承晚文書 東文篇(二) 李承晚著作 2》, pp. 42~46 ; 번역문은 유영익, 앞의 책, pp. 272~277.

93) 리승만, "옥중전도", 《신학월보》 1903년 5월호, p. 185.

이승만의 글 "옥중전도"가 실린 《신학월보》의 표지.

신에 징역을 사는 어린 대수(代囚)들마저 있었다. 시카고에 세계 최초로 소년재판소가 설치된 것은 1899년의 일이며, 한국에서는 1923년에 처음으로 소년교도소가 설치되었다.[94)]

영어를 큰 소리로 따라 읽고 찬송가를 합창하고 아침저녁으로 기도하는 아이들과 이들을 지도하는 이승만의 열성적인 모습은 절망적인 감옥 안의 분위기를 크게 바꾸어 놓았다. 소년죄수들이 공부하는 것을 보고 성인죄수 가운데서도 배우기를 원하는 사람들이 나타났다. 이승만은 감옥서의 협조를 얻어서 다시 성인반을 개설하여 성경, 영어, 지리, 문법 등을 가르쳤다. 이들 어른 죄수들은 거의가 한문은 말할 나위도 없고 다른 외국어를 배운 경험이 있는 정치범들이었으므로 학업의 성취도 빨랐다. 이 무렵 한성감옥서에 수감된 죄수들은 350명쯤 되었는데,[95)] 이들 가운데에서 40명가량이 정치범이었다.[96)]

감옥서장 김영선도 매우 협조적이었다. 그는 토요일마다 대청에서 도강(都講)을 받아 우수한 사람에게는 종이로 상급을 주고, 못하는 사람에게는 벌로 절을 시켰다.

---

94) 金炳華, 《續近代韓國裁判史》, 韓國司法行政學會, 1976, pp. 99~100.

95) 《皇城新聞》 光武6(1902)년 12월3일자, "雜報: 囚懲査案"에 따르면 미결수 140여명, 기결수 205명이었다.

96) 서정민, 《구한말 이승만의 활동과 기독교(1875~1904)》, 연세대학교 석사학위논문, 1987, pp. 47~50.

감옥학교에는 이승만과 함께 다른 교사 두 사람이 있었다. 한 사람은 이승만과 같이 배재학당에서 공부했던 신흥우(申興雨)였고, 다른 한 사람은 독립협회 간부로 활동했던 양기탁(梁起鐸)이었다. 신흥우는 1901년 11월23일에 수감되어 3년형을 언도받고 복역했고, 양기탁은 1901년 무렵에 수감되어 종신형을 받았다가 1903년 무렵에 석방되었다.[97] 신흥우는 어른반을 맡아 가르쳤고, 양기탁은 아이들반을 맡아 가르쳤으며, 이승만은 두 군데를 오가며 가르쳤다. 이승만은 가끔 여러 주제에 대해 강의했는데, 그 내용은 주로 미국의 정기간행물에서 읽은 민주주의에 관한 것들이었다.[98]

김구와 마찬가지로 이승만 역시 같이 수감되어 있던 죄수들을 가르칠 생각을 했다는 것은 특기할 만한 사실이다. 그것은 기본적으로 조선조의 전통적 교육열에 기인하는 것이겠으나, 세계의 형정사(刑政史)에서 유례가 없는 일이었다. 이승만의 이러한 열성은 그를 성원하는 외국 선교사들을 크게 감동시켰다. 그러한 사정은 신흥우의 아버지 신면휴(申冕休)가 쓴 "옥중개학전말(獄中開學顚末)"이라는 글에 잘 나타나 있다.

> 며칠 전에는 외국사람들이 옥중에 학교가 설립되었다는 소문을 듣고 기뻐하면서, 서양의 개명한 나라에도 그러한 일이 없다고 하면서, 서적과 식품을 많이 가지고 들어가서 여러 학생을 모아놓고 일장 연설을 하고 극구 찬양도 하고 갔으니 ….[99]

신면휴는 이승만이 어려서 자기에게 배울 때에도 총기가 있었다고 강조했다. 그런데 이승만이 어릴 때였다면 배재학당에 입학하기 전의 일

97) 申興雨, "李承晩を語る", 高等法院檢事局思想部《思想彙報》제 16호, 1938년 9월 p. 285 ; 鄭晉錫 "해제", 《雩崗梁起鐸全集(3) 公判記錄 I》, 동방미디어, 2002, pp. 9~22.

98) Oliver, *op. cit.*, p. 64.

99) 전택부, 《人間 申興雨》, 基督教書會, 1971, p. 401.

이었을 것인데, 이승만 자신의 회고록류에나 올리버와 서정주의 전기에도 이승만이 어려서 신면휴에게서 배웠다는 기록은 없다. 당시의 신문은 옥중학교의 개설에 대해 다음과 같이 보도했다.

> 감옥서장 김영선씨가 인민의 교육이 무하야 근일에 범과처역(犯科處役)한 자가 매우 많음을 개탄하야 월전부터 감옥서 내에 학교를 설립하고 죄수를 교육하는데, 교사는 이승만, 양의종(梁義宗: 양기탁의 초명. 의종(宜鐘)이라고도 썼다) 씨요 교과서는 개과천선할 책자요, 영어 산술 지지(地誌) 등서로 열심 교도하는 고로 영인 벙커씨가 매 일〔일요일〕 일차씩 와서 교과를 찬무(贊務)하고 서책을 다수 공급하므로 … .100)

감옥서 안의 학교소식은 밖에서도 큰 관심거리가 되어 많은 내외국 사람들이 연조를 보내 왔다. 제물포에 사는 어떤 사람은 익명으로 《제국신문》에 지폐 2원을 보내면서 감옥서 학교의 학비에 보태라고 했다. 이승만은 이 일과 관련하여 "이원으로 보태어 아이들에게 의복을 고쳐 입히니 참 감동할 만한 일이라" 라고 적었다.101)

영국인 벙커가 서책을 다수 공급했다는 말은 이 기사가 나기 3주일 전에 벙커 목사가 한성감옥서에 크리스마스 선물로 종교서적을 넣어 준 일을 말하는 것이었다. 1902년 12월25일에 감옥서 안에서 처음으로 크리스마스 축하행사가 열렸는데, 특히 흥미로운 것은 이날의 행사비용을 감옥서 간수들과 죄수들이 함께 추렴했다는 사실이다. 다과를 준비하고, 관민 40여명이 모여 설레는 분위기 속에서 크리스마스 축하 예배를 올렸다. 이날 감옥서를 찾아온 벙커 목사는 모인 아이들을 보고 대단히 기뻐하면서 자기도 매 일요일마다 와서 아이들을 가르치겠다고 약속했다. 이때부터 그는 약속대로 일요일마다 감옥서에 와서 아이들이 공부

100) 《皇城新聞》 1903년 1월19일자, "雜報: 獄囚敎育".

101) 리승만, "옥중전도", 《신학월보》 1903년 5월호, p. 186.

한 것을 문답도 하고 성경도 가르쳤다.

이날 벙커 목사는 크리스마스 선물로 종교서적 150여권을 가지고 왔다.[102] 그런데 이 책들이 기본이 되어 감옥서 안에 서적실이 마련되었다. 서적실을 꾸리기 위해서는 우선 책장이 있어야 했다. 이승만은 "사백냥 돈을 들여 책장을 만들고 …" 라고 적고 있는데,[103] 그것은 자신이 직접 책장을 만들었다는 뜻이다.[104] 이승만은 손재주가 좋아서 옥중에 있으면서 반닫이 같은 간단한 가구를 만들어 박씨 부인에게 내보내기도 했다.[105]

책장이 마련되자 이승만은 여기저기에 부탁하여 책들을 수집했다. 이승만이 "성서공회에서 기꺼이 찬조하여 50원을 위한(爲限) 하고 보조하기를 허락하여 각처에 청구하야 서책을 수합함에, 심지어 일본과 상해의 외국 선교사들이 듣고 서책을 연조한 자가 무수한지라"[106] 라고 썼듯이, 서적실을 가장 적극적으로 도와준 것은 외국인 선교사들이었다.

처음 서적실을 개설할 때에는 장서 수가 250여권 정도였으나 개설한 지 2년이 못 되어 두 배 이상으로 늘어났다. 이때의 "옥중도서대출명부"가 보존되어 있어서 서적실에 어떤 책들이 비치되어 있었는지 알 수 있다. 이 도서대출명부는 마치 금전출납부와 같은 대장에 1903년 1월17일부터 1904년 8월31일까지 20개월 동안 죄수들과 간수들이 언제 누가 무슨 책을 대출해 가고 또 언제 반납했는지를 적어 놓았고, 끝에 "감옥서 서적목록"이라고 하여 서적실에 비치되어 있는 책 523권〔한문책 223종 338권, 국문책 52종 165권, 영문책 20종 20권〕의 목록이 실려 있다. 성서를 비롯한 기독교관계 서적이 많았으나, 4분의 1가량은 정치, 경제,

102) Oliver, *op. cit.*, p. 64.

103) 리승만, "옥중전도", 《신학월보》 1903년 5월호, p. 188.

104) 李商在의 손자 李鴻植의 말을 토대로 한 曺惠子 증언.

105) 李承晚의 조카 沈鍾喆 부인의 말을 토대로 한 曺惠子 증언.

106) 리승만, "옥중전도", 《신학월보》 1903년 5월호, p. 188.

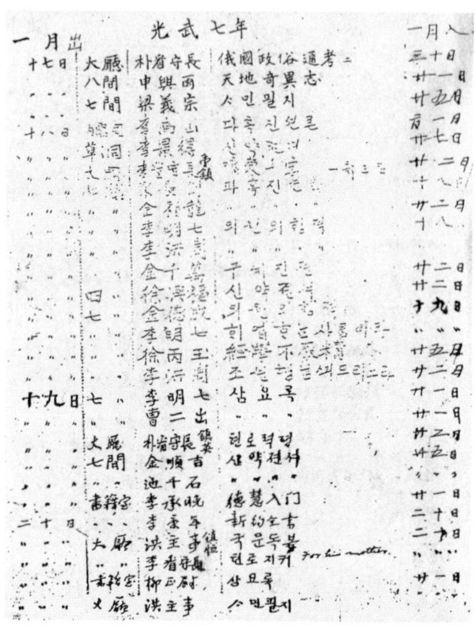

光武七年

一月出				一月入
十七日	大廳	朴省守長	俄國政俗通考 二	三十日
〃	八間	申興雨	天地奇異志	廿一日
〃	七間	梁義宗	ᄉᆞ민필지	廿五日
〃	[illegible]	李商山	[illegible]	[illegible]
十八日	草間	李[illegible]	[illegible]	廿七日
〃	[illegible]	[illegible]	[illegible]	廿二日
〃	[illegible]	[illegible]	[illegible]	十八
〃	〃	金[illegible]	〃	廿二日
〃	〃	李明七	[illegible]	十八
〃	〃	李[illegible]	〃	
〃	〃	金[illegible]	[illegible]	廿二日
〃	四	徐[illegible]	신약[illegible]	廿二日
〃	七	金[illegible]	[illegible]	十九日
〃	〃	李明七	[illegible]	〃
〃	〃	徐丙玉	[illegible]	廿五日
〃	〃	李[illegible]	[illegible]	廿二日
十九日	七	李明七	삼요록	廿一日
		曹二出	〃	廿一日
〃	大廳	朴省守長	텬로력뎡	廿二日
〃	七間	金順吉	신약젼셔	廿五日
〃	〃	池千石	〃	〃
〃	書籍室	李承晩	德慧入門	廿一日
二十日	〃	李[illegible]	新約全書	二十日
〃	大廳	洪主事	국문독본	[illegible]
〃	〃	李省守長	텬로지귀 For his mother.	〃
〃	書籍室	柳[illegible]	삼요록	廿一日
〃	大廳	洪主事	ᄉᆞ민필지	

이승만이 관리했던 옥중도서대출명부 첫 장.

법률, 역사, 과학에 관한 책과 개인전기 등이었다.[107)]

이승만은 서적실이 마련되는 1903년 1월 중순부터 유길준(兪吉濬)의 아우 유성준(兪星濬)과 함께 서적실에서 기거하면서 서적실 운영을 담당했다. 한성감옥서의 감방 수는 모두 20칸이었고, 일련번호가 붙여져 있었다. 그 가운데에는 '대청직방(大廳直房)', '학당', '서적실'과 같은 기능별 방을 비롯하여 '동(東) 1칸', '외동(外東) 2칸' 등의 별채도 있었다. 물론 '여칸(女間)'은 따로 있었다. 이승만은 5월 중순에 '서적실'에서 7칸으로 옮겼다가 11월 말부터 이듬해 여름에 출옥할 때까지 '학당'에서 지냈다.[108)]

서적실이 얼마나 인기가 있었는가는 개설되고 처음 15일 동안에 책을 본 사람이 무려 268명이고, 이어 2월 한 달 동안에 249명이 되었다는 사실만 보더라도 짐작할 수 있다.[109)]

이승만의 "옥중전도"에서 가장 인상적인 대목은 다음과 같은 구절이다.

107) 李光麟, "舊韓末 獄中에서의 基督敎信仰,"《韓國開化史의 諸問題》, 一潮閣, 1986, pp. 217~238.

108) "獄中圖書貸出名簿" 참조.

109) 리승만, "옥중전도",《신학월보》1903년 5월호, p. 188.

> 혈육의 연한 몸이 오륙년 역고에 큰 질병이 없이 무고히 지내며, 내외국 사랑하는 교중 형제자매들의 도우심으로 하도 보호를 많이 받았거니와, 성신이 나와 함께 계신 줄을 믿고 마음을 점점 굳게 하여 영혼의 길을 확실히 찾았으며, 작년 가을에 괴질이 옥중에 먼저 들어와 사오일 동안에 육십여명을 목전에서 쓸어내일 새, 심할 때는 하루 열일곱 목숨이 앞에서 쓰러질 때에 죽는 자와 호흡을 상통하며 그 수족과 몸을 만져 곧 시신과 함께 섞여 지내었으되 홀로 무사히 넘기고, 이런 기회를 당하야 복음 말씀을 가르치게 됨에 기쁨을 이기지 못할지라. … 이 험한 중에서 이 험한 괴질을 겪으며 무사히 부지하야 있는 것이 하나님의 특별히 보호하신 은혜가 아니면 인력으로 못 하였을 바이오 … .[110]

이것은 1902년 9월에 옥중에 콜레라가 번졌을 때의 이야기이다. 감옥서 학교가 개설되고 달포쯤 지난 때였다. 8월에 시베리아의 연해주(沿海州) 일대에서 발생한 콜레라는 함경도 일대를 거쳐서 서울까지 침범하여 엄청난 희생자를 내었다. 매일 2, 3백 명의 시체가 수구문(水口門: 光熙門)과 서소문으로 나가는 참상이 벌어졌다.[111] 도성 안이 이러한 형편이었으므로 위생상태가 열악한 감옥서 안에서 희생자가 더 많이 났을 것은 말할 나위도 없다.

이승만은 초인적 노력으로 환자들을 보살피고 시신을 거두었다. 그는 에비슨 의사에게 도움을 요청했고, 에비슨은 감옥서를 방문하여 환자들을 치료하려고 당국에 허가를 신청했으나 왠지 허락을 받지 못했다. 이승만은 에비슨한테서 약을 구해 가지고 그의 지시대로 환자들에게 먹였다.[112]

---

110) 리승만, “옥중전도”, 《신학월보》 1903년 5월호, pp. 187~189.

111) 《제국신문》 1902년 9월20일자, “雜報”, 25일자, “雜報”, 26일자, “論說: 괴질의 유행이라”.

112) “청년이승만자서전”, 이정식 지음, 권기붕 옮김, 앞의 책, p. 265.

이 무렵에 한성감옥서에 수감되었던 무관학교 교관 김형섭(金亨燮)은 이때의 처절한 상황을 자세히 적어 놓았다. 감옥서 당국은 콜레라 환자들에 대해 아무런 조치도 취할 수 없었다. 고열 때문에 목이 마른 환자들에게 물도 주지 않았다. 간수들이 하는 일이라고는 가망 없어 보이는 환자들을 밖으로 내다놓는 것뿐이었다. 간수들은 환자들이 죽었는지 살았는지를 확인하기 위해 환자들의 발을 가끔씩 차보곤 했다. 움직이지 않는 환자가 있으면 죽은 것으로 보고 인부를 시켜 감옥서 문 앞으로 옮겼고, 쌓인 시체는 밖으로 실려 나갔다.[113]

이승만이 콜레라 환자들을 헌신적으로 돌보았던 것은 죽어 가는 사람들의 영혼을 구한다는 깊은 신앙심 때문이었다. 그리고 자신이 무사했던 것은 물론 그의 타고난 건강 때문이었을 것이나, 그는 그것을 "하나님의 특별히 보호하신 은혜"라고 믿었다.

이승만은 콜레라 환자들을 보살핀 일을 한규설에게 자세히 알렸다. 그것은 아마 감옥서의 형편에 대한 한규설의 관심을 환기시키는 동시에 그가 관계 요로에 자기의 특사문제를 교섭하는 데에도 도움이 되리라고 생각했기 때문이었을 것이다. 이승만의 편지에 대해 한규설은 다음과 같은 답장을 보냈다.

> 괴질이 유행해서 들리는 바가 날로 놀랍고 참담하오이다. 나는 형의 생각을 조금도 소홀히 하지 않고 있소이다. 방금 형의 편지를 받고 기쁘기 짝이 없구료. 그리고 편지에 자세히 쓰신 교시(教示)는 감회를 이길 수 없소이다. 지금 내가 분발하려 하오나 첫째는 힘이 미치지 못하고 둘째는 내 형편이 그렇게 하기가 어려운 것이외다. 금년 여름 이후로 들어앉아 있으니, 내 형편을 이해해 주실 줄 믿소이다. …[114]

113) "金亨燮大佐回顧錄", 市川正明 編, 《日韓外交史料(10)》, 原書房, 1981, p. 233.

이승만이 감옥서에서 적어 놓은 여러 가지 문서 가운데에는 영문으로 된 "감옥서 사망자 기록 1902(Obituary of Kam Ok Su, 1902)"이라는 것이 있다.115) 이 문서는 1902년 1월부터 1903년 1월까지 감옥서에서 죽은 사람들의 상황을 메모해 놓은 것인데, 콜레라가 한창이던 1902년 9월12일자에는 "여자 죄수 1명, 두 살짜리 딸을 남기고 죽음", "하루아침에 모두 10명, 콜레라로 죽음" 등의 사항을 그때그때 적고 마지막에 "하루에 17명 죽음"이라고 적었다. 그리고 12월21일자에는 "모두 84명"이라고 적어 놓았다. 이승만의 집계로는 콜레라가 침입했던 1902년에 한성감옥서 안에서 콜레라로 죽은 죄수가 84명이나 되었다는 말이다. 사망자를 이렇게 꼼꼼히 적어 놓은 것은 죄수들의 죽음에 대한 이승만의 특별한 관심을 보여 주는 것이었다. 죽음은 종교적 사유(思惟)의 근본개념이다. 그러므로 이때의 이승만의 행동은 그가 인간의 삶과 죽음은 하나님의 섭리이며 영혼은 영생한다는 기독교의 원리를 체현하고 있었음을 보여 주는 것이었다.

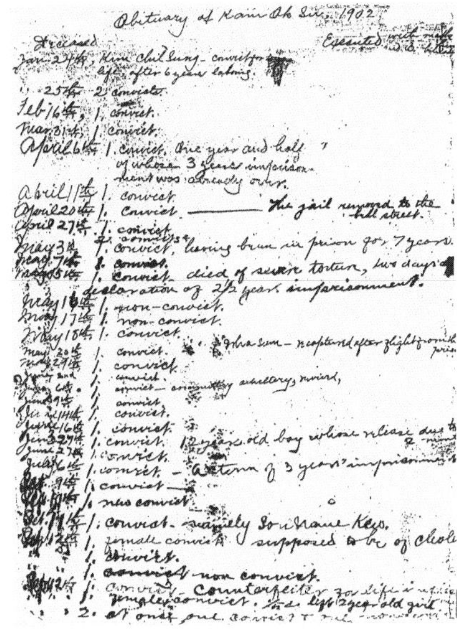
Obituary of Kam Ok Su, 1902

Deceased

Jan 24th, Kim Chul Sung - convict for life, after 6 years
25th 2 convicts.
Feb 16th, 1. convict.
Mar 31st, 1. convict.
April 6th 1. convict. One year and half of whose 3 years imprisonment was already over.
April 11th 1. convict.
April 20th 1. Convict —— The jail removed to the
April 27th 1. convict.
May 3rd 1. convict, having been in prison for 7 years.
May 7th 1. convict.
May 15th 1. convict died of severe torture
May 16th 1. non-convict.
May 17th 1. non-convict.
May 18th 1. convict.
May 20th 1. convict.
1. convict.

이승만이 영어로 적어 놓은 "감옥서 사망자 기록 1902".

---

114) "韓圭卨이 李承晩에게 보낸 1904년 8월 이전의 편지", 《雩南李承晩文書 東文篇(十八) 簡札 3》, pp. 292~293.

115) "Obituary of Kam Ok Su, 1902", 《雩南李承晩文書 東文篇(二) 李承晩著作 2》, pp. 124~126.

4. 옥중개화당

콜레라는 날씨가 추워지면서 수그러들었다. 그런데 이승만이 이때에 성심성의로 콜레라 환자들을 돌본 것은 그 자신의 신앙에도 새로운 경험이 되었다. 이승만은 선교사들이 차입해 주는 영문잡지《아우트룩(*The Outlook*)》과《인디펜던트(*The Independent*)》를 애독하고 있었고, 특히《아우트룩》의 어떤 기사는 저녁에 눈을 감고 암송할 정도로 정독했다.

《아우트룩》은 뉴욕에서 발행되던 비종파적 종교 주간지로서, 한창일 때에는 12만 5,000부가 나갈 만큼 미국의 지식인 사회에서 큰 인기가 있었다. 그것은 그 잡지의 편집인인 뉴욕시 브루클린(Brooklyn) 구의 플리머스(Plymouth) 조합주의 교회의 목사 애보트(Lyman Abbott)의 영향 때문이었다. 노예해방운동의 선두에 서기도 했던 애보트는 미국의 지식인 독자를 상대로 사회구원의 신학사상을 역설하고 있었다. 그리고 그의 메시지는 유교적 세계에서 자라난 동양 선비들의 구미에도 꼭 맞는 것이었다.[116]

이승만은 "옥중전도"에 이어 출옥할 때까지 다섯 편의 논설을《신학월보》에 기고했는데,[117] 이들 논설을 통하여 그가 강조한 것은 기독교의 사회구원이었다. 그는 개인구원의 주장에 대해서는 "충군애국이 무엇인지, 세상을 건지는 것이 무엇인지도 모르고 다만 제 몸 하나와 제 영혼 하나의 구원얻는 것만 제일이라 할진대 이는 결단코 하나님의 참 이치와 예수의 근본 뜻을 알지 못한다 이를지라"라고 단호하게 반대했

---

116) 이정식 지음, 권기붕 옮김, 앞의 책, p. 113. 애보트가 李承晩의 종교사상에 끼친 영향에 대해서는 pp. 109~124 참조.

117) "옥중전도" 1903년 5월호, "예수교가 대한 장래의 기초" 1903년 8월호, "두가지 편벽됨" 1903년 9월호, "교회경략" 1903년 11월호, "대한교우들의 힘쓸 일" 1904년 8월호.

다.118) 이러한 주장은 이승만이 애보트의 종교사상에서 큰 영향을 받았음을 말해 준다.

흥미로운 것은 이승만이 성서의 모든 내용 가운데 가장 감동되는 것이 "병인이 있어야 의원이 쓸 데 있느니라"라는 구절이라고 한 점이다. 이 말은 세리(稅吏)와 죄인들과 어울려서 음식을 먹고 있는 예수를 보고 비난하는 바리새파 사람들을 비유적으로 나무란 예수의 말로서, 정확하게는 "건강한 사람에게는 의원이 쓸 데 없으나 병든 사람에게는 쓸 데 있느니라"119) 라는 복음서의 구절이다.

이승만은 성서의 어떤 구절을 직접 인용하는 경우가 매우 드물었다. 그런데 위의 구절은 《신학월보》에 기고한 다섯 편의 논설 가운데에서 두 번이나 인용하고 있다. 그것은 이승만이 콜레라 환자들의 간병을 통하여 자기의 소명이 병자들과 같은 한국의 민중을 구원하는 의사의 역할임을 더욱 절실히 의식하게 되었음을 말해 주는 것일 것이다.

이승만으로 하여금 죽음의 문제를 심각하게 생각하게 한 것은 콜레라 환자들의 죽음만이 아니었다. 자기의 유서를 지닌 채 처형된 중죄수나 "당신은 살아서 우리가 같이 시작한 일을 끝맺으시오"하고 말하면서 교수대로 끌려가던 최정식의 모습을 그는 잊을 수 없었을 것이다. 그 뒤에도 그는 여러 정치범들이 처형되는 것을 보았다. 고종 양위음모사건으로 일본에 망명했다가 1900년 2월에 귀국하여 자수한 뒤 석 달가량 복역한 뒤에 처형당한 초대 독립협회 회장 안경수(安駉壽)의 죽음도, 그리고 그와 함께 활동했다가 같이 처형당한 갑오경장 때의 경무사 권형진(權瀅鎭)의 죽음도 보았다. 두 사람은 정식 재판도 없이 처형되었는데, 이때

118) 리승만, "대한교우들의 힘쓸 일", 《신학월보》 1904년 8월호, p. 226.
119) "마태복음" 9:12, "마가복음" 2:17, "누가복음" 5:31.

에 감옥서 안에 게시되었던 방문을 이승만은 그대로 베껴서 보관했다.[120] 박영효를 귀국시키기 위한 거사자금 마련을 위해 활동하다가 1901년 8월에 체포되어 처형당한 하원홍(河元泓) 등 아홉명의 죽음도 보았다. 혁명일심회(革命一心會)를 조직하여 의친왕 옹립을 모의하다가 1902년 5월에 체포되어 2년가량 복역한 뒤에 처형되거나 옥사한 장호익(張浩翼), 조택현(趙宅顯), 김홍진(金鴻鎭), 권호선(權浩善) 등 무관들의 죽음도 보았다. 김형섭도 이때에 이들과 같이 투옥된 무관이었다. 장호익은 세번째 내리치는 칼소리가 날 때까지 계속해서 만세를 불렀다고 한다.

사형장은 감옥서 안에 있었다. 이승만의 이름을 크게 부르며 사형장으로 끌려가는 죄수들도 있었다. 이승만은 그들에 대해 "(그러나) 내가 할 수 있는 일이라고는 고작 '가서 편안히 돌아가시오' 라고 말을 해주는 것뿐이었다"라고 자서전 초록에 적어 놓았다.[121] 사형수들이 형장으로 끌려가면서 이승만의 이름을 불렀다는 말은 과장이 아닐 것이다. 그는 그만큼 열심히 죄수들을 돌보고 전도했던 것이다.

이승만은 감옥서의 관원들을 포함하여 40명 이상을 기독교에 입교시켰다.[122] 그가 입교시킨 사람들 가운데에는 간수장 이중진도 있었다. 이승만이 옥중생활을 하는 동안 이런저런 죄목으로 한성감옥서에 투옥되었다가 기독교인이 되어 나간 정치범도 많았다. 의정부 총무국장과 참찬을 지낸 독립협회 부회장 이상재(李商在), 승지와 법부협판을 지낸 이원긍(李源兢), 경무관을 지낸 김정식(金貞植), 개성군수를 지낸 홍재기(洪在箕), 강화 진위대 장교였던 유동근(柳東根)과 홍정섭(洪正燮) 등은 그 대표적 인물들이었다. 이들은 모두 쿠데타 음모에 관련된

120) 《雩南李承晩文書 東文篇(二) 李承晩著作 2》, p. 11.

121) "청년이승만자서전", 이정식 지음, 권기붕 옮김, 앞의 책, p. 268.

122) "Autobiography of Dr. Syngman Rhee", p. 13 ; "청년이승만자서전", 이정식 지음, 권기붕 옮김, 앞의 책, p. 265 ; 이광린, 앞의 책, p. 131.

옥중동지였고 독립운동 기간에 YMCA의 지도자로서 이승만을 도운 이상재의 묘비 앞면의 이승만 글씨. 경기도 양주군 장흥면 삼하리 노적봉 아래 있음.

혐의로 1902년 6월에 투옥되었다가 1904년 3월과 8월에 석방되었는데, 석방된 뒤에는 게일 선교사가 사역하는 연동교회(蓮洞敎會)에 나가기 시작하여 뒷날 한국 기독교운동의 중심적 인물들이 되었다. 이 밖에 뒤에 부여군수가 되는 이상재의 아들 이승인(李承仁)과 유길준의 동생 유성준도 이상재 등과 같은 혐의로 투옥되었다가 1904년 3월에 이승인은 석방되고 유성준은 유배되었다.

1904년에는 제국신문 사장 이종일(李鍾一), 상동청년회의 주요 멤버였고 뒷날 상해임시정부를 이끄는 이동녕(李東寧), 한성재판소 검사보였고 헤이그 만국평화회에 밀사로 파견되는 이준(李儁), 회령군수를 지낸 안경수의 양자 안명선(安明善: 安國善)[123] 등이 투옥되어 이승만과 동지적 유대를 맺었다. 이 밖에도 이승만의 《청일전기》 번역작업을 도운 정순만(鄭淳萬), 뒷날 이승만의 《독립정신》 원고와 함께 그의 아들 태산(泰山)을 미국으로 데려가기도 한 절친한 동지였다가 가장 격렬한 정적이 되는 박용만(朴容萬)[124] 등도 이때에 이승만과 감옥생활을 같이했다. 안

123) 최기영, “안국선의 생애와 계몽사상”, 《한국근대계몽운동연구》, 일조각, 2003, pp. 145~146.

124) 方善柱, “朴容萬評傳”, 《在美韓人의 獨立運動》, 翰林大學校 아시아文化

1903년에 찍은 이승만의 옥중동지들. 앞줄 왼쪽부터 강원달, 홍재기, 유성준, 이상재, 김정식. 뒷줄 왼쪽부터 안명선, 김린, 유동근, 이승인, 아버지 대신 복역했던 어느 소년수.

명선은 1902년 5월에 평양형무소로 이감되었다.

이들은 함께 신약성서를 연구하고 서적실에 있는 기독교서적을 열심히 빌려 읽었다. 그것은 이 나라에서 관리와 양반사회에서 기독교 신앙을 갖게 되는 최초의 일이었다.[125] 천주교와는 달리 주로 서민과 하층계급의 민중들 사이에 전파되던 개신교를 이승만과 외국 선교사들의 열성적인 전도의 결과로 마침내 관리와 개화파 지식인 등 양반계층에서 받아들이게 된 것은 교회사적으로도 특기할 만한 가치가 있다.[126] '옥중개화당'이라고 불리게 되는 이들은 뒷날 독립운동 과정에서 이승만의

研究所, 1989, pp. 11~187 및 안형주, 《박용만과 한인소년병학교》, 2007 참조.

125) 李能和, 《朝鮮基督教及外交史》, 新韓書林 影印版, 1968, pp. 203~204.

126) 서정민, 《교회와 민족을 사랑한 사람들》, 기독교문사, 1990, p. 112.

1904년에 찍은 이승만 부자와 성경공부를 같이하던 옥중동지들.

중요한 인맥이 되었다.

이승만은 옥중에서 얻은 신앙과 열성적인 전도활동을 통하여 사회와 민중의 구원을 위한 소명의식을 한층 더 강하게 느끼게 되었다. 그는 성서 속의 예수의 형상에서 자신의 사고와 행동의 준거를 찾았다. 그리하여 그는 그 자신의 삶도 인류를 위해 하나님이 예비하신 것이라는 확신을 갖게 되었다.[127] 그러한 의식은 "옥중전도"의 첫부분을 다음과 같은 말로 시작하고 있는 데서도 극명하게 드러난다.

> 그중에 내가 홀로 특별한 인기를 얻어 내외 국문의 여러 가지 서책을 얻어 주야 잠심〔潛心: 마음을 가라앉혀서 깊이 생각함〕하며, 같이 있는 친구들을 간절히 권면하야 가르치매, 몸 이르는 곳에 스스로

127) Oliver, *op. cit.*, p. 62.

문풍이 생기더라.[128)]

이러한 문장은 감옥생활에서 체득한 기독교적 소명의식과 유년기 이래의 특별한 우월감이 절묘한 융합을 이루어 그가 더욱 자존심과 아집이 강한 인간형으로 성장하고 있었음을 보여 주는 것이기도 하다. 수감생활을 같이하면서 함께 감옥학교에서 가르쳤던 신흥우는 이승만이 '포용성'이 부족한 것이 결점이라고 지적했다. 옥중에서 두 사람은 자주 말다툼을 했는데, 이승만은 자기의 주장에 반대하는 것을 조금도 용서하지 않았고, 그 때문에 같은 방에 있다가 자기가 방을 옮겨야 할 때도 있었다고 신흥우는 회고했다.[129)]

감옥생활을 하는 동안에 이승만이 다른 죄수들과 같이 찍은 사진 몇 장이 보존되어 있다. 선교사들이 찍었을 것으로 짐작되는 이 사진들은 기독교인이 된 이승만이 감옥을 변화시키면서 그의 마음이 얼마나 평온했는지를 보여 준다.

한 장은 1903년에 강원달, 홍재기, 유성준, 이상재, 김정식, 안명선, 김린(金麟), 유동근, 이승인, 그리고 아버지 대신 복역하는 한 소년수와 함께 벽돌 옥사를 배경으로 하여 찍은 것이다. 김린과 유동근이 죄수복을 입지 않고 의관을 정제한 모습이 눈에 띄는데, 이는 당시로서는 귀했을 사진을 찍기 위해 옷을 갈아입었던 것으로 짐작된다. 이승만은 다른 죄수들과 달리 쇠사슬을 두 어깨와 가슴에 묶고 한 손에 삿갓을 벗어든 중죄수 복장을 하고 다른 죄수들과 조금 떨어져서 서 있다. 어떻게 이승만 혼자 이런 모습으로 사진을 찍었는지 알 수 없다. 뒷날 이승만은 미국에서 《독립정신》을 출판하면서 이 사진에서 자신의 모습만을 잘라내어 "본책 저술할 때에 본 저술가 리승만 본 형태"라는 설명을 붙여 수록했다.[130)] 뿐만 아니라 이 사진은 3·1 운동이 나고 그가 한성

128) 리승만, "옥중전도", 《신학월보》 1903년 5월호, p. 184.
129) 申興雨, 앞의 글, p. 265.

정부(漢城政府)의 집정관총재(執政官總裁)로 발표된 뒤에 시카고의 한 한인교포가 만들어 유포시킨 우편엽서에도 사각모를 쓰고 가운을 입고 찍은 프린스턴 대학 졸업식 때의 사진과 함께 실려 있다.

출옥하던 해에 같이 성경공부를 하던 옥중동지들과 아들 태산과 함께 옥사 입구에서 찍은 또 한 장의 사진에 보이는 이승만의 모습은 비록 몸은 수척해 있으나 마치 시골 개척교회 전도사와 같은 순수하고 온유한 표정이다. 이승만의 머리는 약간 왼쪽으로, 아들 태산의 머리는 약간 오른쪽으로 기울어져 있고, 다른 사람들과 달리 기이하게도 부자가 다 나막신을 신고 있다.

130) 《독립정신》, 《雩南李承晩文書 東文篇(一) 李承晩著作 1》, p. 461.

독서와 시작과 저술

이승만의 감옥생활(2)

1. 영문잡지 암기로 영어 숙달

스물네 살에서 스물아홉 살에 이르기까지의 5년 7개월 동안의 감옥생활은 젊은 급진 과격파 이승만에게 새로운 인생수업, 특히 효율적인 학문습득의 기간이었다. 우선 이승만은 감옥에서 엄청난 양의 독서를 했다. 그것은 밖에서 여러 가지 활동을 계속했더라면 도저히 할 수 없는 일이었다. 그는 에비슨(Oliver R. Avison, 魚丕信)이 넣어 준 영문《신약성서》를 목에 칼을 찬 채 다른 죄수들의 도움을 받아서 읽은 것을 시작으로, 확정판결이 난 1899년 7월부터는 본격적으로 책을 읽었다. 이승만은 뒷날 "옥중의 지루한 세월이 거연히 칠년이 된지라. 천금 광음을 허송하기 애석하야 내외국 친구들의 때로 빌려주는 각색 서책을 잠심(潛心)하야 고초와 근심을 적이 잊고자" 했다고 적고 있다.[1] 감옥서에서는 죄수들, 특히 이승만이 읽는 책의 내용이나 시간 등에 대해 특별한 규제는 하지 않았다. 이때부터 이듬해 2월까지, 곧 김영선(金英善)이 감옥서장에 임명될 때까지 읽은 책과 정기간행물들의 목록을 이승만은 "소람서록(所覽書錄)"이라는 글에 꼼꼼히 적어 놓았다.[2] "소람서록"에 따르면 이

1) 《독립정신》"서문",《梨花莊所藏 雩南李承晩文書 東文篇(一) 李承晩著作 1》, 延世大學校 現代韓國學硏究所, 1998, p. 7.

승만은 이 기간 동안에 한문《신약》,《태서신사람요(泰西新史攬要)》,《중동전기(中東戰紀)》,《공법회통(公法會通)》등 한문, 국한문, 국문 등 동양어로 된 책 19권과 영문《신약》을 비롯한 영문서적 19권,《만국공보(萬國公報)》,《신학월보》등의 중국 및 한국잡지와 *London Times*, *Japan Tribune*, *The Christian Advocate* 등 수십 종의 영문 신문 잡지를 읽었다.

또한 앞에서 본 "옥중도서대출명부"에 따르면, 이승만은 1903년 1월부터 이듬해 8월에 출옥할 때까지 감옥서학교를 운영하는 바쁜 일과 속에서도 "소람서록"에 적힌 책들 말고도 서적실에 있는 많은 책을 읽었다. 이 무렵에 같이 감옥생활을 했던 김형섭(金亨燮)이 "이승만씨는 유명한 독학가(篤學家)로서 감옥에 있으면서도 순시도 손에서 책을 놓는 일이 없었다"[3]라고 적고 있는 것은, 이승만이 얼마나 독서에 열심이었는가를 짐작하게 한다.

"소람서록"이나 "옥중도서대출명부"를 통하여 알 수 있는 또 하나의 중요한 사실은 이승만이 국문과 한문 등의 동양서적이나 정기간행물보다도 영국, 중국, 일본 등지에서 발행되는 주요 신문이나 미국에서 발행되는 잡지 등 영문 정기간행물들을 애독한 점이다. 그리하여 그는 옥중은 말할 것도 없고 옥 밖에 있는 일반 지식인들보다도 훨씬 더 많은 지식을 습득하고 국내외 정세에 정통했다.[4]

기독교에 입교하여 전도에 열성을 쏟고 있던 이승만이 성서를 비롯한 기독교관계 서적을 탐독한 것은 당연한 일이었다. 그는《신약》을 가장 열심히 읽었고, 그 다음으로 자주 읽은 기독교 서적은 번연(John Bunyan)의

2) "所覽書錄",《雩南李承晩文書 東文篇(二) 李承晩著作 2》, pp. 3~9.

3) "金亨燮大佐回顧錄", 市川正明 編,《日韓外交史料(10)》, 原書房, 1981, p. 231.

4) 유영익,《젊은 날의 이승만 — 한성감옥생활(1899~1904)과 옥중잡기 연구》, 연세대학교 출판부, 2002, p. 69.

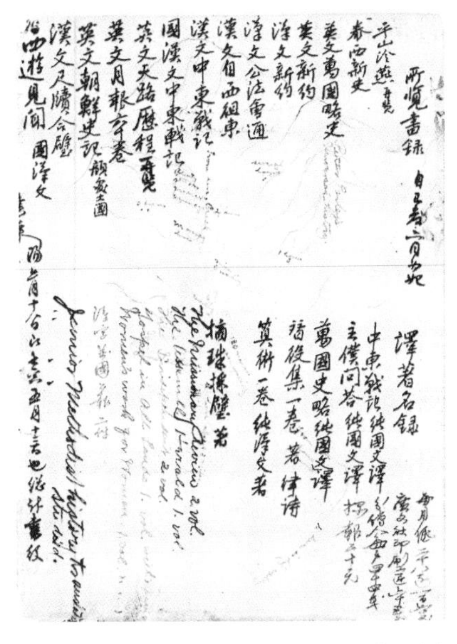

이승만이 감옥에서 읽은 책의 목록을 적어 놓은 "소람서록(所覽書錄)"의 첫 장.

유명한 《천로역정(天路歷程: *Pilgrim's Progress*)》이었다. 그는 또 외국 선교사들이 넣어 주는 중국 광학회본(廣學會本) 기독교 교리서들도 많이 읽었다.

주목되는 것은 이승만이 여러 가지의 역사관계 서적을 탐독했다는 사실이다. 그는 특히 《태서신사람요》(1897)와 《중동전기본말(中東戰紀本末)》(1897)의 두 한역본과 스윈턴(William Swinton)의 《만국사략(萬國史略: *Outline of World's History*)》(1874)과 그리피스(William E. Griffis)의 《조선사기 안처사국(朝鮮史記 顔處士國): *Corea — The Hermit Nation*)》(1882)을 애독했던 것 같다.[5] 《태서신사람요》가 어떤 책이었는지는 김구가 옥중에서 그 책을 읽고 사상적 전환을 하는 것과 관련하여 앞에서 자세히 살펴보았다.

《중동전기본말》은 상해(上海)에서 활동하던 미국인 선교사 알렌(Young J. Allen, 林樂知)이 중국인 낙방거사 채이강(蔡爾康)과 함께 편술한 청일전쟁사론으로서, 청말(清末)의 개혁운동, 특히 1899년의 무술정변(戊戌政變)을 주도한 강유위(康有爲)와 양계초(梁啓超) 등에게 큰 영향을 끼친 책이었다. 이승만은, 뒤에서 보듯이, 이 책을 《청일전기》(당시의 표기는 《쳥일전긔》)라는 제목으로 국문으로 번역했다.

이승만이 읽은 책 가운데에는 이 무렵 지식인 사회에서 널리 읽히던

5) 위의 책, p. 71.

블룬츨리(Johannes K. Bluntschli, 步倫)의 《공법회통》(1880)을 비롯하여 《약장합편(約章合編)》 등 국제법 관련책들도 포함되어 있었다. 공법에 대한 관심은 다른 개화파 지식인들과 마찬가지로 이승만도 매우 컸음을 알 수 있다. 실제로 그는 옥중에서 집필한 많은 논술에서 공법의 중요성을 강조하고 있다.

이승만은 유길준(兪吉濬)의 《서유견문(西遊見聞)》(1895)도 읽었다. 이승만이 이 책을 읽었다는 것은 유길준의 개혁사상과 함께 그가 일본에 머물면서 추진하던 변혁운동에도 관심을 가지고 있었음을 뜻한다.[6] 이승만은 1902년에 투옥된 유길준의 동생 유성준(兪星濬)과 친교를 맺으면서 그의 권유에 따라 《독립정신》을 집필하는 것은 뒤에서 보는 바와 같다.

이승만의 "소람서록"에는 청나라 초기의 유명한 장편소설 《평산냉연(平山冷燕)》이 첫번째로 적혀 있고, 김만중(金萬重)의 《구운몽(九雲夢)》도 들어 있다. 《평산냉연》 밑에 "재람(再覽)"이라고 적어 놓은 것으로 보아 이승만은 이 책을 어릴 때에 서당 청지기방에서 《서상기(西廂記)》를 읽던 때만큼 열독했던 모양이다. 《평산냉연》은 '적안산인(荻岸山人)'의 작품으로 되어 있으나, 작자 미상의 재자가인〔才子佳人: 재주 있는 젊은 남자와 아름다운 여자〕을 다룬 소설로서 제명은 주인공 네 사람의 성을 합친 것이다. 1826년에 프랑스어로 번역된 이래 서유럽에도 소개되었다. 그런데 이 소설들은 "옥중도서대출명부"에는 보이지 않는다.

"소람서록"은 이승만의 옥중잡기(獄中雜記)의 하나이다. 이승만은 감옥서 안에 있는 동안 미제 노트북과 그 밖의 다른 종이에 한문, 국한문, 영문으로 적은 온갖 종류의 길고 짧은 기록들을 남겼다. 이 문서들은 새로 제정된 대한제국의 관제, 주요 국제조약문, 세계 각국의 인구와 세입세출 통계 및 주요 지도자들의 이름, 한청정계비(韓淸定界碑)의 내

6) 같은 책, p. 72.

력 등의 역사자료, 옥중에 콜레라가 침입했을 때에 환자들을 보살피면서 적은 사망자 명부, 외국 선교사들이 자신의 석방을 건의한 편지의 사본, 자신이 한문으로 집필한 각종 건의서와 논설 등 40가지에 이른다.[7]

그의 감옥생활의 감상을 적은 "추야불매(秋夜不寐)"라는 한문수필 한 편을 보자.

> 하루종일 문을 닫고 앉았다 누웠다 하며 책을 본다. 저녁 종소리가 막 그치자 작은 창살에 어둠이 깃든다. 심부름꾼 아이가 등에 불을 켜자 새어나오는 불빛이 희미하게 비친다. 모두가 잠자리에 들어 고요하기가 참선(參禪)에 든 스님의 승방(僧房) 같다.
>
> 창살에 기대어 밖을 내다보니 뜰에 있는 나무가 어슴푸레하게 보인다. 약한 바람이 천천히 불어와 볼을 스쳐가니 울어 대는 귀뚜라미 소리가 호소나 하듯이 귓전에 요란하다. 뉘집에서인가 시름에 잠긴 아낙네의 다듬이 소리가 끊어졌다 이어졌다 하고, 담장 너머로 야경꾼의 징소리가 멀어졌다 가까워졌다 한다. 성긴 버들가지가 서늘한 바람을 보내오고 그윽한 난초가 향기를 풍긴다. 밤은 어찌하여 이리도 깊어만 가는가. 종소리 북소리 멀리서 들리는데 누구의 시름인가.
>
> 하루종일 기다려도 편지가 오지 않으니 임금님의 교서도 다소 늦어지나보다. 작년이고 금년이고 백발은 늙어감을 재촉하니 남은 날이 며칠이던가. 황가(皇家)에 일은 많은데 이 한몸 왕옥(王獄)에 갇혔구나. 그만두어라. 말해도 미치지 못하리로다. 아! 명(命)이로다. 운수에 달렸구나.
>
> 무릇 선비로서 혼란한 나라에 처한 자가 참으로 능통한 임기응변책으로 헤쳐나가지 못할 바에는 다만 자기 한몸이라도 잘 가누어 기미를 살피고 변화에 대처해야 한다. 걱정해서 무엇하랴. 나도 이

---

7) 《雩南李承晩文書 東文篇(二) 李承晩著作 2》, pp. 2~156.

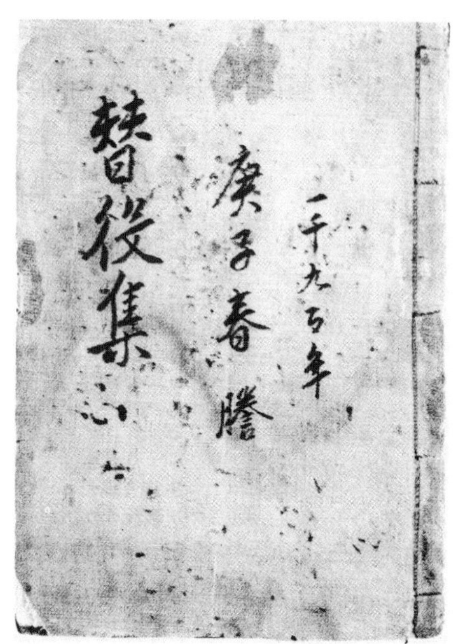

이승만이 옥중에서 지은 한시를 모아 놓은 《체역집(替役集)》.

제부터 쉬리로다.[8]

빼어난 한문 문장의 이 글은 이승만의 감옥생활의 심경을 여실히 드러낸 가작이다. 그리고 이 글은 이승만의 유일한 한문수필이기도 하다.

한성감옥서는 또한 이승만에게 중단했던 붓글씨를 다시 연습할 수 있는 기회를 제공했다. 어릴 때에 동네사람들이 둘러서서 지켜보는 가운데 붓글씨를 쓸라치면 사람들은 "야, 그 도령 잘 쓴다"하고 감탄했었는데, 배재학당에 들어가고부터는 붓글씨를 쓸 기회가 없었다. 그랬던 것이 감옥서에 들어와서 김영선 서장의 허락을 받아 붓글씨를 다시 쓸 수 있게 된 것이었다. 그러나 심한 고문의 후유증으로 손가락이 굳어져 있어서 이전의 붓글씨 솜씨는 좀처럼 회복되지 않았다.

붓글씨 쓰기는 아주 자연스럽게 시작(詩作)으로 이어지게 마련이었다. 이승만은 옥중에서 지은 자작 한시(漢詩) 142수를 《체역집(替役集)》이라는 제목으로 엮어 놓았다. '체역'이란 "징역살이를 대신한다"는 뜻이다. 그만큼 시작활동은 감옥생활의 고통과 비애를 달래는 작업이 될 수 있었을 것이다. 시의 소재는 다양했다. 나라의 장래를 걱정하는 우국충정, 가족을 그리는 심정, 감옥 안에서 일어나는 일, 자연환경의

8) 《雩南李承晩文書 東文篇(二) 李承晩著作 2》, pp. 49~50, 번역문은 유영익, 앞의 책, p. 265.

변화에 대한 감상, 여러 부류의 사람들과 여러 가지의 동식물 등 온갖 소재를 세심하게 묘사했다.

그는 감옥생활을 하는 자신의 처지를 새장에 갇힌 학에 비유했다.

牢中述懷	옥중회포를 노래함
一生胸海不平鳴	덧없이 가슴속에 피가 끓는데
雨打風飜浪易驚.	더구나 비 뿌리고 바람 치다니.
籠鶴遙懷雲萬里	새장 안의 두루미 품은 뜻은 만 리
林禽孤夢月三更.	숲 속 새 외로운 꿈에 달이 기울어.
筴書爲伴行裝重	조촐한 보따리라 책밖에 없고
匣劒知心性命輕.	목숨을 아끼지 않음은 칼이 아누나.
世事黃金隨處有	여보소 돈 없다 한탄을 마오
貧寒那得誤經營.	가난에 얽매여 일 그르칠까.[9]

감옥의 급식은 어느 시대에나 흡족할 수 없다. 이 무렵 한성감옥서는 하루에 밥을 두 끼밖에 주지 않았다. 이승만은 한성감옥서의 급식상태를 다음과 같은 시로 풍자했다.

官食	관식
蔬羹淸如霽雨潭	물같이 헤멀건 우거지국을
齊分雙送各西南.	이방 저방 골고루 나눠 주누나.
菲盤猶飽茵常濕	소반 없이 먹자니 방석이 젖고
半椀當飢茶尙甘.	반 사발 밥이라 숭늉도 달군.
啖粗無塩思煮海	나물은 싱거워 소금 아쉽고
採沙如玉憶耕藍.	깨물리는 모래알 옥같이 희네.
滿顔菜色頭頭語	부황 띤 얼굴에 오가는 말이

9) 李承晩 著 辛鎬烈 譯, 《替役集(乾)》, 東西出版社, 1961, pp. 2~3.

不計醜荒願日三.　　이거나마 하루 세 때 먹어 봤으면.[10]

궁색한 집안살림을 혼자서 꾸려 나가면서 성심성의로 옥바라지하는 아내에 대한 애틋한 정을 이승만은 이렇게 읊었다.

懷人　　　　　　임생각

莫敎閨裏歲華流　　세월아 아낙 위해 머물러 다오
其奈鏡鸞孤影遊.　　짝 잃은 원앙을 어찌하자고.
獨鳥頻驚羈枕月　　외로운 새 달밤에 자주 놀라고
歸鴻遙帶故園秋.　　고향 가을 가득 실은 먼 기러기.
每因思苦歌蓮曲　　그리울 젠 연꽃 따는 노래 부르고
幾度愁添上柳樓.　　버들 보고 시름한 적 몇 번이던고.
欲問他鄕憔悴意　　타향살이 이다지도 초라할 줄이야
人間離別恨難收.　　이별이란 인간으로 못할 일일세.[11]

이러한 조강지처였음에도 불구하고 해로하지 못했을 뿐만 아니라, 그의 대통령 재임 때에는 박씨 부인이 있었다는 사실조차 세상에 알려지지 못하게 했던 것은 이승만의 인간적 불행이었다.

이승만은 아버지에 대해 송구스러운 심경을 다음과 같이 읊었다.

慰親　　　　　　아버님을 위로함

數幅箋中筆二枝　　몇 장 편지 속에 붓 두 자루
感恩有淚奉書時.　　읽기도 전에 눈물이 앞을 가리네.
養情深恨供無酒　　술이바지는 길이 없어 뜻을 어겼으나

---

10) 《替役集》, 《雩南李承晩文書(二) 李承晩著作 2》, pp. 220~221 ; 辛鎬烈 譯, 《替役集(坤)》, pp. 64~65.

11) 《替役集》, 《雩南李承晩文書(二) 李承晩著作 2》, p. 171 ; 辛鎬烈 譯, 《替役集(乾)》, pp. 6~7.

獻壽空將頌以詩. 헌수하는 정성으로 시를 올립니다.
繫獄罪輕應有鑑 제 마음 아신다오 밝으신 하늘
報君義重更何思. 임금을 섬기자니 어이하리까.
今年縱未斑衣侍 이해에야 모시지 못할지라도
惟幸陽春來不遲. 봄소식 머지않아 다행입니다.[12]

감옥에 갇힌 사람들에게 세밑을 맞는 것만큼 애연한 일은 없다. 특히 아버지에 대하여 남다른 자괴심을 품고 있던 이승만으로서는 쓸쓸히 세밑을 보낼 이경선(李敬善)을 생각하면 감회가 착잡했을 것이다. 이승만이 아펜젤러(Henry G. Appenzeller, 亞扁薛羅)에게 보낸 1900년 2월6일자 편지에서 "저는 책을 읽고 약간의 시를 지으면서 시간을 보내고 있습니다. 그러나 제가 잊을 수 없는 오직 한 가지 사실은 저의 연로하신 아버지와 가족들이 겪는 말할 수 없는 고통입니다"[13] 라고 적고 있는 것은 가족들에 대한 이승만의 심정이 어떠했는가를 말해 준다.

獄中歲暮 옥중의 세밑

談懷夜夜抵晨鷄 밤마다 긴긴 사연 닭이 울도록
却感流光憶舊棲. 이 해도 거의로다 집이 그리워.
人與蟄蟲深處穴 사람은 벌레처럼 구멍에 살고
歲從逝水急過溪. 세월은 계곡 급류 따라가누나.
臘梅酒熟思供老 어버이께 설술을 올려보고파
新絮衣來戀見妻. 솜옷을 부쳐 준 아내 보고파.
屈指今冬餘十日 손꼽으니 올 겨울도 여남은 날뿐
三年櫪驥繫閑蹄. 삼년을 매어 있는 천리마라오.[14]

---

12) 李承晩 著, 辛鎬烈 譯, 《替役集(坤)》, pp. 60~61.
13) 이만열 편, 《아펜젤러 — 한국에 온 첫 선교사》, 연세대학교 출판부, 1985, p. 417.
14) 《替役集》, 《雩南李承晩文書(二) 李承晩著作2》, p. 205 ; 辛鎬烈 譯, 《替役

여러 종류의 인간을 묘사한 시도 지었는데, 개중에는 춤추는 기생을 묘사한 것도 있었다. 이승만이 언제 춤추는 기생을 실제로 본 적이 있었는지 궁금하다.

舞妓　　　　춤추는 기생

佳姬名舞擁笙歌　　풍악에 어우러진 미인의 춤
輕薄桃花逐亂波.　　복사꽃 나풀나풀 물결을 좇네.
飜愛蝶翅風外倒　　바람에 나부끼는 나비날개인가
閃疑鶴影月中過.　　달 아래 어른대는 학 그림자인가.
送眸嬌態頻窺扇　　아양 많아 부채 너머로 교태 보내고
滿臉羞痕故掩羅.　　수줍은 듯 수건 들어 얼굴 가리네.
雙袖翩翩如羽化　　펄렁이는 소맷자락 깃이 돋친 듯
分明仙子弄人多.　　사람을 하 놀리는 신선이 분명하다.[15]

죄수들을 괴롭히는 빈대의 생태를 흥미로운 비유로 묘사한 시는 이승만의 시작의 재능을 남김없이 보여 준다.

蝎　　　　빈대

暖如醉客冷飢僧　　따뜻하면 기운 펴고 차면 오물고
下地上天便入升.　　천장으로 바닥으로 오르내리네.
走遍粉壁光金散　　하얀 벽을 돌고돌아 아롱을 찍고
獵到松床勢土崩.　　마루 틈을 헐어보면 몰키어 있네.
蚊親遠不通秦晋　　모기와는 연이 멀어 혼인 안 되고
虱族殘如附楚滕.　　벼룩이나 이쯤은 곁방살일세.
君家苗裔多陰福　　네 집은 어찌하여 복 많이 받아

集(坤)》, pp. 52~53.

15) 《替役集》, 《雩南李承晩文書(二) 李承晩著作 2》, pp. 167~168; 辛鎬烈 譯, 《替役集(乾)》, pp. 116~117.

子百孫千共繼繩. 백 아들 천 손자 대를 잇느냐.[16]

빈대가 오글거리는 것을 백 아들 천 손자로 대를 잇는 복받은 현상으로 비유한 것은 평소에 이승만이 독자로 이어지는 자기네의 고독한 가계를 의식하고 있는 데서 나온 착상이었는지 모른다. 뒷날 이승만은 대통령 재임 때에 경무대 안방을 청소하던 우(禹) 부인이 "개굴개굴 개구리 노래 부른다 / 아들 손자 며느리 다 모여서" 라는 동요를 무심코 흥얼거리자, "그 복 많은 개구리는 팔자가 좋구먼" 하고 말했다고 한다.[17]

이승만은 또 자신의 헌신적인 간병에도 불구하고 무더기로 죽어 나간 콜레라환자 죄수들을 생각하면서 다음과 같이 읊었다.

憐靑衣炳斃 병들어 죽은 죄수를 슬퍼하며

恩波獨不及枯漁 은혜가 못미친 고어〔枯魚: 말린 물고기〕 신세
歸臥也安勝獄居. 감옥보다 땅속이 나을까부네.
死必泉臺逢友易 거기 가면 친구도 많이 만나리
生猶冥府見親疎. 살았 댔자 친척도 볼 수 없거든.
身後舊名留法案 이름은 법안에 머물러 있고
手中遺物有家書. 유물은 집에서 부쳐 온 편지
邦慶今年多赦典 올에는 특사도 많았건만
嗟君終錮罪還餘. 그대는 죄 남긴 채 그대로 갔네.[18]

이승만은 이미 독실한 크리스천이 되어 있었으나 마음 한구석에는 불교에 대한 아련한 그리움이 남아 있었던 것 같다. 다음과 같은 시가 그

16) 《替役集》, 《雩南李承晚文書(二) 李承晚著作 2》, pp. 191~192; 辛鎬烈 譯, 《替役集(坤)》, pp. 16~17.

17) 曺惠子, "人間李承晚 새 傳記 ⑤", 《女性中央》 1985년 5월호.

18) 《替役集》, 《雩南李承晚文書(二) 李承晚著作 2》, p. 214; 辛鎬烈 譯, 《替役集(乾)》, pp. 62~63.

것을 말해 준다.

石佛　　　　　　　　돌부처

西域何年渡海東　　서역에서 언제 바다 건너 동으로 왔나
他山舊貌至今同.　　타산의 옛모습 변함이 없네.
僧來松月依依白　　소나무에 걸린 달은 중을 맞아 의연히 희고
客去巖花寂寂紅.　　객 떠난 산골짝에 꽃만 붉었네.
俗幻塵埃堆法殿　　법당은 묵은 먼지 켜켜이 쌓였고
時移風雨打禪宮.　　승방은 비바람에 넘어졌도다.
香殘燈滅疎鐘落　　향불은 꺼지고 종은 고요해
萬劫千緣一夜通.　　번뇌를 잊어버린 이 한밤이여.[19]

이승만은 처음에는 혼자서 시를 지었으나 뒤에 수감되는 죄수들 가운데에서 유성준과 전 시종 이유형(李裕馨), 정위 임병길(林炳吉), 법부 협판 이기동(李基東), 윤춘경(尹春景), 경무관보 김세진(金世鎭), 유진구(兪鎭九), 정백남(鄭白南) 같은 시 동호인들을 만나서 시작을 즐겼다.[20] 유성준은 이승만이 교교한 달빛이 철창으로 들이비치는 밤이면 등불을 치우고 입으로 시를 지어 자기에게 들려주었다고 적고 있다.[21]

이승만이 옥중에서 지은 시 가운데에서 죄수들 사이에서 가장 인기가 있었던 작품은 "청의부역"〔靑衣赴役: 푸른 수의를 입고 옥살이를 하다〕이라는 제목의 칠언율시(七言律詩)였다.

士入窮途悔讀書　　선비가 궁한 길에 드니 배운 것이 한스러워
三年縲絏做官餘.　　벼슬이 빚어 낸 삼년 옥살이.

---

19) 《替役集》, 《雩南李承晩文書(二) 李承晩著作 2》, p. 219; 辛鎬烈 譯, 《替役集(坤)》, pp. 44~45.

20) 유영익, 앞의 책, p. 96.

21) "兪星濬이 李承晩에게 보낸 1903년 5월16일자 편지", 《雩南李承晩文書 東文篇(十七) 簡札 2》, pp. 371~373.

鐵絲結伴新情密　　쇠줄에 함께 묶여 새롭게 정들지만
簑笠逢人舊面疎.　　용수를 쓰고 보니 옛 친구도 낯설구나.
從古英雄衣有虱　　옛부터 영웅의 옷에는 이가 있었고
而今客子食無魚.　　지금의 인물은 고기 없이 밥 먹는 신세.
時來神物終當合　　때가 오면 모두가 뜻대로 되리
寧死壯心不負初.　　죽을망정 처음 생각 변할 리 있으랴.[22]

이승만은 자서전 초록에서 이 시의 제목을 "사립봉인구면소(蓑笠逢人舊面疎)"라고 적고 있다.[23] 아마 그는 그 구절이 썩 잘 된 것이라고 스스로 만족해하고 있었기 때문이었을 것이다.

이승만의 옥중학습 가운데에서 가장 주목되는 것은 영어에 숙달하게 되었다는 사실이다. 수감생활을 같이했던 신흥우(申興雨)는 이승만이 옥중에서 영어를 더욱 열심히 공부하여 서양인들과의 교섭에 조금도 손색이 없을 정도였다고 말했다.[24] 신흥우의 말에 따르면, 외국 선교사들이 넣어 준 《아우트룩(*Outlook*)》 등 영문잡지들이 이승만의 영어교과서였다. 이승만은 또 붉은 물감을 몰래 들여와서 잉크를 만들어 낡은 잡지에 영어 쓰기를 연습했고, 잡지에서 읽은 문장을 눈을 감고 외우기도 했다. 그는 몇 년이 지난 뒤에도 이때에 영문잡지에서 외운 어떤 문장을 단어 하나 틀리지 않고 암기하여 주위 사람들을 놀라게 했다고 한

22) 《替役集》, 《雩南李承晩文書 東文篇(二) 李承晩著作 2》, p. 223 ; 辛鎬烈 譯, 《替役集(乾)》, pp. 88~89 ; 유영익, 앞의 책, p. 96.

23) "Autobiography of Dr. Syngman Rhee", George A. Fitch Papers, Yenching Institute, Harvard University, p. 12 ; "청년이승만자서전", 이정식 지음, 권기붕 옮김, 《초대대통령 이승만의 청년시절》, 동아일보사, 2002, p. 266.

24) 申興雨, "李承晩を語る", 高等法院檢事局思想部, 《思想彙報》 제 16호, 1938년 9월, p. 284.

다. 그는 사전에 있는 영어단어들을 모두 외우려고 했다.[25] 이처럼 이승만은 서당에서 한문 문장을 외우던 방식으로 영어 문장을 외웠는데, 이는 이승만뿐만 아니라 개화기 지식인들의 일반적 영어학습 방법이었다. 영어는 말할 나위도 없고 영어로 배우는 다른 과목의 경우에도 문장을 통째 암기하기가 예사였다고 한다.[26] 옥중학습을 통하여 이승만의 영어실력이 얼마나 향상되었는가에 대해서는 이승만이 출옥한 다음날 그를 방문했던 윤치호(尹致昊)가 무엇보다도 그의 영어실력이 향상된 것에 대해 놀라움을 표시하고 있는 것으로도 짐작할 수 있다.

> 4시에 6년 가까이 투옥되었다가 어제 석방된 이승만을 방문했다. 그는 훌륭한 청년이다. 그는 감옥에 있는 동안에 영어가 크게 향상되어 영어로 말할 수 있고 좋은 글을 쓸 수 있게 되었다.[27]

윤치호는 일찍이 미국 에모리 대학교(Emory University)에 유학했고, 중국에서 영어교사 노릇도 한 적이 있었다. 이승만은 이처럼 외국의 신문과 잡지를 정독함으로써 영어뿐만 아니라 국제정세에 대하여 해박한 지식을 갖게 되었다. 그런데 이승만이 정독했다는 영문잡지 《아우트룩》은 그의 "소람서록"에는 적혀 있지 않다.

이승만이 얼마나 열심히 영어공부를 했고, 또 그 영어실력이 어느 정도였는가를 보여 주는 특이한 자료 하나가 보존되어 있다. 1902년 1월 30일에 영-일동맹협약(英-日同盟協約)이 체결되었을 때에 그 내용을 보도한 일본인 신문 《한성신보(漢城新報)》의 호외에 실린 국한문의 협약문 번역문을 보고 이승만이 영어로 옮겨 놓은 것이 그것이다. 이 영

25) Robert T. Oliver, *Syngman Rhee — The Man Behind the Myth*, Dodd Mead & Company, 1960, pp. 53~54. 올리버는 이 책을 쓰기 위해 1949년에 申興雨와 면담했다.

26) 文龍, "韓國英語敎育史(1883~1945)", 《省谷論叢》 제 7집, 省谷學術文化財團, 1976, p. 636.

27) 《尹致昊日記(六)》 1904년 8월9일조, 國史編纂委員會, 1971, p. 51.

어번역문은 이승만의 국제정세에 대한 관심과 아울러 그의 영어실력을 보여 주는 것이어서 흥미롭다.

공식협약문의 전문(前文)과 이승만의 번역문을 대비해 보자. 《한성신보》에 보도된 조약문 전문의 번역문은 다음과 같았다.

> 일본국 정부 및 대불열전국(大不列顚國) 정부는 극동에서 현상과 및 전국(全局)의 평화유지를 희망하며 차(且) 청(淸)제국 및 한(韓)제국의 독립과 영토보전을 유지함과 및 해(該) 이국(二國)에서 각국 상공업(各國商工業)으로 하야곰 균등한 기회를 득(得)하는 데 관하야 이익관계를 특유(特有)한 고로 자에 좌와 여하게 약정함이라.

이 문장을 이승만은 다음과 같이 번역했다.

> The Governments of Great Britain and Japan hereby agree to enter into a treaty in regard to the fact that these both Powers mutually desire to maintain the present state of peace in the far east and to retain the independence and territorial integrity of Korea and China. And in the meantime, among the treaty Powers that hold reciprocal right of industrious and commercial advantage in the two said nations, especially the common interest of Britain and Japan is the most greater. On account of the above mentioned state of affairs the treaty is agreed as follows:—[28]

공식 협약문은 다음과 같은 문장으로 되어 있다.

> The Governments of Great Britain and Japan, actuated solely by a desire to maintain the "status quo" and general peace in

28) 《雩南李承晩文書 東文篇(二) 李承晩著作 2》, p. 82.

> the Extreme East, being, moreover, specially interested in maintaining the independence and territorial integrity of the Empire of China and the Empire of Corea, and in securing equal opportunities in those countries for the commerce and industry of all nations, hereby agree as follows:—[29]

공식 협약문이 압축된 문장으로 되어 있는 데 비해 이승만의 번역문은 알기 쉽게 긴 문장으로 되어 있다. 그러나 내용은 정확하다.

이승만이 옥중에서 영어를 열심히 공부한 것은 출옥한 뒤의 자신의 장래에 대한 강한 의욕 때문이었음은 말할 나위도 없다. 이승만이 한국 기독교를 이끄는 지도자가 되기를 바랐던 외국 선교사들도 그에게 미국 유학을 위한 준비로 영어에 숙달하도록 권유했을 것이다. 그러나 이승만의 야심은 기독교의 지도자가 되는 것에 만족하지 않았다. 그는 나라를 변혁시키는 데 자신을 바치겠다고 생각하고 있었다. 그러한 목적을 달성시키는 데 영어는 필수불가결한 수단이라고 그는 생각했던 것이다.

열성적인 노력을 통하여 숙달된 영어실력은 이승만이 뒷날 미국의 유수한 대학의 정규 과정을 짧은 기간 안에 마치는 데 결정적인 힘이 되었을 뿐 아니라 그의 일생을 통한 외교활동의 가장 효율적인 수단이 되었다.

2. 역사서 탐독과 《청일전기》 번역

이승만의 옥중생활에서 가장 특징적인 것은 역시 집필활동이었다. 그가 맨 먼저 착수한 것은 번역작업이었다. 이승만은 번역작업이 "평생에 원하던" 일이었는데, 김영선이 감옥서장에 임명되면서 그것이 가능해졌다고 적고 있다.[30]

---

29) 日本外務省 編, 《日本外交文書 35》, 國際聯合協會, 1957, pp. 20~21.

이승만은 처음 《만국사기(萬國史記)》[31]를 한문으로 번역하기 시작했다가 알렌의 《중동전기본말》을 번역하는 것이 더욱 긴급하다고 판단하여 도중에 바꾸었다고 한다. 그리고 《중동전기본말》도 내용이 너무 번거롭고 분량이 많아서 "긴요한 것을 뽑아" 번역했다는 것이다. 이 책은 이미 유근(柳槿)과 현채(玄采)가 역시 중요한 부분을 발췌해서 국한문으로 번역하여 《중동전기》라는 제목으로 두 권으로 출판한 것이 있었는데, 이승만은 그 책도 참고하면서 순국문으로 새로 번역했다.

한문 원본도 보급되어 있고 국한문 번역본도 나와 있는데도 《중동전기본말》을 번역하는 일이 긴급한 일이라고 생각한 것은 이승만이 청-일전쟁의 결과를 그만큼 중요시하고 있었기 때문이었다. 그는 자서전 초록에서 "청-일전쟁은 우리나라로 하여금 동양의 구세계는 현대문명의 광범한 영향을 무시할 수 없다는 것을 일깨워 주었다"[32]라고 적고 있다. 그러므로 청-일전쟁과 관련된 포고, 조약문, 전쟁상황과 외교교섭의 경위, 전보문, 신문기사 등 각종 자료와 편자들의 논평 등으로 구성된 이 책을 될 수 있는 대로 많은 한국인들이 읽고 깨우쳐야 한다고 생각했던 것이다. 이승만이 저술작업으로 맨 먼저 《중동전기본말》을 번역한 것은 개화파 지식인들의 청-일전쟁 이후의 동아시아 국제정치에 대한 관심을 보여 주는 것이었다. 개화파 지식인들은 이제 몇 세기에 걸친 한국과 중국의 문화적 상호작용에 대한 재평가를 통하여 민족적 정체성을 찾고자 했다. 그것은 한국이 자본주의적 세계체제의 근대적 이데올로기에 점차 관여하고 있음을 반영하는 것이었다고 할 수 있을

30) 《청일전기》, "서문", 《雩南李承晩文書 東文篇(二) 李承晩著作2》, p. 236.

31) "소람서록"에는 펄리(Peter Parley)의 *Universal History*(1874)를 《萬國略史》로, 스윈턴(William Swinton)의 *Outlines of the World's History* (1874)를 《萬國史略》으로 적어 놓았는데, 《萬國史記》가 어느 책을 지칭한 것이었는지는 알 수 없다.

32) "청년이승만자서전", 이정식 지음, 권기봉 옮김, 앞의 책, p. 270.

것이다.[33]

이승만은 이 책을 번역하면서 원본에 없는 여러 가지 내용을 함께 적어 보태었다. 그것은 주로 한국 지배층의 부패와 무능과 아울러 민중의 몽매를 신랄하게 비판하면서 각성을 촉구하는 내용이었다. "전쟁의 원인"이라는 항목에서 그는 자기의 주장을 다음과 같이 적었다.

> 대개 이 싸움으로 인연하야 대한독립이 세계에 드러났은즉 이 싸움이 아니된 것보다 낫다고 할 듯하나, 실상을 생각하면 독립을 이렇게 광포(廣布)한 것이 진실로 일본의 영광이요 대한의 수치라. … 대한 신민들이 이것을 분히 여겨 내 나라 독립을 우리 손으로 빛내어 보기를 일심할진대 이 수치를 한 번 씻어볼 날이 있을 터인데, 이것을 분히 여길 줄 알자면 먼저 그 속을 알아야 될 터이니, 아무쪼록 이런 책을 많이 보아 외국 형편과 내 나라 사정을 자세히 공부하는 것이 급선무라. …[34]

그리하여 빨리 개혁해야 한국도 만국공법이 보장하는 국제사회의 일원으로 떳떳이 참여할 수 있고 그것만이 독립을 유지할 수 있는 길이라고 그는 역설했다.

이승만은 1900년 4월4일(음력)에 번역작업에 착수하여 석 달 만인 7월6일에 끝냈다. 제목은 《청일전기》라고 붙였다. 감옥서장이 허락한 일이었고 또 나중에 그로부터 번역작업의 수고비를 받기까지 했으나, 번역하는 동안에는 여간 고생스럽지 않았다. 종이가 없어서 영어신문지에 글을 써야 했고, 밤이면 초를 구해다가 석유통에 넣어 옥관들이 보지 못하게 하고 베껴 적었다고 한다.[35] 밤늦게는 불을 켜지 못하게 했

33) Andre Schmid, *Korea Between Empires 1895~1919*, Columbia University Press, 2002, p. 55.

34) 《청일전기》, 《雩南李承晚文書 東文篇(二) 李承晚著作 2》, pp. 241~242.

35) 《청일전기》, "서문", 《雩南李承晚文書 東文篇(二) 李承晚著作 2》, p. 236.

기 때문이었을 것이다. 같이 수감생활을 하던 정순만(鄭淳萬)이 베끼는 작업을 거들었다. 이렇게 작성된 원고를 현채가 가져다가 출판할 목적으로 다시 정서했다. 그러나 출판은 쉽사리 이루어지지 않았다. 이승만은 이 책의 출판을 위하여 애를 많이 태웠다. 한문에 익숙한 이른바 뜻있는 군자들을 상대로 쓴 "신역전기부록(新譯戰記附錄)"이라는 한문논설에서 이승만은 "부탁하는 말씀"이라면서 《청일전기》의 인쇄 및 출판에 필요한 자금지원을 요청하고 있다.[36] 그리고 이 논설과는 별도로, 《청일전기》 500질을 두 종류로 만들 경우의 인쇄비를 각각 계상한 견적서까지 작성해 놓았다.[37] 그러나 《청일전기》는 끝내 출판되지 못하고 말았다.

이 원고는 이승만이 출옥한 뒤에 현채에게서 찾아 보관하고 있다가 1917년에 하와이에서 자신이 주관하는 태평양잡지사에서 출판했다. 번역을 끝내고 17년이나 지나서였다. 이때에 쓴 서문에서 이승만은 한국 역사에서 갖는 청-일전쟁의 의미를 다음과 같이 강조했다.

> 조선 역사에 제일 큰 난리는 임진왜란이요 한인들이 제일 통분히 여기는 전쟁도 임진왜란이라. 일본이 수천년 동안을 조그마한 섬 속에 갇혀서 대륙에 발을 붙이고저 하는 욕심을 대대로 길러서 임진년에 한번 시험하다가 실패한 후 3백년 동안을 다시 예비하야 갑오전쟁〔甲午戰爭: 청-일전쟁〕에 그 욕심을 이루었도다. 그런즉 임진란보다 더 큰 난리가 갑오전쟁이요 한인에게 더욱 통분히 여길 바가 갑오전쟁이라. 이 전쟁에 한국이 잔멸을 당하였고 이 전쟁에 한국이 독립을 잃었은즉, 오늘날 한국의 당하고 앉은 것이 곧 갑오전쟁에 된 것이라.[38]

---

36) "新譯戰記附錄", 《雩南李承晩文書 東文篇(二) 李承晩著作2》, pp.46~49; 번역문은 유영익, 앞의 책, pp.290~294.

37) "諺譯中東戰記印刷費", 《雩南李承晩文書 東文篇(二) 李承晩著作 2》, p.2.

38) 《청일전기》, "서문", 《雩南李承晩文書 東文篇(二) 李承晩著作 2》, p.234.

이승만은《청일전기》말고도 여러 가지 책을 번역했다. “소람서록”의 아래 부분에는 “역저명록〔譯著名錄: 번역 또는 저술한 책 목록〕”이 적혀 있는데, 그것은 투옥되고 나서 1902년 6월18일까지 작업한 책들의 이름이다. 번역서로는《중동전기》말고도《만국사략》,《주복문답(主僕問答)》,《감리교략사(監理敎略史)》,《영문법》이 있고, 저서로는《체역집》, 한문으로 쓴《산술》,《적주채벽(摘珠採璧)》이 있다. 그러나 이 책 가운데에서 현재 보존되어 있는 것은《청일전기》와《체역집》뿐이다.

“역저명록”에는 들어 있지 않으나, 뒷날 미국에서《독립정신》이 출판되었을 때에 샌프란시스코의 대동보국회(大同報國會) 회장 문양목(文讓穆, Y. M. Moon)의 명의로 발표된 영문서평에 따르면, 이승만은 옥중에서《만국공법(*International Law*)》이라는 책도 번역했다.[39] 그가 번역한《만국공법》이 어떤 책이었는지는 알려져 있지 않으나, “소람서록”에《공법회통》이 적혀 있는 것으로 보아, 그가 번역한《만국공법》이란 블룬츨리의 한문번역본《공법회통》(1880)을 국문으로 옮긴 것이었을 것으로 짐작된다. 이승만은 개화파 지식인들 가운데에서도 만국공법의 가치와 권위를 철저히 신봉하는 인물이었다. 뒷날 미국에 유학하여 국제법과 관련된 문제를 박사학위 논문의 주제로 선택한 것도, 이처럼 청년기의 국제법에 대한 관심이 큰 영향을 끼쳤기 때문이었을 것이다.

3. 2년 3개월 동안《제국신문》논설 집필

이승만은 자신이 번역작업을 한 동기에 대해 “이따금 세상 형편을 따라 어리석은 창자에 울분한 피가 북받침을 억제할 수 없어서”[40] 시작했

39) 유영익, 앞의 책, p. 74.

40)《독립정신》, “서”,《雩南李承晩文書 東文篇(一) 李承晩著作 1》, p. 1.

다고 적었다. 그리고 그러한 심경에서 번역해 놓은 원고가 출판되지 못하자 마음이 더욱 울적했다고 했다.

이승만이 옥중에서 쓴 것으로 여겨지는 "청설대보관〔請設大報館: 큰 신문사를 세울 것을 청함〕"[41] 이라는 논설은 그가 "나라를 일으키는 방책"으로서 신문을 얼마나 중요시하고 있었고 또 신문제작과 관련된 식견을 얼마나 구체적으로 갖추고 있었는지를 보여 준다. 드물게 한문으로 작성된 이 논설은 "당시에 시행되고 있던 정령(政令)의 병폐에 관해 어떤 고명한 인사"의 물음에 응답하는 형식으로 되어 있다. 그는 지금 한국의 형편이 "사람들이 섶을 안고 불 속에 누운 것"보다 더 위험한 상태인데, 그 이유는 첫째로 외교를 닦지 않는 것이고 둘째로는 민심의 준동이라고 지적하고, 그러한 난국을 타개하는 계책은 서울에 큰 신문사를 설립하는 것이라고 주장했다.

서울에 큰 신문사를 속히 설립하여 런던, 워싱턴, 페테르부르크, 베를린, 파리, 상해, 도쿄의 여러 신문들의 요긴한 기사를 옮겨서 보도하고 그것을 매일 을람〔乙覽: 초저녁 임금의 독서〕에 올리며, 대소 관원들도 구독하게 하여 그들로 하여금 경향의 백성들에게 전파하게 함으로써 "정교(政敎) 중에 마땅히 변혁해야 할 것과 습속 중에 응당 고쳐야 할 것을 알게 해야" 관과 민이 힘을 합쳐 개명할 수 있다는 것이었다.

이러한 원칙론뿐만 아니었다. 이승만은 신문을 발행하기 위하여 필요한 제작비의 명세까지 자세히 계상하고 있다. 매월 주필과 찬성원 2명 300원(元), 한문 번역인 20원, 방사인〔訪事人: 취재기자〕 3명 45원, 인쇄인 20원, 채자인 2명 20원, 기관소전륜인(機管所轉輪人) 2명 20원, 전파인〔傳播人: 배달원〕 4명 24원, 재단인 1명 10원, 외보(外報)와 전보비 150원, 종이값 및 인쇄비 150원, 하인 2명 12원, 잡비 15원, 활판값 1,500원, 신문사 수리와 기구비 100원 등이었다. 그러면서 그는

41) "請設大報館", 《雩南李承晩文書 東文篇(二) 李承晩著作(2)》, pp. 61~72, 번역문은 유영익, 앞의 책, pp. 295~302.

월급항목의 합계는 786원이고 활판과 필요한 기구비가 1,600원이므로 반년치 예산은 많아야 6,000원 안팎에 지나지 않을 것이라고 적었다. 이 액수는 실제로 《독립신문》이 정부로부터 4,400원의 보조금을 받아서 창간된 것이나 《제국신문》이 4, 5천원 규모의 자본금으로 시작한 것과 크게 차이가 없다.

이 논설은 또한 보급문제와 관련하여 다음과 같이 장밋빛 전망을 하고 있다.

> 서울에서 360여군(郡)에 특별히 명하여 해당 각지의 지방관으로 하여금 도시와 농촌에 게시하여 구독을 권장하게 해야 합니다. 그리하여 민간에 널리 보급하여 혹 1백소 혹 몇십소 이상을 달성한 사람이 있으면 장려비를 주거나 명호를 덧붙여 주는 것을 조례(條例)로 정해야 합니다. 민간에 장려하여 기어코 널리 보급하게 되면, 반년이 지나지 않아서 크고 작은 고을을 평균 잡아 매 고을에서 신문을 구독하는 사람이 무려 100명에 이를 것입니다. 그러면 당해년도 내의 수입으로 넉넉히 지출하고 다소 여유가 있을 것이며, 이듬해부터는 매월 수입이 9,360원을 내려가지 않을 것입니다. 이 돈으로 학교와 도서관을 세우고 태서〔泰西: 서양〕의 서적을 번역하여 권하고 가르치면 3년을 넘지 않아서 큰 성과가 있을 것입니다. 나라를 일으키는 방책으로는 이보다 나은 것이 없습니다.[42]

그러한 그에게 뜻밖에도 《제국신문》의 "논설"을 집필할 기회가 주어진 것은 여간 다행스러운 일이 아니었다. 1898년 8월에 《제국신문》이 창간될 때에 그 "논설"을 주재했던 이승만으로서는 감옥서에 갇힌 몸으로 그야말로 "창자에 북받치는 울분한 피"를 분출시킬 수 있는 절호의 기회를 얻은 것이었다. 이승만이 《제국신문》의 "논설"을 집필하게 된 것은 제국신문사 사장 이종일(李鍾一)의 요청에 따른 것이었다. 이종일

---

42) 유영익, 앞의 책, pp.301~302.

은 이때의 일을 뒷날 다음과 같이 회상했다.

> 본 기자 일인이 적수단신으로 탐보(探報) 겸 사장 겸 기자로 지내다가 … 무한한 곤란을 받은 것은 이루 다 말할 수 없거니와, 더구나 편집의 곤란을 견디지 못하야 감금 중에 있는 리승만씨에게 비밀히 논설을 부탁하야 이십칠개월 동안 괴로움을 끼치는데 … .[43]

이승만은 1901년 2월경부터 1903년 4월17일까지 27개월 동안 《제국신문》의 "논설"을 집필했다. 그 가운데 17개월치가 낙질되어 있어서[44] 이승만이 집필한 논설의 전모를 파악하기는 어렵다. 그러나 남아 있는 신문만으로도 우리는 20대 후반의 이승만의 폭넓은 관심과 그와 관련된 지식과 사상의 정도, 그리고 그의 빼어난 문장력을 살펴볼 수 있다.

필요한 자료나 참고문헌도 갖추어져 있지 않은 감옥 안에서 200자 원고지로 열두서너 장 분량의 논설을 매일 써 내보내는 것은 여간 힘드는 작업이 아니었을 것이다. 그러나 이승만은 이 논설집필에 무엇보다도 보람을 느꼈던 것 같다. "논설"은 당연히 무기명이었으나 감옥 밖에 있는 친구들과 외국인 선교사들, 그리고 옥중동지들을 통해 이승만이 《제국신문》의 "논설"을 쓴다는 사실은 당시의 지식인 사회에서는 거의 알려져 있었을 것이다.

그의 "논설"은 기본적으로 몽매한 민중을 계몽하고 부패하고 무능한 대소 관리들을 질타하는 훈계조의 메시지였다. 이승만은 먼저 민중이 구습에서 벗어나야 한다고 역설했다. 구습 가운데에서 가장 시급히 고칠 일의 하나가 혼인풍습이었다. 그러나 그는 당장 자유결혼을 해야 한

---

43) 《제국신문》 1907년 6월7일자, "사설: 본사의 행복과 본 기자의 해임".

44) 현재 《제국신문》은 국립중앙도서관, 한국연구원, 서울대학교 도서관, 연세대학교 도서관에 부분적으로 보존되어 있는데, 1901년 7월부터 1902년 7월까지의 13개월치와 1902년 9월부터 12월까지의 4개월치가 빠져 있다. 《韓末新聞所藏目錄(1883~1910)》, 韓國硏究院, 1972, pp. 4~6.

다고는 주장하지 않았다. "대한 동포들도 별안간 서양사람과 같이 남녀가 오래 상종하야 학문과 지식을 피차에 자세히 안 연후에 저희 임의대로 부부의 약조를 정하라는 것은 아니로되"라고 전제한 다음, 그러나 설혹 부모가 주장하더라도 첫째 일찍 혼인하지 말 것, 둘째 문벌의 고하와 가세의 빈부를 보지 않을 것, 셋째 신랑과 신부의 재덕을 자세히 알아보고 작정하라고 권고했다. 그리고 서북도에서는 어린 여자아이를 파는 습속이 있다면서 이를 신랄하게 비판했다.[45]

다음으로 중요한 것은 미신을 타파하는 일이었다. 봄이 되어 남산에 올라갔다가 "괴상한 일" 두 가지, 곧 방울을 흔들며 굿하는 무당패와 경쇠를 흔드는 판수패 앞에 사람들이 몰려 있는 것을 보았다면서 "소경 따라 못 보지 말고 광인 따라 미치지 말라"고 경고했다.[46]

미신풍습이 한국의 사회발전을 저해하는 큰 병폐였던 것은 흔히 지적되는 대로이다. 그것은 외국인의 눈에도 기이하게 비쳤다. 이 무렵에 한국을 여행했던 비숍(Isabella L. Bird Bishop)은 한국의 샤머니즘을 자세히 소개하면서, 서울 당국에 따르면 1897년 1월 현재 서울에 매월 평균 15달러를 버는 무당이 1,000명이 있다고 한다고 적었다. 그러면서 그는 그것은 판수나 풍수쟁이들에게 지불한 돈은 제외한 것이라고 덧붙였다. 비숍은 또 한국이 귀신숭배를 위해 해마다 250만달러의 경비를 들이고 있는 것으로 알려져 있다고도 했다. 참고로 1896년 한국의 수출총액은 473만달러, 수입총액은 654만달러였다.[47]

나라가 진보하기 위해 시급히 고쳐야 할 또 하나의 악습은 공중위생이었다. 이승만은 서울 장안에 사는 사람들이 어른 아이 없이 대로변에서 얼굴을 들고 오가는 사람들을 쳐다보면서 대소변을 본다고 개탄하면

---

45) 《제국신문》 1901년 3월25일자, "논설".

46) 《제국신문》 1901년 4월22일자, "논설".

47) Isabella L. Bird Bishop, *Korea and Her Neighbours*, vol. II, John Murray, 1898, p. 276.

서, 청결은 자기나 자기 가족뿐 아니라 나라를 이롭게 하는 일이라고 강조했다.[48]

이승만은 옥중에 콜레라가 발생했을 때에 환자들을 돌보고 시신을 치우기에 여념이 없으면서도 콜레라에 대한 논설을 썼다. 그는 사람들이 콜레라의 유행을 두고 천재(天災)니 귀신의 소이라느니 하면서 부적을 붙이고 예방축사(豫防逐邪)하는 것 말고는 피하는 도리가 없다면서 도리어 심상히 여긴다고 개탄하고, 콜레라가 얼마나 무서운 전염병인가를 감옥서 안의 실정을 들어 설명했다. 그러므로 동리와 도로와 거처, 의복, 음식을 정결하게 하고 서양 약을 구하여 예비해야 한다고 설명했다. 그러면서 "부디 요사한 말 믿어 하늘 재앙이나 귀신의 벌로 알지 말지라"라고 역설했다. 이승만의 이러한 말에서 우리는 당시 사람들의 콜레라에 대한 인식이 얼마나 운명론적인 것이었는가를 짐작할 수 있다.[49]

이승만은 문명개화를 위해서는 한국인의 사고방식과 가치관을 개혁해야 한다고 되풀이하여 주장했다.

> 우리나라 사람들의 어쩔 수 없는 폐단을 말하자면 어둡고 완고하다, 원기가 없고 나약하다, 용맹스러이 하고자 하는 일이 없다 하는 것이라 할 터이나, 그중에 가장 어려운 것은 운수라 하는 것을 믿음이라. 이것을 믿는 마음 때문에 백 가지 중 하나도 될 수 없으니 실로 깊이 걱정하는 바로라.[50]

그러므로 이러한 사고방식을 개혁하지 않고는 문명개화와 부강을 누릴 수 없다고 강조했다.

이러한 민중의 의식개혁은 교육을 통해서만 이루어질 수 있는 것이었

48) 《제국신문》 1901년 4월20일자, "논설".

49) 《제국신문》 1902년 9월26일자, "논설: 괴질의 유행이라".

50) 《제국신문》 1903년 2월5일자, "논설: 국가흥망의 근인".

다. 이승만이 《제국신문》의 논설에서 가장 자주 다룬 주제는 교육문제였다. 다른 주제를 다루는 논설에서도 기회 있을 때마다 그는 교육의 중요성을 강조했다. 가령 이승만의 《옥중잡기》에 있는 "미국흥학신법〔美國興學新法: 미국의 교육을 일으킨 신법〕"이라는 장문의 한문 문서는 미국 교육제도의 연혁과 현황에 대해 자세히 설명한 미국정부의 정책문서인데, 그것은 이승만의 서양근대교육에 대한 관심과 지식을 짐작하게 하는 한 보기이다.[51] 그는 젊은이들을 많이 외국에 유학보내야 한다고 주장했다.

교육문제와 관련하여 주목되는 것은 이승만이 국문(한글) 학교를 개설하는 것이 급하다고 주장하고 있는 점이다. 그는 언론활동을 할 때에도 국문전용을 실천했고, 《청일전기》 번역 등 옥중의 집필활동도 국문으로 했다. 《제국신문》도 국문전용 신문이었다. 그는 국문학교에서 가르칠 만한 책으로 《초학언문》, 《국문독본》, 《국문사민필지》, 《심신초학》, 《국문산술》의 다섯 가지 책을 들고, 무엇보다 중요한 것이 국어문법인데, 근일에 주상호(周商鎬: 周時經의 원명)가 국문문법책을 한 권 써놓았으나 아직 발간하지 못하고 있다면서 "누구든지 이 책을 발간하여 놓으면 큰 사업이 될지라. 유지하신 이 중 의논하고자 한다면 정동 배재학당으로 가면 만나오리" 라고 안내까지 했다.[52]

또한 그는 국민의식의 개혁은 언론창달에 달린 것이라고 되풀이하여 강조했다. 이승만은 "백성의 개명되고 못된 것은 그 나라에서 서책이 많고 적은 것과 신문의 잘되고 못되는 것을 보아야 가히 알지라"라면서 신문을 많이 보아서 견문을 넓힐 것을 강조했다.[53]

---

51) "美國興學新法", 《雩南李承晩文書 東文篇(二) 李承晩著作2》, pp. 20~41, 번역문은 유영익, 앞의 책, pp. 337~359.

52) 《제국신문》 1903년 2월3일자, "논설: 국문교육".

53) 《제국신문》 1901년 6월1일자, "논설".

이승만은 한국인의 의식개혁은 기독교를 통하여 이루어져야 한다고 믿었다. 그는 문명부강의 근원은 교화도덕(敎化道德)에 있는데, 도덕은 첫째로 개인차원의 도덕, 둘째로 국가차원의 도덕, 셋째로 "온 세상이 다 화하야 일체로 착한 사람과 즐거운 처지가 되기를 주장하는" 도덕, 곧 인류의 보편적 도덕이 있다고 주장했다. 이 셋째번의 "세계를 포함한" 도덕이 크고 훌륭한 교화인데, "서양 부강한 나라들의 인민이 교회를 설립하고 세상에 전도하는 본의"가 그 때문이라고 그는 설명했다. 그러므로 퇴락한 한국의 정치풍토를 고치기 위해서는 기독교로 교화하는 것이 시급하다는 것이었다.[54] 이러한 관점에서 그는 미국을 이상국가로 생각했다. 이러한 사상은 그가 같은 시기에 《신학월보》에 기고한 논설들에 더욱 자세히 표명되어 있다.[55] 이승만은 한국 언론사상 처음으로 크리스마스를 축하하는 논설을 쓰기도 했다.[56] 그것은 감옥서 안에서 처음으로 크리스마스 경축예배를 올리기

大韓帝國光武六年十二月二十四日 水曜日 一

光武二年 八月八日 農商工部 認可

第五卷 뎨국신문 第二百九十四號

論說 론셜

이승만이 크리스마스의 의의를 설명한 《제국신문》의 1902년 12월24일자 "논설".

54) 《제국신문》 1902년 12월6일자, "논설 : 교회관계" 및 12월8일자, "논설 : 교회흥왕".

55) 리승만, "예수교가 대한 장래의 기초", 《신학월보》 1903년 8월호 참조.

전날의 일이었다.

이러한 개혁과 교화를 통해서만이 근대 자본주의사회에 걸맞은 인간형이 탄생될 수 있다고 그는 확신했다. 이승만이 일〔노동〕의 중요성을 강조한 것도 그런 맥락에서였다. 그는 “시간이 곧 돈”이라는 서양속담과 일하는 것을 부끄럽게 생각하여 중요한 일을 하면서도 친구가 물으면 으레 “하는 일 없이 논다”고 대답하는 것이 점잖은 행세본으로 생각하는 한국선비들의 고루한 풍습을 대비하면서, 부지런히 일을 해서 돈을 벌어야 한다고 강조했다.

나아가 그는 “저마다 먹고 입고 쓰는 것 외에 날마다 몇 푼씩 만들어 놓을 것 같으면” 몇십년이 안 가서 자기집뿐만 아니라 국가가 부요해질 것이라고 저축의 중요성을 일깨우기도 했다.[57]

그리고 옛날에는 농업이 천하의 큰 근본이라고 했으나 지금은 상업이 천하의 근본이라면서 다음과 같이 강조했다.

> 대저 오늘날 세계 큰 싸움과 다툼이 이익과 권세 까닭인데, 이익과 권세는 장사에서 더 큰 것이 없은즉, 우리나라에서도 문명개화한다는 것은 나중 일이어니와 당장의 급선무로 나라가 정부를 안돈하고 백성들이 집안을 보존할 양이면, 아무쪼록 장삿길을 널리 열어서 해마다 항구에 들어오는 돈이 나가는 것보다 몇천 배나 되게 하기를 바라노라.[58]

국부(國富)의 관건은 곧 통상에 달렸다는 것이었다. 이승만은 통상이 가져다 주는 이익으로 다섯 가지를 들었다. 첫째로 각국이 그 나라 상업과 관계 있는 곳에는 전쟁을 없게 할 것이므로 평화를 누리는 이익이 있고, 둘째로 나에게 있는 것과 남에게 있는 것을 서로 바꾸어 각국이 다 귀

56) 《제국신문》 1902년 12월24일자, “논설: 세계에 큰 명일”.
57) 《제국신문》 1901년 4월18일자, “논설”.
58) 《제국신문》 1901년 4월19일자, “논설”.

천을 평균하므로 다같이 이익을 보게 되며, 셋째로 이익을 일으키면 그것으로 남의 재물을 들여와 내 나라 땅과 인재를 배양하여 빈한한 나라가 문명을 창조하며, 넷째로 각 항구의 세납(稅納)이 늘고 그로 말미암아 철로, 기선 등 모든 사업이 흥성할 것이므로 지게꾼, 모군꾼 등의 새 일자리가 생긴다는 것이었다.[59] 이처럼 이승만은 근대국제사회의 통상의 본질과 가치를 정확하게 인식하고 있었던 것이다. 이승만은 회사설립과 운영의 요령을 미국 시카고에 있는 몽고메리 와드사(Montgomery Ward & Co.)의 보기를 들어 자세히 설명하기도 했다.[60]

물론 농업을 완전히 배제하자는 것은 아니었다. 이승만은 오히려 제조업보다 농업에 주력하는 것이 유리하다고 주장했다. 그는 전 국토의 72%가 "쓸 줄을 몰라서 버려 두는 땅"이라면서 그러한 땅을 개발하여 곡식보다는 "큰돈이 생기는" 축산, 임업, 면화, 담배, 과실 등의 생산에 주력해야 한다고 강조했다. 상업적 영농을 권장한 것이다. 그렇게 하면 5년 뒤부터 큰 이익이 생길 것이라고 그는 전망했다. 이승만은 조림(造林)에 대해서도 상당한 식견을 가지고 있었다. 나무를 심는 데는 소나무보다 잡목을 심어야 하고, 잡목 가운데에서도 세계적으로 많이 사용되고 값이 비싼 참나무, 호두나무, 밤나무, 단풍나무, 피나무를 많이 심어야 한다고 설명했다.[61]

그렇게 하여 실현될 문명 부강한 근대국가의 모습을 이승만은 다음과 같이 실감나게 묘사했다.

> 금이 나는 땅이면 금광을 열어 금을 얻어내며, 쇠가 나는 땅에는 철광을 열어 쇠를 캐내고, 석탄이 나는 땅에는 석탄광을 열어 석탄을 파내며, 바다에는 어선을 많이 제조하야 고기를 힘써 잡으며,

59) 《제국신문》 1903년 3월13일자, "논설: 외국통상비교".
60) 《제국신문》 1902년 9월20일자, "논설: 회사기초자의 모본할 일".
61) 《제국신문》 1901년 6월7일자, "논설".

> 산에는 찻감을 많이 심어 차농사를 확장하며, 강물이 맑은 데는 겨울에 얼음을 많이 떠서 빙고에 수입하며, 담배를 힘써 심어 권련을 제조하며, 들에는 뽕나무를 많이 심어 누에를 번성하게 기르며, 물이 많고 풀이 무성한 땅에는 양과 닭을 많이 기르며, 물맛이 청렬〔淸洌: 시원하고 산뜻함〕한 곳에는 술을 잘 만들며, 토색이 아름다운 데서는 사기를 정교하게 제조하야 노는 시간이 별로 없이 부지런히 돈 벌 생애를 힘써, 날마다 물건을 항구에 내어다가 장사를 흥왕하게 하여, 사람마다 재물이 풍족하며 나라가 부강하야 처처에 삼사층 벽돌집을 높이 짓고 유리창과 구슬발을 사면으로 달아서, … 도회처마다 공원지를 열어 화목(花木)을 울밀하게 심으며, … 동물원을 배설하야 기이한 짐승과 희귀한 새를 여러 가지로 모아 두고 구경하야 안목을 넓히며, 수족원을 배설하야 각종 물고기를 구하야 유리병 속에 길러 두고 구경하야 지식을 넓히며, 관립학교와 사립학교를 곳곳마다 설립하야 인재를 배양하며, 전선을 총총하게 연락하여 인민의 통신을 편리하게 하며, 철갑군함과 수뢰포를 많이 만들어 바다에 떠다니며 어모〔禦侮: 모욕을 막아냄〕할 방책을 하니….[62]

이승만은 이러한 "굉장한 일들"은 오직 재물의 힘으로 성취할 수 있으므로 모든 국민이 재정의 확장에 힘써야 한다고 강조했다. 그럼에도 불구하고 사람들이 "오활〔迂闊: 실제와 관련이 없음〕한 풍속에 젖어" 총명있고 학식 있는 사람들이 "점잖은 사람이 어찌 재물을 알리오"하고 자질(子姪)이나 친구 가운데 재정에 관심 있는 사람이 있으면 오히려 꾸짖어 재물을 모르게 한다고 개탄하고, "엽전 한냥 수효를 헤아리지 못해야 참 점잖은 재상이다"는 속담을 들어 재정을 소홀히 하는 정부관원들을 힐책하면서, 모두가 꿈에서 깨어 정신을 차리고 돈을 벌어야 한다고 주장했다.[63] 이승만이 강조한 문명부강한 나라란 이처럼 자본주의정신이

62) 《제국신문》 1901년 5월19일자, "논설".

투철한 나라였다.

문명부강한 나라는 결국 정치의 개혁에 의해서만 달성할 수 있을 것이었다. 이승만은 세계각국이 시행하는 정치제도는 전제정치(專制政治), 헌법정치(憲法政治), 민주정치(民主政治)의 세 가지라고 설명했다.[64] 전제정치는 "일국의 흥망과 만민의 화복이 다 한 사람에게 달린" 제도로서, "이 부귀를 다투는 세계에서 독립을 유지하기에 크게 위험한" 제도라고 말했다. 그리고 민주정치는 백성이 주장하는 정치로서, "전국이 일제히 의논하야 다 가라대 가하다 한 후에야 미루어 임금〔대통령〕을 세우고 오히려 또 폐가 생길까 염려하여 혹 팔구년, 혹 사오년을 한하고 한될 때마다 추천하야 임금을 세우고 나라를 다스리므로" 전혀 백성에게 달린 정부라는 것이었다. 이러한 민주국가는 날마다 문명부강으로 나아가 "세상이 점점 그 정치 밑으로 들어가는 고로" 미국의 형세가 영국을 점점 능가하고 있다고 그는 설명했다. 그렇기는 하나 민주정치는 백성이 개명한 뒤에야 가능한 것으로서, "백성이 어두운 나라에서 혹 망령되이 행하려 하다가는 일국이 크게 어지러운 법이니", 한국과 같은 나라에서는 당장 실시하기는 어렵다고 했다. 그러한 보기로 그는 남아메리카 제국의 경우를 들었다. 따라서 한국의 처지로서는 헌법정치, 곧 입헌군주제(立憲君主制)를 실시하는 것이 바람직하다는 것이었다. 이승만은 헌법정치를 이렇게 설명했다.

> 헌법정치를 세계 각국이 가장 좋다 하나니, 이는 상하에 공평도 하거니와 백성이 여간 어두워도 과히 낭패가 없고, 임금이 설령 성현이 아니라도 일정한 법률만 준행하면 나라에 위태할 염려도 없으며, 겸하야 이전 완고한 법에 젖은 백성과 지금 새 법률에 화하는

---

63) 위와 같음.

64) 《제국신문》 1902년 12월22일자, "논설: 정치약론". 李承晩은 1901년 3월4일자 "논설"에서는 이 세 가지 정치제도를 전제정치, 입헌정치, 공화정치라고 설명했었다.

> 인민을 일체로 다스리기에 심히 합당한지라. 지금 세계에 가장 많이 행하며 … .[65]

이승만의 이러한 설명은 만민공동회 때의 그의 행동에서 느낄 수 있었던 급진적 자유주의 사상이 많이 달라졌음을 보여 주는 것이다. 그러나 그것은 이승만이 미국식 민주주의에 대한 동경을 단념한 것은 물론 아니었다. 그는 "미국 인민의 권리"라는 논설을 무려 다섯 회에 걸쳐 연속으로 내보내면서 미국의 삼권분립제도와 국민의 기본권을 헌법조문을 하나하나 들어가면서 자세히 설명했다.

흥미로운 것은 링컨(Abraham Lincoln) 대통령이 게티스버그 연설에서 말한 유명한 민주주의의 정의, 곧 흔히 "인민의, 인민에 의한, 인민을 위한" 정치라고 번역되는 "of the people, by the people, for the people"을 다음과 같이 번역하고 있는 점이다.

> 그 정부의 세 가지 본의가 있나니, 일은 백성이 세운 정부요,
> 이는 백성을 위하야 세운 정부요, 삼은 백성이 행하는 정부라.[66]

이 문장은 뒤이어 집필한 《독립정신》에서는 "일은 백성이 하는 것이요, 이는 백성으로 된 것이요, 삼은 백성을 위하야 세운 것이라"라는 표현으로 다듬어진다.[67]

이처럼 이승만은 백성이 권리가 있는 나라는 흥하고 권리가 없는 나라는 망한다는 이치를 미국의 정치제도를 들어 역설한 것이다.

이승만의 민중계몽 캠페인에는 가지가지의 새로운 지식을 소개하는 작업도 포함되었다. 그러기 위해서 이승만은 중요하다고 생각되는 내용을 번역하여 "논설"난에 게재하기도 했다. 번역문은 "지구론", "달의론"

---

65) 《제국신문》 1902년 12월22일자, "논설: 정치약론".

66) 《제국신문》 1902년 10월31일자, "논설: 미국인민의 권리론(二)".

67) 《독립정신》, p. 63. 《雩南李承晚文書 東文篇(一) 李承晚著作 1》, p. 123.

등 천문에 관한 이야기에서부터 서양의 유명인사가 청국이나 한국을 여행하고 쓴 기행문, 《중동전기본말》의 저자 알렌 선교사가 천진(天津)의 YMCA 결성식에서 한 연설문과 아시아 정세를 논평한 글, 일본신문에 실린 일본인들의 한국진출을 권장한 내용 등에 이르기까지 다양했다. 그리고 이러한 번역문은 그 글의 앞이나 뒤에 번역하는 취지를 간략하게 써붙였다.

이승만이 심혈을 기울여 집필하는 "논설"의 주장에도 불구하고 나라의 형편은 그의 주장과는 반대방향으로 흘러가고 있었다. 콜레라 환자들을 치다꺼리하느라고 심신이 지치기도 한 이승만은 1902년 가을에 접어들면서는 더욱 비분강개해졌다. 그는 "충심이 변하면 역심이 나다"라는 자극적인 제목의 "논설"에서 울분에 찬 자신의 심경을 직설적으로 토로했다.

> 슬프다. 사람되고 제 집안 잘되기 원치 않는 자가 어디 있으며 신민되어 나라 잘되기 원치 않는 자가 어디 있으리오. 본 기자도 불행히 이 나라의 한낱 신민이 되어 목숨을 버리고라도 이 나라 일이 조금 되어가는 구석을 볼까 하야 이 되지못한 신문장을 가지고도 날마다 말한 바가 혹 간절히 감동할 만하게도 하여 보았고, 혹 흉과 비방같이도 하여 듣고 부끄러운 생각이 날 만하게도 하여 보았고, 통분격발(痛忿激發)하야 사람의 피가 끓고 두발이 일어나게도 하여 보아 백 가지로 시험치 않은 일이 없으매, 그중에 과격한 말도 있고 혹 남이 못 할 위험한 말도 없지 않았으나, 듣는 당자도 코웃음하며 옆의 구경꾼도 귀 밖으로 돌리니, 통히 이 천지에는 이 나라를 위하야 애쓸 사람도 없고 일할 사람도 없은즉, 다른 천지에서 이 나라 일할 사람과 걱정할 사람이 생긴 후에야 되어도 되고 말아도 말지라. 홀로 쓸데없는 빈 말로라도 주야 애쓰는 놈이 도리어

어리석고 미련한 물건이로다. … [68]

그러나 이승만은 “논설” 집필을 포기하지 않았다. 포기하지 않았을 뿐 아니라 그의 필봉은 더욱 신랄해졌다. 그는 대한제국이 이대로 가다가는 망할 수밖에 없다고 경고했다. 이승만은 외국 공사들에게 휘둘리고 있는 정부의 무능과 몇몇 관리들의 전횡을 질타하면서 다음과 같이 썼다.

아직까지도 우리가 대한백성이니 조선사람이니 하나, 실상 속으로는 어디 속하여 가게 될지 모르고 있는 중이라. 어찌 통곡할 일이 아니며 기막힐 일이 아니리오. 통히 말할진대 지금은 다시 돌이킬 수 없게 되었으니, 영원히 이대로 말아 버리는 것이 옳은가, 한 번 악이나 써보다가 마는 것이 나을까, 이는 시각을 더 대지 말고 급히 생각하여 한번 시험할 일이로다. [69]

이승만은 영-일 동맹협약이나 러-일 비밀협약 등으로 대표되는 급박한 국제환경을 심한 풍파에 비유하면서 다음과 같이 국민의 각성을 촉구했다.

우리가 감히 두려움을 무릅쓰고 소리를 높이 질러 전국의 꿈꾸는 이들을 깨우고자 하노니, 우리가 이 심한 풍파를 당하여 이 위태한 배를 다 같이 타고 있어 목숨과 재산의 위태함이 시각에 있는지라. 저 어둡고 서투른 선인(船人)들이 어찌할 줄을 모르는 중이니, 우리들이 깨닫고 힘을 들여 붙들다 할 수 없을 지경에 이른 후에는 거의 후한이나 없을지로다. [70]

이 글은 다시 손질하여 《독립정신》의 “총론”으로 보완되었다. 그는 또 나라의 형편을 큰 집에 불 난 것에 비유하면서, 사람들이 힘을 모아

---

68) 《제국신문》 1902년 10월24일자, “논설: 충심이 변하면 역심이 나다”.

69) 《제국신문》 1903년 2월20일자, “논설: 정부에 권고하는 말”.

70) 《제국신문》 1903년 2월21일자, “논설: 국권이 날로 감삭함”.

함께 불 끌 생각은 않고 서로 다투기만 한다고 질책하기도 했다.[71]

이승만은 나아가 패망한 나라들의 비참한 실상을 설명하는 논설을 잇달아 썼다. "패망한 나라들의 당하는 사정"이라는 논설에서는 영국의 식민지가 된 인도, 청국의 학정에서 벗어나기는 했으나 일본의 식민지가 되어 무고한 백성들이 원통하게 피를 흘리는 대만, 러시아에 나라를 빼앗긴 폴란드의 경우를 보기로 들어 설명했다. 이승만은 특히 폴란드의 비참한 상황을 자세히 적고 있는데, 이는 이 무렵의 이승만의 러시아에 대한 인식을 보여 주는 것이기도 하여 주목된다.[72] 패망한 나라의 국민들이 당하는 핍박을 설명하고 나서 그는 다음과 같은 말로 글을 맺었다.

> 우리가 감히 사실을 숨기지 않고 당돌히 이런 말을 하는 것은 심한 듯하나, 지금이 어떤 때이뇨. 형편이 이미 다 기울어진 지 오랜지라. 이때 말 한마디 못하다가 이만한 말도 할 계제가 없게 된 후에는 이만 충분(忠憤) 한 말이나마 어디서 들어보며 할 사람은 어디 있으리오. 창자에 가득한 피를 한 조각 종이에 토함이로다.[73]

그러나 이처럼 비분강개한 이승만의 질타는 경영난에 허덕이던《제국신문》이 1903년 1월에 주식회사로 확장되고 경영진이 바뀌면서 중단되고 말았다. 군부(軍部) 의 참서관으로서 대판포병국장(代辦砲兵局長) 인 최강(崔岡) 이 자본가를 모집하여 2만원을 모금해 가지고《제국신문》을 인수했는데, 고종은 내탕금(內帑金) 2,000원과 함께 사용 중인 전 광문사(廣文社) 건물과 인쇄시설을 하사했다.[74]

이승만이 논설집필을 중단하면서 마지막으로 쓴 "기자의 작별하는

---

71) 《제국신문》 1903년 2월24일자, "논설: 국민의 큰 관계".

72) 이정식 지음, 권기붕 옮김, 앞의 책, p. 145.

73) 《제국신문》 1903년 2월27일자, "논설: 패망한 나라들이 당하는 사정".

74) 崔起榮, "《帝國新聞》의 刊行과 下層民啓蒙", 《大韓帝國期新聞研究》, 1996, 一潮閣, p. 29.

글"이라는 문장은 심혈을 기울인 그 동안의 작업에 대한 소회와 함께 집필을 중단하는 아쉬움을 토로하고 있다. "논설"의 다음과 같은 구절은 이승만이 새로 바뀐 경영진의 요구로 "논설" 집필을 중단했음을 짐작하게 한다.

> 본래 본 기자는 흉중에 불평한 마음을 품은 자라. 진실로 이 세상과 합할 수 없어 일신에 용납할 곳이 없는 자라. 입으로 나오는 말이 다 사람의 귀에 거슬리며 붓끝으로 쓰는 말이 다 남의 눈에 거리끼는 바니, 이는 불평한 심사에서 스스로 격발함이라. 어찌 억지로 화평히 할 수 있으며, 화평히 할 수 없은즉 어찌 세상과 합할 수 있으리오. 불평한 말이 세상에 합치지 못하고 다만 저 혼자 스스로 상하는 바나, 그러하나 지금 우리나라 민심을 볼진대 다 병의 근원이 죽을 지경에 이르러 혈맥까지 통할 수 없는 모양이니, 여간 순한 약으로는 기운을 통해 볼 수 없는즉, 불가불 심한 말로써 독약을 삼아 기운을 충발해 보는 약밖에 좋은 처방이 없는 줄로 여기는 바라. 이 뜻으로 간간 불평한 의논이 많음인즉, 이는 실로 면할 수 없는 바요, 겸해 본 기자는 항상 몸으로써 환란 위험함을 자처하는 터인 고로 위태하고 어려운 곳은 항상 사양하지 않고자 하나니, 어찌 일호라도 용납함을 구하리오.

그가 "죽을 지경"에 이른 우리나라 민심을 일깨워 보려는 애국심에서 쓴 "독약"은 그러나 고종이나 정부 관리들에게는 여간 위험하게 느껴지지 않았던 것이다.

이승만 자신은 "논설" 집필을 중단하게 된 사실을 이렇게 적었다.

> 지금은 본 기자의 사정이 이 사무를 더 볼 수 없는 사단이 몇 가지 있으니, 첫째는 본인의 불평함이 세상과 시세에 합할 수 없음이오, 둘째는 본사 사무가 확장되매 임원이 넉넉하야 본인이 아니더라도 군졸(窘拙)한 곳이 없은즉, 일후에 어려운 때가 있으면 혹 다시 상

> 관이 될는지 지금은 긴치 아니하야 폐할 일이오, 그 외의 몇 가지 사단은 다 말할 바 아니라. 내일부터 본 기자는 본사 논설에 상관이 없고 ….

그러면서 그는 앞으로 "혹 긴절한 의견이 있으면 간간이 글자를 적어 보낼 기회가 있을지 혹은 어려울지…" 하고 "논설" 집필을 중단하는 것을 못내 아쉬워했다.[75]

이승만이 이처럼 2년 3개월 동안이나 옥중에서 일간신문의 "논설"을 집필한 사실은 세계의 언론사에서 전무후무한 일이었다.

4. 영한사전 편찬하다《독립정신》집필

사명감과 자부심을 가지고 정열적으로《제국신문》의 "논설" 집필하는 일에 열정을 쏟던 이승만은 본의 아니게 붓을 놓게 되자 여간 섭섭하지 않았다. 그러나 항상 적극적으로 일감을 찾는 그는 실의에 빠지지 않고, 이내 새로운 작업을 시작했다. 그것은 영한사전(英韓辭典)을 편찬하는 일이었다.

이승만이 영한사전 편찬작업을 시작한 것은 놀랍게도《제국신문》에 마지막 "논설"이 나간 지 사흘 뒤의 일이다. 왜 하필 영한사전을 편찬해야 되겠다고 마음 먹었는지, 준비는 언제부터 했는지는 그 자신의 자서전 초록에나 그 밖의 그의 전기들에도 설명이 없다. 그것은 아마도 외국 선교사들의 권유와 아울러 자기도 영어공부를 하면서 영어사전의 필요성을 절실히 느끼고 있었기 때문이었을 것이다.

이 무렵에는 외국어학교 등을 통하여 영어교육이 상당히 보급되고 있었다. 그러나 이용할 만한 사전이 없었기 때문에 영어학교만 하더라도

75) 《제국신문》 1903년 4월17일자, "논설: 기자의 작별하는 글".

제대로 영문학자 하나를 배출할 수 없는 형편이었다.[76] 따라서 영문서적을 제대로 번역해 낼 수도 없었다. 이러한 사실은 일본이나 중국에 비해서 크게 뒤떨어진 것이었다. 일본에서는 최초의 본격적인 영일사전(英日辭典)이라고 할 수 있는 호리 다쓰노스케(堀達之助) 외 편《영화대역 수진사서(英和對譯袖珍辭書)》가 1862년에, 최초의 일영사전(日英辭典)인 미국인 헵번(James C. Hepburn) 편《화영어림집성(和英語林集成)》이 1867년에 출판되었다.[77] 이승만은 감옥에서 아펜젤러와 에비슨이 넣어 준《웹스터 영어사전(*Webster's English Dictionary*)》과《화영사전(和英辭典)》을 가지고 있었다고 하는데, 그가 가지고 있던《화영사전》이란 아마 헵번의《화영어림집성》이었을 것이다. 이 사전은 수록어휘 2만 단어에 부록으로 1만 단어의 영화사전(英和辭典)이 붙어 있는 꽤 본격적인 사전으로서 1900년대까지 널리 사용되었다.

한국에도 몇몇 선교사들이 주로 서양인들의 한국어 습득을 위해 만든 간단한 영어사전류가 있었다. 1897년에 요코하마에서 출판된 게일 목사의《한영사전(*A Korean-English Dictionary*)》, 1890년에 출판된 언더우드의《영한-한영사전(*A Concise Dictionary of the Korean Language in Two Parts, Korean-English & English-Korean*)》, 1891년에 발행된 스콧(J. Scott)의《영한사전》등이 그것이었다.[78] 이승만이 이러한 사전들도 입수하고 있었을 것이다.

이승만과 영어사전과 관련하여 한 가지 흥미로운 이야기가 있다. 그것은 1928년에 박문서관(博文書館)에서 발행된 김동성(金東成) 편《선영사전(鮮英辭典)(*The New Korean-English Dictionary*)》에 "Dr. Syngman Rhee is a devout Christian(이승만 박사는 독실한 기독교인이다)"라는 예문이 있는 사실이다.[79] 김동성은 우리나라 최초의 신문 특파원으로서

---

76) 文龍, 앞의 글, p.638.

77) 小島義郎,《英語辭書物語(下)》, ELEC, 1989, p.232, p.262.

78) 文龍, 앞의 글, p.641.

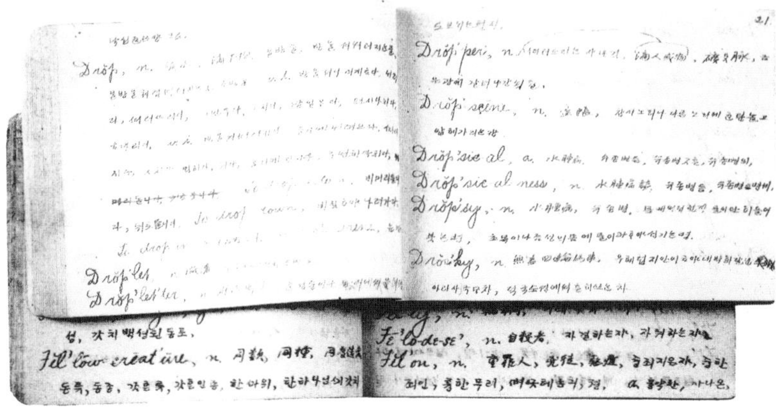

이승만이 옥중에서 편찬하다가 중지한 《영한사전》의 표지와 내용원고.

1921년에 하와이에서 열린 세계신문기자대회에 참석하고, 이어 워싱턴 군축회의를 취재하러 워싱턴으로 가서 이승만을 인터뷰한 기사를 《동아일보(東亞日報)》에 보도하기도 했는데, 이러한 예문은 조선총독부의 검열 아래에서 보여 준 식민지 지식인들의 가년스러운 저항의 한 보기였다. 김동성은 뒷날 초대 공보처장에 임명되었다.

79) 金明培, "韓國の英語辭典", 《英語教育》 1981년 12월호, 大修館, p. 89.

이승만은 영한사전 원고의 표지에 "The Transcript of an English-Korean Dictionary", 곧 "영한사전 수필본"이라는 뜻의 영문제목을 적었고, 본문의 'A'항이 시작되는 앞면 속표지에 다시 "A New English-Korean Dictionary by Amogai", 곧 "아무개 지음, 새 영한사전"이라는 제목을 붙였다.

그는 이 사전원고를 미제 노트북 세 권에 나누어 적었다. 첫째 권은 510쪽으로서 각 장의 양면에 검은색 연필로 내용을 빽빽이 적었는데, 'A'항부터 'Discourage' 항까지의 단어 4,970개를 알파벳 순서대로 배열했다. 둘째 권은 모두 438면으로서 검은색 연필, 붉은색 잉크, 검은색 잉크 등으로 썼고, 'Discourager'로부터 'Exuberant'까지의 단어 2,809개를 수록했다. 그리고 셋째 권은 모두 111면으로서 'Exuberantly'로부터 'Fichu'까지의 단어 454개를 붉은색과 검은색 잉크로 적었다. 따라서 이 미완성의 영한사전에는 'A'부터 'Fichu'까지의 총 8,233개 단어가 수록되어 있다. 그리고 영어단어 하나하나에 한문과 국문으로 뜻을 풀이하고 있어서, 말하자면 이 사전은 《영한한사전(英漢韓辭典)》인 셈이다.[80]

이 영한사전은 이승만이 옥중에서 벌인 작업 가운데 가장 야심적인 것의 하나였다. 만일에 이 《새 영한사전》의 편찬작업이 완성되었더라면 이 사전은 우리나라의 영어교육과 학문의 발전에 큰 공헌을 했을 것이다. 그러나 그의 사전 편찬작업은 완성되지 못하고 말았다.

이승만이 《영한사전》 편찬작업을 중단한 것은 많은 사람들이 우려했던, 그러면서도 필연적인 것이라고 전망했던 러-일전쟁이 발발했기 때문이었다. 이승만은 러-일전쟁이 발발하는 것을 보고 "비록 세상에 나서서 한 가지 유조한 일을 이룰 만한 경륜이 없으나" "감개 격분한 눈물을 금치

80) 유영익, "이승만著作解題", 《雩南李承晩文書 東文篇(一) 李承晩著作 1》, p. 156.

못하야" 사전 편찬하던 일을 중지하고 급히 《독립정신》을 썼다고 적었다.[81] 그러나 이 말의 뜻은 분명하지 않다.

이승만 자신의 말에 따르더라도 《독립정신》의 집필동기는 위의 서술과는 다르다. 이승만은 자서전 초록에서 자기가 《독립정신》을 쓰게 된 것은 같이 감옥생활을 하면서 의기투합했던 유성준의 권고가 있었기 때문이었다고 적었다. 유성준은 함께 한시도 짓고 신흥우가 출옥한 뒤에는 신흥우 대신에 이승만과 함께 감옥서 학교를 맡아 죄수들을 가르치기도 했다. 유성준은 지금까지 우리나라의 모든 개혁운동이 실패한 원인은 운동의 지도자들이 민중을 교육하고 계몽하려는 생각을 하지 않았기 때문이라면서 민중을 계몽하는 책을 쓰라고 이승만에게 권했다는 것이다. 그는 일본에 망명한 자기형 유길준이 돌아와서 정권을 잡게 되면, "독립운동에 관한 여론을 일으키기 위하여" 정부예산으로 책들을 발간하여 보급시키도록 하겠다고 말했다. 그래서 비밀리에 《독립정신》을 썼다는 것이다.[82]

이 말이 사실이라면 이승만은 1903년경부터 책 쓸 준비를 했던 셈이다. 그리고 특히 주목되는 것은 박영효와는 또 다른 쿠데타를 계획하던 유길준이 곧 귀국하여 정권을 잡을 것으로 생각했다는 점이다. 러-일전쟁의 불가피성과 일본의 승리를 예견하던 이승만이 유길준이 일본의 비호 아래 귀국하여 개혁정부를 구성할 것으로 전망했다는 것은 당연한 일이었는지 모른다.

이승만은 러-일전쟁이 발발한 직후인 1904년 2월19일부터 《독립정신》을 쓰기 시작하여 넉 달 남짓 만인 6월29일에 탈고했다. 그런데 《독립정신》은 완전히 새로 쓴 책은 아니었다. 그것은 《제국신문》에 썼던 "논설"들을 뼈대로 하고 《신학월보》에 기고한 글들과 자기가 번역해 놓은 《청

81) 《독립정신》, "서문", 《雩南李承晩文書 東文篇(一) 李承晩著作 1》, p. 1.
82) "Autobiography of Dr. Syngman Rhee", p. 13 ; "청년이승만자서전", 이정식 지음, 권기봉 옮김, 앞의 책, p. 267.

일전기》의 내용 등을 취합하여 가필한 논설집이었다. 새로 써넣은 부분이 절반 가까이 되는 것으로 알려져 있으나,[83] 일실된 《제국신문》이 현재 보존되어 있는 것보다 더 많은 것을 감안하면 《독립정신》에 포함된 《제국신문》의 "논설" 내용은 훨씬 더 많았을 것으로 짐작된다.

이승만은 처음에는 《독립정신》의 주지를 선언문이나 성명서처럼 "한 장 종이에 장서를 기록하여" 몇 만 장을 발간하려 했다고 말하고 있다.[84] 그만큼 그는 민중에게 자신의 주장을 주지시키고 싶었던 것이다. 그랬던 것이 "끊을 수 없는 말이 연속하는지라" 책으로 펴내야 할 분량이 되었다는 것이다. 이러한 그의 희망은 《독립정신》의 여러 대목에 피력되어 있다. 그는 "서문"에서 다음과 같이 적었다.

> 지명과 인명을 많이 쓰지 않고 항용 쓰는 쉬운 말로 길게 늘여 설명함은 고담소설(古談小說) 같이 보기 좋게 만듦이요, 전혀 국문으로 기록함은 전국에 수효 많은 인민이 보기 쉽게 만듦이요, 특별히 백성변을 향하야 많이 의논함은 대한의 장래가 전혀 아래 인민들에게 달림이라. 대저 우리나라의 소위 중등이상 사람이나 여간한 문자나 안다는 사람은 거의 다 썩고 물이 들어 다시 바랄 것이 없으며, 또한 이 사람들이 자기몸만 그럴뿐 아니라 이 사람들 사는 근처도 다 그 기운을 받아 어찌할 수 없이 되었나니, 이 말이 듣기에 너무 심한듯 하나 역력히 증험(證驗)하야 보면 허언이 아닌 줄을 가히 믿을지라. …[85]

이러한 언설은 독립협회운동 이래의 급진 과격파 이승만의 평민주의 신념이 오랜 옥중생활의 경험과 기독교 신앙을 통하여 더욱 확고해졌음

83) 高珽烋, "開化期 李承晩의 思想形成과 活動(1875~1904)", 《歷史學報》 제109집, 1986, pp. 53~55의 《독립정신》과 《제국신문》의 논설내용 비교표 참조.

84) 《독립정신》, "서문", p. 1.

85) 《독립정신》, "서문", pp. 1~2.

을 여실히 보여 준다. 그는 먼저 "마음속에 독립을 굳게 함"이라는 논설에서는 "이 책을 기록하는 뜻은 천언만설(千言萬說)로 소리를 높이 질러 전국 동포들에게 일심으로 합력하야 대한제국의 독립권리를 보전하야 거의 다 끊어진 생맥을 이어 영원무궁케 만들기를 원함이라"[86] 라고 말하고, 인민들의 '독립마음'의 중요성을 다음과 같이 강조했다.

> 지금 우리나라에 독립이 있다 없다 함은 외국이 침범함을 두려워함도 아니오 정부에서 보호하지 못함을 염려함도 아니오 다만 인민의 마음속에 독립 두 글자가 있지 아니함이니 참 걱정이라. 만일 어리석은 지어미와 어린아이들이라도 그 마음속에 이 생각만 깊이 박혀 저마다 헤아리되 이천만 인구가 다 죽어 없어지기 전에는… 대한 독립을 지키리라 하는 마음이 굳을진대 오늘날 독립 이름이 없은들 무엇이 걱정이며 세계 만국이 능멸하기로 무엇이 두려우리오. 이러므로 인민 속에 독립마음을 넣어 주는 것이 지금 제일 일이라. …나의 목숨을 버려서라도 이 뜻을 이룰 수만 있으면 진실로 아끼지 않겠노니…[87]

이승만이 민중에게 고취시키고자 한 것은 한마디로 근대 국민국가(nation states)의 이데올로기인 내셔널리즘이었다.[88] 내셔널리즘이란 개인의 자유와 인간의 평등을 전제로 하고, 국가의 자립과 발전을 우선적으로 추구하는 정치적 사상 내지 운동을 말한다. 이승만이 이 책에서 되풀이하여 애국심을 강조하는 것도 그 때문이었다. 그것이 곧 '독립정신'이었다.

이승만은 국가의 종류에는 만국공법상의 법적 자격에 따라 독립국,

86) 《독립정신》, p. 21.

87) 《독립정신》, pp. 23~24.

88) Y. M. Moon, "The Spirit of Independence by Syngman Rhee, A. M.", 유영익, 앞의 책, pp. 211~212. 유영익은 이 글이 이승만이 쓴 것으로 추정했다.

연방, 속국, 속지의 네 가지가 있다고 설명한 다음, "독립과 중립의 분간"이라는 논설로 다시 영세중립국과 독립국의 차이를 자세히 설명했다.

> 영세중립국이라 하는 것은 각 대국의 인허를 얻어 중간에 서서 한편으로 치우치지 아니한다 함이니, 여러 강국 틈에 있어 자주독립권을 잃지 아니하되 다만 어느 나라와 연합하여 도와주거나 어느 나라와 싸워서 실화(失和) 하지 못하고 항상 제 토지와 국권만 지켜 남의 시비에 들지 아니하며, 항상 각국과 평균히 교제하여 남의 침노를 받지 않고 영구히 태평함을 보전하되, 만일 이웃나라들이 서로 싸워 군사가 내 지방에 침노하게 될 때에는 내가 능히 내 힘으로 막아 그 침범함을 받지 아니하여서 중립국의 권리를 잃지 아니하나니, 이것이 영세중립국이라. 속국이나 보호국보다는 대단히 나아서 항상 태평히 부지함은 얻으나 자유 활동하는 힘은 없어서 남과 다투어 부강을 겨루어 보지는 못하나니, 이 어찌 당당한 내 나라를 가지고 남의 방한〔防閑: 하지 못하게 막는 범위〕을 받으리오.[89]

이러한 주장은 러-일전쟁이 발발하자 한국정부가 청국정부를 따라서 국외중립(局外中立)을 선언했다가 이내 일본의 요구로 군사동맹을 규정한 한-일의정서(韓日議定書)에 조인하지 않을 수 없었던 상황을 반영한 것이었다. 이승만은 영세중립주장은 정부의 책임 있는 사람들이 "백성을 붙들어 원기를 배양하야 확실한 기초를 세우기는 생각하지 못하고 도리어 독립권리를 없이하고 중립명목을 세워서 저희 손으로 상등대우를 얕게 만들고 자기들의 몸이나 하루라도 더 부지하고자" 하는 데서 나온 것이라고 비판했다. 이승만의 이러한 주장은 이 무렵의 개화파 지식인들의 영세중립국에 대한 일반적인 인식과 많은 차이가 있는 것이다.

이승만은 이어 크고 작은 독립국가들의 공존을 보장하는 국제정치의 기본틀인 만국공법의 기능과 가치를 강조했다. 그는 만국공법이 "천리

89) 《독립정신》, p. 30.

와 인정을 따라 세계 만국과 만국 만민이 일체로 평균한 이익과 권리를 보전케"하는 것이라고 설명했다.[90)]

이승만의 옥중저서《독립정신》의 표지. 이 책은 1910년에 로스앤젤레스에서 처음 출판되었다.

이승만은 근대 국민국가의 본을 미국에서 찾았다. 그는 미국을 가리켜 "이런 나라는 참 즐겁고 편안하야 곧 인간의 극락국이라 할지라"[91)] 하고 선망해 마지않았다. 이승만은 미국이 독립전쟁을 어떻게 용감하게 치렀고, 그 결과 미국인들이 어떤 권리를 누리게 되었는지를 자세히 설명했다. 그는 미국독립선언서 전문을 소개하고, 선언서에서 "가장 주장되는 뜻인즉 모든 사람이 다 동등으로 났다 함이라"[92)] 하고, 인간의 평등권을 강조했다. 그는 또 남북전쟁을 소개하면서 "사람 같지 않게 생긴 야만 흑인들의 권리를 위하야 저희 나라의 같은 동포끼리 전쟁을 일으켜서 …. 자유권리가 무엇인지 모르는 나라에서들은 곧 이런 사적을 보면 도리어 미친 사람이라 이를지라. 어찌 인애와 의리가 지극하야 사람의 생각밖에 뛰어나는 일이 아니리오"[93)] 하고 노예해방의 의의를 찬양했다. 그러면서 미국의 노예해방 이후로 지구상의 모든 나라가 노예제도를 폐지했는데, 오직 청국과 한국만이 노예〔종〕 부리는 풍속을

90) 《독립정신》, p. 34.
91) 《독립정신》, p. 71.
92) 《독립정신》, p. 82.
93) 《독립정신》, p. 86.

폐지하지 않고 있다고 비판했다. 그런데 이승만의 미국 흑인들에 대한 위와 같은 표현은, 세계의 인종을 문명개화인, 반개화인, 야만인의 세 종류로 구분하는 데서 보듯이,[94] 평민주의자인 그도 인종적 편견을 불식하지 못하고 있었음을 드러내 보이는 것이다.

청국과 한국이 세계에 뒤떨어져 있는 것은 종 부리는 풍속을 폐지하지 않고 있는 것만이 아니었다. 이승만은 한국이 근대적 국민국가로 발전하는 데 가장 저해되는 나라가 청국이라고 주장했다. 청국과의 오욕의 역사는 병자호란(丙子胡亂) 때부터 시작되었다고 그는 설명했다. 병자호란 때에 끌려가서 모진 악형 끝에 "오랑캐를 꾸짖기를 그치지 아니하다가" 죽은 삼학사(三學士)의 절개를 높이 평가하는 한편, 300년 동안 이른바 조공을 하는 "더러운 욕"이 여기에서 비롯되었다고 주장했다. 그의 이러한 역사인식은 조선조 유생들의 숭명배청(崇明排淸) 사상을 그대로 계승한 것이라고 할 수 있을 것이다. 그리하여 김구가 위정척사파(衛正斥邪派)의 입장에서 삼학사를 높이 평가하고 있는 것과 같은 맥락에서 개화파 이승만도 삼학사의 행적을 높이 평가한 것이었다. 그러나 이승만은 갑오경장 뒤에도 오욕의 역사를 충실히 계승하고 있는 수구파들을 맹렬히 비판했다.

> 갑오 이후까지도 청국을 배반하고 독립국이 되는 것이 의 없는 일이라 하여 대청(大淸) 연호를 없이하고 건양(建陽)이나 광무(光武) 연호를 대신하는 책력은 보지 않는다는 무리까지 있었으니, 도학을 숭상한다는 무리들의 독한 해가 이렇듯 심한지라. 진실로 통분함을 이기지 못하리로다.[95]

이승만은 중국인은 중화사상(中華思想)이라는 "교만방자한 생각"에 젖어 외국인에 대해 잔혹하고, 그러면서도 부정직하고 충성심이 없다고

---

94) 《독립정신》, pp. 54~59.

95) 《독립정신》, p. 128.

비판했다. 그리고 대외적으로 한국에 대하여 "어려울 때에는 독립국이라 하다가 편할 때에는 속국이라 하여" 열강들을 우롱하기 때문에 한국이 안전할 수 없었다고 말했다. 그는 "청국의 완만 무리함과 조선의 잔약 혼몽함이 더욱이 동양형편을 위태케 할 뿐이라"고도 썼다.[96]

반면에 일본에 대한 이승만의 인식은 매우 호의적이었다. 그는 특히 일본이 서구열강의 선진문명을 받아들인 사실을 높이 평가했다. 일본도 처음에는 서양의 통상요구를 거절했으나 1853년에 미국에 의하여 개국한 뒤에 서양의 제도를 모방하여 배움에 힘쓴 결과로 동양에서는 유일하게 근대 국민국가를 이룩하는 데 성공했다는 것이었다.[97]

이승만은 1875년에 일본이 조선의 개항을 강요하기 위해 운양호(雲揚号) 사건을 도발한 일에 대해서도 "어두운 이웃나라를 극력하야 깨우쳐서" 협력하여 서양열강의 침략으로부터 나라를 보전하자는 것이었으므로, "일본에 대하야 깊이 감사히 여길 바이로다"[98] 라고까지 말하고 있다. 그리하여 1876년에 맺은 강화도조약〔江華島條約: 朝-日修好條規〕에 대해서도 "이 약조의 대지가 일본이 조선을 자주독립국으로 대접하야 본래 자주하던 일본국과 평등으로 안다 하며 … 이때가 곧 조선이 독립권리를 실상으로 회복하던 처음 일"이라면서 이날을 경축일로 삼았어야 했다고 주장했다. 만일에 이 조약이 아니었다면 서양 각국이 결코 그냥 있지 않았을 것이라는 것이었다.[99] 또한 일본은 동아시아로 마력을 뻗치는 러시아의 의도를 간파하고 주야로 백성을 교육하고 군사력을 기르는 한편 "한, 청 양국을 깨워 같이 방어하기로 힘쓰고자" 했다고 평가하기도 했다.

이승만의 이러한 일본 인식은 이 시기의 개화파 지식인들의 일반적인

96) 《독립정신》, p. 157.
97) 《독립정신》, p. 133.
98) 《독립정신》, pp. 147~148.
99) 《독립정신》, p. 150.

그것보다 더 호의적인 것이었는데, 그것은 그가 옥중에서 읽은 서양의 신문 잡지의 논지에 영향을 받았기 때문이었을 것이다. 이 무렵 미국과 영국은 러시아의 동아시아 진출을 견제하기 위하여 일본을 적극적으로 지지하고 있었다. 그가 탐독했다는 《아우트룩》지의 발행인 애보트(Lyman Abbott) 목사도 일본은 삶의 터전을 한국으로 팽창해야 한다고 말하고 있었다.[100]

이승만의 이러한 일본 인식은 러시아의 팽창정책에 대한 비판과 궤를 같이하는 것이었다. 투옥되기 전에 러시아의 이권요구에 대한 반대운동에 앞장섰던 그는 옥중에서 《제국신문》의 논설을 쓰면서도 동아시아로 세력을 뻗쳐오는 러시아에 대한 경계와 비판을 계속했다. 이승만은 러시아를 가리켜, "자초로 풍기가 열리지 못하야 지금껏 야만스러운 풍속이 많이 남아 있고" 과거에는 "더욱 괴악한 사건이 많은" 나라였다고 전제하고, 근대국가를 만들려고 노력한 표트르 대제(Pyotr Alekseyevich ; Peter the Great)의 치적을 소개한 다음, 그의 비밀유언에 따라 러시아의 기본정책이 영토확장이라고 설명했다.[101] 그리하여 "러시아 사람의 정치주의가 전혀 남의 토지를 빼앗기를 위주"하는 것이라고 잘라 말했다.[102] 이러한 러시아 인식은 영국을 비롯한 서양 여러 나라들의 러시아에 대한 정책의 영향에 따른 것이었음은 말할 나위도 없다. 그는 서양에서 공개되어 물의를 빚은 표트르 대제의 유언으로 알려진 문서를 입수하여 옥중잡기에 남기기도 했는데,[103] 《독립정신》의 러시아에 대한 서술은 이 문서를 기초로 하여 설명한 것이었다. 따라서 러시아가

---

100) Lyman Abbott, "Japan and Korea", *The Outlook*, May 19, 1900, pp. 156~158, 이정식 지음, 권기봉 옮김, 앞의 책, p. 139에서 재인용.

101) 《독립정신》, pp. 135~136.

102) 《독립정신》, p. 192.

103) "俄彼得大帝顧命", 《雩南李承晚文書 東文篇(二) 李承晚著作 2》, p. 100 ; 번역문은 유영익, 앞의 책, pp. 333~336.

시베리아 철도를 건설하는 것도 “그 서울에서 군사를 파송하야 아시아주 동방 끝에 나오기를 지척같이”해서 “동양천지를 임의로 호령하고자 함이라”라고 설명했다.[104] 이승만은 청국이 러시아에 대해 얼마쯤 협조적 태도를 보이자 러시아가 “해마다 청국지방을 누에가 뽕잎 먹듯 하야 들어오되 청인은 그 지경을 분간하지 못하고” 그대로 있다고 개탄했다.[105]

러-일전쟁은 양국이 국가의 명운을 건 총력전이었으며, 그 결과는 국제정치의 판도를 완전히 바꾸어 놓았다. 그리고 한국은 일본의 이른바 ‘보호국’이 되어버렸다. 이승만은 러-일전쟁이 발발하기까지의 두 나라에 대한 열강의 정책과 전쟁의 추이, 그리고 일본의 승리를 정확하게 파악하고 있었으며, 그 결과 “우리 대한은 장차 일본의 권면하는 찬조를 얼마쯤 받을지라”[106] 라고 한국이 일본의 영향 아래 놓일 것까지 내다보면서도, 이를 비판하거나 경계하는 말을 하지 않은 것은 적이 의아스러운 일이다. 그는 러-일전쟁이 오히려 한국이 자립할 수 있는 좋은 기회라면서 “이번에 당한 기회를 또 좋은 줄로 알지 못하다가는” 돌이킬 수 없는 사태가 벌어질 것이라고 경고 아닌 경고까지 했다.[107] 러-일전쟁이 발발했을 때의 상황을 이승만은 다음과 같이 적었다.

> 급기 전쟁이 벌어지는 날에는 러시아병이 미처 상륙하지 못하고 인천항구에 군함 두 척이 정박했다가 금년 이월 초구일에 일본병선이 팔미도 밖에서 격서〔檄書: 통고문〕를 전하여 왈 “금일 정오 안에 물러가지 아니하면 곧 공격을 당하리라” 한데, 러시아함이 나서며 마주 싸워 대포를 서로 쏘아 포성이 거의 두 시간 동안을 연속하여 천지를 진동하매 팔십리 상거에 앉은 서울 장안에 완연한 포성이 콩

104) 《독립정신》, p. 137.
105) 《독립정신》, p. 131.
106) 《독립정신》, p. 224.
107) 《독립정신》, p. 232.

> 튀듯 들리니, 청천백일에 뇌정(雷霆)이 우는지라. 한양성 중에 귀먹은 자와 숨막힌 자 외에는 듣지 못할 리 없는지라. 충분강개(忠憤慷慨)한 선비들은 땅을 치고 통곡하며, 옥중에 갇힌 자들도 붙들고 우는 자가 여럿이니, 그 우는 뜻을 물을진대 "대장부가 국가에 다사한 때를 타고나서 마땅히 전장에 나아가 적국을 물리치고 국권을 굳게 하야 승전고를 울리며 개가를 높이 불러 영광을 드러낼 것이오, 그렇지 못하면 탄알을 맞으며 칼날을 받아 나라를 위하야 더운 피를 뿌리고 간담을 쏘아서 영화로이 죽어 충의를 표할 것이어늘, 우리는 남과 같이 신체가 건강하며 품질이 총명하며 충애가 간절하며 형편과 기회가 실로 천재에 일시라 하겠거늘, 다만 머리를 남의 손에 잡히고 따로 들지 못함으로 허다한 세월을 공연히 잃어버려 아무것도 아니하다가 남이 대신 와서 내나라 해변에서 천지를 진동하니, 이 어찌 혈기남아의 차마 듣고 볼 바이리요. 하물며 국권과 강토를 보전하고 못하기가 전혀 이 전쟁결과에 달린지라. 만일 우리가 진작 정신차려 관민이 일심하야 일을 좀 하였더면 이 전쟁을 우리가 할 것이어늘 우리가 못하고 도리어 남에게 맡겨 구경을 하는 것이 어찌 더욱 통분치 않으리오" 하더라.[108]

러시아의 한국침략을 저지하기 위하여 일본이 와서 대신 싸워 주고 있는 것처럼 말한 이러한 기술은 러-일전쟁 개전 당시의 개화파 지식인들의 제국주의 일본에 대한 인식의 한계를 드러내 보이는 것이었다.

그러나 《독립정신》은 뒷부분에 가면서 일본에 대한 호의적 인식이 많이 달라지고 있다. 마지막 장인 "일본 백성의 주의"라는 논설에서 이승만은 다음과 같이 적었다.

> 일본 백성의 주의하는 바는 관계가 우리에게 더욱 핍근하니, 이는 일본 백성이 각국의 경위와 학문이 매우 진보되었으며, 외교상의

108) 《독립정신》, pp. 216~217.

> 지정을 잘 닦아 세상 공론을 돌리기 쉬우며, 모든 이익상에 세력을 늘리기로 말하여도 우리가 여간한 기초를 세워가지고는 비교하여 볼 수 없으며, 더욱이 그 수단이 간교하야 여간한 지혜로는 그 농락에 빠지지 않기 어렵고 한번 빠진 후에는 벗어나기 어려운지라. 저러한 인민들이 장차 우리 어두운 인민과 친근히 간섭이 되면 능히 그 범위에 벗어날 자가 몇이나 되겠느뇨.[109]

《독립정신》에 기술된 이승만의 일본 인식의 이러한 변화는 글을 쓴 시점의 차이에 따른 것이었을 것이다. 이때의 상황을 이승만은 자서전 초록에서 “전에는 한국정부가 나의 적이었으나, 이제 한국독립을 위한 투사임을 자처하는 일본이 나의 적이 되고 있었다”라고 적고 있다.[110] 올리버는 《독립정신》의 본문 47개장과 부록〔“후록”〕 가운데 옥중에서 쓴 것은 34개장이고 나머지 13개장은 출옥한 뒤에 쓴 것이라고 적었다. 새로 쓴 부분은 뒤쪽의 러-일전쟁의 배경과 전쟁의 전개과정 및 그 결과를 논한 부분이라는 것이다.[111]

이승만은 “후록”이라는 결론부분에서 다음의 여섯 가지 ‘강령’이 “독립주의의 긴요한 조목”이라고 요약했다.

첫째는 “세계와 마땅히 통하여야 할 줄로 알 것” 이었다. 구체적으로 그것은 외국과의 통상을 의미했다. 통상의 중요성을 이승만은 다시 다음과 같이 설명했다.

> 통상하는 것이 지금 세상에 나라를 부유하게 하는 근본이니, 세상의 모든 부강하다는 나라들이 다 그 본국지방 안에서 생기는 곡식이나 혹 다른 재물만 가지고 능히 풍족하게 된 것이 아니라 다 그

---

109) 《독립정신》, pp. 239~240.

110) “Autobiography of Dr. Syngman Rhee.” p. 15.

111) Oliver, *op. cit.*, p. 56. 《독립정신》은 본문이 47장이 아니라 51장으로 되어 있다.

> 백성으로 하여금 상업을 확장시켜 각국의 재물을 벌어들인 고로 그 나라 안에 통하는 재물이 한없이 많은지라, 날마다 부강에 나아감이라. … 옛적에는 각국이 항상 땅을 빼앗으려고 전쟁을 일으키더니 근대에는 상업의 권리를 위하야 싸우나니, 상업의 관계가 이러한지라. 우리나라에도 이전에는 농사를 주장으로 알고 장사는 극히 천하게 여겼으나, 지금은 결단코 그렇지 아니하야 상업을 발달치 못하고는 다만 농업만 인연하야 치부할 도리가 없는지라. …[112]

이승만이 감옥서 안에서 읽은 유길준의 《서유견문》도 상매(商賣)가 "국가의 대본"이라고 강조하고 있듯이,[113] 상업과 무역의 중요성에 대한 인식은 개화파 지식인들의 일반적인 경향이기는 했으나, 이승만이 이처럼 무역 입국을 "독립주의의 긴요한 요건"의 첫째로 꼽고 있는 것은 특기할 만한 일이다.

둘째로는 "새 법으로써 각각 몸과 집안과 나라를 보전하는 근본을 삼을 것"을 강조했다. 이승만이 말하는 "새 법"이란 곧 근대국가의 기본원리인 경쟁의 원리였다. 경쟁의 원리는 이 무렵 개화파 지식인 사회를 휩쓸던 사회진화론(社會進化論)의 핵심 개념이었다.[114]

> 경쟁이라 하는 것은 다투는 뜻이니, 남과 비교하야 한 걸음이라도 앞서가려 하며 먼저 얻으려 함이라. 공부를 하여도 이 마음이 없으

---

112) 《독립정신》, pp. 239~240.

113) 兪吉濬, 《西遊見聞》 "제 14편, 商賣의 大道", 交詢社, 1895, pp. 359~384 참조.

114) 兪吉濬, "競爭論", 《兪吉濬全書(Ⅳ) 政治·經濟篇》, 一潮閣, 1971, pp. 47~60, 李光麟, "舊韓末 進化論의 受容과 그 影響", 《韓國開化思想研究》, 一潮閣, 1979, pp. 255~287, 李松姬, "韓末愛國啓蒙思想과 社會進化論", 《釜山女大史學》 제 1집, 1984, pp. 1~38, 愼鏞廈, "舊韓末 韓國民族主義와 社會進化論", 《人文科學研究》 제 1집, 同德女子大學校 人文科學研究院, 1995, pp. 5~35 참조.

> 면 잘되지 못하고 장사를 하여도 이 마음이 없으면 될 수 없으며, 세상 천만 가지를 이 마음이 아니면 지금 세상에 설 수 없는지라. 그러나 지금 우리가 저 문명한 외국인들과 무엇으로 경쟁하겠느뇨. 저 사람들은 각각 그 정부의 힘을 얻어 공법의 보호를 받으며 통상 조약의 보호를 받는 바이어늘 우리는 정부를 의뢰할 힘이 없으매 공법도 소용없고 약장(約章)도 효력이 없는지라, 어떻게 저 외국인들과 경쟁할 힘이 있으리요. 이로써 볼진대 우리는 아주 어찌할 수 없는 처지를 당한 듯하나, 다만 우리 백성이 마음만 강할진대 우리 중에서 서로 보호할 힘이 넉넉하며 정부에서 우리를 (보호)하여 줄만치 만들기도 또한 우리 중에서 자연히 될지라. …[115]

그러한 경쟁력을 갖추기 위해서는 보편적 가치인 신학문을 깨우치고 신문과 잡지 등을 열심히 읽어서 "일심으로 새것을 배우며 다만 배우기만 할뿐 아니라 그 배우는 것을 곧 행하"여야 한다고 이승만은 강조했다. 그는 급진과격파답게 동도서기론(東道西器論)과 같은 절충주의는 "서편 층계에 오르려 하면서 동편 줄을 당기고 놓지 못함"과 같은 것이므로 단호히 배격해야 된다고 주장했다.

> 먼저 깨달을 것은 지금 세상에 옛것을 숭상하여 가지고는 부지할 수 없을 것이오, 겸하여 지금 세상에 새것이라 하는 것은 각국의 여러 가지를 비교하야 제일 좋은 것으로 택하고 더 정긴〔精緊: 정밀하고 긴요함〕히 만들어 통용하는 것인즉, 내나라에서 혼자 쓰며 좋다 하던 것을 가지고 비교할 수 없을지니, 비록 나의 좋은 것이라도 다 버리고 새것을 준행하여야 능히 부지할 줄로 깨달을지라. 이 생각을 속에 먼저 두고 새것을 보아야 효험이 속할지니, 만일 그렇지 못하야 새것도 좀 보고 옛것도 좀 섞어 차차 형편을 따라 변하리라 할진대 서편 층계에 오르려 하면서 동편 줄을 당기고 놓치

115) 《독립정신》, pp. 260~261.

> 못함과 같은지라, 어찌 속히 올라 높은데 이르기를 바라리요. 그런즉 우리 옛법에 제일 긴하게 여기던 것도 다 버리고 변하야 새것으로 대신하기를 작정할지니, 이렇듯 작정하고 밤낮으로 변하야 사람과 집안과 나라이 날날이 새것이 되어 장차 일이십년 안에는 전국이 다 영, 미국 같이 되게 우리 손으로 만들기를 일심으로 힘쓸진대 어찌 일본만 못할 것을 염려하리요. …116)

셋째로는 "외교를 잘할 줄 알아야 할지라"라고 강조했다. 이승만은 외교를 친밀히 하는 것이 "나라를 부지하는 방법"이라고 역설하고, 외교를 잘하려면 "마땅히 공평함으로 주장을 삼아야" 하고, "유(類)가 같아서 무리에 섞여야 친구가 되는 법"이며, "진실함으로써 교제하는 근본을 삼아야" 한다고 강조했다.

넷째로는 "국권을 중히 여길 것이라"라는 것이었다. 이 항목에서 이승만은 다음과 같은 논리로 외국 국적을 취득하지 말 것을 특별히 강조하고 있어서 눈길을 끈다.

> 맹세코 외국에 입적하지 말 것이라. 지금 세상은 문호를 서로 열고 내왕과 거류를 피차 섞여 하나니, 각각 제 마음대로 호적을 타국에 걸고 타국의 백성이 되기를 자유로 하는 고로 정사(政事)가 포학하며 자유를 얻지 못한 나라는 백성이 차차 줄어지고 어진 정사로 백성의 권리를 온전히 하는 나라에는 각국 인민이 사방에서 모여들어 점점 많아지는 법이니, 진실로 한없는 좋은 천지라. 어진 자는 흥하고 포학한 자는 망하게 됨이니 공법의 본의가 실로 공평타 하려니와, 그 백성된 자로 말하면 옳다고도 못하겠고 이롭다고도 못할지라. … (그러나) 괴로움을 피하야 타국지경으로 넘어가거나 외국에 입적하고 몇만 리를 건너가서 타국 백성이 되어 편안한 세월이나 보내다가 죽으리라 할진대 어찌 인류로 태어난 본의라 하며, 남

---

116) 《독립정신》, p. 263.

의 좋은 나라에 가서 잘사는 것이 참 편하고 낙이 있겠는가. … [117]

러-일전쟁의 발발을 계기로 연해주의 한인이민들의 국적변경문제는 러시아와 일본정부의 관심사가 되고 있었다. 이러한 사정은 러-일전쟁이 치열하게 전개되고 있던 1904년 6월13일에 일본임시대리공사 하기와라 슈이치(萩原守一)가 외부대신 이하영(李夏榮)에게 한국인 가운데 러시아나 미국으로 귀화하는 사람이 더러 있는데 한국정부는 이들의 귀화를 허가 또는 금지하거나 또는 묵허(默許)하고 있는지, 이들이 외국에 귀화하는 경우 한국의 국적은 상실되는 것인지, 한국의 법규내지 종래의 관례가 어떠했는지를 묻는 공문을 보내고 있는 것으로도 짐작할 수 있다.[118] 한국정부의 회신은 보이지 않는다. 하기와라의 공문은 1903년부터 시작된 하와이 노동이민들의 국적문제도 염두에 두고 보낸 것 같으나, 미국정부는 제 1차 세계대전 때에 미국군인으로 참전한 사람들과 같은 특별한 경우를 제외하고는 동양인에게는 1952년까지 미국 국적취득을 허가하지 않았다.[119] 연해주에는 1902년 현재 러시아 국적의 한국인 1만 6,140명, 비귀화 한국인 1만 6,270명이 살고 있었다.[120]

다섯째로는 "의리를 중히 여김"을 강조했다. 이승만이 근대국가의 보편적 가치관을 하루빨리 체득하기 위해서는 비록 나의 좋은 것이라도 다 버리고 새것을 준행해야 한다고 강조하면서도 유교적 가치관의 기본개념인 의리(義理)를 여섯 가지 '강령'의 하나로 강조하고 있는 것은 주

117) 《독립정신》, pp. 277~279.

118) "日本臨時代理公使 萩原守一가 外部大臣 李夏榮에게 보낸 1904년 6월14일자 편지", 《舊韓國外交文書(七) 日案(7)》, 高麗大學校 亞細亞問題研究所, 1970, pp. 137~138.

119) 이덕희, 《하와이이민 100년 ― 그들은 어떻게 살았나?》, 중앙M&A, 2003, p. 145.

120) 露國外務省 著, 南滿洲鐵道株式會社 庶務部調査課 譯, 《極東露領に於ける黃色人種問題》, 1912, p. 104.

목할 만한 일이다. 김구가 유학자 고능선의 구전심수(口傳心授)로 깨우친 것 가운데에서 그의 평생의 행동철학의 기본이 된 것도 다름 아닌 의리사상이었다. 이승만은 "목적이 같은 자는 자연 뜻이 쏠리며 의리가 같은 자는 스스로 함께 나가나니, 이것이 다 억지로 행함이 아니고 천성으로 감발〔感發: 감동하여 분발함〕하는 것이니, 우리가 이것을 주장치 않으면 세상에 의가 설 수 없을지라…"라는 말로 의리의 중요성을 설명했다. 그런데 이승만에 따르면, 의리의 가장 중요한 점은 공변됨이었다. 곧 공공적인 의리만이 참 의리라는 것이었다.

> 본래 의리의 주의가 대소(大小)와 공사(公私)의 구별이 있나니, 도적끼리도 서로 돌아보는 정의는 있어서 의리라 일컬으며 기타 모든 인류들이 저의 사사관계상에 돌아보는 의리가 또한 무수하나, 실상 그 공변된 뜻과 대체를 어기고는 의리라 이를 수 없나니, 만일 이런 것을 의리로 알아 고집할진대 도리어 참 의리를 방해할 때가 많을지라. 마땅히 나라로써 의리의 줏대를 삼아 나라를 받드는 뜻을 어기고는 아무 의도 설 수 없는 줄로 알아야 할지라. …121)

이처럼 이승만에게 의리의 '줏대'는 곧 국가였다. 그러면서 이승만은 어떤 러시아남성과 결혼해서 사는 한 일본여성의 에피소드를 소개했다. 러-일전쟁이 발발하여 그 남편이 비밀정보를 탐지하여 러시아로 보내면서 아내를 얼마쯤 믿고 그 사실을 말해 주었는데, 그 일본여성은 자기 남편을 고발하여 잡혀가서 죽게 하고는 자기는 즉시 자결했다는 것이었다. 이승만은 이러한 일본여성의 행동에 대해 "나라를 위하는 큰 의를 더 중히 여겨 남편에게 죄를 지어 대의를 세우고 그 뒤를 따라 남편에게 대한 의를 또한 완전케"한 것이라고 말했다. 그것이 진정한 의리라는 것이었다.

여섯째로는 "자유권리를 중히 여길지라"라는 것이었다. 이 항목에서

---

121) 《독립정신》, p. 284.

이승만은 두 가지를 설명했다. 하나는 먼저 억압받고 있는 피지배계층의 사람들을 향하여 "사람마다 자유권리를 생명같이 중히 여겨 남에게 힘입기를 싫어할지니, 남의 힘을 의뢰하고는 지금 세상에 설 수 없는 연고이라"라고 권리의식을 가질 것을 강조했다. 한편 지배계층의 사람들에게는 "남의 권리를 또한 중히 여길지니, 기왕에 제 권리를 얻고자 할진대 남의 권리를 또한 그만치 주어야 할지라 …"라고 말하고, 다음과 같이 설명했다.

> 이전에 압제하던 모든 습견을 다 깨치고, 나의 아래된 사람을 차차 놓아 주어 따로 자유하게 하며 높이 대접하야 나의 동등을 허락하여 줄지라. 이런 말을 처음 듣는 자는 큰 변괴의 말로 알 터이나 공변된 천리를 가지고 보면 그 공평됨을 스스로 깨달을 것이오, 혹 여러번 들어 공평한 줄을 아는 자라도 구습을 용맹 있게 깨치지 못하거나 혹 자기의 사소한 손익을 비교하야 짐짓 붙들고 놓지 아니함이라. 마땅히 즉각에 파혹〔破惑: 의심쩍은 일을 풀어 버림〕하고 돌아서서 행할지니, 나의 종된 자들이나 남의 하인들이나 혹 하천히 여기는 부인 여자들과 내자식이나 남의 자식이나 어린아이들을 다 한층 올려 생각하야, 전일에는 다 사람수효에 치지 않고 다만 사람에게 속한 물건으로 알던 모든 악습을 버려 국법과 경위 중에는 다 동등인으로 대접하야 따로 서서 직업을 일삼는 국민이 되게 할지라. …122)

이승만은 "미개한" 사람에게 자유권을 부여하는 폐단이 있을 수 있다는 것을 인정하면서도, 그러나 그것이 곧 "나라를 세우는 근본"이라고 다음과 같이 강조하고 있는 것은 그의 평민주의의 진면목을 드러내 보이는 것이었다.

---

122) 《독립정신》, pp. 288~289.

> "미개한" 사람에게 자유권 주는 것이 그 폐단은 항상 없을 수 없는지라. 이것을 과연 모름은 아니나 자고로 행하여 내려온 것을 생각하면 윗사람된 이들이 도리어 해를 좀 받아야 옳기도 하고 지금 시대가 또한 이것을 받는 세상이 되었으니 억지로 면할 수 없으며, 설령 이것으로 해를 많이 받는다 할지라도 내나라 어리석은 백성을 얽어 놓아 외국인에게 수모를 당하는 것보다 몇 배 나을지니, 부디 깊이 생각하고 고집하지 말아서, 모든 백성으로 하여금 제 힘껏 벌어서 제 재주껏 공부하야 입신양명하기를 방한을 말진대, 인민이 스스로 활발한 기운이 생겨 풍속이 날마다 변하며 원기가 날로 자랄지니, 부강발달에 이르기가 불과 몇십년 안에 될 일이라. 자유를 중히 여김이 어찌 나라를 세우는 근본이 아니리요. …123)

이승만은 "위의 여섯 가지 강령은 다 우리나라 사람들이 가장 먼저 힘써서 각각 일개인이 자기의 몸부터 변화하기에 요긴한 말이라"라고 거듭 강조하고, 자신이 주장한 것을 모든 국민들이 실천할 것을 촉구했다.

그러나 이승만은 《독립정신》에서 언급한 내용은 "가지와 잎새만 들어" 말한 것뿐이고, 더욱 근본적으로는 "교화(敎化)로써 만사의 근원을 삼아야" 한다고 잘라 말했다. 그가 말하는 교화란 기독교신앙에 의한 감화를 뜻하는 말이었다. 그는 교화에도 구별이 있다면서, 유교와 기독교를 비교해서 설명했다. 그는 유교의 인도주의를 높이 평가하면서도 유교에는 내세관(來世觀)이 없기 때문에 왕도주의(王道主義)의 이상이 패권주의(霸權主義)로 전락하고 말았다고 말하고, 기독교가 나라를 구하는 유일한 길이라고 주장했다. 그는 기독교정신의 핵심은 "감사한 마음"이라고 설명했다. 그리고는 다음과 같은 말로 《독립정신》을 마무리했다.

> 우리가 이 이치를 믿지 않으면 웃고 흉보려니와 급기 믿는 마음이 있을진대 어찌 감사한 마음이 없으며, 기왕 감사한 줄 알진대 어찌

123) 《독립정신》, pp. 289~290.

> 갚고자 하는 생각이 없으리요. 그러나 이 은혜는 다른 것으로 갚을 수 없고 다만 예수의 뒤를 따라 세상 사람을 위하야 나의 목숨을 버리기까지 일할 뿐이라. 천하에 의롭고 사랑하고 어진 것이 이에 더 지나는 것이 어디 있으리요. 이는 하나님의 감사한 은혜를 깨달아 착한 일을 스스로 아니하지 못함이라. 사람마다 두려운 뜻으로 악을 짓지 못하며 감사한 뜻으로 착한 일을 아니하지 못할진대, 서로 사랑하고 도와주는 중에서 어찌 평강 안락한 복을 얻지 못하며 이 잔인 포학한 인간이 곧 천국이 되지 않으리요. 이것이 곧 지금 세계상 상등문명국의 우등 문명한 사람들이 인류사회의 근본을 삼아 나라와 백성이 일체로 높은 도덕지위에 이름이라. 지금 우리나라가 쓰러진 데서 일어나려 하며 썩은 데서 싹이 나고자 할진대, 이 교로써 근본을 삼지 않고는 세계와 상통하여도 참 이익을 얻지 못할 것이오, 신학문을 힘써도 그 효력을 얻지 못할 것이오, 외교를 힘써도 깊은 정의를 맺지 못할것이오, 국권을 중히 여겨도 참 동등지위에 이르지 못할 것이오, 의리를 숭상하여도 한결같을 수 없을 것이오, 자유권리를 중히 하려도 평균한 방한을 알지 못할지라. 우리는 마땅히 이 교로써 만사의 근원을 삼아 각각 나의 몸을 잊어버리고 남을 위하여 일하는 자가 되야 나라를 일심으로 받들어 영, 미 각국과 동등이 되게 하며, 이후 천국에 가서 다같이 만납세다.[124]

사도 바울의 편지 문투를 연상시키는 이러한 문장은 그가 옥중에서 얼마나 독실한 기독교인이 되어 있었는지를 말해 주는 보기이기도 하다.

일단 완성된 원고는 옥중에 있는 정순만, 이동녕(李東寧) 등에게 읽혀 의견을 들은 다음 먼저 출옥한 박용만(朴容萬)에게 내보내어 검토하게 했고, 박용만은 다시 같은 시기에 출옥한 이상재(李商在)에게 가져가서 검토를 부탁했다. 이승만은 이들 옥중동지들의 의견을 참작하여

124) 《독립정신》, pp. 293~294.

다시 내용을 손질했다.

이승만은 1904년 8월에 출옥하여 11월에 미국으로 건너갔는데, 그는 미국에서 《독립정신》을 출판하기에 앞서 주로 뒷부분의 원고를 고쳐 쓰기도 하고 새로 써 보태기도 했다.

이승만은 《독립정신》이 빨리 출판되어 그가 기대한 독자들, 곧 "아래 인민"들에게 널리 읽히기를 바랐다. 그러나 그의 희망과는 달리 이 책은 국내에서 출판되지 못했고, 그가 도미하여 프린스턴 대학교 재학 때인 1910년 2월에야 로스앤젤레스에서 출판되었다.[125] 원고를 미국으로 가지고 간 사람은 박용만이었는데, 그는 그것을 큰 트렁크 밑바닥에 숨겨 가지고 갔다.

이승만은 미국에서 《독립정신》을 출판하기 위해 온갖 노력을 다 기울였던 것 같다. 그것은 이 책에 수록된 많은 사진과 지도 등의 도판을 보더라도 짐작할 수 있다. 《독립정신》에는 맨 앞장에 실려 있는 가운을 입은 이승만 자신의 사진을 비롯한 82장의 사진과 6대주의 지도를 포함한 31장의 그림이 수록되어 있다. 자신의 모교인 하버드 대학교와 프린스턴 대학교의 건물사진도 있으나 역사적인 사건과 관련된 희귀한 사진들도 많다. 이 사진들은 모두 이승만이 대학에 다니면서 수집했을 것이다. 또한 책 뒷부분에는 이 책의 출판을 위해 대동신서관(大東新書館)을 설립한 27명〔사진 없이 명단만 5명〕의 유지들의 사진이 중죄수 복장을 하고 찍은 이승만의 옥중사진과 함께 실려 있다.

올리버는 《독립정신》이 한국인들에게 기여한 것이 미국의 '건국의 아버지'들인 토머스 페인(Thomas Paine)과 토머스 제퍼슨(Thomas Jefferson)의 저술들이 미국의 독립에 기여한 것과 같았다고 썼는데,[126] 이러한 과장

125) 이승만은 자서전 초록에서 《독립정신》이 1906년에 샌프란시스코에서 처음 출판되었다고 했고("Autobiography of Dr. Syngman Rhee", p. 14.) 또 1917년에 호놀룰루에서 출판된 제 2판에 붙인 "제 2차 서문"에서는 1909년 1월에 미주에서 처음 출판되었다고 했으나 모두 착오이다.

된 평가는 《독립정신》을 출판할 때의 이승만의 의욕이 그와 같았음을 말해 주는 것이다. 이 책의 독자들은 하와이 농장에서 일하는 농업노동자들이 대부분인 재미교포들이었고, 국내에는 거의 유입되지 못했음은 말할 나위도 없다. 그러나 《독립정신》에 대한 소문은 국내와 다른 지역의 동포들에게도 알려져서 이승만의 명성을 더욱 높이는 데 크게 기여했다.

5. 실력자 이지용의 주선으로 석방

이승만은 열성으로 죄수들을 가르치고 전도하는 한편으로 독서와 집필활동에 몰두하면서도 자신의 사면(赦免)과 석방문제에 여간 집착하지 않았다. 앞에서 본 "추야불매"라는 한문 수필의 "임금님의 교서도 다소 늦어지나보다"라는 구절은 그가 고종의 사면 조칙을 초조하게 기다리고 있었음을 말해 준다.

이승만보다도 더 초조하고 불안해한 사람은 이경선이었다. 1901년 9월에 고종탄신 50주년 경축 특사로 육범 이외의 죄수들이 모두 사면될 때에 고종이 언더우드에게 약속한 대로 아들도 출옥할 수 있을 것으로 기대했던 그는 이승만이 특사에서 빠졌을 뿐만 아니라 그해 11월에 영향력 있는 선교사 다섯 사람이 연명으로 내부협판 이봉래(李鳳來)에게 항의편지를 보낸 것에 대해서도 별다른 반응이 없자 여간 낙담하지 않았을 것이다. 더욱이 물심양면으로 지원해 주던 아펜젤러가 1902년 6월에 뜻밖의 사고로 사망하고 나서는 이승만 가족의 불안과 고초는 더욱 심각해졌을 것이다.

이경선은 1903년 5월11일에 법부에 탄원서를 올렸다. 그는 탄원서에서 "본인은 자식이 있으면서 자식 없는 홀아비가 되었고, 그의 처는 남

126) Oliver, *op. cit.*, p. 56.

편이 있으면서 청상(青孀)이 되었으며, 천자문을 읽으면서도 아비를 부르지 못하는 손자는 아비가 있으면서도 고아가 되었다"고 한탄하고, 자식의 죄는 육범 밖인데 그보다 더 중한 사형, 종신형 죄인들은 사면의 혜택을 입었는데도 아들은 그렇지 못했다면서 석방해 줄 것을 탄원했다.[127] 이승만의 죄목이 오직 판결문대로 "탈옥 종범"이었다면 이경선의 말대로 그것은 분명히 육범 밖이었으므로 당연히 사면의 대상이었다. 그러나 이승만은 좀처럼 사면의 대상에 포함되지 않았다.

이승만도 여러 경로를 통하여 사면운동을 벌였다. 앞에서 본 대로, 한규설(韓圭卨)이 옥중의 이승만에게 보낸 여러 통의 편지는 이승만이 그에게 집요하게 구원을 요청하고 있었음을 말해 준다. 그러나 이승만의 사면문제는 정부로서도 그다지 간단한 문제가 아니었던 것 같다. 선교사들의 전폭적인 지원을 받는 선동가 이승만이 출옥한다면 또 어떤 일을 벌일지 알 수 없었기 때문이었을 것이다. 한규설은 이승만이 부탁할 때마다 상황을 알아보고 그때그때 옥중의 이승만에게 알려 주었다. 다음과 같은 편지에서 우리는 한규설의 이승만에 대한 애정을 짐작할 수 있다.

> 여러 차례의 풍상을 어떻게 감내하고 계시오이까. 나도 염려하는 마음이 풀리지 않구료. 그러던 차에 편지를 받으니 위안이 되고 기쁘오이다. 부탁하신 일은 자세히 보았소이다. 마음에 새겨 두고 기회가 있는 대로 주선해 보겠소이다. 그러나 이런 주선을 할 힘이 내게 있는 것 같지 않소이다. 오직 나라를 위하는 일념으로 이렇게 내게 애정 어린 설명을 해주어 나의 꽉 막힌 소견을 열어 주시니 오직 감축할 따름이오이다. 이 글을 보시는 즉시 불에 던져 버리시오.[128]

---

127) 《皇城新聞》 1903년 5월11일자, "雜報: 老父呼冤".

128) "韓圭卨이 이승만에게 보낸 1904년 8월 이전의 편지", 《雩南李承晚文書 東文篇(十八) 簡札 3》, p. 295.

그러나 이 무렵 한규설은 자신의 말대로 이승만의 사면을 주선할 만한 영향력 있는 위치에 있지 않았다. 이승만은 일찍이 독립협회에 관여했던 민영환(閔泳煥)에게도 자신의 구명을 부탁했다. 민영환도 이경선을 통하여 답장을 보낼 만큼 이승만의 일에 관심을 가지고 있었다.[129]

이경선은 조정의 실력자인 이지용(李址鎔)에게 아들의 사면문제를 간곡히 부탁했다. 이지용은 완영군(完永君) 이재긍(李載兢)의 아들로서 고종의 종질이었다. 따라서 이승만의 집안과는 먼 족친뻘이 되는 셈이었다. 황해도 관찰사와 경상도 관찰사를 역임한 그는 1900년 9월에 궁내부 특진관에 임명된 이래로 러-일전쟁이 발발할 때까지 궁내부 협판, 궁내부 대신 서리, 의정부 찬정(贊政), 군부대신 서리, 법부대신 서리, 외부대신 서리 등의 요직을 두루 역임했고, 러-일전쟁이 발발하자 법부대신과 의정부찬정, 평리원 재판장, 육군 참장, 헌병사령관 등을 겸임했다. 그리하여 1904년 2월23일에 한-일의정서를 체결할 때에는 외부대신 임시서리로서 한국을 대표하여 일본 공사 하야시 곤스케(林權助)와 함께 협정문에 서명했다.[130]

이지용이 이경선의 부탁을 받고 나서 그에게 회답한 날짜미상의 편지가 일곱 통이나 보존되어 있는데, 그 가운데에는 이경선이 보낸 선물을 돌려보낸다는 내용의 것도 있다.[131] 빈한한 이경선이 아들을 위해 온갖 노력을 다했음을 알 수 있다. 이지용이 법부에 이승만의 사면문제를 적극적으로 종용했던 것은 이경선에세 보낸 다음과 같은 편지로 짐작할 수 있다.

---

129) "閔泳煥이 李敬善에게 보낸 1904년 8월 이전의 편지", 《雩南李承晩文書 東文篇(十八) 簡札 3》, pp. 428~429.

130) 安龍植 編, 《大韓帝國官僚史研究(II) — 1901. 8. 1~1904. 2. 29》, 延世大學校 社會科學研究所, 1995, p. 274 및 《大韓帝國官僚史研究(III) — 1904. 3~1907. 7》, 1995, pp. 576~577.

131) "李址鎔이 李敬善에게 보낸 1904년 8월 이전의 편지", 《雩南李承晩文書 東文篇(十八) 簡札 3》, p. 569.

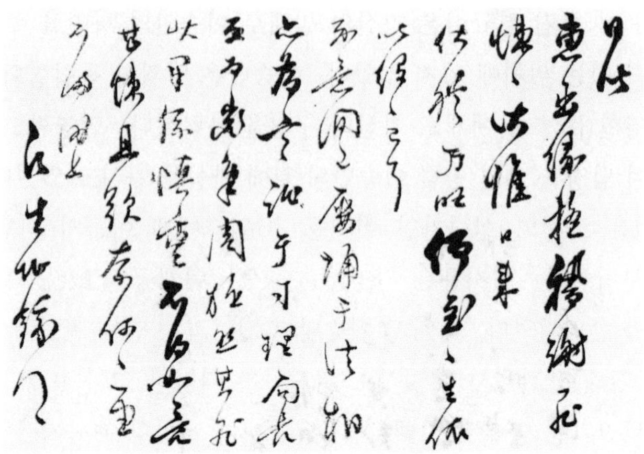

이지용이 이승만의 아버지 이경선에게 보낸 편지.

> 일간에 어디 출입하셨다는 말씀을 듣고도 바빠서 회답이 늦었습니다. 귀체가 만강하십니까. 저는 그대로 늘 분주하게 다니고 있습니다. 말씀하신 뜻은 일간에 여러 차례 법부대신에게 이야기했고 또 사리국장(司理局長)에게도 부탁했으며, 다시 미력을 다하여 주선했습니다. 그러나 그 죄상이 과연 신중히 다루어야 할 일에 속한다고 합니다. 그래서 부득이 여의치 못하니 심히 송구하고 한탄스럽습니다.[132]

이지용은 법부대신이 "이 죄인은 다른 사람과 비교할 수 없으므로" 방면자 명단에 포함시킬 수 없다고 말하더라는 말을 전해 주기도 했고,[133] 법부가 아닌 '모처'에 누차 부탁했으니 너무 염려하지 말고 기다리라는 말도 전했다.[134]

132) "李址鎔이 李敬善에게 보낸 1904년 8월 이전의 편지", 《雩南李承晚文書 東文篇(十八) 簡札 3》, p. 569.

133) "李址鎔이 李承晚에게 보낸 1904년 8월 이전의 편지", 《雩南李承晚文書 東文篇(十八) 簡札 3》, p. 568.

134) "李址鎔이 李敬善에게 보낸 1904년 8월 이전의 편지", 《雩南李承晚文書

이경선은 평소에 이승만을 지원하고 있는 외국 선교사들도 찾아다녔다. 감리교 선교사 존스(George H. Jones, 趙元時) 목사가 이승만에게 보낸 다음과 같은 편지는 외국 선교사들이 이승만의 사면문제에 대해 얼마나 관심을 기울이고 있었는가를 보여 준다.

> 지난 일요일에 부친을 만나 황제께서 얼마 전에 발표하신 사면령에 당신을 포함시키시지 않았다는 이야기를 들었습니다. 나는 당신에게 말로 다 할 수 없을 만큼 슬픈 심정입니다. … 그러나 부디 낙담하지 마시오. 하나님을 믿으시오. 그러면 그분께서 당신을 도우실 것입니다. 나는 황제께서 당신을 완전히 사면하실 것과 당신이 출옥하여 한국을 기독교 국가로 만들기 위한 우리의 노력을 돕기를 바라고 기도합니다.[135]

이러한 편지에서도 우리는 외국 선교사들의 이승만에 대한 기대가 한국을 기독교 국가로 만드는 사업의 지도자가 되게 하는 것이었음을 확인할 수 있다.

한규설이나 민영환이 이승만에게 보낸 편지나 이지용이 이경선에게 보낸 편지는 그대로 이승만에게 전달되었다. 심부름은 그의 어린 아들 태산(泰山)이 했다. 태산은 편지를 가지고 오다가 감옥서 문을 지키는 순검에게 들켜 순검이 편지내용을 읽어본 일도 있었다.[136] 그러나 그것이 특별히 문제가 되지는 않았다. 이러한 사실은 이 무렵의 감옥서의 기율이 얼마나 허술했는가를 말해 준다. 아니면 감옥서 문을 지키는 순검까지도 이승만에 대해 특별한 배려를 하고 있었기 때문이었는지 모른다. 이 무렵 태산은 감옥서에 와서 자고 가기도 했는데, 그럴 때면 소년

東文篇(十八) 簡札 3》, p. 570.

135) Oliver, *op. cit.*, pp. 66~67.

136) "李承晩이 李敬善에게 보낸 1904년 8월 이전의 편지", 《雩南李承晩文書 東文篇(十八) 簡札 3》, p. 150.

수들과 곧잘 싸우곤 했다. 이승만은 부친에게 산(山)이 녀석이 아이들하고 싸워서 자기가 매우 두들겨 패주었으나 그래도 말을 잘 안 듣는다고 걱정하는 편지를 보내고 있다.[137] 그것은 이승만이 옥중에 있는 동안에 7대 독자 태산을 이경선이 응석받이로 키웠기 때문이었을 것이다.

한-일의정서가 체결된 직후인 1904년 3월에 고종은 하야시 공사의 요구도 참작해서 개혁성향이 있는 관료들로 정부를 새로 구성했다.[138] 한규설과 윤용구(尹用求)가 의정부 찬정, 육군부장 민영환이 내부대신 등에 새로 임명되었다. 민영환은 1주일 뒤에 학부대신으로 전임되었다. 외직(外職)으로 나가 있던 윤치호도 다시 외부협판에 기용되었고, 박정양(朴定陽)은 이미 1월에 탁지부대신에, 이지용은 2월에 법부대신에 임용되어 있었다. 이는 이승만의 사면 전망을 밝게 하는 것이었다. 뒷날 이승만은 이때의 일과 관련하여 "1904년에 러-일전쟁이 발발했을 때에 한국민족당(the Korean Nationalist Party)은 잠깐 정권을 잡게 되었다. 그들이 맨 먼저 한 일 가운데 하나는 나를 석방한 것이었다"라고 적었다.[139]

3월12일에 평리원〔平理院: 대한제국 때에 재판을 맡았던 관청. 1899년에 '고등재판소'로 이름이 바뀌었다〕에서는 이원긍(李源兢), 이상재(李商在), 홍재기(洪在箕), 유성준, 김정식(金貞植), 이승인(李承仁), 안명선(安明善) 등 이른바 개혁당사건과 관련된 정치범들에 대해 무죄가 선고되고, 이들은 4월27일에 모두 석방되었다.[140] 그러나 이때에도 이승만은 제외되었다. 오랫동안 옥고를 같이 치르고 같이 성경공부를 하며 국가의 장래를 같이 걱정하던 이들 옥중동지들이 출옥한 뒤에 혼자 남은 이승만이 느꼈을 고독감은 상상하기에 어렵지 않다.

---

137) 위와 같음.

138) 서영희, 《대한제국정치사연구》, 서울대학교 출판부, 2005, pp. 266~269.

139) "청년이승만자서전", 이정식 지음, 권기붕 옮김, 앞의 책, p. 269.

140) 《皇城新聞》 1904년 3월14일자, "雜報: 無罪蒙放"; 鄭喬, 《大韓季年史(下)》, 國史編纂委員會, 1957, pp. 128~129.

7월 들어 감옥 안팎에는 주한 미국 공사 알렌(Horace N. Allen, 安連)이 주한 일본 공사관과 대한제국 외부에 교섭하여 이승만을 보호해 줄 것과, 되도록이면 그를 석방해 줄 것을 요구했다는 소문이 나돌았다. 이 소식을 들은 이승만은 곧 알렌 공사에게 공개편지를 썼다.

> 각하께서 생을 위해 일본 공사에게 보호를 요청하기도 하고, 또 외부에 석방도 요청했다는 소식이 누차 신문지상에 게재되었습니다. 생의 사사로운 분수에 비추어 감사함을 이기지 못하겠나이다. 그러나 세상사람들은 생이 직접 혹은 간접으로 청탁한 바가 있어서 그런가 하는 의혹이 없지 않을 것입니다. 이는 생의 염원을 저버린 것이요, 또한 각하의 공인(公人)으로서의 체통을 훼손하는 일이 됩니다. 하물며 한국 죄수의 보호를 이웃나라 공사에게 넌지시 부탁하는 것은 우리 한국의 독립을 존중히 여기시는 본의에 위배되며, 귀국과 우리나라의 우의를 손상시키는 것입니다. 생은 차라리 억울함을 품고 달갑게 죽을지언정 이 일만은 참으로 원하지 않는 바이오 또한 차마 할 수도 없습니다.[141]

이 시기의 신문들이 남아 있지 않아서, 누차 신문에 보도되었다는 이승만의 주장은 확인할 수 없다.[142]

한편 신흥우는 이승만의 석방과 관련하여 "일본 공사 하야시 곤스케 씨는 한국정부 관계자와 이승만의 석방문제로 교섭한 결과 무기징역이 7년으로 (감형)되어 석방된 것이다"라고 말하고 있다.[143] 신흥우는 1903년 봄에 출옥해 있었다.

하야시 공사가 한국의 내정에 깊이 관여하고 있었으므로 이승만의 사

---

141) "致美公使書", 《雩南李承晩文書 東文篇(二) 李承晩著作 2》, pp. 120~121.

142) 《제국신문》, 《漢城新報》, 《대한매일신보》는 이때의 것이 결락되어 있고, 유일하게 보존되어 있는 《皇城新聞》에는 그러한 기사가 보이지 않는다.

143) 申興雨, 앞의 글, p. 284.

면문제에도 어느 정도 관여했을 개연성은 충분히 있다. 앞서 본 이경선에게 보낸 편지에서 이지용이 누차 부탁했다는 '모처'도 하야시 공사를 지칭하는 것이었을 것이다.

물론 알렌 공사도 이지용이나 하야시에게 이승만의 일을 부탁했을 수 있다. 그러나 이 무렵 알렌은 전년에 워싱턴에 가서 루스벨트(Theodore Roosevelt) 대통령과 극동문제에 대해 격렬한 논쟁을 벌이고 온 뒤로 의욕을 잃고 있는 때였으므로, 다른 모든 문제와 마찬가지로, 이승만의 사면문제를 두고 종전처럼 적극적으로 행동하지는 않았을 것이다. 결국 이승만이 석방되는 데에는 이지용의 힘이 가장 크게 작용했던 것이 틀림없다.

이승만의 석방이 하야시 공사의 종용에 따라 이루어졌다는 또 하나의 이야기가 있다. 이승만이 출옥한 뒤에 한 친구가 이승만에게 왜 하야시를 찾아보고 사의를 표하지 않느냐고 나무라자 이승만은 "나 역시 목석이 아닌데 어찌 이를 모르겠는가. 그러나 나 개인으로 말하자면 임공사에게 재생지은(再生之恩)을 입었으나, 공적으로 보아서는 그렇지 못하리니, 어찌 사사로운 은혜로 공적인 것을 잊으리오" 라고 말했다는 것이다.[144]

마침내 1904년 7월8일에 고종은 이승만 등 정치범을 포함한 죄수들에 대해 특사조칙을 내리고 8월 초에 이들의 석방을 재가했다.[145] 이승만은 8월7일에 징역수 140명, 사형수 10명, 미결수 78명과 함께 출감했다.[146] 수감된 지 5년 7개월 만의 일이었다. 이제 그는 서른 살이 되어 있었다.

---

144) 尹孝定, 《韓末秘史—最近六十年의 秘錄》, 鷲山書林, 1946, pp. 191~192.

145) 都冕會, "1894~1905年間 刑事裁判制度研究", 서울大學校 博士學位論文, 1998, p. 287.

146) "청년이승만자서전", 이정식 지음, 권기붕 옮김, 앞의 책, p. 267 ; 《皇城新報》, 1904년 8월6일자, "雜報 : 兩氏蒙赦."

이승만의 오랜 옥중생활은 참기 어려운 고초를 동반하는 것이었으나, 그것은 그로 하여금 가장 중요한 인격형성기에 집중적인 학문습득과 전도활동과 계몽적인 논설집필을 통하여 감옥 밖의 환경에서는 도저히 할 수 없었을 지도자의 수업을 할 수 있게 해주었다. 이승만 자신은 감옥생활의 경험에서 얻은 것이 "깨달음"과 "감사함"이었다고 적었다.[147)]

---

147) 리승만, "옥중전도", 《신학월보》 1903년 5월호, p. 138.

아버지와 약혼녀의 죽음

1. 삼남 유생들과의 교우

3년 반 만에 고향에 돌아온 김창수는 감개가 그지없었다. 그러나 그를 반기는 사람은 아무도 없었다. 인근의 양반들과 친척들은 김창수가 돌아왔으니까 또 무슨 일을 저지르지나 않나 하고 불안해했다. 작은아버지 김준영(金俊永)은 지난날의 잘못을 뉘우치고 마음을 잡아 둘째 형 김순영(金淳永)에게 공손히 대하고 있었다. 그러나 그러한 김준영도 김창수에게는 털끝만큼의 동정심도 없었다. 김준영은 김창수가 식자우환으로 농사일에 무성의하다고 미워했다. 그는 김창수가 난봉끼가 있는 줄로 생각했다. 그는 김순영 내외에게 김창수가 농사를 짓게 하면 자기가 장가도 들여 주고 살림도 차려 주겠다고 말했다.

그러나 김순영의 생각은 달랐다. 그는 아들이 비록 지금은 잠시 방황하고 있으나 가슴속에 원대한 뜻을 품고 있다고 믿고 있었다. 아들에 대한 김순영의 이러한 신뢰와 기대가 유년기 이래로 김구의 강한 신분상승 의욕과 양반들의 괄시에 대한 저항정신을 북돋우었던 것이다.

김순영은 말했다.

"창수도 이제는 장성했으니까 스스로 알아서 할 수밖에 없다."

김준영은 둘째형의 이러한 태도가 몹시 못마땅했다.

"형님 내외분이 창수놈을 글공부시킨 죄로 온갖 고생을 하셔 놓고도 아직도 깨닫지 못하시오?"

김구는 이때의 일을 술회하면서 다음과 같이 덧붙였다.

> 작은아버지의 관찰이 사실은 바로 본 것이었다. 만일에 글을 몰랐다면 동학 두령이 되지도 않았을 것이고, 인천(仁川) 사건도 없었을 것이다. 텃골의 순전한 한 농군으로 땅 갈아먹고 우물 파 마시며 살았을 것이다. 세상을 요란하게 할 일은 없었을 것이 명백하다.[1]

이처럼 그는 그때까지의 자신의 행적을 "세상을 요란하게 한 일"로 자부했다. 그러나 김창수는 어쩔 수 없이 숙부의 뜻대로 평범한 농군생활을 하게 되었다. 겨울을 하릴없이 보내고 봄이 되자 농사일이 시작되었다. 김준영은 새벽마다 김순영의 집으로 와서 김창수의 단잠을 깨워 밥을 먹이고 들로 데리고 나가서 가래질을 시켰다. 김창수는 얼마 동안 순순히 작은아버지의 말에 따랐으나 도무지 마음을 붙이지 못했다.

어느 날 그는 문득 강화도로 가야겠다는 생각이 들었다. 인천감옥에 투옥되었을 때에 자기의 구명운동을 하다가 전 재산을 탕진한 김주경(金周卿)의 소식이 궁금했기 때문이었다. 김창수는 몰래 집을 나섰다. 경자년(更子年, 1900년) 2월의 일이었다. 김창수는 떠나는 길에 스승 고능선(高能善)과 청계동의 안태훈(安泰勳) 진사를 찾아보는 것이 도리라고 느꼈으나, 아직도 떳떳이 나서서 방문하기에는 이르다는 생각이 들었다. 그리하여 두 사람을 만나는 것을 단념하고 길을 떠났다. 신분을 감추기 위해 이름은 김두래(金斗來)라고 고쳤다.

이 무렵 안태훈과 그의 일가는 지방관아와의 충돌로 수난을 겪고 있었다. 안태훈은 1897년에 신천군수에게 체포되기도 했고, 이듬해 2월에는 빌려준 돈을 받으려다가 해주감영에 투옥된 동생 안태건(安泰建)

---

1) 도진순 주해, 《김구자서전 백범일지》, 돌베개, 1997, p. 165.

을 구하러 갔다가 자신마저 투옥되기도 했다. 안태건은 이듬해 3월에 다시 도적으로 몰려서 구금되었다. 그럴 때마다 안태훈은 황해도 지역의 선교책임자인 빌헬름(Joseph Wilhelm, 洪錫九) 신부의 도움을 받았다.[2] 그러는 과정에서 안태훈은 해서교안(海西教案)의 주모자로 지목되었다.

안중근의 아버지 안태훈의 주동으로 세운 청계동성당.

1900년부터 1903년 사이에 황해도에서 발생한 해서교안은 천주교도와 지방관아의 충돌에서 시작되어 신구교 사이의 분쟁으로까지 확대된 일련의 소송사건이었다. 해서교안은 부패한 관리들의 착취와 천주교인들에 대한 박해, 선교사들의 무리한 선교활동과 치외법권적 행동, 신구교 사이의 지나친 선교경쟁 등 여러 가지 요인 때문에 발생했다. 사태가 심각해지자 정부는 이응익(李應翼)을 사핵사(査覈使)로 파견하여 진상을 조사하게 했다. 그러나 이응익이 조사한다면서 천주교 신자들을 마구잡이로 체포하고 보부상패를 동원하여 행패를 부려서 사태는 오히려 더 심각해졌다. 그리하여 여러 차례의 소송을 거친 뒤에 1904년에 프랑스 공사와 외부대신 사이에 선교조약이 체결됨으로써 사태는 마무리되었다.[3]

2) 韓國教會史研究所 編,《黃海道天主教會史》, 黃海道天主教會史刊行事業會, 1984, pp. 81~83.

3) 위의 책, pp. 81~113 및 윤경로,《한국근대사의 기독교사적 이해》, 역민

조셉 빌헬름 신부. 1889년에 한국에 와서 1914년에 귀국할 때까지 주로 황해도에서 선교활동을 했다.

안태훈은 이러한 해서교안의 주모자로 지목되어 체포될 위기에 몰렸다가 빌헬름 신부의 도움으로 위기를 모면할 수 있었다. 관리들의 횡포에 분격한 안태훈은 밤낮으로 술을 통음했다. 울화병으로 중병을 앓게 된 그는 병 치료를 받으러 청국의원을 찾아갔다가 길에서 봉변을 당하기도 했다. 그러던 끝에 1905년 12월에 청계동 집에서 사망했다.[4] 김창수는 안태훈이 사망할 때까지 그를 만날 기회가 없었다.

강화도에 도착한 김창수는 김주경의 집을 찾아서 강화성의 남문 안으로 들어갔다. 김주경은 없고 셋째 동생 김진경(金鎭卿)이 혼자서 김창수를 맞이했다. 김진경이 물었다.

"어디 사시는데 우리 형을 그렇게 친숙히 아십니까?"

김창수는 김주경을 찾아온 이유를 꾸며서 둘러댔다.

"나는 연안(延安)에서 살았고 당신 형님과는 막역한 동지인데, 수년간 소식을 몰라 궁금하여 찾아왔소."

김진경은 김창수의 말을 믿고 김주경의 행방에 대해 자신이 아는 대로 말해 주었다.

사, 1992, pp.70~104 참조.

4) "안응칠 역사", 신용하 엮음, 《안중근 유고집》, 역민사, 1995, pp.51~55, p.60.

"형님이 집을 나간 지 벌써 3, 4년이 지났는데도 소식 한장 없고, 집안은 망할 대로 망해서 남은 것이 하나도 없습니다. 그래서 형님이 계시던 집에 들어와서 합쳐 살면서 형수를 모시고 조카 아이들을 키우고 있습니다."

김주경의 집은 초가이기는 했으나 처음에는 매우 크고 화려하게 잘 지은 집이었는데, 여러 해가 지나도록 수리를 하지 않아서 황폐하고 퇴락해 있었다. 그러나 김주경이 앉았던 자리에는 그가 쓰던 둥근 방석이 그대로 있었고, 벽 위에 몽둥이가 하나 걸려 있었다. 그 몽둥이는 김주경이 신의를 어기는 동지를 벌할 때에 쓰던 것이라고 했다. 김진경은 몽둥이를 가리키면서 김창수에게 여러 가지 지난날의 일을 이야기해 주었다. 사랑에 나와서 노는 일곱 살배기 사내아이 윤태(潤泰)가 김주경의 아들이었다.

어렵사리 김주경을 찾아간 김창수는 크게 낙담했다. 김진경에게 모든 일을 사실대로 이야기할 수도 없고, 그렇다고 그 집을 그냥 떠나오려니까 차마 발길이 떨어지지 않았다. 김창수는 김진경에게 말했다.

"내가 형님의 소식을 모르고 가기가 매우 섭섭하니 사랑에서 윤태에게 글이나 가르치고 지내면서 형님 소식을 같이 기다리고 있으면 어떻겠나?"

김진경은 매우 감격하여 말했다.

"형장(兄丈)이 그같이 보살펴주시면 오죽 감사하겠습니까? 윤태뿐만 아니라 둘째형 무경(武卿)의 두 아이도 다 글 배울 나이가 되었는데도 촌에서 그대로 놀린답니다. 그러시면 둘째 형네 조카 아이들도 데려다가 같이 공부를 시키겠습니다."

김진경이 근처 마을의 김무경에게 가서 전후사정을 설명하자 김무경도 그날로 두 아들을 데리고 와서 아이들을 부탁했다.

그날부터 김창수는 김주경 형제의 아이들을 가르치기 시작했다. 윤태에게는 《동몽선습(童蒙先習)》을, 김무경의 한 아이에게는 《사략(史

略)》 초권을, 또 한 아이에게는 《천자문(千字文)》을 정성껏 가르쳤다. 김창수의 열성을 보고서 김주경의 사랑에 드나들던 김주경의 친구들과 김진경의 친구들도 김진경에게 부탁하여 저마다 아이들을 데리고 왔다. 그리하여 한 달도 되기 전에 큰 사랑방 세 칸에 30여명의 아이들이 모여들었다. 이렇게 학동들이 늘어나자 "나도 무한한 흥미를 가지고서 아이들을 가르쳤다"[5] 고 김구는 적고 있다.

김창수의 이러한 성품과 이때의 경험은, 인천감옥서에서 죄수들을 가르친 일과 평양 영천암에서 전효순(全孝舜)의 자손들을 가르친 일들과 함께, 뒷날 그가 교육사업에 열성을 쏟는 데 중요한 밑거름이 되었다.

김주경의 집에서 아이들을 가르친 지 석 달이 지난 어느 날이었다. 하루는 김진경이 서울서 온 편지 한 장을 보면서 혼잣말로 투덜거렸다.

"이 양반은 알지도 못하는 내게 자꾸 편지만 하니 어찌하란 말인가. 그런 사실이 없다고 답장했는데도 불구하고 또 사람을 보내다니."

김창수가 물었다.

"거 무엇을 그러는가?"

김진경은 서슴없이 대답했다.

"부평 유씨 유인무(柳仁茂) 혹은 완무(完茂)라고 하는 양반이 몇 년 전에 여기서 30리쯤 되는 촌에서 상을 당한 몸으로 한 3년 동안 살다갔습니다. 그 사람이 여기 살 때에 자기는 양반이면서도 형님을 문수산성(文殊山城)으로 초청해 가지고 며칠을 함께 지내면서 술을 마신 적이 있었지요. 그 뒤로 형님이 유씨댁을 방문한 일도 있었습니다. 그런데 재작년에 해주 사람 김창수란 청년이 왜놈을 죽이고 인천감리서에 수감되었는데, 간수 가운데 전에 우리집 여종의 서방이던 최덕만(崔德萬)이란 놈이 형님께 찾아와서는 김창수가 인천항을 들었다 놓았다 했고, 감리나 경무관이 꼼짝 못 하게 호령했고, 그러다가 교수형을 받게 된 것

5) 《백범일지》, pp. 166~167.

을 상감이 살려 주어서 죽지는 않고 있다는 이야기를 했습니다. 이 말을 듣고서 형님이 우리집 재산을 있는 대로 톡톡 털어가지고 근 1년 동안이나 서울로 가서 김창수를 살리려고 애를 썼지만 될 수 있는가요. 돈만 다 써버렸지요. 형님은 돌아오신 뒤에 무슨 다른 사건으로 피신하셨는데, 그 뒤에 들으니 김창수는 탈옥해서 도주했다고 합니다. 유완무 그 양반이 벌써 여러 번 얼굴도 모르는 나에게 해주에서 김창수가 오거든 자기에게 급히 알려 달라고 편지를 하기에 그런 사람이 온 일이 없다고 회답했습니다. 그런데 형님과 평소에 친하던 통진(通津) 사는 이춘백(李春伯)이란 양반이 유씨와도 친한 모양이야요. 유씨 편지에 이춘백을 보내니 의심 말고 자세히 알려 달라는 부탁입니다."

그 말을 듣자 김창수는 섬뜩해지면서 여러 가지 의심이 들었다. 김진경에게 말을 더 시켜보았다.

"김창수란 사람이 와서 다녀는 갔는가?"

"생각해 보세요. 여기서 인천이 지척인걸요. 그것도 형님이 집에 계시다면 혹 비밀히 올지도 모르지요. 형님도 안 계신데 그런 사람이 왔다손 치더라도 형님이 계신지 안 계신지 비밀히 조사해 보고 안 계신 줄 알면 내 집에 들어올 리가 있는가요. 그 양반이 아무 맥도 모르고 그러는 것이지요."

"그것은 동생의 말이 옳은데, 그러면 어떤 왜놈의 부탁이나 관리의 촉탁을 받고 정탐하려는 것은 아닌지?"

"그것은 결코 아닐 줄 믿습니다. 내가 유완무 그 양반과 만난 적은 없으나 지금 보통 벼슬하는 양반과는 판이하답니다. 유씨에게는 학자의 기풍이 있고, 우리 형님을 의기남아라면서 조금도 반상의 구별을 하지 않고 지극히 존대하더라던데요."

김창수는 곰곰이 생각해 보았다. 위험이 박두한 것 같기도 했고, 유완무라는 사람의 본뜻을 알고 싶기도 했다. 그러나 김진경에게 수상하게 보일까 해서 더 물을 수도 없었다. 겉으로는 짐짓 아무렇지도 않은 체했으나 속마음은 몹시 산란했다.

그날 밤을 지내고 다음날 아침을 먹고 났을 때였다. 기골이 장대하고 얼굴에 마마자국이 있는 서른 남짓 되어 보이는 사람이 서슴없이 사랑으로 들어섰다. 그는 김창수 앞에서 공부하는 윤태를 보고 말했다.

"이놈 윤태야, 그새 퍽 컸구나. 안에 들어가서 작은아버지 좀 나오시라고 해라. 내가 왔다고."

윤태는 곧 안방으로 들어가서 김진경을 앞세우고 나왔다. 그 사람은 김진경과 날씨이야기 등 수인사를 마치고는 바로 김주경의 소식을 물었다.

"아직 형님 소식은 못 들었지?"

"예, 아직 소식이 없습니다."

"허, 걱정이로군. 유완무의 편지 보았겠지?"

"예, 어제 받아보았습니다."

그 말을 하고서 김진경은 김창수가 앉아 있는 앞방 미닫이문을 닫고는 둘이서만 이야기를 했다. 김창수는 학동들을 가르칠 생각은 하지 않고 두 사람의 대화에만 귀를 기울였다. 그는 학동들이 "하늘천 따지"를 "하늘소 따갑"이라고 잘못 읽을 때에도 바로 고쳐 줄 생각조차 들지 않았다. 오로지 윗방에서 나누는 두 사람의 이야기에만 관심을 집중했다.

김진경이 물었다.

"유완무 그 양반 참으로 지각없는 사람 아닙니까? 김창수가 형님도 안 계신데 왜 내 집에 오리라 생각하고 그렇게 여러 번 편지를 하십니까?"

"자네 말이 옳지만 우리가 1년 넘게 김창수 때문에 별별 애를 다 썼다네. 유완무가 남도로 이사한 뒤에 서울에 다니러 왔다가 자네 형님이 김창수를 감옥에서 구출하려고 가산을 다 탕진하고 끝내 피신까지 한 것을 알고 우리 몇 사람을 모아서 기어이 김창수를 구출해 내려고 했다네. 법률적인 사면을 구하는 것이나 뇌물을 쓰는 일 등은 자네 형이 다

해보았으니까 이제는 강제로 빼낼 방법밖에 없다고 생각하고 용감한 청년 열세명을 뽑았지. 그 가운데 나도 들었었네. 열세명 모험대를 조직해 가지고 인천항 주요 지점마다 밤중에 석유를 한 통씩 지고 들어가서 일여덟 곳에 불을 지르고 감옥을 깨고 김창수를 구출하자는 방침을 정했다네. 유씨가 나더러 먼저 두 사람을 데리고 인천항에 들어가서 주요 지점과 감옥의 형편과 김창수의 동정을 조사하라고 해서 가지 않았겠나. 인천항에 가서 감옥형편을 조사했더니 사흘 전에 김창수가 다른 죄수들과 같이 파옥 도주를 했더군. 나는 돌아가서 유씨와 함께 김창수의 종적을 탐지할 길을 연구했네. 한 길은 해주 본향이었으나 기필코 고향으로 갈 턱이 없고 설혹 그 부모에게 통기했다손 치더라도 결코 발설하지 않을 것이 아닌가. 게다가 잘못 탐지하다가는 도리어 그 부모를 놀라게만 할 것이 아닌가? 해주 고향을 제외하고는 자네집인데, 김창수가 몸소 이리 오기는 몹시 어려웠을 터이나, 어느 곳에서 편지한 일이 없었는가?"

말을 다 듣고 나서 김진경이 말했다.

"편지도 없었습니다. 편지하고 회답을 기다릴 것 같으면 차라리 자기가 직접 와서 알아보았겠지요."

두 사람의 이야기는 거기서 끊어졌다. 김진경이 물었다.

"언제 서울로 가시려오?"

"오늘 친구나 좀 찾아보고, 내일은 곧 상경할 참이네."

이춘백은 다음날 아침에 와서 작별할 것을 기약하고 돌아갔다.

두 사람이 주고받는 말을 듣자 김창수는 유완무란 사람이 참으로 자기를 위해서 그토록 정성을 쏟았다면 찾아보아야 할 것 같았다. 그러나 만약 그것이 자기를 정탐하기 위한 것이라면 그 또한 묘한 계책이 아닐 수 없었다. 그러나 김창수는 두 사람의 말을 믿을 수 있을 것 같았다. 이춘백이 김진경을 보고 하는 말은 서로를 진정한 동지로 믿고 숨김없이 하는 말이 분명했다. 또한 유완무가 김주경의 실패를 알고도 계속해서 자기를 살리기 위한 모험을 계획하고 추진했다는 사실도 믿을 만하다고 느껴졌다. 김창수는 이만큼 알고도 자신이 끝까지 피하거나 종적을 감춘다면 의롭지 못하다는 생각이 들었다.[6]

유완무가 어떤 사람인가에 대해서는 거의 알려진 것이 없다. 독립운동가 이회영(李會榮)의 아내 이은숙(李恩淑)의 수기에 따르면, 을사조약이 체결된 이듬해인 1906년에 이회영이 이상설(李相卨), 이동녕(李東寧), 여준(呂準) 등과 독립운동의 방략을 논의하는 모임을 가졌을 때에 유완무도 그 모임에 참석했다.[7] 그만큼 그는 서울의 명사들과 같이 어울릴 정도의 인물이었던 것 같다. 이때의 모임에서 이들은 당시의 정세로는 국내에서 대대적인 운동을 전개하기는 불가능하므로 만주로 건너가서 근거지를 건설하여 장기 항전을 할 것을 논의했다고 한다. 뒷날 김구가 장련에서 신교육운동에 열중하고 있을 때에 그를 방문한 유완무가 자신의 북간도(北間島) 이주계획을 알려 주는 것으로 보아서, 그는 그 뒤에 만주로 건너가서 활동한 것으로 짐작되나, 밝혀진 것이 없다.

김창수는 그날 밤은 그대로 자고, 다음날 아침에 김진경과 겸상으로 밥을 먹으면서 물었다.

"어제 왔던 사람이 이춘백인가?"

"예, 그렇습니다."

"언제 또 오는가?"

"아침 먹고 나서 작별하고 서울로 간다니까 조금 있다 오겠지요."

"이춘백이 오거든 내게 인사소개나 하여 주게. 자네 형님과 평소에 친한 동지라니까 나도 반가운 마음이 드네."

"그러시지요."

김창수는 결심한 듯이 말했다.

---

6) 《백범일지》, pp. 167~171.

7) 李恩淑, 《民族運動家 아내의 手記 — 西間島始終記》, 正音社, 1975, p. 150.

"진경, 자네와 오늘 작별해야겠네. 윤태와 조카아이들과도 아울러 작별일세. 섭섭한 것은 말로 다 할 수 없네."

이 말을 듣자 김진경은 깜짝 놀랐다.

"형님, 이게 무슨 말씀이야요? 제가 무슨 잘못한 일이 있습니까? 갑자기 작별 말씀이 웬 말씀이에요? 저야 미거한 것이지만 형님을 생각하시고 저를 용서도 하시고 책망도 하여 주셔요."

그제야 김창수는 비장한 어조로 말했다.

"내가 곧 김창수일세. 유완무란 친구의 추측이 바로 맞았네. 어제 자네가 이춘백과 이야기하는 것을 다 들었네. 자네 생각에 나를 정탐하기 위한 유인책만 아닌 줄 믿거든 나를 놓아 주어 유완무란 사람을 가서 만나도록 해주게."

김진경은 이 말을 듣고 또 한 번 소스라치게 놀랐다.

"형님이 과연 그러시다면 제가 어찌 만류합니까. 최덕만은 작년에 죽었다고 하지만, 이곳에는 감리서에 주사(主事) 다니는 자도 있고 순검 다니는 자도 있어서 종종 내왕이 있습니다."

위험할 수도 있다는 뜻이었다. 김진경은 학동들에게 말했다.

"선생님이 오늘 본댁에 다녀오실 터이니 너희들은 집으로 돌아가거라."

얼마 뒤에 이춘백이 김진경에게 작별인사를 하러 왔다. 김진경은 이춘백을 김창수에게 인사시켰다. 김창수는 이춘백을 보고 자신도 서울 갈 일이 있으니까 같이 가자고 말했다. 이춘백은 그저 보통으로 생각하고 그러자고 했다.

"심심한데 이야기나 하면서 같이 가면 매우 좋겠습니다."

김진경이 이춘백의 소매를 끌고 뒷방으로 들어가서 무언가 두어 마디 수군거리다가 나왔다. 그리고 두 사람은 곧 출발했다. 김창수가 떠난다는 소식에 학동 30여명과 학부형들이 남문 앞길이 메어지도록 몰려 나와서 배웅했다. 그동안 김창수는 정성을 다하여 아이들을 가르쳤을 뿐 아니라 수업료를 한푼도 받지 않았다. 그러한 김창수를 떠나보내는 그들의 심정이 못내 아쉬웠을 것임은 말할 나위도 없다.

강화를 출발한 두 사람은 그날로 서울 공덕리(孔德里)에 있는 박태병(朴台秉) 진사 집에 도착했다. 이춘백이 먼저 안사랑으로 들어가서 무슨 말인가를 했다. 그러자 중키보다 조금 작은 키에 햇볕에 그을은 가무잡잡한 얼굴을 하고 망건에 갓을 쓰고 의복을 검소하게 차려 입은 선비 한 사람이 김창수를 맞이했다.

"나는 유완무요. 오시느라 고생하셨소. 남아하처불상봉〔男兒何處不相逢: 남아가 어디에 있은들 만날 수 없으랴〕이라는 말이 오늘 창수형에게 비유한 말인가 보오."

그러고는 또 이춘백을 보고 말했다.

"무슨 일이고 한두번 실패하더라도 낙심할 것이 아니니 구하면 얻게 될 날이 있다고 내 전에 말하지 않던가."

이 말은 이제야 김창수를 만나게 되었다는 뜻이기도 했으나, 또한 김창수를 만나기 위해서 자신들이 그 동안 애를 얼마나 썼는가를 암시하는 말이기도 했다.

김창수는 유완무를 보고 말했다.

"강화 김씨댁에 있으면서 선생이 이만 사람을 위하여 허다한 노고를 하신 것을 알고 오늘 비로소 존안을 뵈옵습니다. 세상에는 침소봉대의 헛소문이 많은 탓으로 들으시던 말과 달리 실물은 용두사미이오니 놀라시고 매우 낙심하실 것을 예상하여 두십시오."

그러자 유완무는 빙그레 웃으면서 말했다.

"뱀의 꼬리를 붙잡고 올라가면 용의 머리를 볼 터이지요."

모두들 함께 웃었다. 주인 박태병은 유완무의 동서였다. 저녁을 먹은 뒤에 성 안의 유완무 처소로 가서 잤다. 며칠동안 쉬면서 요릿집에 가기도 하고 구경도 다녔다. 그러나 《백범일지》에는 이때에 유완무와 어떤 대화를 나누었는지에 대해서는 아무런 설명이 없다.

유완무는 김창수에게 편지 한 통과 노자를 주면서 충청도 연산(連山) 광이다리 앞의 도림리(桃林里)에 사는 이천경(李天敬)을 찾아가라고 말했다. 이렇게 하여 김구의 두번째 삼남여행이 시작되는데, 첫번째 삼남여행 때보다 훨씬 중요한 의미를 지닌 이때의 일에 대해 《백범일지》는 첫번째 여행 때보다 오히려 더 소홀히 기술하고 있어서 여러 가지 추측만 할 수 있을 뿐이다.

유완무의 편지를 받아 든 이천경은 김창수를 반갑게 맞이했다. 매일같이 정성스럽게 음식을 장만하여 극진히 대접했다. 한가로이 담소를 주고받으며 이천경의 집에서 달포를 지냈다.

하루는 이천경이 편지 한 통을 김창수에게 써 주면서 무주(茂朱) 읍내에서 인삼을 재배하는 이시발(李時發)을 찾아가라고 했다. 김창수는 이유를 알지 못한 채 이시발을 찾아가서 이천경의 편지를 전하고 하룻밤을 묵었다. 김창수는 2년 전에 감옥동료 공종열(孔鍾烈)의 매부인 진선전(陳宣傳)을 찾아 무주에 온 적이 있었는데, 그를 다시 찾아볼 생각은 전혀 하지 않은 것 같다. 이튿날 이시발은 김창수에게 또 편지를 써주면서 지례군〔知禮郡: 지금의 경북 금릉군 지례면〕 천곡(川谷)에 사는 성태영(成泰英)을 찾아가라고 했다.

성태영은 자가 능하(能何)이고 호는 일주(一舟)인데, 조부가 원주 목사를 지냈다고 하여 택호가 성원주(成原州)였다. 벽서(碧棲)라는 호를 사용하기도 한 성태영은 한말의 양심적 대지주로서 젊은 인재를 보살피며 애국적 사업에 참여했다. 그는 독립운동가 김창숙(金昌淑)의 동지로서 3·1 운동 직후에 전국 유림이 파리강화회의에 한국의 독립을 청원하는 '파리장서(巴里長書)'를 제출할 때에 재경유림단으로서 중추적 역할을 했다.[8]

성태영의 사랑에 들어가자 수청방과 상노방에 하인이 수십명이고,

사랑에 앉은 사람들도 거의가 귀족의 풍채와 태도를 지니고 있었다. 성태영은 편지를 보고 김창수를 환영하여 상객으로 대우했다. 그러자 상노 등도 더욱 존경하는 태도로 김창수를 대했다. 김창수는 성태영과 함께 산에 올라가서 나물을 캐고 물가에 나가서 고기를 구경하는 등으로 한가로이 지내면서 고금(古今)의 어렵고 의심나는 일을 서로 묻고 대답했다. 그렇게 또 달포를 보냈다.

그런데 김구는 성태영과 서로 묻고 대답한 "어렵고 의심나는 고금의 일"의 내용이 어떤 것이었는지에 대해서는 《백범일지》에도 전혀 언급하지 않았다. 이러한 문답은 사실은 유완무와 그의 동지들이 김창수의 인품과 학식을 시험하는 것이었는데, 그는 그것을 눈치 채지 못했던 것이다.

유완무가 성태영의 집으로 찾아왔다. 유완무와 성태영은 김창수라는 이름이 사용하기가 불편하다면서 이름을 구(龜)로 고쳐지어 주었다. 그리고 호는 연하(蓮下), 자는 연상(蓮上)으로 행세하기로 했다.

유완무는 다음날 아침에 김구를 무주읍내에 있는 자기집으로 데리고 갔다. 유완무는 딸을 이충구(李忠求)의 조카며느리로 시집보냈고, 아들은 한경(漢卿) 등 둘을 두고 있었으며, 당시의 무주군수 이탁(李倬)과도 인척인 것 같았다. 이충구는, 앞에서 보았듯이, 이승만의 배재학당 학우로서 춘생문사건(春生門事件)으로 유배되었다가 아관파천(俄館播遷) 뒤에 경무사가 된 친러파의 핵심 인물이었다.

유완무는 지금까지의 일을 김구에게 설명해 주었다.

"경성으로부터 이곳에 도착하기까지 매우 의아하셨지요? 내 실정을 말해 드리리다. 연산 이천경이나 여기 성태영은 다 나의 동지인데, 우리는 새로 동지가 생겼을 적에는 반드시 몇 곳으로 돌려 달포씩 함께 지내면서 각자 관찰한 것과 시험한 것을 종합해서 어떤 사업에 적당한 자

8) 金昌淑, "自敍傳(上)", 心山思想硏究會 編, 《金昌淑》, 한길사, 1981, pp. 191~198 및 許善道, "三·一運動과 儒敎界", 《三·一運動50周年紀念論集》, 東亞日報社, 1969, pp. 281~300 참조.

질이 있는지를 판정한 뒤에, 벼슬살이에 적당한 사람은 벼슬자리를 주선하고 상업이나 농사에 적당한 인재는 상업이나 농업으로 인도하여 종사케 하는 것이 우리 동지들의 규정이오. 연하는 동지들이 시험한 결과 아직 학식이 부족하니 공부를 더 하도록 하되 서울 방면의 동지들이 맡아 웬만큼 성취하도록 할 것이오. 우선 시급한 것은 연하가 출신이 상민계급이니까 불가불 신분부터 양반에게 눌리지 않도록 만드는 것이오. 그래서 지금 연산 이천경이 소유한 가택과 논밭과 가구 전부를 그대로 연하의 부모가 생활하는 데 사용할 수 있도록 제공하겠고, 또 그 고을의 큰 성씨 몇몇만 잘 단속하면 족히 양반생활을 할 수 있을 것이오. 연하는 서울에 유학하면서 간간이 부모님을 뵙도록 할 것이니, 지금 곧 고향으로 가서 2월 안으로 부모님 몸만 모시고 서울까지만 오시오. 서울서 연산까지 가는 길은 내가 알아서 하겠소이다."

김구는 속으로 적이 놀랐다. 그리고 유완무의 말에 감격했다. 자신이 상놈이라는 데 심한 콤플렉스를 느끼고 있는 김구로서는 무엇보다도 부모를 모셔다가 양반 행세를 하도록 해주겠다는 유완무의 배려가 눈물겹도록 고마웠다. 그날로 김구는 유완무와 동행하여 서울로 출발했다.

유완무와 그의 동지인 지방유생들이 김구의 학식이 부족하다고 판단한 것이 그의 한문고전에 대한 소양의 부족을 뜻하는 것인지 아니면 신학문에 대한 이해나 지식 같은 것의 부족을 뜻하는 것인지는 잘 알 수 없다. 다만 유완무의 그 뒤의 행적으로 보아서 이들은 위정척사파와 다른 개신유생들이었을 것으로 생각되므로 그들이 김구로 하여금 서울에서 더 습득하도록 하겠다고 한 학문이란 신학문을 뜻하는 것이었으리라고 짐작된다.

서울에 당도하자 유완무는 다시 김구를 강화 장곶(長串)에 사는 주윤호(朱潤鎬) 진사에게 보냈다. 주윤호는 유완무의 제자였다. 김구는 김주경의 집에 들러보고 싶었으나 여러 가지를 고려해서 가만히 주윤호 집에만 다녀왔다. 주윤호의 집은 바닷가에 있어서 11월인데도 아직 감나무에 감이 달려 있었다. 또한 장곶은 해산물이 풍부한 곳이었으므로 며칠 동안 잘 지냈다. 주윤호는 김구에게 백동전 4,000냥을 주면서 유완무에게 전하라고 말했다. 김구는 백동전을 온몸에 돌려 감고 서울로 왔다. 《백범일지》에는 그 돈을 노자로 하여 고향으로 향했다고 적혀 있다.[9]

유완무와 그의 동지들의 조직이 어떤 성격의 것이었는지에 대해서는 전혀 알려진 것이 없다. 유완무, 성태영, 박태병, 이천경, 주윤호 등이 서울뿐만 아니라 삼남지방에 흩어져 있는 유생들인 것으로 보아서 이들의 조직은 서울과 삼남지방에 걸친 양반유생들의 비밀계(契) 조직이었던 것 같다. 김구를 동지로 받아들이기 위해서 각 지역의 동지들에게 돌리면서 그의 인품과 학문과 경륜을 시험하는 데서 보듯이 이들은 일정한 조직원칙을 가지고 있었고, 또한 김구의 장래와 부모의 생활대책까지 마련해 주는 것으로 보아서 경제적 기반도 웬만큼 튼튼한 조직이었 것 같다.

2. 평생의 스승 고능선과의 논쟁

고향으로 떠나기 전날 밤에 김구는 아버지의 꿈을 꾸었다. 김순영은 연초에 병이 들었다가 김구가 집을 떠나올 무렵에는 좀 나아 있었다. 그러나 김구는 아버지의 병환이 늘 걱정이 되어 서울에 와서는 우편으로 탕약보제를 지어 보내기도 했다. 꿈에 나타난 김순영은 아들을 보고 "황천(黃泉)"이라는 두 글자를 쓰라고 말했다. 흉몽이었다.

김구는 유완무와 꿈 이야기를 나눈 다음 서둘러 길을 떠났다. 그는 걸음을 재촉하여 나흘 만에 해주(海州) 비동(飛洞)에 도착했다. 비동을

9) 《백범일지》, p. 175.

지나치려니까 문득 고능선이 보고 싶었다. 산중턱에 있는 작은 집으로 옛 스승을 찾아갔다. 거의 6년 만의 만남이었다. 고능선은 기력은 그다지 쇠약해져 있지 않았으나 돋보기를 쓰지 않고는 글을 못 볼 만큼 시력이 떨어져 있었다.

김구가 고능선에게 절을 하고 앉아 두어 마디 대화를 시작할 때에 사랑 안쪽 문이 방긋이 열리더니 열 살 남짓 먹은 소녀가 "아이구, 아저씨 왔구나!" 하고 뛰어들어 왔다. 청계동에 살 적에 사랑에 가면 늘 나와서 김구에게 매달리며 업어 달라고 하다가 고능선에게 꾸지람을 듣던 원명의 둘째 딸이었다. 김구가 원명의 맏딸과 혼약한 뒤로는 고능선이 전과 같이 책망하지 않았을 뿐만 아니라 오히려 김구를 아저씨라고 부르라고 명령했기 때문에 더욱 허물없이 매달리고 온갖 응석을 부렸었다. 김구는 마음속으로 무척이나 반가웠고, 또 부모 없이 숙모의 손에 자라는 사정을 잘 알고 있었으므로 퍽 안쓰럽게도 여겨졌다. 그러나 아저씨라는 칭호를 듣고 태연히 알은 체하기는 민망스러운 일이었다. 그러한 광경을 보는 고능선도 어떤 감회를 느끼는지 말없이 담벽만 건너다보고 앉아 있었다. 김구는 아무 말대답을 못 하고 눈으로만 그 소녀를 보고 반가운 표정을 지었다.

두 사람은 한참 동안이나 서로 아무 말 없이 지난 날의 혼사문제를 추억하고 있었다. 고능선이 김구와의 혼약을 파하고 돌아가자 과부인 둘째 며느리는 아무댁과 혼인하자느니, 아무댁 자제가 학문도 상당하고 문벌도 비슷하고 재산도 유족하니 거기다 통혼을 하자느니, 김창수는 상놈이고 게다가 집안이 가난할 뿐 아니라 옛날 혼처에서 그같이 괴악을 부리니 그에게 딸을 주다가는 집안이 망할 것이라느니 하고 떠들어댔다. 이에 화병이 났던지 고능선은 당장 청계동의 미미한 농부인 김사집(金士集)이라는 사람의 아들로서 역시 농군인 떠꺼머리 총각에게 자청하여 그날로 혼약을 결정해 버렸다.

이윽고 고능선이 천천히 입을 열었다.

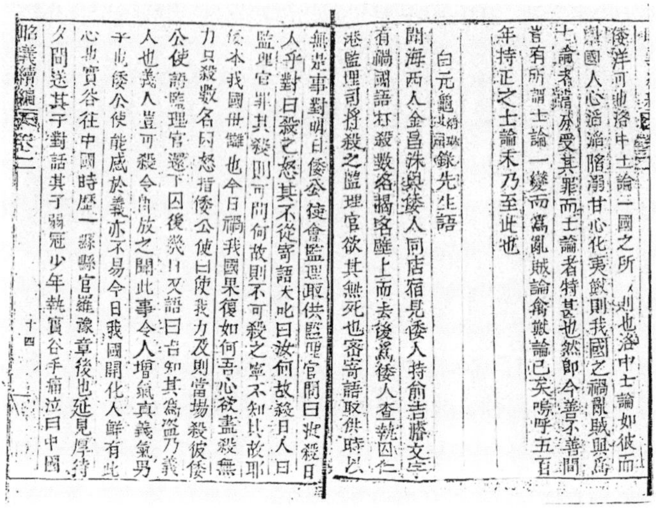
倭洋可也洛中士論二國之所 則也洛中士論如彼而
韓國人心滔滔陷溺甘心化夷歟則我國之禍亂賊與爲
士論者猶分受其罪而士論者特甚也然即今善不善間
旨有所謂士論一變而爲亂賊論爲賊論已矣嗚呼五百
年持正之士論末乃至此也

白元龜錄先生語
鴟海西人金昌洙與倭人同店宿見倭人持佩吉藤文字
有禍國語好殺數名揭客壁上而去後爲倭人查執囚仁
港監理司將殺之監理官欲其無死也密寄語取供時以
無恙事對明日倭公使會監理取供監理官問曰汝殺日
人乎對曰殺之怒其不從寄語大叱曰汝何故殺日人曰
監理官非其殺則可問何故則不可殺之寧不知其故耶
倭本我國世讎也今日禍我國果復如何吾心欲盡殺無
力只殺數名因怒指倭公使曰使我力及則當場殺彼倭
公使語監理官還下因後幾日又語曰吾知其爲盜乃義
人也義人豈可殺令自放之聞此事令人增氣真義氣男
子也倭公使能感於義亦不易今日我國開化人鮮有此
心也實谷往中國時歷一縣縣官羅豫章後也延見厚待
久問送其子對話其子弱冠少年執實谷手痛泣曰中國

昭義續編 卷之二 十四

치하포사건을 설명하고 김구를 '의기남아(義氣男兒)'로 칭송한 유인석의 《소의속편(昭義續編)》.

"나는 그 사이에 자네가 왜놈을 죽여 의거했다는 소식을 듣고 자네를 평소에 기대하던 나머지 매우 놀라고 탄복하였네. 내가 유의암(柳毅菴: 柳麟錫) 선생에게 자네 이야기를 했네. 선생이 쓰신 《소의속편(昭義續編)》에 김창수는 의기남아라고 찬(讚)하신 것도 보았네. 자네가 인천으로 간 뒤에 의암이 의병에 실패하고 평산(平山)으로 와서 서로 만나 장래 계획을 의논했는데, 그때에 연전에 자네가 서간도(西間島)를 보고 관찰한 내용을 선생께 보여드렸네."10)

《소의신편(昭義新編)》(8권 4책)은 유인석 의병부대가 서간도로 망명한 뒤에 그의 문하생들이 의병운동 및 위정척사와 관련된 자료를 모아서 1899년에 편찬한 책인데, 1902년에 이를 간행할 때에 《소의신편》을 편찬한 뒤에 나타난 자료를 모아서 《소의속편(昭義續編)》(2권)으로 편찬하여 같이 간행했다. 고능선이 본 구절이란 《소의속편》의 "백원구병림

10) 《백범일지》, p. 177.

록선생어(白元龜炳琳錄先生語)" 편에 실려 있는 다음과 같은 내용을 말하는 것이었다.

> 해서인(海西人) 김창수에 대한 이야기를 듣건대, 김창수는 왜인과 같이 주막에서 자다가 왜인이 유길준(兪吉濬)의 책을 가지고 있고 국어〔우리나라말〕를 욕하는 것을 보고는 몇 사람을 죽이고, 이름을 벽 위에 붙여놓고 갔다. 뒤에 왜인이 수색하여 인천항 감리사(監理司)에 가두고 장차 그를 죽이려 했다. 감리관은 그를 죽음에서 벗어나게 하려고 은밀히 전갈하기를 공초할 때에 살인사건과 관련이 없다고 말하라고 했다. 다음날 일본 공사가 감리(서)에서 공초할 때에 감리관이 "너는 일본인을 죽였는가?" 라고 묻자 "죽였다"고 대답했다. 감리관은 몰래 전갈한 말을 따르지 않는 것에 노하여 크게 꾸짖으며 말하기를 "너는 어떤 이유로 일본인을 죽였는가?" 라고 하자, "감리관, 살인죄를 묻는 것은 옳으나 어떤 연고로 죽였느냐고 묻는 것은 옳지 못합니다. 살인한 까닭을 어찌 모른단 말입니까? 일본은 본래 우리나라의 원수입니다. 오늘날 일본이 우리나라에 화를 미치니 복수해야 하지 않겠습니까? 내 마음은 모두 죽이고자 했으나 힘이 없어서 단지 몇 명을 죽였을 뿐입니다"라고 말했다. 그리고는 노하여 일본 공사를 가리키며 "내 힘이 미친다면 당장 너를 죽이겠다"라고 말했다. 일본 공사가 감리관에게 명하여 감옥에 다시 가두게 했다. 며칠 뒤에 일본 공사가 "나는 그가 도둑이 아님을 안다. 그는 의인이다. 의인을 어찌 죽일 수 있겠는가" 라고 말하고는 그를 즉시 석방할 것을 명령했다. 이 일을 들음에 다른 사람의 기상을 북돋우어 주니 진정 의기남자이다. 일본 공사가 능히 의에 감복할 줄 아니 또한 쉽지 않은 일이다. …[11]

위의 기록은 김구의 치하포사건과 재판과정을 부정확하게 적은 것이

11) 《昭義新編》, 國史編纂委員會, 1975, p. 297.

다. 김구가 일본인을 여러명 죽였다거나, 공초의 주체가 일본 공사라거나, 감리사가 김구를 살리기 위하여 몰래 사람을 보냈다는 등의 기술은 모두 사실과 다르다. 그러나 위의 기술은, 《소의신편》이 서울에서 1,000질이나 간행되어 국내뿐만 아니라 중국에까지 널리 배포되었던 사실을 감안할 때에, 김구의 무용담이 당시 지식인들 사이에 어떻게 전해졌는지를 짐작하게 해준다는 점에서 의미가 있다. 또한 위의 기록은 항일의병운동에 참여했던 위정척사파 인사들조차 일본 공사를 가리켜 "의에 감복할 줄 아는" 인물이라고 칭찬하고 있어서 매우 주목된다. 뒷날 일본인들은 《소의신편》을 철저히 압수하여 모두 불태워 버렸다.

고능선은 유인석 부대의 활동계획을 들려주면서 김구더러도 유인석 부대를 찾아가라고 권했다.

"나는 의암에게 당분간의 형세로는 평안 황해 지방에 발붙일 곳이 없으니, 압록강을 건너서 적당한 지대를 택하여 장래를 꾀함이 상책이라 했다네. 의암도 심히 좋게 여겨 나와 동행하여 전에 자네가 말했던 곳을 면밀히 조사하였네. 그리고 그곳에 의암이 몸소 들어가서, 한편으로는 공자의 성상(聖像)을 봉안하여 여러 사람들의 숭모심을 증진케 하고, 한편으로는 내지에서 종군하던 무사들을 소집하여 훈련하는 중이라네. 자네도 속히 선생께 가서 장래의 큰 계획을 함께 꾀함이 어떻겠나?"[12]

제천전투 패배 뒤의 유인석의 행적에 대한 고능선의 말이라고 《백범일지》에 적힌 이러한 서술은 사실과 다른 점이 있다. 고능선은 유인석이 서간도에 머물고 있다고 말했다고 하나, 이 무렵에는 유인석은 이미 국내에 돌아와 있었다.

원세개(袁世凱)의 군사지원을 기대하고 1896년 8월에 압록강을 건너간 유인석 부대는 9월에 회인현재(懷仁縣宰) 서본우(徐本愚)에 의해 파저강(波猪江: 渾江) 근방에서 무장해제를 당하고 해산했다. 청국과 일

12) 《백범일지》, p. 177.

본은 화약을 맺었으므로 청국에서 반일의병활동을 하는 것은 인정할 수 없다는 이유에서였다. 유인석은 원세개에게 직접 지원을 요청하기 위하여 심양(瀋陽)으로 향했다. 그는 이필희(李弼熙), 송상규(宋尙奎), 유치경(兪致慶) 등을 원세개에게 보내놓고 있었다. 그러나 원세개는 심양현재(瀋陽縣宰) 가원계(賈元桂)를 통하여 군사지원을 거절하고 은화 30량을 지원하는 데 그쳤다. 청국의 군사지원을 기대할 수 없다는 사실을 깨달은 유인석은 통화현(通化縣) 오도구(五道溝)에 들어가서 이곳을 '복고제 척왜독립(復古制 斥倭獨立)'의 근거지로 정하고 망국단(望國壇)을 만들어 정기적으로 참배하면서 장기전에 대비했다.

1897년 10월에 고종(高宗)의 명을 받고 귀국했던 유인석은 이듬해 3월에 다시 오도구로 망명했는데, 이때에 고능선도 유인석과 그의 문하인 등 동지 71명과 동행했다.[13] 유인석은 그해 10월에 근거지를 부근의 통화현 팔왕동(八王洞)으로 옮겼다. 그는 그곳에서 향약(鄕約)을 실시하여 이주 한인들의 교화에 힘쓰면서, 공자, 주자, 송시열(宋時烈), 이항로(李恒老), 김평묵(金平默), 유중교(柳重教) 등의 영정을 모시는 성묘(聖廟)를 세워 의병들의 정신적 귀의처로 삼고자 했다. 그러다가 1900년 7월에 중국에서 의화단(義和團)의 난이 일어나서 중국의 정세가 불안하자 망명생활을 마감하고 귀국했다.[14] 김창수가 고능선을 방문한 것은 1900년 12월 무렵이었는데, 이 무렵에 유인석은 황해도와 평안도 일대를 순회하면서 강회(講會)를 열고 제자들을 양성하고 있었다.

유인석이 제 1차 망명 때에 오도구를 활동근거지로 삼게 된 것이 김구가 청국행에서 돌아와서 고능선에게 서간도 일대의 사정에 관해서 보고한 것에 근거한 것이었다고 한 고능선의 말도 사실과 다르다. 유인석은 서북지방을 거쳐서 서간도로 이동할 때에 황해도에는 들르지 않았다.

---

13) 《毅菴集》 하권, "年譜", 景仁文化社, 1973, p. 677 ; 《後凋先生文集》, "年譜", 景仁文化社, 1999, p. 157.

14) 朴敏泳, 《大韓帝國期義兵研究》, 한울, 1998, pp. 59~66.

따라서 평산에 들른 유인석과 장래계획을 의논했다는 고능선의 말은 착오이다. 고능선이 압록강을 향해 이동하는 유인석을 특별히 찾아가서 만나지 않은 이상 김구가 살펴보고 온 서간도 지방의 사정을 유인석이 알고 갔을 개연성은 없다. 유인석이 평산을 방문한 것은 두번째 망명에서 돌아온 뒤인 1900년 11월의 일이다.[15)]

원세개의 군사지원을 단념한 유인석은 "선왕(先王)의 전형(典型)을 지키기 위하여" 성현의 유향(遺鄕)인 중국 산동성(山東省)의 옛 제노〔齊魯: 齊나라는 孟子가 생장한 곳이며, 魯나라는 孔子가 생장한 곳〕 지방으로 가려고 했다. 그러자 먼저 심양에 와 있던 유치경이 제노지방이 비록 성현의 유향이기는 하나 장애를 면하기 어려울 것이라면서 그곳보다는 오도구 지역이 한인 이주민이 많고 토지가 비옥하여 재기의 근거지로 삼기에 적합한 곳이라고 건의했다.[16)]

유치경은 황해도 평산(平山) 출신이었다. 단발령이 공포되자 그는 동문들과 대처방안을 논의하다가 유인석이 의병을 일으켰다는 소식을 듣고 제천(堤川)으로 가서 합류하여 활동했고, 유인석이 만주로 이동할 때에 동행했다. 유인석은 만주로 갈 때에 오도구의 상황을 몰랐으나, 유치경은 오도구의 상황을 사전에 알고 갔을 개연성은 없지 않다. 유치경은 고능선과 문통이 있었고, 그가 죽은 뒤에 고능선이 그의 생애를 기리는 글을 쓰고 있다.[17)]

유치경의 건의에 따라 유인석은 1896년 9월에 오도구로 이동했고, 오도구에 머물면서 그곳이 장기항전의 근거지로서 적합한 지역임을 확인했다. 그리하여 그는 그해 12월에 국내에 있는 동문과 문하생들에게

---

15) 《毅菴集》 하권, "年譜", p. 685.

16) 元容正, "卜隱", 《昭義新編》, p. 244 ; 柳麟錫 부대의 滿洲移動 전말에 대해서는 柳漢喆, "1896~1900년간 柳麟錫의 西行, 渡滿과 그 性格", 《許善道先生停年紀念韓國史學論叢》, 一潮閣, 1992, pp. 737~738 참조.

17) 《後凋先生文集》, 卷之七, "祭兪桃津致慶文", p. 16.

다음과 같은 편지를 보내어 서간도로 모일 것을 호소했다.

> 이 땅을 보건대, 오랫동안 양국의 경계로서 최근 수십 년 이래로 청나라 사람들이 거주하기 시작했습니다. 우리나라 사람들은 국금(國禁)이 있어서 들어오지 못하다가 근래에 큰 가뭄으로 말미암아 금지가 불가능하게 되어 이주해 오는 자가 만여명이 넘고, 그 밖의 땅에도 수만 호를 받아들일 만합니다. 토지가 심히 비옥하여 한 사람이 경작하면 열 사람이 먹을 수 있고, 1년을 경작하면 3, 4년을 먹을 수 있습니다. 콩과 조가 풍성하게 자라고 사람들의 인심이 후합니다. 그들 가운데에는 더러 의기 있는 자들이 있어서 가히 더불어 일을 도모할 만합니다. …그러므로 인석(麟錫)은 여러분이 속히 이곳에 오기 바랍니다.[18]

유인석의 편지 가운데에서 이 지방 토지의 비옥함을 설명한 대목은 "본래 땅이 비옥하여 잡곡은 무엇이나 비료를 주지 않아도 잘 되었다. 한 사람이 농사를 지으면 열 사람이 먹어도 족할 정도였다"[19] 라고 한 《백범일지》의 서술과 일치한다.

유인석은 1907년에 시베리아의 연해주 지방으로 세번째 망명을 했다. 문하인 이정규(李正奎)가 만주지역에는 이미 일본의 세력이 미치고 있기 때문에 일본의 세력이 미치지 못하는 시베리아 지역이 의병활동에 더 적합한 곳이라고 한 권유를 받아들인 것이었다.[20]

그런데 김구가 《백범일지》를 쓸 무렵에도, 비록 고능선의 말에 근거한 것이기는 했으나, 여러 갈래의 무장 독립운동의 근거지가 된 서간도 지방을 처음 발견한 사람이 자신이었다는 의식을 가지고 있었다는 사실은 눈

18) 柳麟錫, "與同文士友書,"《昭義新編》, p. 26.

19) 《백범일지》, p. 74.

20) 柳漢喆, "柳麟錫의 義兵根據地論", 《한국독립운동사연구》 제 8집, 독립기념관 한국독립운동사연구소, 1994, pp. 103~106.

여겨볼 만한 가치가 있다. 왜냐하면 그러한 의식은 독립운동의 정통성과 관련된 김구의 자긍심의 중요한 근거가 되었을 것이기 때문이다.

그러나 고능선의 사상은 이제 김구를 움직일 힘이 없었다. 김구는 그동안 신서적을 읽고 깨우친 세계사정을 고능선에게 설명했다. 또한 스승이 평소에 강조하던 존중화양이적주의〔尊中華攘夷狄主義: 중국을 높이 받들고 서양세력을 배척하는 사상〕가 정당한 것이 아니며, 눈이 들어가고 코가 높은 사람이면 덮어놓고 오랑캐라고 배척하는 것이 옳지 않음을 설명했다.

"어느 나라를 막론하고 그 나라 사람들의 경국대강(經國大綱)을 보아서 오랑캐의 행실이 있으면 오랑캐로, 사람의 행실이 있으면 사람으로 대우함이 옳을 줄 압니다. 우리나라의 탐관오리들은 비록 사람의 얼굴을 가졌으나 금수의 행실이 많으니 그들이 참으로 오랑캐입니다. 지금은 임금이 스스로 벼슬값을 매겨 매관(賣官)을 하니, 그것이 곧 오랑캐 임금이 아니겠습니까. 내 나라 오랑캐도 배척 못 하면서 어찌 남의 나라 오랑캐를 배척할 수 있겠습니까. 저 대양 건너에 사는 각 나라에는 제법 국가제도가 잘 갖추어져 있고 문명도 발달되어 있습니다. 그들은 공맹(孔孟)의 그림자도 보지 못했지만 공맹의 법도 이상으로 발달된 법도를 가지고 있습니다. 그럼에도 불구하고 계속 오랑캐, 오랑캐하고 배척만 한다면 무슨 소용이 있겠습니까. 제 소견에는 오랑캐에게서 배울 것이 많고, 공맹에게서는 버릴 것이 많다고 생각합니다."

김구는 이제 '오랑캐 임금'이라는 말을 서슴없이 할 수 있을 만큼 강경한 개화파가 되어 있었다. 김구의 이야기를 듣고 난 고능선은 말했다.

"자네 개화꾼과 많이 상종하였지. 나도 몇몇 개화꾼을 만나 보았는데, 자네 말과 같더군."

"그러시면 선생님이 보시는 장래 국가대계는 어떠한지 하교하여 주십시오.”

“선왕(先王)의 법(法)이 아니고 선왕의 도(道)가 아닌 것은 거론할 필요가 없네. 잘못하면 피발좌임〔被髮左衽: 머리를 풀고 옷깃을 왼쪽으로 여민다는 뜻으로서, 오랑캐의 복식을 가리키는 말〕의 오랑캐가 될 뿐이니 …”

“선생님이 피발좌임을 말씀하시니 드리는 말씀입니다. 머리털은 곧 혈여〔血餘: 한의에서 사람의 머리털과 수염을 약재로 일컫는 말〕이고 피는 곧 음식이 소화된 정액(精液)이니, 음식을 먹지 않으면 머리털도 자라날 수 없습니다. 설사 장발이 천자가 되게 길러 위대한 상투를 머리 위에 얹었기로서니 왜놈이나 양놈이 그 상투를 무서워하지 않는데 어찌하겠으며, 녹의복건(綠衣幅巾)을 아무리 훌륭하게 입었다 하여도 그것으로는 왜인과 양인이 숭배하고 무릎을 꿇지 않을 것입니다.

이 나라에서는 학문과 도덕을 공부한 상류층 사람들이 백성을 잔인하게 학대하는 최상의 도부수〔刀斧手: 큰 칼과 도끼를 쓰는 군사〕들입니다. 진실로 안타까운 것은 온 나라 백성들이 거의 다 일자무식이니 물이 아래로 흐르듯이 이익을 좇고 있습니다. 이 때문에 자기의 권리와 의무는 모르고 탐관오리와 토호들의 능멸과 학대를 받으면서도 의당 받을 것으로 알고 있습니다. 탐관오리와 토호들이 자기 백성에게 그러듯이 왜와 서양을 능멸하고 학대한다면 왜와 서양은 멸종되고 그네들이 천하를 다 호령하게 될 것입니다. 그러나 그들은 자기 백성의 고혈을 빨아다가 왜놈과 양놈에게 바치고 아첨하면서 자기가 누구보다 출중한 도부수임을 자랑하고 있으니, 필경 이 나라는 망하고야 말 것입니다.

그러므로 세계 문명각국의 교육제도를 본받아서 학교를 세우고 전국 인민의 자녀들을 교육하여 건전한 2세 국민들을 양성해야 합니다. 또한 애국지사들을 규합하여 국민에게 망국의 고통이 어떤 것인지와 흥국의 복락이 어떤 것인지를 알도록 해야 합니다. 그것이 구국의 도라고 제자는 생각합니다.”

이처럼 김구는 스승의 구국방도에 맞서 당당하게 자신의 생각을 역설했다. 김구의 이러한 주장은 그가 고향에 돌아와서 신교육운동에 헌신할 것을 마음먹고 있었음을 짐작하게 한다.

그러나 고능선은 김구의 주장에 동의하지 않았다. 그는 나라의 운명을 인간의 수명에 비유하면서 나라가 망하는 것보다도 절의(節義)를 지키는 것이 더 중요하다고 강조했다.

"박영효(朴泳孝)와 서광범(徐光範)과 같은 역적들이 주장하던 것을 자네가 말하네그려. 만고천하에 끝없이 존속하는 나라가 없고 만고천하에 장생하는 사람이 없으니, 우리나라도 망할 운명에 당한 바에야 어찌하겠나. 그러나 나라를 구한다면서 왜놈도 배우고 양인도 배우다가 나라도 구하지 못하고 절의까지 배반하고 죽어 지하에 가면 선왕과 선현들을 무슨 면목으로 대하겠나."[21]

서로의 주장은 평행선을 달릴 뿐이었다. 청계동 시절에 고능선이 죽으라면 죽는 시늉까지 할 정도로 그를 하늘처럼 떠받들던 위정척사파 김구의 모습은 이제 찾아볼 수 없었다. 그러나 김구는 고능선의 집에서는 외국문물이라고는 당성냥 한 가치도 쓰지 않는 것을 보고는 무척 고상한 일로 여겨졌다.

김구는 하룻밤을 고능선의 집에서 자고, 다음날 하직인사를 하고서 물러 나왔다. 이때의 만남이 고능선과의 마지막 만남이 되고 말았다. 《백범일지》는 고능선이 제천 동문집에서 객사했다고 적고 있으나,[22] 《후조선생문집(後凋先生文集)》에는 1922년 5월1일(음)에 해주 고향에서 여든 한 살로 사망한 것으로 기록되어 있다.[23] 《후조선생문집》은 고능선이 사망한 뒤에 그의 제자들이 고능선의 행적과 남긴 글들을 모아서 편찬한 책이다. 이 책은 무슨 연유에서인지는 알 수 없으나 국내가 아니라 중국에서 간행되었다.[24]

---

21) 《백범일지》, p. 180.

22) 위와 같음.

23) 《後凋先生文集》, "年譜".

김구가 텃골 집으로 돌아온 것은 음력으로 1900년 12월의 어느 날 황혼 무렵이었다. 김구가 안마당에 들어서자 곽씨 부인이 부엌에서 나오면서 말했다.

"네 아버지 병세가 위중하여, 아까 이 애는 왔으면 들어오지 않고 왜 뜰에 서 있느냐 하시기에 헛소리로 알았더니 네가 정말 오는구나."

김구는 급히 방으로 들어갔다. 아들을 본 김순영은 무척 반가워했으나 병세는 정말로 위중한 상태였다. 그러나 가난한 살림으로는 고명한 의원을 불러볼 수도 없었다. 웬만한 시탕〔侍湯: 어버이의 병환에 약시중하는 일〕으로는 약효도 없었다. 마침내 김구는 할머니가 임종할 때에 아버지가 단지(斷指)한 일을 떠올리고 자신도 단지를 하려고 했다. 그러나 어머니가 마음 아파할 것이 걱정되어 그는 단지 대신에 할고(割股)를 하기로 결심하고, 어머니가 없는 틈을 타서 왼쪽 허벅지에서 살 한 점을 베어 내었다. 허벅지살은 불에 구워서 약이라면서 먹게 하고, 흐르는 피는 마시게 했다. 그러나 살점이 너무 작은 듯하여 김구는 다시 칼을 들어 그보다 크게 베어 내려고 했다. 처음보다 천백 배의 용기를 내어 살을 베었으나 살점은 떨어지지 않고 고통만 심했다. 결국 허벅지살에 깊은 상처만 내고 말았다. 이 일을 두고 김구는 "손가락이나 허벅지를 베어내는 것은 진정한 효자나 하는 것이지, 나같은 불효자가 어찌 효자가 될 수 있으랴"[25] 하고 탄식했다고 적고 있다. 그의 우악스러운 기품과 지극한 효성을 함께 느낄 수 있는 술회이다. 김순영은 열나흘 동안 아들의 무릎을 베고 누워 있다가 마침내 아들의 손을 잡고 있던 손에 힘이 풀리면서 숨을 거두었다.

앞에서 본 대로, 김구는 아버지로부터 깊은 영향을 받고 성장했다. "수호지의 영웅"과 같았던 김순영은 김구의 가장 큰 존경의 대상이었다.

---

24) 黃海道誌編纂委員會, 《黃海道誌》, 1982, p. 146.

25) 《백범일지》, p. 181.

김구에 대한 김순영의 사랑도 특이한 점이 있었다. 그는 상민인 데다가 가난하기 이를 데 없는 형편임에도 불구하고 외아들을 농사꾼을 만들지 않고 어떻게든지 공부를 시키려고 갖은 정성을 쏟았다. 과거에 낙방하여 절망하는 아들에게 풍수공부나 관상공부를 하라고 권했고, 아들은 또 그 말에 따랐다. 아들이 동학에 입도할 때에는 아들을 따라 같이 입도했고, 동학운동에 실패하고 좌절한 아들이 스스로 새로운 진로를 모색할 때에도 아들을 믿고 아무런 반대나 간섭 없이 정신적인 힘이 되어 주었다. 아들이 옥살이를 할 때에는 내외가 인천에까지 따라가서 아들의 옥바라지를 했다.

이러한 아버지의 시신을 안고 앉은 김구는 복받치는 설움을 억제할 수 없었다. 김순영이 살아생전에 양반들에게서 받던 온갖 괄시와 핍박을 면하게 해주고자 했던 김구의 노력은 이제 허사가 되고 말았다. 이때의 자신의 심경을 김구는 다음과 같이 감동적으로 적고 있다.

> 아버님께서 운명하시기 전날까지도 나는 '평생 친구인 유완무나 성태영 등을 만나 그들의 주선으로 연산으로 이사하였다면, 백발이 성성한 아버님이 이웃마을 강씨나 이씨에게 늘 상놈 대우를 받아 뼈에 사무치는 아픔을 겪는 일만은 면하게 되셨을 텐데' 하고 아쉬워했다. 이제 아주 먼 길을 떠나시고 말았으니 천고에 남을 한이 되고 말았다.[26]

이러한 고백에서 느낄 수 있는 김구의 양반 콤플렉스는 거의 일생 동안 불식되지 않았다.

원근에서 조객들이 찾아왔다. 눈바람이 뼈에 사무치는 추위였다. 김구는 뜰에 빈소를 차리고 조문을 받았다. 독신상주라서 잠시도 자리를 비울 수 없었다. 무엇보다도 살을 베어만 놓고 떼어 내지 못한 허벅지의 고통이 심했으나, 김구는 어머니가 걱정할 것을 염려하여 아무 말도

26) 위와 같음.

하지 못했다. 어찌나 아프던지 그는 조객 맞는 것이 괴로웠고 허벅지살을 벤 것이 후회스럽기까지 했다.

김구는 유완무와 성태영에게 부고를 하고 이사는 하지 않겠다고 말했다. 서울에 와 있던 성태영이 500여리 길을 말을 타고 와서 조문해 주었다. 그는 마부와 말은 먼저 돌려보내고 김구의 집에서 며칠 묵었다. 김구는 성태영에게 구월산 구경을 시켜주기 위해서 그를 나귀에 태우고 동학농민군 시절에 스승으로 삼았던 월정동의 송종호(宋鐘鎬)[27]의 집을 찾아갔다. 패엽사(貝葉寺)에서 동학군을 훈련할 때에 모주(謀主)였던 부산동의 정덕현(鄭德鉉)도 불렀다. 송종호의 집에서 정성껏 장만해주는 음식을 먹으면서 그 동안에 쌓인 회포를 풀었다. 성태영은 구월산의 빼어난 경치를 구경하고 돌아갔다.

김구는 아버지의 묏자리를 직접 골라서 텃골 오른쪽 산기슭에 안장했다. 상중에는 칩거하여 아무 데도 가지 않고 작은아버지 김준영의 농사일을 도왔다. 이런 조카의 모습을 본 김준영은 매우 기특하고 다행스럽게 생각하여 김구에게 200냥을 주면서 인근에 사는 상민의 딸과 혼인하라고 했다. 김준영은 아버지가 없는 조카의 혼사를 책임지는 것은 자신의 당연한 의무요 영광이라고 생각한 것이었다. 그러나 김구는 상민의 딸은 고사하고 정승의 딸이라도 재물을 따지는 혼인은 죽어도 하지 않겠다면서 거절했다. 화가 난 김준영은 낫을 들고 김구에게 달려들었고, 김구는 놀란 곽씨 부인이 가로막는 틈을 타서 도망쳤다.

1902년 새해가 되어 김구는 여기저기 친척들집에 세배를 다녔다. 장연(長淵) 무산(茂山)의 먼 친척집에 들렀을 때였다. 친척 할머니는 김구가 나이 스물일곱이 되도록 아직 장가를 들지 못한 것을 보고 매우 걱

27) 《백범일지》에는 宋鍾瑞라고 했으나(p. 182), 앞에서 宋鐘鎬의 출신지가 月精洞이라고 한 것(p. 51)으로 보아서 송종호의 착오일 것이다.

정스러워했다. 그러는 친척 할머니를 보고 김구는 말했다.

"제 중매는 할 사람도 쉽지 못하고 제게 딸을 주고 싶은 사람이 있을지도 의문입니다. 설혹 있다 해도 제가 장가를 들 마음이 생길 만한 처녀가 있을지도 의문이구요."

친척 할머니는 웃으면서 물었다.

"자네의 뜻에 맞는 처녀란 어떤 처녀인가?"

김구는 대답했다.

"첫째 재산을 따지지 않아야 하고, 둘째 학식이 있어야 하고, 셋째 상면하여 대화해 보고 서로 마음이 맞으면 결혼하는 것입니다."

스승 고능선의 손녀딸과의 약혼이 깨어진 아픈 상처를 가슴속에 간직한 김구가 어떤 일이 있어도 맞선을 보고 자신의 의지로 배우자를 선택하겠다고 마음먹게 된 것은 당연한 일이었다. 그러나 맞선을 보자는 김구의 주장은 중매가 보편적이던 그 시대의 풍습으로는 받아들여질 수 없는 조건이었다. 친척 할머니는 첫째와 둘째 조건에는 이의가 없었으나 맞선을 보자는 조건에는 매우 난처해했다. 김구가 물었다.

"할머님 어디 좋은 혼처가 있습니까?"

"내 친정 당질녀가 올해 열일곱 살인데, 홀어미를 모시고 지낸다네. 약간 학식은 있고, 아무리 가난해도 재산을 따지는 것은 옳지 않게 안다네. 마땅한 남자가 있으면 허혼하겠다는 형님의 말은 들었으나, 어떤 기준으로 사윗감을 고르는지는 알 수 없으니 내가 먼저 알아보겠네. 하지만 자네 말처럼 대면하여 속내를 이야기하기는 어려운 일일 것 같구먼."

"그렇게 어렵게 생각한다면 저와 혼인할 자격이 없겠지요."

"내가 일찍이 형님한테 자네의 인격을 이야기한 적이 있는데, 형님이 한 번 자네를 데리고 자기집에 와 달라고 부탁했네. 같이 가보겠나?"

"오늘 가면 처녀를 만나게 해주신다면 가겠습니다."

《백범일지》는 이때에 김구의 약혼을 주선한 사람에 대해 무산의 먼 친척 할머니라고만 했으나, 그 친척 할머니는 은율(殷栗) 지방의 3·1 운동을 주도한 박경준(朴景俊)의 어머니 황씨였다고 전해진다.[28]

김구는 친척 할머니를 따라서 목감면 텃골〔基洞〕의 조그마한 오막살이집에 도착했다. 그 집 늙은 과부댁은 아들 없이 딸만 넷을 두었는데, 위의 세 자매는 모두 시집보내고 막내 딸 여옥(如玉)만을 데리고 살고 있었다. 여옥에게는 글은 근근이 국문을 가르쳤을 뿐이고 바느질과 길쌈을 주로 가르쳤다고 했다.

김구는 안방에서 저녁을 먹고 나서 친척 할머니의 소개로 과부댁에게 절을 했다. 인사를 시키기에 앞서 친척 할머니는 김구의 결혼조건을 말해 준 모양이었다. 세 사람은 부엌에서 한참 동안 상의를 하는 눈치였다.

친척 할머니는 단도직입적으로 말했다.

"거의 자네 말대로 되었으나 규중처녀가 어찌 모르는 남자와 대면하겠나. 처녀가 병신이 아닌 것은 내가 담보할 터이니 대면은 좀 면해 주게."

"대면은 꼭 해야겠습니다. 그리고 만나서 얘기하는 것뿐만 아니라 혼인할 생각이 있으면 조건 한 가지가 또 있습니다."

친척 할머니는 웃으면서 물었다.

"조건이 또 있어? 어디 들어보세."

"다른 것이 아니구요. 지금 약혼한다 해도 제가 탈상한 뒤에야 혼인할 터이니, 그 동안에는 낭자가 나를 선생님이라고 하고 한문공부를 정성껏 하다가 탈상한 뒤에 혼례를 올린다는 조건을 이행해야 합니다."

"여보게, 혼인하여 데려다가 공부를 시키든지 무엇을 하든지 자네 마음대로 하면 될 것 아닌가?"

"거의 일년 동안의 세월을 허송할 필요가 있습니까?"

늙은 과부댁과 친척 할머니는 빙긋이 웃고 무슨 말을 주고받더니 이

28) 殷栗郡民會, 《殷栗郡誌》, 1975, p. 100.

읏고 친척 할머니가 처녀를 불렀다. 한두번 불러도 아무 기척이 없자 과부댁이 친히 불렀다. 처녀는 가만가만 걸어 들어와서 자기 어머니 뒤에 앉았다. 김구가 처녀에게 먼저 인사를 했으나 처녀는 아무 대답을 못했다. 김구가 물었다.

"나와 혼인할 마음이 있소? 그리고 혼례를 올리기 전에 내게 학문을 배울 생각이 있소? 할머님 말씀은 혼례를 치른 뒤에 공부를 시키든지 말든지 마음대로 하라고 하시지마는 지금 세상에는 여자라도 무식하고서는 사회에서 용납할 수 없고, 또 여자의 공부는 스무 살 이전이 적당한데, 일년 동안이라도 그저 허송하는 것은 옳지 않소."

처녀의 말소리가 김구의 귀에는 들리지 않았으나, 친척 할머니와 처녀의 어머니는 처녀가 그렇게 하겠다고 대답한다고 했다. 맞선보는 노총각으로서는 여간 당돌하지 않은 이러한 태도에서 우리는 이 무렵 김구의 여성관과 결혼관을 엿볼 수 있다. 인천감옥에서 신서적을 읽고 개화파가 된 뒤로는 여성과 결혼에 관한 가치관도 크게 바뀐 것이었다. 자신의 배우자는 신여성(新女性)의 소양을 갖추어야 했다. 이렇게 하여 여옥과의 약혼이 성립되었다.

친척 할머니집에서 자고 다음날 아침에 집으로 돌아온 김구는 어머니와 작은아버지에게 약혼한 사실을 보고했다. 김준영은 선뜻 믿으려 하지 않고 곽씨 부인더러 직접 그 집에 가서 처녀도 만나보고 약혼 여부도 알아보고 오라고 했다. 곽씨 부인이 처녀집을 다녀온 뒤에야 비로소 김준영은 "세상에 참 어수룩한 사람도 다 있다"면서 김구의 약혼을 인정했다.

김구는 곧 여자독본(女子讀本) 같은 책자를 대충 만들고 지필묵까지 준비해서 여옥을 가르쳤다. 이때에 김구가 약혼녀를 가르치기 위해 만든 책자의 내용이 어떤 것이었는지 궁금하다. 친척 할머니와 여옥의 어머니에게 자기가 탈상하고 혼인할 때까지 여옥이 한문을 정성껏 공부해야 한다고 말한 것으로 미루어 보면 그 책자에는 《동몽선습》과 같은 초보적 한문교본의 내용과 아울러 신학문의 지식도 포함되어 있었을 것으로 짐작된다. 그러한 책자를 자기 손으로 만들어 가지고 가서 약혼녀를 가르치는 노총각 김구는 새로운 행복감을 느꼈을 것이다.

이 무렵 김구는 집안일을 돌보는 한편 아버지의 탈상을 하고 나면 신교육운동에 헌신하기로 결심하고 장련(長連), 은율, 문화(文化) 등지로 다니면서 우종서(禹鍾瑞), 송종호, 허곤(許坤), '김선생', 김태성(金泰星), 장의택(張義澤), 오인형(吳寅炯), 정창극(鄭昌極) 등 신교육운동에 관심 있는 인물들을 만나고 있었다.[29] 우종서와 송종호와 허곤은 김구와 함께 동학농민봉기에 참여했던 구월산의 옛 동지들이었다.

오인형은 농민봉기 때에 농민군을 토벌하는 데에 앞장섰던 장련의 부호였다. 동학농민봉기 때에 적으로 대립했던 사람들이 이처럼 신교육운동을 위해서 손잡고 있는 것이 흥미롭다.

'김선생'은 본명이 손경하(孫景夏)로서 원산 사람이었다. 개화파에 가담했던 그는 박영효의 동지들과 여러 해 동안 일본에 머물다가 귀국했는데, 정부에서 체포령이 내리자 구월산으로 피신하여 우종서, 송종호 등의 보호로 숨어살면서 손영곤(孫泳坤)이라는 가명으로 행세하고 있었다. 그는 뒷날 장련 광진(光進)소학교가 설립될 때에 김구와 함께 교사로 활동했다. 같이 광진학교 교사로 활동했던 백남훈(白南薰)은 손영곤의 본명이 김낙현(金洛現)이라고 기억했다. 뒷날 장련 교육운동의 핵심적 인물이 되는 그는 아이들에게 남의 글인 한문을 그만두고 국문을 가르칠 것을 역설했는데, 장련 청년들은 이러한 그를 열렬하게 지지했다.[30]

김구보다 열네 살 위인 장의택은 장련의 선비집안 사람으로서 구학문에 조예도 있고 신학문에 대한 포부도 해서지방에서 으뜸이었다. 그는 황해도 지방에서는 최초로 큰아들 응진(膺震)을 서울과 일본과 미국으

29) 《백범일지》, p. 185.

30) 白南薰, 《나의 一生》, 解慍白南薰先生紀念事業會, 1968, p. 51.

로 유학시켰는데, 일본에 직접 학비송금이 되지 않던 때였으므로 배를 타고 인천까지 가서 일본영사관을 통해서 아들의 학비를 송금하여 화제가 되기도 했다.[31] 그리하여 그는 구식 양반들로부터 큰 비난을 받기도 했으나 국민에게 신학문 지식을 보급하는 것이 자기의 의무라고 각오하고 열성적으로 활동했다.[32]

정창극은 장련군의 수리〔首吏: 서리의 우두머리〕였는데, 김구 등과 의기투합해서 자주 만났던 것 같다.

김구가 탈상한 뒤에도 서울에 가서 유완무 등과 어울리면서 공부를 하지 않고 고향에서 신교육운동에 헌신할 결심을 하게 된 데에는 이들의 설득이 영향을 끼쳤을 것이다. 그리고 홀로된 어머니의 봉양과 가사문제도 현실적으로 고려하지 않을 수 없었을 것이다.

김구가 고향을 떠나지 않기로 결심한 이유로 또 한 가지 생각할 수 있는 것은 신변에 대한 걱정이 없어졌을 수 있다는 점이다. 삼남지방을 방랑한 것이나 승려생활을 한 것 등은 말하자면 탈옥수의 피신행각이었는데, 급변하는 정국의 추이에 따라서 김구에 대한 한국정부와 일본 쪽의 추적이나 관심이 이때쯤은 없어졌던 것 같다.

김구는 바쁘게 돌아다니고 있었으므로 약혼녀의 집에 오랫동안 머물면서 가르칠 형편은 되지 못했다. 그러나 틈만 있으면 여옥을 찾아가서 가르쳤다. 탈상을 하자 곽씨 부인은 아들의 혼례준비를 서둘렀다. 김구는 정초에 무산의 먼 일가 할아버지집에 세배를 갔다. 세배를 하고 나서 이야기를 나누고 있을 때에 여옥이 위중하다는 급한 기별이 왔다. 김구는 깜짝 놀라서 약혼녀의 집으로 달려갔다. 김구가 방문을 열고 들어서자 여옥은 병세가 위중한 가운데서도 매우 반가워했다. 병은 장감〔長感: 만성감기〕이었는데, 약을 쉽게 구하기 힘든 산골이어서 어찌할

31) 《殷栗郡誌》, pp. 91~92.

32) 《백범일지》, p. 185.

도리가 없었다. 그리하여 여옥은 약도 제대로 써보지 못하고 사나흘 만에 죽고 말았다. 너무나 어처구니없는 죽음이었다. 여옥의 죽음은 새로운 삶을 준비하던 김구에게 또다시 크나 큰 좌절감을 안겨 주었다. 그는 여옥을 가리켜 "미혼처"라고 표현했는데, 그만큼 여옥은 그가 구상하는 새로운 삶의 반려자가 되어 있었던 것이다.

김구는 여옥의 시신을 손수 염습하여 남산에 묻었다. 그리고 여옥의 어머니는 금동(金洞)의 김윤오(金允五) 집으로 안내하여 기독교를 믿게 했다. 김구는 돌아오는 길에 갑작스러운 소식을 듣고 오던 어머니를 만나서 모시고 도로 집으로 돌아왔다.[33] 금동의 김윤오는 장연(長淵) 지방의 기독교계에서 지도적 위치에 있는 인물이었다. 그는 1897년 6월에 소래〔松川〕에서 청년들 25명이 모여 장연협성회(長淵協成會)를 결성할 때에 회장으로 선출되기도 했었다.[34] 그리고 소래는 우리나라에서 개신교 교회가 맨 먼저 설립된 곳이기도 하다. 김구가 의탁할 데 없게 된 약혼녀의 어머니를 맡길 만큼 김윤오와 친분이 있었다는 것은 이 무렵에 이미 그가 기독교계 인사들과 가까이 사귀고 있었음을 말해 준다.

3. 최초의 관직인 '권상위원(勸桑委員)'

탈옥 뒤의 오랜 방황과 뒤이어 닥친 아버지와 약혼녀의 죽음 등 짧은 기간에 거듭된 시련을 겪고 앞으로의 인생진로를 모색하던 김구는 1903년 봄 어느 날 장련군수 윤구영(尹龜榮)으로부터 만나자는 연락을 받았다. 윤구영은 정부에서 양잠업을 장려할 목적으로 해주에 뽕나무 묘목을 내려보내고 이를 각 군에 분배하여 심게 권장하라는 공문이 왔다고

33) 《백범일지》, p. 186
34) 《협성회회보》 1898년 1월8일자, "회중잡보".

말하고, 장련군에서는 김구가 이 일을 책임지고 맡아 주면 성적이 좋을 것이라면서, 해주에 가서 뽕나무 묘목을 받아오라고 했다.[35]

이때는 정부에서 양잠을 적극적으로 장려하고 있었다. 한국의 자연조건은 양잠에 적합한 지역으로 일찍부터 알려져 왔다. 그러나 조선 초에는 양잠업이 주로 지배층을 위한 관영수공업의 원료수급용으로만 이루어져서 농민의 가내수공업으로까지 발전하지는 못했다. 그러다가 비단의 수요가 증가하여 외국으로부터 수입이 급증하면서 조정에서 양잠업을 장려하게 되었다. 그러나 양잠의 생산량이 지방관리들의 인사고과 기준에 반영되면서 관리들이 농민들에게 뽕나무 재배를 강제하여 폐단이 늘어났다. 또한 청국산 비단을 선호하는 사회풍조 때문에 국산 비단의 소비가 촉진되지 않자 양잠업은 부진을 면치 못했고, 민간의 뽕나무 재배도 감소했다. 그러다가 개항을 전후하여 조정에서는 조선의 풍토에 적당한 산업으로 양잠업을 중시하여, 국민들에게 뽕나무 재배와 명주길쌈을 적극적으로 권장했다. 양잠기술을 지도하는 전문서적들을 편찬하고, 《양상규칙(養桑規則)》, 《농상신법(農桑新法)》 등의 책자를 만들어 각 도에 배포하고, 양잠업을 전문적으로 담당하는 잠상공사(蠶桑公司)도 설치했다.[36] 잠상공사는 독일인 메르텐스(A. Maertens)를 고빙하여 경영 및 기술지도를 받았고, 고종도 경복궁의 영추문 근처를 뽕밭으로 할애하기도 했다. 그러나 이때의 잠업장려 정책도 재정의 궁핍으로 메르텐스를 비롯한 고용인들의 봉급조차 제대로 지급하지 못하고, 전문적 기술자들의 부족으로 성과를 보지 못하고 실패했다.

1890년대에 접어들어 청국 비단이 대거 수입되자 조정에서 직조기계를 발명하고 비단 생산공장을 세우는 등 양잠에 대한 관심이 더욱 고조

35) 《백범일지》, p. 189.

36) 須川英德, "朝鮮開港後1880年代における生絲輸出の試みについて—內衙門布示と蠶桑公司", 《朝鮮史硏究會論文集》 第26集, 1989. 3, 綠蔭書房, pp. 185~211 참조.

되었다. 그리하여 1900년 3월에는 농상공부에 잠업과를 새로 설치하고 기술개발을 추진했다. 새로운 품종의 뽕나무와 뽕나무 종자를 준비하여 1년에 일여덟 차례 누에를 칠 수 있는 양잠법의 보급을 추진했다.

잠업시험장과 인공양잠전습소도 설립되었다. 잠업시험장은 1901년 1월부터 양잠의 전습을 개시하여 학도모집광고를 시작했고, 1904년에 관제개정이 있기 전까지 많은 졸업생을 배출했다. 이곳에서 교육받은 사람들은 새로운 기술요원으로 전문관직에 임명되거나 지방으로 파견되어 잠업발달에 중요한 역할을 했다. 이를 계기로 각 지방에도 잠업시험장과 잠업회사를 중심으로 양잠을 하는 새로운 지역이 생겨났다. 지방의 잠업시험장 관리는 각 부(府), 군(郡)의 관찰사가 중심이 되어 관할했으며, 정부에서는 각 도, 군, 면에 권상위원(勸桑委員)을 한 사람씩 파견하여 책임지고 관리와 운영을 하게 했다. 그러나 이 역시 재정궁핍으로 제대로 성과를 거두지 못했다.

농상공부 잠업과의 운영이 어려워지자 그 업무가 궁내부(宮內府)로 넘어가게 되었고, 궁내부에서는 1902년에 공상과(公桑課)를 신설했다. 공상과는 잠업의 진흥을 위해 13도 관찰사에게 훈령하여 각 군의 노는 땅 가운데에서 뽕나무 재배에 적당한 지역을 조사하게 했다. 이때의 뽕나무 재배는 지역에 따라서 큰 차이가 있었다. 황해도는 양잠이 잘 되는 지역은 아니었다. 그 대신에 목화가 잘 되어서 다른 지방으로 팔려나갔다. 1908년의 통계에 따르면, 황해도의 양잠호수는 1,879호 뿐이었고, 뽕밭도 9.98정보밖에 되지 않았다. 이는 함경북도 다음으로 가장 적은 것이었다.[37]

김구가 장련군수로부터 해주에 가서 뽕나무 묘목을 받아오라는 부탁을 받은 것은 이러한 상황에서 있었던 일이다. 해주에 가서 뽕나무 묘목을 받아다가 심게 하는 일은 군내의 토착 양반들이 명예직이라고 하

37) 金英姬, "大韓帝國期의 蠶業振興政策과 民營蠶業", 《大韓帝國研究(V)》, 梨花女子大學校 韓國文化研究院, 1986, pp. 7~34 참조.

여 앞다투어 맡고 싶어했다. 그럼에도 불구하고 군수가 김구에게 이 일을 맡긴 것은 수리 정창극이 김구를 적극 추천했기 때문이었다. 정창극은 비록 수리였으나 이 무렵의 다른 서리배들과는 달리 지극히 검박하여 옷도 노닥노닥 기운 것을 입고, 관에서 정한 요금 이외에는 한푼이라도 공금을 허투루 사용하는 일이 없었다. 그렇기 때문에 군수도 백성들을 상대로 함부로 탐학을 하지 못했다.

김구는 이러한 정창극의 인품을 높이 사서 일찍부터 그와 교분을 친밀히 하고 있었다. 김구는 정창극을 말하면서 "전국 제일이라는 전주(全州) 이속(吏屬)은 천역의 이름으로 재상의 권한을 가졌고, 각도의 이속이 모두 호가호위〔狐假虎威: 남의 권세를 빌려 위세를 부림〕로 양반에 의뢰하여 양민을 도적같이 약탈하는 시대에 정창극은 구우일모〔九牛一毛: 아홉 마리 소 중의 한 가닥 털이라는 뜻으로, 드물게 희귀한 것을 가리킴〕처럼 귀한 존재라 하겠다"라고 격찬했다.[38] 김구는 장련군수의 요청이 "민생산업에 관계되는 지극히 중요한 일"이라고 생각하고 그의 요청을 받아들였다.

정창극은 김구에게 200냥을 여비로 주면서 말했다.

"해주에 가면 관찰부에 농상공부 주사들이 뽕나무 묘목을 가지고 와 있을 터이니 한번 청해서 연회나 열고, 부족액은 돌아온 뒤에 다시 청구하시지요."

김구는 그렇게 하겠다고 말하고 길을 떠났다. 교통수단은 말을 타든지 가마를 타든지 마음대로 하라고 했으나 김구는 걸어서 해주까지 갔다.

해주에 도착한 김구는 관찰부에 공문을 전달했다. 다음날 아침에 관찰부의 연락을 받고 들어가자 농상공부에서 파견된 주사가 장련으로 할당된 뽕나무 묘목 수천 그루를 가져가라고 주었다. 그런데 김구가 뽕나무 묘목을 살펴보니까 묘목이 다 말라 있었다. 담당관리의 이러한 처사

38) 《백범일지》, p. 190.

로 미루어 보아 이 무렵 정부의 적극적 양잠장려 정책에도 불구하고 일선 실무자들이 얼마나 무성의하게 업무를 처리하고 있었는지 짐작할 수 있다. 김구는 크게 분노했다. 그는 주사에게 묘목을 가져가지 않겠다고 말했다. 그러자 그 주사는 발끈 화를 내면서 "상부명령 불복종"이니 어쩌니 하고 협박했다. 김구는 성난 목소리로 호령하듯 말했다.

"주사는 경성에 살아서 장련이 산골 군임을 알지 못하시나 봅니다. 장련군에도 땔나무는 충분하여 다른 군에 의뢰할 필요가 없거늘, 먼 경성까지 땔감을 구하러 왔겠소이까. 당신이 본부에서 뽕나무 묘목을 가지고 온 사명이 묘목의 생명을 보호하여 나누어 주어서 심게 하는 것이거늘, 이같이 묘목을 말라죽게 해가지고 위협으로 분배하니 그 책임 소재를 알고자 합니다. 나는 관찰사에게 이 사유를 보고하고 그냥 돌아가겠소이다."

이 말에 겁이 난 농상공부 주사는 김구를 달래려고 애를 썼다.

"장련으로 갈 뽕나무 묘목은 귀하가 산 묘목으로만 직접 골라서 가져가시오."

이렇게 하여 김구는 모두 산 묘목으로만 골라 가지고 숙소로 돌아왔다. 묘목에 물을 뿌리고 보호했다가 말 한 필에 싣고 장련으로 돌아왔다.

김구는 정창극에게 여비를 계산하고 남은 130여냥을 돌려주었다. 정창극은 여비사용 대장에 적힌 "짚신 한 켤레에 얼마, 냉면 한 그릇에 얼마, 떡과 마대(馬貸)와 밥값을 합해 총 70냥"이라는 내용을 보고 경탄했다.

"우리나라 관리가 다 김 선생 같으면 백성의 고통이 없겠습니다. 박가나 신가가 갔다왔으면 적어도 몇 백냥은 더 청구했을 것입니다."

김구의 이러한 정직성과 공금사용의 절제는 그가 지도자로 성장할 수 있는 성품을 젊어서부터 지니고 있었음을 말해 주는 것이다.

며칠 뒤에 김구는 농상공부로부터 뽕나무 묘목을 관리하는 종상위원(種桑委員)에 임명되었다. 김구가 '종상위원'이라고 기억한 이때의 직명은 아마 앞에서 본 '권상위원'이었을 것이다. 그것은 이를테면 김구가 생전 처음 얻은 관직이었다. 이 소문이 퍼지자 군내 하인들과 노동자들 가운데에는 김구가 지나는 곳마다 담뱃대를 감추어 경의를 표하는 사람이 있었다.[39] 이러한 모습은 이 무렵까지도 벼슬아치에 대한 백성들의 경외심이 어떠했는가를 말해 주는 것이다.

김구는 이때가 자신이 오인형 진사의 사랑에 교회와 학교를 개설한 뒤인 1904년 봄이었다고 기억했으나,[40] 이는 1903년의 착오일 것이다. 왜냐하면 윤구영은 1903년 7월에 인제군수로 전임되었기[41] 때문이다.

---

39) 《백범일지》, pp. 189～190.

40) 《백범일지》, p. 189.

41) 安龍植 編, 《大韓帝國官僚史硏究(II)—1901. 8. 1～1904. 2. 29》, p. 536.

'밀서' 가지고 미국으로

1. 다시 《제국신문》 논설 쓰며 상동청년학원 설립

이승만은 자서전 초록에서 "내가 감옥에서 석방되었을 때에 선친은 무척 기뻐하셨다. 그러나 그는 나의 앞길에 얼마나 많은 난제들이 가로놓여 있는지를 알지 못하셨다"[1] 라고 적고 있다. 그의 출옥을 기뻐한 것은 물론 가족들만이 아니었다. 일찍이 독립협회 회장이었다가 외부협판(外部協辦)이 되어 있던 윤치호(尹致昊)가 이승만이 출옥한 이튿날 그를 찾아갔다가 이승만의 영어실력이 크게 향상된 것을 보고 "놀라운 청년"이라고 격찬한 것은 앞에서 본 대로이다.

이승만의 출옥을 그의 가족이나 친지들에 못지않게 기뻐한 것은 그의 옥중생활을 물심양면으로 도우면서 석방운동을 벌여 온 외국 선교사들이었다. 헐버트(Homer B. Hulbert, 紇法, 轄甫)가 펴내고 있던 영문월간지 《코리아 리뷰(*The Korea Review*)》는 이승만의 출옥에 대해서 다음과 같이 보도했다.

---

1) "Autobiography of Dr. Syngman Rhee", George A. Fitch Papers, Yenching Institute, Harvard University, p. 15; "청년이승만자서전", 이정식 지음, 권기붕 옮김, 《초대대통령 이승만의 청년시절》, 동아일보사, 2002, p. 276.

> 5년 넘어 감옥에 갇혀 있으면서 줄곧 외국인 친구들의 걱정거리가 되어온 이승만이 마침내 석방된 것은 무척 반가운 일이다. 외국인 친구들은 이승만이 오래 전에 석방된 다른 사람들에 비해 지은 죄가 더 크지 않다는 것을 잘 알고 있었다. …[2]

그들은 독실한 기독교인이 되어 출옥한 이승만이 이제 한국교회를 위해 큰 역할을 할 수 있을 것으로 기대했던 것이다.

《코리아 리뷰》의 이러한 보도와는 대조적으로 《황성신문(皇城新聞)》은 《제국신문》 사장 이종일(李鍾一)의 석방기사에 이어 "연전 독립협회시에 피수(被囚)하야 징역 15년에 처해졌던 이승만씨도 몽방(蒙放) 되었더라"라고 간단히 사실보도만 했다.[3]

며칠 뒤에 배재학당에서 이승만의 출옥을 환영하는 예배가 열렸다. 오전 11시쯤에 때아닌 채플 종소리가 울렸다. 학생들은 어리둥절해하면서 강당으로 모여들었다. 강당에는 벙커(Dalziel A. Bunker, 房巨) 교장이 낯선 젊은이와 함께 서 있었다. 젊은이는 홑적삼 바람이었다. 그러나 그의 모습에서는 어떤 위엄이 느껴졌다. 학생들이 수군거리는 소리가 번져 나갔다. 누군가가 소리쳤다.

"이승만이다!"

학도들은 거의가 이승만의 이름을 알고 있었다. 벙커의 소개를 받은 이승만은 단상에 올라가서 후배들을 앞에 두고 말을 시작했다. 벅찬 감격에서 우러나는 그의 신앙간증은 젊은 학도들을 감동시켰다.

"만일에 하나님이 보호해 주시지 않았더라면 나는 살아남지 못했을 것입니다. 감옥에는 여름의 물것, 겨울의 추위밖에는 없었습니다. 밤이면 감방문 사이로 스며드는 가느다란 장명등의 불빛뿐 보이는 게 없

---

2) "News Calendar", *The Korea Review*, August, 1904, p. 364.

3) 《皇城新聞》 1904년 8월6일자, "雜報: 兩氏蒙赦". 이 무렵의 《제국신문》은 일실되어 보도내용을 알 수 없다.

었습니다. 한번은 돌림병이 와서 죄수들이 모두 죽어 나가고, 나는 겨우 살았으나 탈황증으로 아주 죽을 뻔했습니다. 이 어려운 가운데 무릎을 꿇고 기도할 양이면 하나님이 오셔서 내 머리에 두 손을 얹으시고 나와 같이 기도해 주시는 것 같았습니다. 하나님이 나를 살리신 것입니다. 여러분도 아무쪼록 살아계신 하나님을 잘 믿고 그와 같이 행하십시오."

배재학당에 다니면서도 그때까지 예수를 믿지 않았던 윤성열(尹聲烈)이 기독교에 입교하여 목사로서 평생을 교회운동에 헌신하게 된 것은 바로 이때의 이승만의 감동적인 연설을 들은 것이 계기가 되었다고 한다.[4]

이승만이 출옥하고 나서 1904년 11월4일에 미국으로 떠나기까지 석 달 동안의 행적에 대해서는 기록에 따라서 차이가 있다. 서정주(徐廷柱)는 이승만이 출옥하자마자 "별 휴양할 겨를도 없이 종로에 있는 기독교청년회에 나가서 총무의 일을 맡아보는 한편, 앞으로 그의 걸어 나갈 진로에 대해서 많이 생각해 보았다"[5] 라고 적고 있다. 1903년에 조직된 황성기독교청년회(皇城基督敎青年會)에는 이승만에 앞서 출옥한 이상재(李商在) 등 옥중동지들이 대거 가입하여 막 활기를 띠기 시작하고 있었다. 물론 출옥한 이승만이 옥중동지들을 보러 그곳을 찾은 것은 당연한 일이었을 것이나, 총무직을 맡아서 일했다는 말은 사실이 아니다. 황성기독교청년회는 1904년 후반기에 부서별로 한국인 간사들을 임명했는데, 수석간사로는 이승만의 옥중동지인 김정식(金貞植)을 임명했다.[6]

이승만은 외국 선교사들과도 시국문제와 함께 자신의 진로문제를 논의했다. 그는 연동〔蓮洞: 연못골〕교회의 게일(James S. Gale, 奇一) 목사를 찾아가서 그에게서 세례를 받고자 했다. 감리교회 교인인 이승만이 장로교회 선교사인 게일에게서 세례를 받고 싶어한 것은 그만큼 게

4) 尹聲烈 證言, "人間李承晩百年(43)", 《한국일보》 1975년 5월16일자.

5) 徐廷柱, 《李承晩博士傳》, 三八社, 1949, p. 211.

6) 전택부, 《한국기독교청년회운동사》, 범우사, 1994, p. 85.

일과 친숙했기 때문이었다. 게일은 이승만에게 미국유학을 강력히 권유하고 세례도 미국에 가서 받으라고 말했다.

이승만이 출옥하기 직전부터 서울에서는 일본인의 황무지개척권 요구를 저지하기 위해 1904년 7월13일에 조직된 보안회〔輔安會: 保安會라고도 했다〕를 중심으로 활발한 반대운동이 전개되고 있었다. 러-일전쟁의 개전과 동시에 청국을 따라 국외중립을 선포한 한국정부를 겁박하여 2월23일에 군사동맹을 골자로 한 이른바 한-일의정서(韓-日議定書)를 맺은 일본은 그것을 근거로 하여 새로운 대한경영방침을 마련하고, 그 일환으로 6월 들어 전국의 황무지 개척권을 요구해 온 것이었다.[7] 보안회의 활동은 종로네거리에서 대중집회를 개최하는 등으로 독립협회의 만민공동회운동을 방불케 했다. 이러한 반대운동은 지방에까지 파급되었다. 정부는 일본의 항의도 있는 데다가 치안문제를 고려하여 해산을 종용했으나, 집회는 장소를 전동(典洞)의 한어학교(漢語學校)로 옮겨서 계속되었다.

일본은 이러한 상황을 역이용하여 한국정부에 자기들이 직접 군사경찰을 실시할 것을 일방적으로 통고하고 보안회를 강제로 해산시켰다. 부일단체 유신회(維新會)가 발족한 것은 이러한 와중인 1904년 8월18일의 일이었다. 유신회는 이틀 뒤에 이름을 일진회(一進會)로 바꾸었다.

일본군의 군사경찰 실시로 보안회는 해체된 듯했으나, 집회만 하지 않았을 뿐 9월11일에 협동회(協同會)라는 이름으로 새로 조직되었다.[8] 보안회는 회장에 전 중추원 의관 송수만(宋秀晩), 부회장에 시종 원세성(元世性) 등을 내세우고 있었는데, 협동회로 개편되면서는 회장 이상설(李相卨), 부회장 이준(李儁) 등으로 실제 주동자들이 표면에 나섰다. 이들은 정부의 실력자 민영환(閔泳煥)의 내밀한 지원을 받고 있었

7) 尹炳奭, "日本人의 荒蕪地開拓權要求에 대하여", 歷史學會 編, 《韓國史論文選集(VI)》, 一潮閣, 1976, pp. 195~239 참조.

8) 金允植, 《續陰晴史(下)》, 國史編纂委員會, 1960, p. 109.

다. 이때에 평의장(評議長) 이상재, 서무부장 이동휘(李東輝), 지방부장 양기탁(梁起鐸), 재무부장 허위(許蔿) 등과 함께 이승만은 편집부장으로 발표되었다고 하는데,[9] 실제로 이승만이 협동회 활동에 얼마나 관여했는지는 분명하지 않다. 일본의 황무지개척권 요구에 대한 반대운동이 정부대신들로부터 일반민중까지 참여하는 구국운동으로 확대되자 일본은 8월에 황무지개척권 요구를 철회했다. 그리고 협동회는 일본군의 무력탄압으로 와해되었으나 그 뿌리는 뒤이은 계몽운동의 중심세력으로 발전했다.

이승만이 출옥하고 나서 시작한 일은 옥중의 부자유스러운 상황에서도 심혈을 기울였던 《제국신문(帝國新聞)》[10]의 "논설"을 다시 집필하는 것이었다. 《제국신문》은 1903년 1월에 새로 사장이 된 군부(軍部)의 대판포병국장(代辦砲兵局長) 최강(崔岡)이 일본에서 도입한 군함 양무함(揚武艦)의 가격과 관련된 수뢰사건에 연루되어 구속됨에 따라 사임하고 6월에 다시 이종일이 사장이 되어 있었는데,[11] 이종일은 1904년 3월에 필화사건으로 투옥되었다가 이승만과 같이 석방되었다. 이때에 이종일이 이승만에게 《제국신문》의 "논설"을 다시 집필해 줄 것을 강력히 요청했을 것이다. 왜냐하면 이 무렵에 《제국신문》은 논설기자〔주필〕를 구하지 못하여 고심하고 있었기 때문이다.

그러나 이승만이 출옥한 직후의 《제국신문》은 일실된 부분이 너무 많아서[12] 그가 다시 《제국신문》의 "논설"을 집필한 것이 언제부터였는

9) 柳子厚, 《李儁先生傳》, 東邦文化社, 1947, p.103.

10) 《뎨국신문》은 1903년부터 제호를 《帝國新聞》으로 바꾸었다. 그러나 본문은 여전히 국문(한글) 전용으로 펴냈다.

11) 崔起榮, "帝國新聞의 刊行과 下層民 啓蒙", 《大韓帝國期新聞研究》, 一潮閣, 1991, p.30.

지는 알 수 없다. 이승만이 《제국신문》의 "논설"을 다시 집필한 사실은 10월4일자 "좋은 사업들의 성취함"이라는 "논설"에 확실하게 드러나 있다. 이 "논설"은 연동교회의 교육회 사업과 이승만 자신도 관여하고 있던 상동(尙洞)교회의 엡워스청년회가 주동하여 벌이는 청년학원 설립 사업과 함께 아펜젤러(Henry G. Appenzeller, 亞扁薛羅)가 사망한 뒤에 배재학당에서 추진해 온 추모사업의 의의를 강조하면서 이 세 가지 사업에 많은 유지들이 참여할 것을 촉구한 내용이었는데, 아펜젤러 추모 사업을 설명하는 대목에서 "본 기자가 자유에 있지 못하야 의연히 성명을 드러내지 못하고 …"[13] 라고 적고 있다. 그것은 이 "논설"의 집필자가 이승만이었음을 분명히 입증해 준다.

《제국신문》의 논설을 다시 쓰게 된 이승만이 급박하게 돌아가는 시국과 관련하여 일본의 대한정책을 어떻게 인식하고 있었는지는 그의 미국행과 관련하여 매우 중요한 관심거리가 아닐 수 없다. 올리버는 이승만이 출옥한 뒤에 옛 동지들을 만났더니 그들은 일본의 대러시아전 승리를 열렬히 반기고 있었다고 적고 있다. 동양국가가 서양세력과의 싸움에서 승리한 것은 처음이라는 점, 러시아의 봉건적 후진성에 비해 일본은 산업화에 성공한 점 등이 그 이유였다고 했다.[14] 그리고 이보다 앞서 이승만이 옥중에서 받은 서재필의 4월6일자 편지도 다음과 같이 일본을 지지하는 내용이었다는 것이다.

> 지금까지 일본은 정의의 편에 서서 모든 문명인들이 존중해야 할 원칙을 지키기 위해 전쟁을 하고 있소이다. 나는 하나님이 정의와 문명을 위해 싸우는 나라와 함께 하시기를 진심으로 바라오. … 한국이 스스로를 돕지 않고 다른 나라의 도움도 받으려고 하지 않는

---

12) 1904년 8월치는 없고 9월치도 6일분밖에 보존되어 있지 않다.

13) 《帝國新聞》 1904년 10월4일자, "논설".

14) Robert T. Oliver, *Syngman Rhee — The Man Behind the Myth*, Dodd Mead & Company, 1960, p. 72.

> 한 일본이나 그 밖의 어떤 나라도 한국을 도울 수 없소이다. 한국이 어린 아이 같은 행동을 계속한다면 틀림없이 다른 나라에 병합되고 말 것이오.[15]

이렇듯 개화파 지식인들의 일본에 대한 호의와 기대는 러-일전쟁이 발발한 뒤에도 크게 달라지지 않았던 것이다.

이 무렵의 이승만의 일본관은 “일본정책에 대한 대강 의견”이라는 “논설”에 표명되어 있는데, 기본적으로는 옥중에서 쓴 《독립정신》에 피력되어 있는 것과 그다지 다른 것이 없다. 일본은 한국정부를 겁박하여 8월22일에 또 다시 이른바 한-일협정서〔韓-日協定書: 제 1차 한-일협약〕를 맺음으로써, 2월23일의 한-일의정서에서 규정한 한국의 독립과 영토보전의 약속마저 어기고 한국정부의 재정권과 외교권을 일본에 종속시키는 조치를 취했다. 그것은 한국을 ‘보호국’으로서 경영한 이른바 ‘고문정치’의 시작이었다. 이러한 상황에도 불구하고 이 “논설”은 “일본이 한국을(에) 대한 정치상 방침을 보건대 아직도 질정〔質定: 확고하게 정함〕한 뜻이 없는 듯하도다” 라고 전제하고 나서, 다음과 같이 설명했다.

일본의 정치는 언제나 미국과 영국의 의견을 토대로 해서 행하여지는데, 지금 일본의 대한정책은 “한편으로는 대한을 위한다고 하며, 한편으로는 대한을 그저 둘 수 없다고도 하며, 한편으로는 전쟁 결말을 기다린다고도 하야 이럭저럭하는 중에서 날마다 자기 취할 이익은 급급히 경영하야 쉬지 않는” 상황이라고 설명했다. 그러면서 그는 이와 관련된 몇 가지 풍문을 소개했다. 먼저 어떤 일본 정치가가 말하기를 한국사람들이 지금의 일본을 갑오년(1894년) 이전과 같다고 생각한다면 이는 큰 잘못이라고 했다는 것이었다. 그때는 “진정으로 호의를 가졌으나 … 번번이 그러할 까닭이 없으니 너무 바라지 말라”고 했다는 것이었다.

이어 그는 다음과 같이 흥미 있는 이야기를 적고 있다.

---

15) *ibid.*

> 어떤 서양친구는 말하기를, 일본 외교가에서들 각국에 대하야 사사로이 설명하기를 일본이 장차 한국을 대접하기를 미국이 필리핀섬을 대접하듯 하야 백성을 많이 교육시켜 자주하여 다스릴 만치 되거든 독립을 시키겠노라 하였으매, 각국에서 일본 외교가들을 착실히 믿으나 일본사람 중에도 좋지 못한 사람들이 많은즉, 두루 한국의 염려라 하며 … .

이승만은 이러한 풍문을 소개하면서 별다른 논평을 하지 않았다. 16세기 중엽부터 약 350년 동안 스페인의 식민지 지배 아래 있었던 필리핀은 미-스페인 전쟁이 있던 1898년에 독립을 선언했다. 그러나 전쟁에 승리한 미국은 이를 인정하지 않고, 이른바 자선동화선언(慈善同化宣言: Benevolent Assimilation Proclamation)을 발표하여 1942년에 일본군에 점령당할 때까지 약 40년 동안 필리핀을 직접 통치했는데, 러-일전쟁 무렵에는 필리핀에 대한 식민체제를 확립하기 위해 주력하고 있었다.

이승만은 또 다음과 같이 적기도 했다.

> 혹 어떤 친구들은 말하기를, 이렇듯 아름답고 좋은 나라를 남이 와서 임의로 취하야 자기 것같이 만드는 것을 보기에 눈물이 나는지라. 아직은 각국이 아무 말 아니하고 모른 체하나, 그러하나 마침내 의논이 생겨 과히 불공한 일은 행치 못하게 되리라 하는지라. … 16)

이러한 언설은 이승만이 이때까지도 일본의 제국주의적 침략성을 깊이 인식하지 못하고 있었거나, 혹은 웬만큼 인식하고 있으면서도 이때는 이미 은밀히 미국으로 갈 준비를 하고 있었기 때문에 자신의 견해를 암시적으로만 표현했을 뿐이었는지 모른다.

이처럼 특별히 눈에 띄게 반일적 논조는 펴고 있지 않았음에도 불구하고 《제국신문》은 1904년 10월10일에 주한일본군 헌병사령부에 의해

---

16) 《帝國新聞》 1904년 9월15일자, “논설: 일본정책에 대한 대강 의견”.

무기정간 처분을 당했다. 정간 이유는 10월7일자 "논설"의 내용이 "일본 군사상에 방해요, 한일 양국 교제에 방해요, 치안에 방해되는 말"이기 때문이라는 것이었다.[17] 문제가 된 "논설"은 보존되고 있지 않아서 내용을 알 수 없으나 이승만이 집필했던 것이 틀림없다. 그것은 10월5일자의 "남의 다스림을 자취하는 나라"라는 "논설"이 일본인 재정고문의 부임과 관련하여 정부를 신랄하게 비판하고 있는 것으로 미루어 짐작할 수 있다.

> 근일에 탁지고문관(度支顧問官)이 새로이 나왔다는데, 혹은 고문관이 아니라 재무감독이라고도 하며, 혹은 가라대 이름은 고문이나 특별권리가 있으니 곧 정부의 상전이라고도 하는지라. 대소 관원들이 그 고문관을 무이〔無異: 다름아닌〕 탁지부 주장으로 알아 지금은 아무것도 우리들의 임의로 할 수 없다 하며, 재정을 정돈한다 하야 혹 심방도 자주 하며 전에 없던 정의도 친근한 모양이라. 실로 가소로운 세상도 많도다. …[18]

이 "논설"은 그 동안 신문이나 외국인들이 줄기차게 재정개혁을 권고해 왔음에도 불구하고 정부가 그 말을 듣지 않다가 이렇게 되었다면서 "이는 위에 있는 이들이 자기 손으로 일들 하야 남의 상전되기를 억지로 면하고 기어이 종이 되어 굽실거리는 어리석음이어니와…"라고 지도층을 비꼬았다. 그리고 다른 한편으로는 백성들에 대해서도, 세금을 내기만 하면 그만이라고 생각하고 그 사용에 대해서는 무관심하다가 이러한 상황을 맞이했다면서 "세상에 이만치 어리석고 이만치 하등에 가는 백성의 일이 어디 다시 있으리요"라고 개탄했다.

8월22일의 이른바 한-일협정서는 일본정부가 추천하는 일본인 한 사람을 한국정부가 재정고문으로 용빙(傭聘)하여 재정에 관한 일체의 사

---

17) 《帝國新聞》 1904년 11월9일자, "社說: 본 신문 정지하였던 사정."
18) 《帝國新聞》 1904년 10월5일자, "論說: 남의 다스림을 자취하는 나라."

항을 그의 의견에 따라 시행하고, 또한 일본정부가 추천하는 외국인〔서양인〕 한 사람을 외교고문으로 용빙하여 외교에 관한 일체의 사무를 그의 의견에 따라 시행하도록 규정했다. 이에 따라 일본 대장성 주세국장(大藏省 主稅局長) 출신의 귀족원 의원 메가타 타네타로(目賀田種太郎)가 재정고문으로, 그리고 일본 외무성 고용원 스티븐스(Durham W. Stevens, 須知分)가 외교고문으로 용빙되었다. 《제국신문》의 10월5일자 "논설"은 이날부로 부임하는 재정고문 용빙에 대한 비판이었으므로 문제가 된 10월7일자 "논설"은 외교고문 용빙에 대한 비판이었을 것이다. 실제로 스티븐스 용빙계약이 체결된 것은 두 달 뒤인 1904년 12월 27일이었다.

이때의 《제국신문》의 정간은 우리나라 신문사상 최초의 강제 정간이었으며, 일본이 한국 민간지에 가한 최초의 직접적 탄압이었다.[19] 일본 헌병사령부는 10월31일에 정간을 해제했으나 《제국신문》은 재정난 때문에 이승만이 미국으로 떠난 뒤인 11월9일에야 속간되었다.

독실한 기독교인이 되어 출옥한 이승만은 상동교회 청년회가 의욕적으로 추진한 청년학원을 설립하는 일에도 열성적으로 참여했다. 상동교회는 1889년 가을에 감리교 의료선교사인 스크랜턴(William B. Scranton, 施蘭敦)이 남대문 안에 세운 교회였다. 상동교회의 처음 이름은 달성(達城)교회였고, 교인들은 거의가 중류층 이하의 가난한 사람들이었다.[20] 상동교회는 1900년에 붉은 벽돌로 현대식 예배당을 신축했는데, 이 건물은 1898년에 세워진 정동(貞洞)교회 건물에 이어 우리나라의 두번째 벽돌집 예배당이었다.[21]

---

19) 鄭晉錫, 《歷史와 言論人》, 커뮤니케이션북스, 2001, p. 53.

20) *Annual Report of the Methodist Episcopal Church*, 1895, p. 244, 宋吉燮, 《尙洞教會百年史》, 尙洞教會, 1988, p. 53에서 재인용.

1900년에 한국에서 두번째 벽돌예배당으로 세워진 상동교회. 독립협회에 이은 개화파 민족운동의 요람지가 되었다.

독립협회가 강제 해산된 뒤로 상동교회에는 이른바 상동파(尙洞派)로 불리는 민족운동가들이 모여들어 이 무렵의 개화파 민족운동의 요람지가 되고 있었다. 교회 지하실의 넓은 공간이 그들이 모이는 아지트였다. 이승만이 투옥되기 전에 고종을 폐위시키고 의화군〔義和君: 뒤에 義親王에 피봉된 李堈〕을 새 황제로 옹립하여 정치개혁을 실시하려는 계획을 같이 추진했던 전덕기(全德基), 박용만(朴容萬), 정순만(鄭淳萬) 등은 상동교회 청년회의 중심인물들이었다. 상동교회에는 1897년 9월5일에 한국에서 두번째로 엡워스청년회가 조직되어 있었다.[22] 엡워스(Epworth)는 감리교 창설자인 웨슬리(John Wesley)가 출생한 영국의 지명인데, 그 이름을 딴 엡워스청년회가 1889년에 미국 오하이오주 클리블랜드(Cleveland)에서 창설되었다. 청년회의 목적은 청년들의 영적 훈련과 친교 및 봉사를 위한 인격의 수련이었다. 그 뒤로 미국 감리교가 선교되는 지역마다 엡워스청년회가 조직되었고, 한국에서도 1897년의 감리교 제 13회 한국선교년회에서 행한 조이스(I. W. Joyce) 감독의 권면에 따라 인천 내리(內里) 교회에서 시작하여 전국의 감리교회에 엡워스청년회가 조직되어 갔

21) 宋吉燮, 위의 책, pp. 44~45.

22) 조이제, "한국 엡윗청년회의 창립경위와 초기활동", 《한국기독교와 역사》 제 8호, 한국기독교역사연구소, 1998, pp. 82~91.

다. 뒤에서 보듯이 김구도 진남포 엡웍스청년회의 총무로 활동했다.

한동안 해체되었던 상동청년회는 1903년에 전덕기를 중심으로 하여 새로 조직되면서 의욕적인 활동을 전개했다. 천민 출신으로서 스크랜턴 목사집에서 일을 하면서 기독교인이 된 전덕기는 스크랜턴의 지도로 상동교회의 중추적인 인물로 성장했는데, 이 무렵에는 전도사가 되어 스크랜턴을 대행하고 있었다. 그는 양반 출신 이동녕(李東寧)과 친구 주시경(周時經)의 영향으로 독립협회에도 참여하여, 이승만과 함께 활동했다. 배재학당 때부터 이승만과 각별한 친분관계에 있던 주시경은 자신이 속한 정동교회(貞洞教會)보다도 상동교회 청년회 사람들과 의기투합하여 어울리고 있었다. 이승만이 출옥하자 이들은 상동청년회의 역점사업으로 청년들의 교육기관 설립을 추진했다. 상동청년학원의 설립이 그것이었다.[23]

이승만은 상동청년학원을 설립한 취지와 경위를 자세히 적어 《신학월보》에 기고했다. 그는 먼저 이 학원이 설립된 것이 하나님이 한국을 버리지 않는 증거라고 설명했다.

> 당초에 우리는 바라지도 못하고 경험도 없는 일을 하나님의 부르심을 입은 이들이 스스로 시작하여 이런 일이 점점 설시(設施)되는 것을 보니 하나님이 정녕 대한을 아직까지도 버리시지 않는 줄 알 것인즉, 우리의 바랄 것이 무궁한 줄로 압니다.

이렇게 상동청년학원의 설립이 종교적으로 큰 의미가 있다고 전제한 그는 이 학원이 다른 관립이나 사립학교와 다른 점을 다음과 같이 설명했다.

> 우리나라에는 관사립 간에 학교가 한둘이 아니로되 사람노릇 하는

23) 韓圭茂, "尙洞青年會에 대한 연구, 1897~1914", 《歷史學報》 제126집, 歷史學會, 1990, pp. 71~113.

> 사람이 얼마나 났으며 나라에 유익함이 얼마나 되었소. 지금에 혹 학교에 보내라 하면 곧 버릴 곳으로 보내라는 줄 알게 되었으니, 이는 학교가 그른 것이 아니오 못된 것을 가르쳐 그런 것이 아니라 다만 사람의 재주만 가르치고 마음은 가르치지 못하는 연고이라. … 그러므로 이 학교는 먼저 경천애인(敬天愛人)하는 참 도로 근본을 삼아 마음을 닦고 도를 숭상하며 세상을 위하야 일하는 일꾼이 되기로 작정하야 … 학교 임원들과 각 교사들과 모든 학도들이 다 이 뜻을 위하야 부지런히 힘쓸지라. 장차 군민의 유조한 선비가 많이 생길 줄 기약하노니, 어찌 다른 학교와 함께 비교하오리까.[24]

이렇듯 상동청년학원이 지향하는 교육방침은 기독교정신에 입각한 전인교육이었다. 의욕에 찬 회원들은 자체적으로 모금도 하고 또 각자가 친지들과 유지들에게 도움도 요청했다. 그 결과 멀리 하와이에 유학하는 친구가 어려운 처지에서도 적지 않은 돈을 보내오기도 하고 운산(雲山) 광산의 유지가 돈을 보내오기도 했다. 한국인들뿐만 아니라 각국의 외교관과 선교사 등도 모금 캠페인에 호응하여 곧 700여원이 모금되었다. "연조록"에는 전덕기와 박용만이 20원, 정순만은 5원, 가난한 이승만은 2원을 연조한 사실이 적혀 있다.[25]

그러나 모금한 돈만으로는 교실과 교사진을 확보할 수 없었다. 교실문제는 스크랜턴이 상동교회 구내의 집 한 채를 빌려 기증함으로써 해결되었다. 교사문제는 여자선교사 자격으로 와 있던 스크랜턴의 어머니와 헐버트가 각각 영어와 역사 과목을 맡겠다고 자원하여 웬만큼 어려움을 덜게 되었다. 전덕기가 성경, 주시경이 국문을 맡았다. 이승만은

24) 리승만, "상동청년회의 학교를 설시함", 《신학월보》 1904년 11월호, pp. 447~448.

25) 《신학월보》 1904년 11월호, pp. 451~452 "청년학원연조록"; 《皇城新聞》 1905년 2월13일자 "漢城尙洞青年學院捐助廣告".

이 학원의 교장으로 선정되었다. 상동청년회의 의욕적 사업으로 시작한 청년학원의 교장으로 이승만이 선정된 것은 그의 신앙심과 교육에 대한 열성 및 감옥학교의 운영 경험과 아울러 그의 지명도가 학원설립을 추진하던 상동파 인사들 사이에서 대표성을 가질 만큼 월등했기 때문이었을 것이다.

상동청년학원은 개학도 하기 전에 많은 사람들의 관심의 대상이 되었다. 이승만은 그러한 상황을 다음과 같이 자부심과 의욕이 넘치는 문장으로 표현했다.

> 개학날이 가까워오니 여러 사람이 자질(子姪)들을 데리고 와서 부탁하며 사람을 만들어 달라 합니다. 만일 사람 아닌 것을 데리고 와서 사람을 만들라 하면 혹 괴이치 않다 하련만은 사람을 데리고 와서 사람을 만들라 함은 이상치 않습니까. 다른 말이 아니라 사람은 사람이로되 다 되지 못한 사람이라는 뜻이니, 이는 누구든지 가르치지 못한 것은 사람이 아니라는 뜻이 아닙니까. … 지금이라도 나라가 나라노릇하자면 사람이 먼저 사람노릇을 하게 되어야 하겠고, 사람이 먼저 사람노릇하자면 가르치고 배우는 데 있으니, 대저 학교는 사람을 만드는 곳이요 또한 나라를 만드는 곳이라고도 하겠사외다.[26]

이처럼 그는 상동청년학원이 지향하는 전인교육은 곧 "나라를 만드는" 일이 된다고 주장했다.

10월15일 오후 2시에 청년학원 개교식이 열렸다. 괴로운 옥중에서 감옥학교를 운영했던 이승만에게는 특별히 감개무량한 순간이었다. 대문 중문과 대청 안에 청송홍엽(青松紅葉)으로 아치를 만들어 세우고 국기를 달았다. 내외국 초청인사들과 학도들이 수백명이나 되어 좁은 자리에 다 앉지 못했다.

---

26) 리승만, 앞의 글, p. 447.

교장 이승만이 먼저 개회사를 했다. "학교의 대지가 모든 학문을 다 하나님 공경하는 참 도로써 근본을 삼아, 청년으로 말하여도 벼슬이나 월급을 위하야 일하는 사람이 되지 말고 세상에 참 유익한 일꾼이 되기를 작정하자는 데 있다"는 요지의 내용이었다. 이어 청년회장 전덕기가 청년학원 설립경위를 설명하고, 게일, 헐버트, 스크랜턴이 차례로 격려사를 한 다음 부교장 박승규와 교사 주시경, 그리고 학생대표로 유희경이 인사말을 하고 기념촬영을 했다.

개교식이 끝나고 스크랜턴의 집에서 다과회가 열렸다. 그런데 이 자리에 기하라 호카시치(木原外七)라는 일본 목사가 참가해서 축사를 하고 있는 것이 눈길을 끈다.[27] 일본 감리교회 전도사로서 미국에 파송되어 캘리포니아와 하와이 등지에서 전도활동을 한 적이 있는 기하라는 이 무렵에는 한국에 파견되어 있었다.[28] 러-일전쟁의 무대가 되고 있던 한국에 일본인 목사가 와 있었고, 또 상동청년학원의 개교식과 같은 뜻깊은 행사에 일본인 목사가 초청되었다는 사실은 이 무렵의 개화파 지식인들의 일본관을 보여 주는 일이었다. 실제로 청년학원 설립에는 일본인들 가운데에도 연조한 사람들이 있었다.[29]

이승만은 청년학원의 운영이 한국을 기독교 국가로 만드는 핵심사업이라고 생각했다. 그는 "이 청년회가 교회의 주장은 아니오 교회가 청년회의 주장이로되 교회에서 이르지 못하는 곳을 이 청년회에서 미쳐 가서 모든 세상을 다 이끌어 교회에 들어오게 하자는 본의"[30] 이므로, 영국이나 미국에서 보듯이 청년회는 교회와 국가와 세계에 크게 도움이 되는 것이라고 강조했다. 그리고 그 이유로는 첫째 운동장과 오락기구 등 레크리에이션의 장소가 되는 것, 둘째 생계의 길을 가르치는 것, 셋

---

27) 위의 글, p. 444.

28) 《日本キリスト教歷史事典》, 教文館, 1988, p. 365.

29) 리승만, 앞의 글, p. 445.

30) 위의 글, p. 441.

째 도덕의 길을 널리 열어 놓는 것의 세 가지를 들었다. 청년학원은 바로 그러한 청년회의 이상을 구현하는 곳이었다. 청년학원의 개교식에 대해 그는 다음과 같이 적었다.

> 당일 광경이 과연 굉장한지라. 주의 영광을 더욱 드러낼 만하니 이는 우리가 다 감사히 여길 바이어니와, 이 일이 완전히 성립되기는 여러 동포들에게 달렸으니, 위의 세 가지를 합하야 말할진대 체육과 지육과 덕육 세 가지를 합하야 교회의 앞길을 한없이 열어 주는 것이니, 이 일이 교회의 근본이라 할 수는 없으되 교회의 제일 유익한 일은 이 일에 지나는 일이 없는지라. … [31]

학교 이름을 '청년학원'이라고 한 데 대해서도 이승만은 특별한 의미를 부여했다. 곧 "이 학교를 청년학원이라 한 것은 장차 청년들을 가르쳐 인재를 배양하자는 뜻도 합하되 상동교회 엡워스청년회에서 설시하는 학교인 고로 더욱 청년학원이라 하는 것이올시다"라고 그는 설명했다.[32]

초대교장 이승만은 상동청년학원이 개교한 지 3주일 만에 미국으로 떠났다. 그러나 이 청년학원은 그가 떠난 뒤에도 전덕기가 담당한 성경교육을 비롯하여, 주시경의 국문교육, 장도빈(張道斌)과 최남선(崔南善)의 국사교육, 남궁억(南宮檍)과 현순(玄楯) 등이 담당한 외국어교육, 군인 출신 이필수가 담당한 체육과 군사교육, 그 밖에도 음악, 연극 등의 예술교육 등을 통하여 기독교 구국론에 입각한 민족신앙 교육의 산실이 되었다.[33]

이처럼 상동청년학원은 외국 선교사들이 아닌 한국인들의 힘으로 세운 사립학교라는 점에서 특기할 만한 가치가 있다. 왜냐하면 그것은 평

31) 같은 글, p. 445.
32) 같은 글, pp. 446~447.
33) 서정민, 《교회와 민족을 사랑한 사람들》, 기독교문사, 1990, p. 125.

양의 대성학교(大成學校)와 같은 다른 사립학교의 설립모델이 되었으며, 1905년의 을사조약의 강제를 계기로 하여 전국의 방방곡곡에서 일어나는 신교육운동에 직접 또는 간접으로 많은 영향을 끼쳤기 때문이다.[34] 그러므로 이승만은 한국의 신교육운동에도 선구적인 공헌을 한 셈이다.[35]

2. '외교문서'와 소개장 19통 가지고 미국으로

이승만이 어떻게 상동청년학원이 개교한 지 3주 만에 미국으로 떠나게 되었는지는 분명하지 않다. 이승만 자신의 기록들도 부정확하거나 과장된 점이 없지 않다. 이승만은 자서전 초록에서 다음과 같이 적었다.

> 내가 한성감옥서의 문 밖으로 첫걸음을 딛고 나왔을 때에 한국정부에 대한 러시아의 영향력은 이미 소멸되었고, 승전한 일본군은 한국의 목을 쥐고 급속히 힘을 더하고 있었다. 일본은 온 세상에 한국의 독립을 위해 싸운다고 선포하여 서방국가들의 정신적 물질적 지지를 받았으나, 그들은 한국을 그들의 손아귀에 집어넣자 그들이 보호한다고 하던 그 생명 자체를 말살하기에 이르렀다. 한국독립당은 그들이 일본에 배반당한 것을 갑자기 인식하고 나를 특사로 미국과 유럽에 보내어 그 나라들의 원조를 구하게 하려고 했다. 그러나 일본은 이미 모든 길을 막아버렸고 그런 일을 하지 못하게 해버렸다. 사실 나는 일본인들에 의해 다시 투옥될 지경에 처해 버렸다.[36]
>
> 유일한 희망은 외국의 지원을 청원하는 일이었다. 민영환공은

34) 閔庚培, 《韓國民族敎會形成史論》, 延世大學校 出版部, 1974, pp. 39~40.
35) 이정식 지음, 권기봉 옮김, 앞의 책, p. 214.
36) "청년이승만자서전", 이정식 지음, 권기봉 옮김, 위의 책, p. 269.

> 나를 주미공사로 임명하려고 했다. 그러나 일본은 가능한 모든 통로를 다 차단해 버려서 황제는 아무런 조치도 취할 수 없었었다.[37]

이승만이 집필한 "논설" 때문에 《제국신문》이 일본군헌병사령부에 의해 정간을 당하기는 했으나, 그가 다시 투옥될 위험에 처했다는 말은 과장일 것이다. 그러나 민영환과 한규설(韓圭卨) 등 이승만을 신임하는 중신들이 고종에게 그를 미국에 밀파하도록 건의한 것은 사실이었다. 이승만은 뒷날 다음과 같이 술회하기도 했다.

> (일본의 간섭으로) 외교 방면에 국내에서는 어쩔 수 없이 되었다. 그래서 민영환, 한규설, 김종한(金宗漢), 김가진(金嘉鎭) 제씨와 상의하고 그 중 한 사람이 주미공사의 책임을 띠고 나가서 평화회의시에 해외활동을 미리 준비치 않을 수 없다 하여 그 방법으로 주선하여 보다가, 일사〔日使: 日本公使〕의 조종에 막가내하〔莫可奈何: 어찌할 수 없음〕임을 각득〔覺得: 깨달아 앎〕하고, 나를 대행하려 하여 보아도 역시 불가능하므로, 나를 위탁하여 조용히 도미케 한 고로 …[38]

일본군의 점령 아래 일본 공사의 내정간섭을 받는 상황에서 미국을 비롯한 열강의 지원을 요청하는 직접적 외교활동을 벌이기는 불가능한 일이었으므로, 미국정부에 대해 1882년의 조-미수호통상조약(朝美修好通商條約)에 따른 지원을 교섭하고 앞으로 있을 러-일 강화회의에 대비할 사람을 주미공사관에 확보해 두는 것은 고종과 한국정부로서는 절실히 필요한 일이었다. 그런데 그것을 먼저 제안한 것은 자기 자신이었다고 이승만은 적고 있다. "그때에 나는 민공(閔公)이나 민족당에서 누군가를 해외로 보내도록 하려고 했으나 때는 이미 늦어서 그럴 수 없었

---

37) "Autobiography of Dr. Syngman Rhee", p. 15.

38) 리승만, "독립정신 중간에 붙이는 말씀"(1945), 《독립정신》, 正東出版社, 1993, p. 298.

다"[39] 는 것이다. 올리버도 이승만이 민영환과 한규설에게 미국을 방문하도록 설득했다고 적고 있다.[40]

민영환과 한규설은 자기들 대신에 이승만을 미국에 가도록 권유했다. 민영환은 이승만에게 가족의 뒷일을 자기가 돌보아 줄 것이며, 이승만이 워싱턴에 있는 한국 공사관에서 일할 수 있도록 주선하겠다고 약속했다. 그리고 이승만이 '한국독립당' 또는 '민족당'이라고 한 것은 개화파 관료들을 지칭한 것이었으므로, 그의 미국행은 민영환이나 한규설과의 상의에 따른 것만은 아니었던 것 같다.

이 무렵의 어느 날 이승만이 외출했다가 집에 돌아오자 궁에서 온 시녀 한 사람이 기다리고 있었다. 그녀는 황제가 이승만을 단독으로 만나고 싶어한다는 말을 전했다. 그러나 이승만은 황제라는 말이 나오자마자 그에 대한 평소의 증오감이 복받쳐 즉석에서 거절해 버렸다. 그의 이러한 당돌한 태도는 그가 얼마나 고종을 증오하고 있었는가를 보여준다. 아버지 이경선의 영향도 있어서 어릴 때부터 느껴온 고종에 대한 적대감과 경멸은 5년 7개월 동안의 감옥생활을 통하여 더욱 격렬한 증오감으로 심화되어 있었던 것이다. 뒷날 그는 고종을 "4200년 한국의 왕통계승사상 가장 허약하고 겁이 많았던 임금의 한 사람"[41] 이라고 평하기도 했다. 이승만은 고종이 자기를 몰래 부른 것이, 민영환과 한규설이 자기를 밀사로 미국에 보내려는 계획에 대해 "그 조치에는 찬동했으나 민공과 한 장군을 믿을 수가 없어서" 자기를 비밀리에 불러 금전 얼마와 밀서를 주려고 했기 때문이었다고 설명하고 있다. 고종이 자신의 권위에 저돌적으로 도전했던 급진 과격파 이승만을 내밀히 부른 것도 특이한 일이었으나, 각별한 관심을 가지고 부른 황제의 뜻을 일축한

39) "청년이승만자서전", 이정식 지음, 권기붕 옮김, 앞의 책, p. 279.

40) Oliver, *op. cit.*, p. 75.

41) Syngman Rhee, "History of Korean Provisional Government", 유영익, 《이승만의 삶과 꿈》, 중앙일보사, 1996, p. 227에서 재인용.

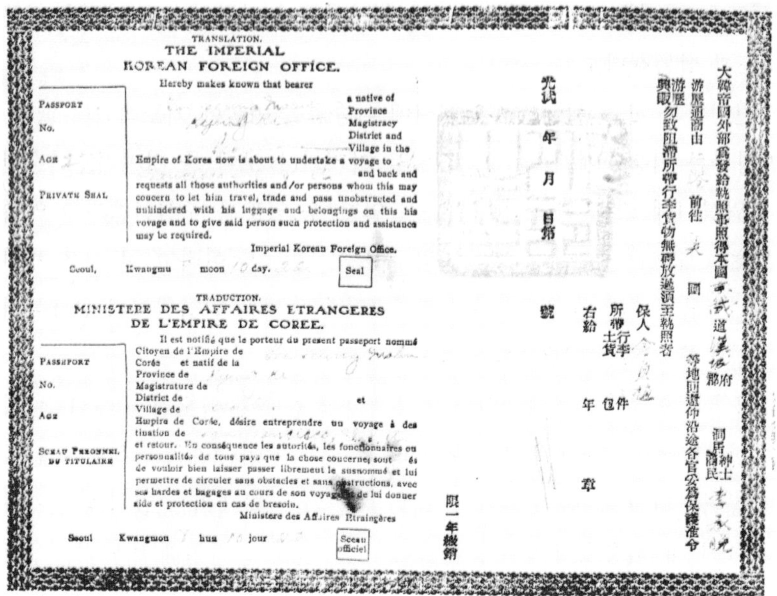

大韓帝國外部爲發給執照事照得本國 道 郡府 洞居紳士商民

游歷通商由 前往 國 等地回還仰沿途各官妥爲保護准令

游歷興販勿致阻滯所帶行李貨物無碍放過須至執照者

保人

所帶行李土貨 包件

右給 年 章

光武 年 月 日第 號

限一年繳銷

TRANSLATION.

THE IMPERIAL KOREAN FOREIGN OFFICE.

PASSPORT No. AGE PRIVATE SEAL	Hereby makes known that bearer a native of Province Magistracy District and Village in the Empire of Korea now is about to undertake a voyage to and back and requests all those authorities and /or persons whom this may concern to let him travel, trade and pass unobstructed and unhindered with his luggage and belongings on this his voyage and to give said person such protection and assistance may be required.

Imperial Korean Foreign Office.

Seoul, Kwangmu moon day. Seal

TRADUCTION.

MINISTERE DES AFFAIRES ETRANGERES DE L'EMPIRE DE COREE.

PASSEPORT No. AGE SCEAU PERSONNEL DU TITULAIRE	Il est notifié que le porteur du present passeport nommé Citoyen de l'Empire de Corée et natif de la Province de Magistrature de District de et Village de Empire de Corée, désire entreprendre un voyage à destination de et retour. En conséquence les autorités, les fonctionnaires ou personnalités de tous pays que la chose concerne, sont és de vouloir bien laisser passer librement le susnommé et lui permettre de circuler sans obstacles et sans obstructions, avec ses hardes et bagages au cours de son voyage et de lui donner aide et protection en cas de besoin.

Ministere des Affaires Etraingères

Seoul Kwangmou lune jour Sceau officiel

1904년 10월22일에 대한제국 외부에서 발행한 이승만의 집조(여권). 한문, 영어, 프랑스어의 3개국어로 되어 있다. 옥중동지인 김정식이 보증인이 되어 있다.

것은 미국행의 목적 그 자체와도 모순되는 처사가 아닐 수 없다. 이때의 일과 관련하여 그는 뒷날 "나는 황제의 부름을 거절함으로써 굉장히 좋은 기회를 잃었는지 모른다. 그러나 나는 황제를 알현하기를 거부한 것에 대해서 후회해 본 일은 없다"고 적었다.[42]

이렇게 하여 이승만은 여러 통의 '외교문서'를 트렁크 속에 숨겨 가지고 급히 미국으로 떠났다고 술회했다. 이때에 그가 지니고 떠난 '외교문서'란 민영환과 한규설이 딘스모어(Hugh A. Dinsmore) 하원의원 앞으로 써준 편지와 민영환이 주미공사에게 보내는 편지였다.[43]

42) "Autobiography of Dr. Syngman Rhee", p. 15 ; "청년이승만자서전", 이정식 지음, 권기붕 옮김, 앞의 책, p. 277.

43) 黃根, 《參政大臣 江石韓圭卨先生傳記》, 韓國資料文化硏究所, 1971, p. 33.

딘스모어는 1887년부터 2년 동안 주한 미국 공사로 와 있던 사람이었다. 한규설은 이승만에게 여비로 50원을 전했고, 농상공부 대신을 지내고 독립협회의 자주민권 운동에 참가했던 김가진도 이승만의 여비를 보탰다.[44] 한규설은 자신이 상중(喪中)이므로 격식을 갖추지 못하고 노자를 보태니 꺼리지 말고 받아달라는 정중한 편지를 함께 써 보냈다.[45] 이승만의 여비조달이 이처럼 개인 차원의 구차한 방법일 수밖에 없었던 것은, 그의 미국행이 고종의 '밀사' 임무가 아니라 민영환과 한규설을 중심으로 한 개화파 관료들의 '밀사' 임무였음을 말해 준다.

이승만의 도미목적은 그러한 '밀사' 임무만이 아니었다. 그보다도 더 직접적인 목적은 유학이었다. 그것은 그가 미국으로 떠나기에 앞서 게일, 벙커, 스크랜턴, 언더우드(Horace G. Underwood, 元杜尤), 질레트(Philip L. Gillett, 吉禮泰), 프레스턴(John F. Preston, 辺要翰), 존스(George H. Jones, 趙元時) 등 한국에 와 있는 외국 선교사들로부터 미국 교회지도자들이나 그 밖에 도움을 줄 만한 주요 인사들에게 자신을 소개하는 추천서를 무려 19통이나 받았던 사실로도 짐작할 수 있다. 이 추천서들의 사본이 이승만이 출발할 때부터 적은 《여행일지(*Log Book of S. R.*)》의 머리부분에 첨부되어 보존되어 있다.[46] 외국 선교사들은 이승

이승만은 딘스모어를 상원의원이라고 했으나, 그는 아칸소주 출신 하원의원이었다.

44) 정정화, 《녹두꽃》, 未完, 1987, p. 216.

45) "韓圭卨이 李承晩에게 보낸 1904년 8월 이전의 편지", 《梨花莊所藏 雩南李承晩文書 東文篇(十八) 簡札 3》, 延世大學校 現代韓國學研究所, 1998, p. 293.

46) 에비슨은 이승만이 가지고 간 소개장이 18통이었다고 기억했다(올리버 알. 에비슨 저, 황용수 역, 《구한말 40여년의 풍경》, 대구대학교 출판부, 2006, p. 285).

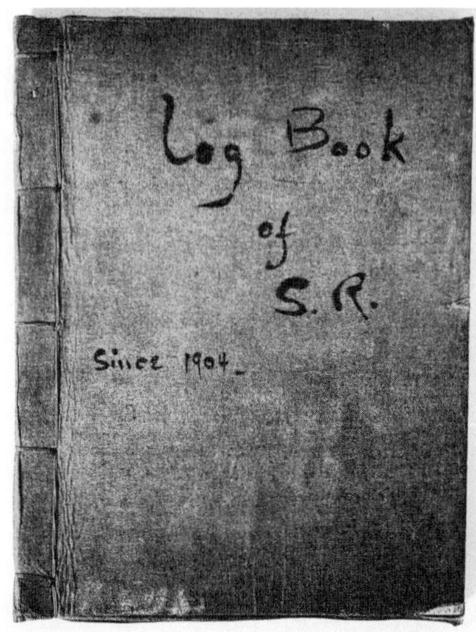

이승만이 한국을 떠나던 날(1904년 11월4일)부터 매일 적은 여행일지 *"Log Book of S. R."*의 표지와 내용. 그는 이 일기를 1934년까지 적었다.

만이 앞으로 한국기독교계를 이끌 지도자가 되기를 기대하면서 미국유학을 강력히 권유했고, 이승만은 그러한 권유를 미국에 가서 공부할 수 있는 좋은 기회로 생각했던 것이다.

이승만의 요청을 받고 추천서를 써주지 않은 사람은 알렌(Horace N. Allen, 安連) 공사뿐이었다. 그는 이승만의 미국행 자체를 반대했다. 전년에 휴가로 일시 귀국했던 알렌은 루스벨트(Theodore Roosevelt) 대통령과 만나서 극동문제, 특히 한국문제에 대해 격렬한 논쟁을 벌이고 돌아와서는 견책까지 받고 종전과는 달리 한국에 대해 소극적인 태도를 취하고 있었다. 올리버에 따르면, 알렌은 이승만에게 한국에서 민주주의를 이루겠다는 계획을 잊어버리고 일본의 지배라는 현실을 받아들이라고 충고했다.[47]

---

47) Oliver, *op. cit.*, p. 96.

외국 선교사들이 이승만의 도미유학에 얼마나 큰 기대를 걸고 있었는가는 연동교회의 게일이 써준 추천서에 잘 나타나 있다.

이승만에게 여러 통의 소개장을 써준 스코틀랜드계 캐나다 선교사 게일(James S. Gale).

"워싱턴 및 미국 각지의 기독교인 형제들에게"라고 되어 있는 이 편지는 이승만이 구식 학문과 영어를 비롯한 신식 학문을 함께 공부했고, 《매일신문》과 《제국신문》을 창간하여 자유사상을 고취했으며, 그 때문에 투옥되어 7년간의 옥고를 치렀다고 소개하고 나서, 다음과 같이 적었다.

> 그는 투옥되기 전에 복음에 대하여 들었으나, 고통스럽고 외로운 처지에서 믿는 사람이 되었습니다. 그는 인간에게 가장 어려운 일을 해냈습니다. 곧 자기 자신을 버리고 온 정성을 하나님께 바침으로써 동료죄수들이 구원받는 것을 보았습니다. …

게일은 이어 이승만이 이상재 등 주요 인사 40여명을 기독교인으로 만들고 감옥서 도서실을 설치한 사실을 소개하고 나서 다음과 같은 말로 끝맺었다.

> 이 황색인(黃色人)은 그가 겪은 슬픔을 훌륭히 그리고 생생하게 이야기할 수 있습니다. 그가 자유의 땅 미국에서 백인형제들 사이에서 좋은 친구들을 사귀기를 기원합니다. 그가 그곳에서 공부하고 시찰하고 글쓰는 데 3년이 소용된다고 합니다. 이 기간 동안 그의 용기를 북돋아주시고 도와주시어 그가 한국에 돌아와서 자기 나라

사람들을 위해 큰 일을 할 수 있기를 기원합니다.

그는 양반집안(gentleman)에 태어났고 학자이며 하나님이 역사하심으로써 나타난 기독교인이므로 아주 훌륭한 친구입니다.[48)]

게일은 이 편지말고도 뒷날 이승만에게 큰 도움을 주는 워싱턴 커버넌트 교회의 목사 햄린(Lewis T. Hamlin) 박사 앞으로 쓴 편지 등 세 통의 소개장을 써주었다. 언더우드도 소개장을 일곱 통이나 써주었는데, 그 가운데에는 햄린 박사 앞으로 쓴 것도 있었다.

이승만은 신분을 감추기 위해 비밀리에 떠났다고 했으나, 그의 출국은 도하 신문에 보도되었다. 《대한매일신보(大韓每日申報)》는 11월5일자 영문판에서 "최근에 정간당한 《제국신문》의 주간(manager) 이승만은 미국을 방문하기 위해 출국했다. 그는 약 3년 동안 떠나 있을 예정이다"[49)]라고 했고, 8일자 국문판에서는 "《제국신문》 주필하던 이승만씨는 미국에 유력(遊歷)하야 실지를 견습할 차로 작 사일에 발정했는데, 왕반〔往返: 돌아옴〕할 기한은 삼개년으로 예정하였더라"[50)]고 보도했다. 《황성신문(皇城新聞)》도 5일자로 이승만이 유람차 미국으로 떠났다고 보도했다. 그러나 이승만이 집필한 "논설" 때문에 정간되었던 《제국신문》에는 이승만이 떠나고 닷새 뒤인 11월9일에 복간되었기 때문이었는지, 이승만의 도미에 관한 기사가 보이지 않는다.

이승만은 1904년 11월4일 오후 1시에 서울을 떠나서 다음날 오후 3시에 제물포에서 오하이오 호(*S. S. Ohio*)를 타고 미국을 향해 출발했다.[51)] 그의 안주머니에는 옥중동지 김정식의 보증으로 10월22일에 대

---

48) Gale to Christian Friends in Washington, D. C. and other parts of America, Nov. 2, 1904. 번역문은 이광린, 《올리버 알 에비슨의 생애》, 延世大學校 出版部, 1992, pp. 131~133.

49) *The Korea Daily News*, Nov. 5, 1904.

50) 《대한매일신보》 1904년 11월8일자, "잡보: 리씨미국유력".

51) Syngman Rhee, *Log Book of S. R.*, 1904년 11월4일, 5일조.

한제국 외부에서 발급한 집조〔執照: 여권〕가 들어 있었다. 아버지 이경선과 아들 태산(泰山)이 제물포까지 따라와서 눈물어린 배웅을 했다. 그러나 큰 야망을 품고 머릿속에 그리던 이상국가 미국으로 떠나는 그에게 가족과의 이별에 대한 감상(感傷)은 있을 수 없었다.

한성감옥서에서 이승만에게 호의를 베풀었던 간수장 이중진(李重鎭)의 동생 이중혁(李重赫)이 그와 동행했다. 동생을 유학보내는 이중진도 이승만의 여비 일부를 부담했다. 이승만은 일본인들의 감시를 의식하여 배의 최하급 선실에 탔다. 배 안은 일본인과 청국인과 함께 하와이로 계약노동자로 가는 한국인 70여명이 타고 있었다. 이들은 이승만이 일본까지 가는 동안 같은 선실에서 함께 생활했다. 그들은 이승만의 불편을 덜어 주기 위해 여러 가지 도움을 베풀어 주었다. 그들은 이승만이 누구인지 몰랐으나 양복차림의 양반이 너무나 호된 고생을 겪는다고 생각한 것이었다.

제물포항을 떠난 배는 뜻밖의 풍랑을 만나 하룻밤 동안 캄캄한 바다 위를 헤매다가 이튿날 새벽녘에야 가까스로 다시 출발하여 11월6일 오후 6시에 목포항에 도착했다. 이승만은 혼자 배에서 내려 교회로 가서 선교사 오언(Carrington C. Owen, 吳基元) 내외와 벨(Eugene Bell, 裵裕祉), 프레스턴(Preston), 김형진 등의 친구들을 만난 뒤에 집에 전보를 치고 편지도 부쳤다. 목포에서 하루를 보낸 배는 이튿날 오후 3시에 다시 출발하여 8일 오전 9시에 부산에 도착했다. 이승만은 부산감리(釜山監理)로부터 저녁대접을 받았다. 일본인들의 눈을 피해서 떠나는 처지에서 목포에서는 혼자서 배에서 내려 선교사와 친구들을 만나고 부산에서는 감리에게서 저녁대접까지 받은 것은, 외국 교회관계자들은 물론이고 부산 감리에게까지도 그의 도미행이 통보되어 있었음을 말해 준다.

그날 저녁 7시에 부산을 떠난 배는 일본의 시모노세키(下關)를 거쳐 11월10일 오후 3시에 고베(神戶)에 도착했다. 몇몇 한국인 친구들과 선교사 로건(Logan)이 그를 맞이했다. 이들에게도 미리 연락이 가 있었던 것이다. 로건은 목포에서 만난 벨의 사촌이었는데, 이승만은 로건에게 보내는 주한 선교사들의 소개장을 지니고 있었다. 로건은 주일인 11월 13일 오전에 자기가 사역하는 교회에서 이승만이 강연을 하도록 했고, 강연에 참석한 청중들은 돈을 거두어 그의 여비를 보태 주었다.[52] 이것은 그가 뒷날 미국에서 유학생활을 하는 동안 여러 교회에서 신앙간증 연설을 하고 학자금을 지원받는 방법의 첫 케이스였다.

고베에서 미국으로 향하는 사이베리아 호(*S. S. Siberia*)를 기다리는 동안 이승만은 《제국신문》에 편지를 써서 부쳤다. 그것은 기회만 있으면 민중을 설득하고, 그럼으로써 자기 자신을 알리기에 숙달한 그의 습관의 한 보기였다. 그는 먼저 "나는 종적이 도처에 남에게 의심을 잘 받는 몸인 고로 떠날 때에 일일이 작별도 못 하고 무심히 왔사오매 두루 죄지은 것 같소이다"라고 인사말을 적은 다음, 목포와 부산의 풍경을 설명하면서 지배층을 비난하기를 잊지 않았다.

> 목포는 항구터가 대단히 넓고 산세와 돌이 다 기묘하게 되었으나 아직 항구 모양이 어울리지 못하며, 부산은 개항한 지 오랜 고로 부두와 도로도 많이 수축하고 방장역사도 많이 하는 중이요 집도 많이 지었으며 산천의 형세는 실로 절승하게 되었으나, 가는 곳마다 한심한 것은 그중 높고 좋은 곳은 다 외국인이 거처한 바요 제일 깊고 더럽고 처량한 곳은 다 대한사람들의 처소라. 어찌하여 우리나라 사람들은 곳곳이 이러한고. 이는 토지 인물이 남만 못한 것이 아니요, 다만 풍기를 열어 주지 못한 연고라. 책망이 위에 있는 이들에게로 돌아갈 수밖에 없나이다.

그리고 처음보는 일본 항구들의 아름답고 활기찬 모습과 개탄스러운 한국의 현실을 대비하면서 착잡한 심정을 다음과 같이 토로했다.

---

52) Syngman Rhee, *Log Book of S. R.*, 1904년 11월6일, 8일, 10일, 11일, 13일조.

> 급기 시모노세키와 고베에 이르러 본즉, 우선 산에 수목이 덮여 대한 산천같이 벌겋게 벗겨진 곳이 없고, 한 항구에 각각 큰 화륜선이 여러 십 척씩 들어섰으며, 조그마한 윤선과 풍범선(風帆船)은 그 수가 없는지라. 사방에 기계소 굴뚝은 하늘에 닿은 것이 무수하고, 이편 저편에서 철도는 왔다갔다 하는데 기계통에 김빼는 소리는 쉴새없이 원근에서 서로 응하며, 고베 항구에 내리니 전후좌우에 누각도 굉장하거니와 남녀노소의 분주한 모양은 과연 일들 많이 하는 세상이라. 긴 담뱃대 물고 누워서 낮잠자는 사람은 볼 수가 없으며, 산천은 다 기이한데, 심지어 돌 한 개 나무 한 그루라도 기기묘묘하게 꾸며놓았으나 다 견고하고 질박한 풍토가 부족하여 천연한 태도가 보이지 않는지라. 우리 대한 삼천리 금수강산을 우리 손으로 이렇게 꾸며 놓았으면 첩첩이 절승함이 어찌 이에 비하리오.[53]

그러면서 그는 고베까지 하등운임이 12원이고, 고베에서 샌프란시스코까지 가는 데에는 지전 63원이 들며, 그곳에 가서는 또 50원이 있어야 입국이 허용되는데 그 돈은 보이기만 하고 도로 찾는다고 미국까지의 여비를 자세히 설명하고는, "진실로 공부하고자 하는 이들이 이 돈이나 변통하여 가지고 미국에 가서 천역(賤役)이라도 하여 얻어먹어 가며라도" 공부를 해오면 국가에 도움이 될 것이라고 유학을 적극 권유했다. 그 자신의 각오도 그런 것이었을 것이다.

이승만은 11월17일에 두 장의 배표를 끊어 이중혁과 함께 사이베리아 호에 올랐다. 이 배에도 오하이오 호와 마찬가지로 많은 한국인 하와이 노동이민자들이 타고 있었다. 그는 이들과 같이 3등 선실에 탔다. 사이베리아 호는 요코하마(橫濱)를 거쳐서 하와이의 호놀룰루항까지 열흘 동안 항해했다. 배가 호놀룰루에 도착하기 하루 전날 이승만은 다시

53) 《帝國新聞》 1904년 11월26일자, "論說: 미국으로 가는 리승만씨 편지".

"논설"난에 "미국으로 가는 리승만씨 편지"가 실린 1904년 11월26일자《제국신문(帝國新聞)》.

《제국신문》에 편지를 써서 부쳤다.

"태평양을 지나는 행객 이승만은 배에서 다시 제국신문 독자들을 위하여 두어 마디 적나이다"하고 시작한 편지는 항해하는 동안에 견문한 일을 자세히 적었다. 이승만은 먼저 타고 가는 사이베리아호에 대한 이야기부터 썼다.

우리 탄 배가 미국 우선회사(郵船會社) 사이베리아라는 배인데 재작일은 천여리를 왔나이다. 만일 풍범선 같은 배로 올 수 있을 것 같으면 몇 달이나 될는지 아득하외다. 이 배 길이가 목척으로 오백칠십이척사촌인데 내걸음으로 온발씩 내디뎌 이백오십사보이니 땅에 이만치 재어놓고 보면 얼마나 긴지 아실 것이오. 배 톤수는 일만이천톤이며 배에서 일하는 사람 수효는 함장 이하로 서양사람이 백여명이고 청인이 이백여명이니 능히 삼백여명 사공이라. 먹고 쓰는 것과 월급은 다 얼마나 되겠나이까. 이 배가 코리아(*Korea*)라 하는 배와 서로 같고 만추리아(*Manchuria*)와 몽골리아(*Mongolia*)라 하는 배 둘은 거의 이보다도 갑절이나 크다 하오니 어떻게 굉장하오니까. 그 속 범절이 곧 조그마한 나라 하나라 하겠소.

이승만은 두고 온 한국의 민중에게 세상이 얼마나 크고 넓은가를 가르치고자 한 것이다. 긴 항해에 지루했던 그는 갑판 위를 직접 걸어서 배의 길이를 재어 보기도 했던 모양이다. 이어 그는 배의 상등칸, 중등칸, 하등칸의 광경을 실감나게 묘사했다.

상등칸은 "수삼백명이 모여 함께 음식 먹고 놀 방을 황홀 찬란히 차려 놓고, 풍류방이 또 있는데 과연 편하고 좋게 만든지라" 라고 소개했다. 이 상등칸은 샌프란시스코까지 운임이 400원가량인데 40여명이 탔고, 운임이 160원가량인 중등칸에는 일본인, 청국인, 서양인이 합하여 30여명이 탔으며, 운임이 70여원 안팎인 하등칸에는 청인 5, 60명, 한국인 29명, 일본인 200여명이 탔는데, 일본인은 유학생을 포함하여 30명쯤이 미국으로 가는 길이고, 청국인 10여명과 한국인 둘 말고는 모두 하와이로 가는 노동이민이었다.

이승만은 하등칸의 구차스러운 실태를 소개하면서 여기서도 "웃사람들 잘못 만나" 고생하는 동포들에 대한 연민과 울분을 토로했다.

> 하등칸에서 이 여러 사람이 함께 지내노라니 청인의 냄새는 견딜 수 없고, 겸하여 이곳 기후는 대한 육칠월 같아서 사람의 기분은 증울〔蒸鬱: 찌는 듯한 더위로 답답함〕하고, 음식은 청인이 주는 것이 비위에 맞지 않아 혹 지폐 십원씩 주고 양요리 명색을 얻어먹는데, 우리는 간신히 둘 앞에 금전 삼원을 주고 면보〔麵麭: 빵〕와 차를 얻어 밥 대신 지내며, 하등칸이라고는 당초에 사람 대접으로 아니하는 중, 대한 역부〔役夫: 일꾼〕들이라고는 의복도 더욱 추하고 모양도 흉하니 더 창피하나, 내게는 다 와서 말도 일러 주고 특별히 대접하되 도처에 분한 마음 어떻게 억제하리오. 웃사람들 잘못 만나 이 모양인 줄 매일 연설하고 그 보배로운 상투를 좀 베어 버리라 하여 다 듣는 뜻을 표합디다.

이처럼 이승만은 빵으로 끼니를 때우며 가는 이민선상에서도 매일 지배층에 대한 비판과 함께 아직도 상투를 자르지 않은 이민노동자들에게 단발을 역설했던 것이다.

이승만은 또 개명한 청국인을 만나서 나눈 대화도 소개했다. 강유위(康有爲), 양계초(梁啓超) 등 중국의 개혁파 지도자들이 이곳 저곳으로 다니며 해외의 유지들과 연락하여 상해, 홍콩, 싱가포르, 일본, 하와이 등지에 학교도 세우고 신문 잡지도 발행하면서 개화운동을 벌이고 있다는 말을 듣고 놀랐다고 적었다. 그는 양계초가 지금 요코하마에 있다는 말을 들었다면서 "배가 요코하마에서 하루를 묵었으니 그때에 알았다면 가서 한번 심방하고 일장 설화를 들어보았을 것을 진작 알지 못하여 이리 한탄하는 중이외다"라고 아쉬워하면서, 우리나라에서도 유지들이 많이 밖으로 나와 사방에 흩어져서 활동을 해야 한다고 역설했다. 강유위와 양계초는 한국의 개화파 지식인들에게도 큰 영향을 끼친 인물들인데, 이승만이 이때까지 이들의 저서를 읽었는지는 알 수 없다. 이승만이 옥중에서 읽은 도서목록에는 강유위나 양계초의 저서는 들어 있지 않다. 이승만은 요코하마에서 양계초를 만나지 못한 것이 여간 아쉽지 않았던 모양이다.

그는 또 북경에 나가 있는 일본 영사가 청국의 지방관에게 공문을 보내어 한국인의 수효를 알려 달라고 했다는 말도 적었다. 한국인들이 양복을 입고 다니면서 불법한 일을 하는 것이 일본인들의 짓으로 오해되지 않게 하기 위해서 그런다고 했다는 것이었다.

마지막으로 그는 샌프란시스코에 가 있는 한국인들의 행동거지에 대해 들은 말을 소개하면서 동포들의 각성을 촉구했다.

> 대한사람은 잘하나 세상에 못된 구석으로만 몰리니 더욱 원통한지라. 그러하나 우리가 다 나라를 이 모양 만들어 놓은 고로 도처에서 이렇듯 받는 수모를 어찌 억지로 면할 수 있사오리까. 지금이라도 잘들 하야 남의 칭찬과 대접을 받을 만치 된 후에야 스스로 나은

> 처지가 돌아올지라. 들으니 샌프란시스코에 가 있는 대한사람이 몇십명 된다는데, 혹 양복한 사람도 있거니와 거반이나 상투를 그저 달고다니며 혹 조선복색도 하고 혹은 양복 대신에 청인의 옷을 사서 입고 청인의 촌으로 돌아다닌다니, 이 사람들에게는 옛것이 어찌하여 그다지 버리기 어려우며 일인(日人)에게는 새것 본뜨기가 그다지 속하오니까. 과연 딱한 일이올시다. 윤선은 흔들리고 자리는 분요한데 생각나는 대로 대강 적으니 혹 유조(有助)할 것이 있기를 바라나이다.[54]

이처럼 비통한 편지를 쓰면서 이승만은 이제 이튿날이면 당도할 새로운 세계에서 자신이 해야 할 일에 대하여 거듭 다짐을 했을 것이다.

사이베리아 호는 1904년 11월29일 아침 7시쯤에 호놀룰루항에 도착했다. 하와이 이민국의 한국인 통역[55]이 이승만을 찾아와서 현지 동포들이 환영회를 준비하고 있다고 알려 주었다. 검역을 마친 뒤에 이승만은 상륙증을 받아 하선했다. 3등선객 가운데에서 일시 상륙이 허가된 사람은 이승만뿐이었다. 배는 이튿날 떠날 예정이었으므로, 이승만이 하와이에 머물 수 있는 시간은 하루뿐이었다. 부두에는 하와이 감리교 선교부의 와드먼(John W. Wadman) 감리사와 윤병구(尹炳求) 목사가 몇몇 동포들과 함께 마중나와 있었다. 윤병구는 이승만과 일찍부터 호형호제하면서 지냈던 사람으로서 인천 내리교회의 존스 선교사의 주선으로 목사가 되어 1900년에 하와이에 갔다. 와드먼은 감리교선교회에서 일본에 파견되어 장기간 선교활동을 하고 하와이로 와서 하와이 감

---

54) 《帝國新聞》 1904년 12월24일자, "論說: 리승만씨 편지".

55) 이 통역이름을 "청년이승만자서전", 이정식 지음, 권기붕 옮김, 앞의 책, p. 280에는 'Hop Jeung Sup'이었다고 했고, *Log Book of S.R.*, 에서는 'Pak Yun Sup'이었다고 했다.

이승만이 하와이에 도착했을 때에 동포 교인들에게 소개해 준 하와이 감리교단의 와드먼 감리사.

리교 감리사로 활동하고 있었다.

이승만은 누우아누(Nuuanu) 지역에 있는 한국인 교회로 안내되었다. 그곳에는 많은 한국인들이 그를 기다리고 있었다. 저녁에 이승만 일행은 기차를 타고 호놀룰루에서 20킬로미터쯤 떨어져 있는 에와(Ewa)의 한국인 농장으로 갔다. 하와이의 한국인 동포들은 이틀 전에 이승만이 온다는 소식을 듣고 각 지방에 통문을 보내어 사람들을 에와농장으로 불러서 환영회를 준비했다. 200명가량의 동포들이 모였다.56)

이날은 마침 성찬식 날이었다. 이 성찬식에서 동포 신도 10명이 세례를 받았다. 와드먼이 이승만을 소개했다.

"이곳의 우리의 사업은 훌륭하게 성장하고 있습니다. 이제 성령의 무선전보가 우리의 형제 이승만씨에게 연락하여 그가 한국으로부터 먼 길을 와서 성찬식에 참여하게 했습니다. 우리는 그를 우리와 함께 있도록 하고 싶습니다. 그러나 그는 지금 미국으로 가는 길입니다. 우리는 그가 돌아올 때까지 기다릴 것이며, 그때는 우리가 그를 붙잡을 것입니다."57)

성찬이 끝나자 이승만은 연설을 시작했다. 그의 연설은 무려 4시간

56) Syngman Rhee, *Log Book of S. R.*, 1904년 11월29일조; "청년이승만자서전", 이정식 지음, 권기붕 옮김, 앞의 책, pp. 280~281.

57) 위와 같음.

동안이나 계속되었다. 켜켜이 쌓인 한을 지닌 이민노동자들 앞에서 이승만이 얼마나 감개에 차 있었는가를 짐작할 수 있다. 그의 연설도중에 "동포들은 그의 연설에 흥분하여 어떤 때에는 소리를 같이하여 고함을 치고, 어떤 때에는 나직하나 뼈에 사무치는 소리로 울었다"[58] 고 한다.

한국인이 하와이에 진출하기 시작한 것은 1890년대 후반부터였다. 그러나 1902년에 공식적인 이민이 시작되기까지 하와이에서 상업과 노동에 종사하던 한국인은 30명가량밖에 되지 않았다. 하와이에서 '설탕혁명'을 일으키고 있던 미국인 사탕수수 농장주들이 한국인 노동자를 하와이로 불러들이려는 생각을 하게 된 것은 하와이 사탕수수밭 노동자들 가운데에서 수적으로 압도하던 일본인 노동자들을 견제하기 위해서였다.[59] 뒷날 하와이 동포사회가 의연금 출연 등으로 독립운동의 기지로서 상징성을 갖게 된 역사적 배경이 여기에 있다. 그리하여 1902년 12월22일에 제 1진 이민 121명을 태운 배가 제물포를 떠난 것을 시작으로 1905년 7월 초까지 65차의 선편에 7,226명의 이민이 하와이로 건너간 것으로 집계되어 있다. 이들 이민자들은 상인이나 농민, 노동자들뿐만 아니라 선비, 정부관리, 군인, 경찰, 목사, 통역, 교사, 승려, 광부, 머슴 등 신분과 직업이 다양했고 따라서 이주동기도 가지가지였다.[60]

이승만이 도착할 무렵에는 하와이에 4,000명가량의 한국인 사회가 형성되어 있었다. 그들은 모두 뙤약볕이 쏟아지는 넓디넓은 사탕수수밭에서 하루 10시간의 고된 노동을 했다. 그들은 10명 이상의 동포가 사는 곳에는 동회(洞會)를 조직하고 동장과 감찰을 뽑아서 질서와 친목을 도모해 오다가 1903년 8월에는 정치적 활동을 목적으로 호놀룰루에서

58) 徐廷柱, 앞의 책, p.217.

59) 崔永浩, "韓國人의 初期 하와이移民", 《全海宗博士華甲紀念史學論叢》, 一潮閣, 1979, pp.699~712 참조.

60) 崔昌熙, "韓國人의 하와이 移民", 《國史館論叢》 제 9집, 1989, 國史編纂委員會, p.238.

이승만과 같이 루스벨트 대통령을 만난 이래 일생동안 이승만의 지지자로 활동한 윤병구 목사.

신민회(新民會: New People's Association)가 조직되었는데, 홍승하(洪承夏), 박윤섭(朴允燮), 안정수(安鼎洙) 등 감리교인들과 함께 신민회를 주동적으로 발기했던 사람이 윤병구였다. 그러나 신민회는 지방지회 설립과정에서 내분이 일어나서 1904년 4월에 해체되고 말았다.[61]

이승만은 이날 저녁 지루한 항해의 피곤도 잊고 그의 온 열정을 쏟아서 이민노동자들을 감동시켰다. 이때에 심어 준 깊은 인상은 뒷날 이승만이 하와이를 독립운동의 근거지로 삼는 데 큰 도움이 되었을 것이다. 와드먼이 이승만에게 시간을 일깨워 주지 않았더라면 그의 연설은 언제까지 계속될지 몰랐다. 밤 11시가 되어서야 "올드 랭 사인" 곡조의 애국가 합창으로 연설을 마쳤다.

이승만은 저녁을 먹고 윤병구의 집에서 밤을 새워 가며 루스벨트 대통령이 중재하는 러-일 강화회의에 대한 대책을 숙의했다. 이때의 일을 이승만은 이렇게 적었다.

> 우리는 일본이 한국독립의 친우라고 표방하고 있으나 벌써 그들은 한국을 파괴하고 있다는 데 견해를 같이하였다. 한국은 포츠머스에서 열릴 평화회의에 참석해야 하는데, 일본은 한국이 정식으로

61) 金元容, 《在美韓人五十年史》, Reedley, Calif., 1959, p. 85.

> 참여하지 못하도록 할 것이므로 해외에 있는 한국인들이 자신들의 의사를 그 회의에 표명해야 한다고 결론을 지었다. 그런 합의에 따라 윤 목사는 하와이에서 할 수 있는 모든 준비를 하기로 하고 나는 워싱턴에 가서 그곳에서 할 수 있는 모든 일을 하기로 했다.[62]

두 사람은 새벽 2시30분쯤에야 잠자리에 들었다. 그들은 아침 6시30분에 호놀룰루로 돌아와서 아침을 먹었다. 이승만은 호놀룰루에서 또 한 차례의 연설을 했고, 참석자들은 그의 여비로 30달러를 모아 주었다. 이승만은 11시30분경에 배에 올랐으나 배는 거의 오후 1시가 다 되어서야 출항했다. 많은 사람들이 부두에 나와서 모자와 손수건을 흔들어주었다.

사이베리아 호는 1904년 11월30일에 호놀룰루를 출발하여 엿새 뒤인 12월6일 오전 10시쯤에 샌프란시스코항에 닿았다. 제물포를 떠난 지 32일 만이었다. 이승만과 이중혁은 오후 3시에 배에서 내렸다. 부두에는 안정수가 여러 사람들과 함께 마중나와 있었다. 안정수는 1902년 12월 22일에 제 1차 하와이 이민단이 제물포에서 출발할 때에 통역으로 미국에 건너갔었는데,[63] 이때에는 샌프란시스코와 오클랜드 지역에서 전도사로 일하고 있었다.[64] 1899년부터 인천 내리교회의 전도사였던 그는 1902년 봄에 미국인 사업가 데쉴러(D. W. Deshler)가 이민모집을 위하여 설립한 동서개발회사(East & West Development Company)의 이민사무에 관여하면서 통역으로 발탁되었었다.[65] 이승만과 이중혁은 오이소

---

62) "청년이승만자서전", 이정식 지음, 권기붕 옮김, 앞의 책, p. 281.

63) *Their Footsteps*(그들의 발자취) —*A Pictorial History of Koreans in Hawaii Since 1903*, Committee on the 90th Anniversary Celebration of Korean Immigration to Hawaii(하와이한인이민 90주년기념사업위원회), 1993, p. 14.

64) 이덕희, "하와이 한인들이 하와이 감리교회에 끼친 영향: 1903~1952", 《한국사론(39) : 미주지역 한인이민사》, 국사편찬위원회, 2003, p. 83.

65) 玄楯, 《布哇遊覽記》, 玄公廉, 1909, p. 5.

야 미지(Oisoya & Miji)라는 일본인이 경영하는 호텔에 투숙했는데, 더블베드가 놓인 방으로서 하룻밤 숙박비로 50센트를 받는 허름한 곳이었다.[66] 이틀 뒤에 안정수가 두 사람을 자기 숙소로 데리고 갔다.

이승만과 이중혁은 12월9일에 안정수와 함께 샌프란시스코 북쪽 샌라파엘(San Rafael)시로 피시(Fish) 내외를 찾아갔다. 피시는 아들이 한국에서 선교사로 활동하고 있었다. 이승만과 이중혁은 피시의 집에서 하룻밤을 잔 뒤에 피시의 안내로 근처의 샌 안셀모 신학교(San Anselmo Seminary)를 방문했다. 이승만이 내어놓는 추천서를 읽고 난 교장 매킨토시(McIntosh) 박사는 이승만과 이중혁에게 수업료와 기숙사비를 합한 300달러씩의 장학금을 각각 지급하겠고 이곳에서 3년 동안 공부를 마치고 나면 선교사가 되어 귀국할 수 있게 주선하겠다고 말했다. 이승만은 그림같이 아름다운 푸른 언덕 위의 석조건물을 바라보면서 마음이 흔들렸다. 워싱턴으로 가서 해야 할 자신의 사명이 성공할 수 있을지도 의문이었으므로 장학금을 받고 그곳에 머물고 싶은 충동을 느꼈기 때문이다. 왜 워싱턴으로 가야만 하는지를 털어놓을 수도 없었다. 그가 지닌 추천서에도 그러한 사명에 대해서는 아무 언급이 없었다. 올리버에 따르면, 이때에 이승만이 장학금 제의를 거절하자 피시 내외와 매킨토시 박사는 그들 두 한국인을 감사할 줄 모르는 예의없는 사람으로 여겼고, 그들과 작별하는 이승만의 심정은 불편하기가 이루 말할 수 없었다.[67] 그런데 이때에 이승만이 신학교에 입학할 의사가 전혀 없었다면 굳이 그러한 내용의 추천서를 가지고 매킨토시를 찾아간 이유를 딱히 알 수 없다.

이승만과 이중혁은 며칠 동안 안정수의 집에 묵으면서 샌프란시스코 일대를 관광했다. 15일에는 금문공원(金門公園) 박물관에 한국 동전

66) Syngman Rhee, *Log Book of S. R.*, 1904년 11월30일, 12월4일, 6일, 8일조.
67) Oliver, *op. cit.*, p. 79.

두 개를 주기도 했다.[68] 샌프란시스코에는 안창호(安昌浩)의 주동으로 박성겸, 이대위(李大爲), 김성무(金成武), 장경 등 스무댓 사람이 모여 1903년 9월에 친목회를 조직하고 서로 연락을 취하고 있었다.[69] 그들의 절반가량은 중국인을 상대로 인삼장사를 하는 사람들이었고, 나머지 절반은 유학을 목적으로 온 사람들이었다. 그런데 이승만이 특별한 일 없이 며칠 동안 샌프란시스코에 머물면서도 이들을 찾아보지 않았다는 것은 좀 의아스럽다. 물론 그것은 안정수가 연락하지 않았기 때문이었을 것이나, 이승만이 《제국신문》에 보낸 두번째 편지에서 샌프란시스코에 있는 한국사람들이 상투를 그대로 달고 다닌다고 비판하고 있는 것을 보면, 이승만 자신도 굳이 그들을 만날 생각이 없었던 것 같다.

유학을 목적으로 1903년에 샌프란시스코에 온 안창호는 인삼 행상을 하는 동포 두 사람이 길에서 서로 상투를 잡고 싸우는 것을 미국사람들이 재미있게 구경하는 것을 보고 학업을 포기하고 동포계몽에 나서기로 결심했다고 한다.[70] 이승만이 도착했을 때에는 안창호는 로스앤젤레스 근교의 리버사이드로 옮겨가고 없었다.

이때에 찍은 이승만의 사진이 보존되어 있다. 동행인 이중혁과 함께 샌프란시스코 가까이의 새크라멘토와 바카빌(Vacaville) 지역에서 사역하고 있던 문경호(文景鎬) 목사와 같이 찍은 것인데, 이때의 그의 모습은 뒷날 그 자신이 미국인들 앞에서 강연을 하면서 "제가 처음 미국에 왔을 때의 저의 기분은 한국표현을 빌면 촌계관청〔村鷄官廳: 촌닭 관청에 잡아다놓은 것 같다〕격이었습니다"[71]라고 했던 말을 떠올리게 한다.

베일(Vail) 씨가 샌프란시스코에서 시카고를 거쳐 워싱턴까지 가는 차표를 사주었다. 값은 반액으로 53달러 75센트였다.[72] 베일이 누구였는

68) Syngman Rhee, *Log Book of S. R.*, 1904년 11월15일조.

69) 金元容, 앞의 책, p. 87.

70) 주요한, 《安島山全書》, 三中堂, 1963, p. 43.

71) "청년이승만자서전", 이정식 지음, 권기붕 옮김, 앞의 책, p. 286.

샌프란시스코에 도착하여 인근 지역에서 활동하고 있는 문경호 목사와 기념촬영을 한 이승만과 이중혁.

지는 알 수 없으나, 아마 이승만이 서울에 있는 선교사의 소개장을 가지고 찾아간 사람이었을 것이다. 그가 사준 기차표는 한 장뿐이어서 이중혁은 이승만과 함께 워싱턴까지 갈 수 없게 되었다.

두 사람은 12월16일 하오 5시30분에 샌프란시스코를 떠나서 밤 12시에 로스앤젤레스에 도착했다. 로스앤젤레스 역에는 신흥우(申興雨)가 마중 나와 있었다. 배재학당 후배이자 감옥 동지인 그는 1903년 초에 출옥한 뒤에 도미하여 남캘리포니아 대학교(University of Southern California)의 의과대학 예과에서 공부하고 있었다. 신흥우는 이승만과 이중혁을 맥놀리아 애비뉴에 있는 한인 미션하우스(Korean Methodist Mission House)로 데려가서 묵게 했다. 1904년 3월11일에 문을 연 이 미션하우스는 한인감리교회의 전신으로서, 한국인들을 기숙시키면서 영어강습과 전도를 하고 있었다. 설립자는 1898년에 의료선교사로 한국에 왔다가 과로로 병을 얻어 1900년에 사망한 해리 셔먼(Harry C. Sherman, 薩曼)의 부인이었다.[73] 셔먼은 이승만이 체포될 때에 동행했던 바로 그 의료선교사였다. 신흥우는 대

72) Syngman Rhee, *Log Book of S.R.*, 1904년 11월 16일조.

73) 金元容, 앞의 책, pp. 63~64.

학에 다니면서 이 미션하우스의 전도사 일을 보고 있었다.

이승만은 로스앤젤레스에서 1주일 동안 머물렀다. 처음에는 이틀만 묵고 떠날 예정이었으나 신흥우의 만류로 크리스마스를 함께 지냈다. 오랜 만에 만난 두 사람은 조국과 자신들의 장래에 대해 많은 이야기를 나누었다. 크리스마스날 이승만은 미션하우스에서 강연을 했다.

이승만이 도미한 뒤로 《제국신문》은 논설기자를 구하지 못하여 "논설"난에 미국이나 일본에 가 있는 유학생들이나 지방유지들의 "기서"(寄書: 투고)를 자주 실었는데, 한 달 남짓한 정간 뒤에 복간된 이튿날인 11월11일자와 12일자 "논설"난에는 신흥우의 "기서"가 실려 있다. "이천만동포에게 부치노라"라는 제목의 이 글은 그가 9월14일자로 로스앤젤레스에서 써보낸 것이었다. 이 글에서 신흥우는 국내에서 들려오는 소식에 대한 미국인들의 반응을 소개하면서 "나라 일이 남의 일 같아 보이나이까… 그대들 몸을 생각하야 나라를 좀 돌아보시오. 이 다음 남의 노예노릇할 제 후회하여도 쓸데없으니, 지금은 늦었으나 그리하여도 이 다음보다는 이르외다"[74] 라고 비분강개해했다.

이승만은 미션하우스의 크리스마스집회에서 강연을 한 다음날 저녁에 이중혁은 로스앤젤레스에 남겨둔 채 산타페(Santa Fe) 열차편으로 혼자 워싱턴을 향해 떠났다. 두 사람이 함께 갈 수 있는 여비가 없었기 때문이었는데, 이승만은 그나마 이중혁의 여비에서 약간의 돈을 얻어 가지고 떠났다.[75]

이때의 여정에 대해 이승만은 자서전 초록에 "나의 첫 대륙횡단 길이었는데, 여러 가지로 재미있는 경험을 했다"[76] 라고 적고 있으나, 여행일지에는 다음과 같이 간단한 메모만 적어 놓았을 뿐이다.

---

74) 《帝國新聞》 1904년 11월11일자, "논설".

75) "청년이승만자서전", 이정식 지음, 권기붕 옮김, 앞의 책, p. 282 ; 《서울신문》 1949년 6월25일자 "李大統領 弔辭".

76) "Autobiography of Dr. Syngman Rhee", p. 17.

12월26일. 오후 8시에 산타페 선으로 워싱턴으로 출발.

12월30일. 오전 9시에 시카고 도착. 캠블공원(Cambell Park) 장로교회 목사 매칭거(Matzinger) 박사를 만나서 언더우드 박사의 편지를 전함. 오후 3시에 펜실베이니아 선 기차를 탐.

12월31일. 오전 7시30분에 피츠버그에서 기차를 갈아타고 오후 1시45분에 해리스버그에 도착한 다음, 차를 바꾸어 타고 2시50분에 출발하여 오후 7시에 워싱턴에 도착.[77]

이승만이 대륙횡단 열차편으로 워싱턴으로 가고 있을 때에 《제국신문》에 그의 기명논설이 실렸다. 12월29일자와 30일자에 연속으로 실린 "나라의 폐단을 고칠 일"이라는 글이 그것이었다.

이승만은 "근래에 여러 사람이 말하기를 우리나라는 인종이 글러서 당초에 어찌할 수 없다 하나 나는 그렇지 않다 하오"라고 전제한 다음, 그 특유의 논법으로 국민을 "상등인"과 "하등인"으로 구분하여 외국인들과 비교했다.

그는 우리나라 "하등인"은 외국 "하등인"에 비하면 사부라고 할 만큼 우수하다고 주장했다. 우리나라 "하등인"은 교육을 전혀 받지 못했는데도 교육받은 외국의 "하등인"보다 양순하고 성실하기 때문이라는 것이었다. 반면에 "상등인"은 다른 나라 "상등인"에 비하여 "천양지판으로" 떨어진다면서, 그 이유는 우리나라 "상등인"들이 받아 온 교육 때문이라고 했다. 이승만은 전통교육의 폐단으로 다섯 가지를 들었다. 그것은 첫째 태고적 옛것을 숭상하는 것, 둘째 허황한 것을 숭상하는 것, 셋째 인심을 결박하는 것, 넷째 큰 것을 섬기는 주의, 다섯째 이른바 도덕상 주의, 곧 실상이 없고 빈 생각만 숭상하는 것이었다. 그렇기 때문에 우리나라 "상등인"들이 "날로 장진〔長進: '長足進步'의 준말〕할 생각이 어디서 나며, 남과 경쟁할 생각이 어디서 나며, 몸을 버려서라도 세상을 위

77) Syngman Rhee, *Log Book of S. R.*, 1904년 12월26일, 30일, 31일조.

하자는 생각이 어디서 나겠느뇨" 라고 힐난했다.

이처럼 이승만은 《독립정신》에서도 강조한 경쟁의 원리를 근대자본주의사회의 필수적 가치로 확신하고 있었다. 이 "논설"은 다음과 같은 문장으로 끝맺고 있다.

> "지금 우리나라의 장래여망은 우리 용준한 평민에게 달렸고 전혀 상등인에게 있지 아니하며, 우리 청년들에게 달렸고 노성(老成) 한 이에게 있지 아니한지라. 인민의 상중하 등분을 물론하고 백공기업〔百工技業: 여러 가지 기술의 일〕을 구별치 않고 일체로 실용할 학문을 날날이 얻게 하기는 이 만국청년회의 주의같이 광탄하며 긴절한 사업이 없으리라 합니다."78)

이러한 문투로 보아 이 "논설"은 이승만이 만국청년회, 곧 YMCA의 어떤 모임에서 한 연설문이었던 것으로 짐작된다. 그리고 "논설"의 끝머리에 "리승만 유고" 라고 적혀 있는 것으로 보아 미국으로 떠나기 전에 써놓았던 것임을 알 수 있다. 그것은 이승만이 집필한 《제국신문》의 마지막 "논설"이었다.

1904년 12월31일 저녁 7시에 이승만은 드디어 긴 여행의 종착지인 워싱턴에 도착했다. 서울을 떠난 지 56일 만이었다. 그는 기차역 가까이의 펜실베이니아 애비뉴에 있는 마운트 버넌 호텔(Mt. Vernon Hotel) 이라는 조그마한 호텔에 여장을 풀었다. 이날 밤 워싱턴에는 큰 눈이 내렸다. 그의 수중에는 몇 달러밖에 남아 있지 않았다. 그는 방을 정하자 바로 커버넌트 교회의 햄린 목사를 찾아갔다. 이승만이 얼마나 다급한 심정이었는지 짐작할 수 있다. 그는 게일과 언더우드가 써준 소개장에 큰 기대를 걸고 갔다. 게일은 불특정 다수의 교회관계자들 앞으로 보내는 소개장과

78) 《帝國新聞》 1904년 12월30일자, 리승만, "나라의 폐단을 고칠 일".

는 별도로 햄린 목사에게는 더욱 극진한 말로 이승만을 소개했다.

친애하는 햄린 박사에게
저는 당신께 서울의 이승만씨를 소개하는 것을 매우 기쁘게 생각합니다. 그는 자기 나라에서 여러 가지의 경험을 쌓았고, 온갖 물불의 시련을 극복한 사람입니다. 그는 그 모든 시련을 통하여 정직하고 충실한 기독교인임을 증명한 사람입니다. 그는 정치범으로 투옥되어 있는 동안에 많은 죄수들로 하여금 진리를 깨닫게 했습니다. 지금 제가 사역하는 교회의 중요한 교인들 가운데에는 그가 인도한 사람들이 여럿이 있고, 또 다른 장로교회에도 그가 인도한 사람들이 있습니다.

이(승만)씨는 몇 달 동안이나 족쇄를 차고 앉아 있었고 또 쇠사슬에 묶인 징역수들의 중노동 작업에도 참가했습니다. 그러나 그는 이 반도의 정직하고 총명한 청년들 가운데에서 가장 앞서 있는 사람이며, 국회나 시민의 집회를 싫어하는 수구파 정부인사 몇몇을 제외하고는 모든 사람들로부터 존경받고 있습니다.

이씨는 주께서 더 높은 사업을 위하여 부르셨을 때까지는 정치개혁운동자였습니다. 저는 그가 석방된 뒤에 각종 모임에서 말하는 것을 들었습니다만, 그는 자기를 다스리는 이〔하나님〕에 대해 지극히 진실한 간구를 하는 사람입니다.

그는 아직 세례를 받지 않았습니다. 그 이유는 서울에 있는 교회 가운데에서 여러 교회 사람들이 그를 얻으려고 애쓰고 있고 또 그들은 그의 사랑을 요구할 수 있는 조건들을 갖추고 있습니다. 저는 그의 사랑을 요구할 권리가 가장 없는 사람인데도 그는 저에게 왔습니다. 그러나 제가 그에게 세례를 줄 경우 그에 대하여 더 많은 권리를 가지고 있다고 생각하는 절친한 친구들의 감정을 상할 염려가 있고, 또 그는 지금 미국으로 떠나려는 참이므로 미국에 갈 때까지 참고 있다가 미국에서 가장 원하는 곳에서 세례를 받으라고 권고했습니다. 저는 그가 당신이 계시는 워싱턴에서 세례를 받을 수 있기를 바랍니다. 저는 당신께서 저에게 할 수 있는 것보다 더 그에게 사랑과 도움을 베풀어 주시기를 원합니다. 그는 2, 3년 동안 일하면서 공부하고 돌아오고 싶어합니다.

저는 당신께서 그에게 친절한 말씀을 해주시고 필요할 때에 지도와 충고를 해주신다면 그가 얼마나 고마워할 것인지를 알고 있습니다.

부인께 안부 전해 주십시오.[79]

햄린 목사는 기대했던 것만큼 친절하지는 않았다. 그러나 이승만은 친절하기보다는 엄격한 성품의 햄린 목사에게서 곧 세례를 받았고, 그의 도움으로 어렵지 않게 미국 동부의 백인사회에 접근할 수 있는 행운을 얻었다.

---

79) 梨花莊 소장. 번역문은 "청년이승만자서전", 이정식 지음, 권기봉 옮김, 앞의 책, pp. 284~285.

예배당과 학교의 개설

1. 평양은 한국의 예루살렘

김구는 1903년 가을에 기독교에 입교했다.[1] 그리고 그해 11월에 헌트(William B. Hunt, 韓緯廉) 목사가 한 달 동안 황해도 지방을 순회하면서 110명에게 세례를 줄 때에 김구도 세례를 받았을 것으로 짐작된다.[2] 그런데 김구는 동학과 불교에 입문하는 동기와 과정은《백범일지》에 상세히 적고 있으면서, 자신의 일생에 훨씬 더 큰 영향을 끼친 기독교에 입교한 동기와 과정에 대해서는 특별한 설명이 없다.《백범일지》에 동학농민봉기 이래의 동지로서 전도조사(傳道助事)가 되어 있던 우종서(禹鍾瑞)의 적극적인 권유로 "탈상 뒤에 예수도 믿고 신교육을 장려하기로 결심하고 있었다"[3]라고만 적어 놓았을 뿐이다. 전도조사란 오늘날의 전도사와 같은 준교역자를 말하는 것이었다. 동학농민봉기에 참여했던 우종서가 기독교에 입교한 시기는 정확하게 알려져 있지 않으나, 그는 1901년에 은율(殷栗)의 계림리(桂林里) 교회를 설립할 정도로

1) "Country Evangelistics Work: From Annual Report of Pyeng Yang Station, September, 1904", *The Korea Field*, November 1904, p. 217.

2) 옥성득, "백범 김구의 개종과 초기 전도활동",《한국기독교역사연구소소식》2001년 3월3일호(제47호), p. 28.

3) 도진순 주해,《김구자서전 백범일지》, 돌베개, 1997, p. 186.

일찍부터 기독교에 입교하여 열심히 전도활동을 하고 있었다. 그는 1910년에 평양 장로회 신학교를 졸업하고 목사안수를 받았고, 3·1 운동 때에는 배후에서 지원했으며, 1920년에 구월산(九月山)을 중심으로 활동한 무장 항일운동단체인 대한독립단(大韓獨立團)을 도와주다가 체포되어 옥고를 치렀다.[4]

《백범일지》의 다음과 같은 서술은 김구의 기독교 인식과 입교동기를 이해하는 데 어느 정도 시사를 준다.

> 평안도는 물론이고 황해도에도 신교육의 풍조는 예수교로부터 계발되었다. 신문화발전을 도모하는 사람은 거의가 기독교에 투신하여, 폐관자수〔閉關自守: 문을 걸어 잠그고 자기만 지킴〕하던 사람들이 겨우 서양 선교사들의 혀끝으로 바깥사정을 알게 되었다. 예수교를 신봉하는 사람들은 대부분 중류 이하이나, 실제 학문을 배우지 못한 어리석은 남녀들이 비록 선교사의 숙달치도 못한 반벙어리 말이라도 문명인이 하는 말이기 때문에 그 말을 많이 들은 사람은 신앙심 이외에 애국사상도 갖게 되었다. 그러므로 애국사상을 지닌 대다수의 사람들이 예수교 신봉자임은 숨길 수 없는 사실이다.[5]

1890년대부터 본격적으로 수용된 개신교는 서북지방을 중심으로 빠르게 전파되었다. 1885년부터 1910년까지 전국적으로 683개소의 교회가 설립되었는데, 이 가운데에서 서북지방에 설립된 교회가 362개소(평북 98, 평남 162, 황해 102)로서 과반수가 넘었다.[6] 또한 북장로회의 1898년도 평양선교 보고서에 따르면, 전체 장로교인 7,500명 가운데에서 평안

4) 《기독교대백과사전(12)》, 기독교문사, 1980, p.267.

5) 《백범일지》, pp.185~186.

6) 李光麟, "開化期 關西地方과 改新敎,"《韓國開化思想硏究》, 一潮閣, 1979, p.243.

도와 황해도 교인 수가 5,950명으로서 전체 교인의 79.3%를 차지했다.[7] 특히 황해도는, 한국 개신교 최초의 교회인 장연(長淵)의 소래〔松川〕교회가

장연군 대구면에 있던 소래[松川]교회. 1882년에 세워진 한국 최초의 교회이다.

설립된 데서 보듯이, 일찍부터 서해안선을 중심으로 활발한 선교활동이 전개된 한국 개신교의 요람지였다.

서북지방에서 기독교가 급속히 전파될 수 있었던 것은 조선왕조 초기부터 오랫동안 지역적 및 신분적 차별을 받았던 역사적 사실과 깊은 관계가 있었다. 서북지방은 오랜 기간에 걸친 차별대우로 말미암아 정치적으로 소외되었으나 오히려 그 때문에 반상차별의 유교적 전통이 약했으며, 활발한 상업활동을 통하여 새롭게 성장한 이른바 자립적 중산층(independent middle class)[8]은 기존질서를 대체할 새로운 이데올로기로 기독교를 수용하는 데 적극적이었다. 이들은 영혼의 구원이라는 신앙적 차원보다는 기독교를 통하여 나라의 모든 모순을 타파하고 개화를 이룩할 수 있을 것으로 믿었다.[9] 선교사 샤프(Charles C. Sharp, 史佑業)의 다음과 같은 지적은 그러한 사정을 여실히 설명해 준다.

---

7) 한국기독교역사연구소, 《한국기독교의 역사 I》, 기독교문사, 1989, pp. 257~258.

8) '자립적 중산층'이라는 용어는 미국 북장로회 선교사로서 숭실학당의 설립자인 베어드(William M. Baird, 裵偉良) 목사가 《독립신문》 영문판 *The Independent*에 투고한 "Notes on a Trip into Northern Korea"(1897년 5월20일자, 22일자)라는 글에서 처음 사용한 말이다.

9) 李光麟, 앞의 책, pp. 244~254 참조.

> 기독교를 찾는 사람 가운데에는 그 중요 동기가 보호와 힘의 획득인 경우가 많다. 그러나 좀더 정직한 동기라고 볼 수 있는 것은… 기독교국가들이 대개 다 강대국인 것을 보고, 그 고도의 문명과 문화에 끌려 개종하는 것이라고 할 수 있다. 그러나 정신적인 본래의 기독교와 기독교가 가지게 된 힘 그것과의 차이를 이들은 알지 못한다. 그래서 영적 이야기를 하면 이들은 교회를 떠나고 만다.[10]

이처럼 대체로 일반민중은 생명과 재산의 보호를 위한 수단으로 기독교에 입교했고, 지식인들은 문명과 개화의 수단으로 기독교를 받아들였다. 청-일전쟁과 러-일전쟁 전후에 기독교인의 수가 급증한 것이 그러한 사정을 말해 준다. 전쟁의 위험으로부터 보호받지 못한 불안한 민중은 생명과 재산을 지키기 위해서 교회를 찾았던 것이다. 실제로 전쟁의 와중에서 교회는 민중의 피란처가 되기도 했는데, 그러한 현상은 두 전쟁의 직접 피해지방이었던 서북지방에서 두드러지게 나타났다. 지식인들은 서유럽 여러 나라들이 문명 부강한 것은 기독교를 믿기 때문이라고 보고 한국도 하루속히 기독교를 믿고 개화하여 부강한 나라가 되어야 한다고 생각했다. 기독교에 입교하는 사람들은 문명과 기독교를 같은 것으로 인식했던 것이다.

김구는 물론 이른바 '자립적 중산층'은 아니었으나 기존질서의 타파를 열망하는 점에서는 이들보다 더 적극적이었다. 그리고 그의 입교동기도 죽음의 공포에서 영혼의 구원을 위해 하나님을 찾은 이승만의 입교동기와는 질적으로 달랐다. 따라서 일찍이 체험한 동학이나 불교와 마찬가지로 기독교 역시 순수한 종교적 차원에서는 김구에게 특별히 중요한 의미를 지니지는 않았다. 그러나 기독교는 열성적인 전도활동과 신교육운동을 통하여 김구가 민족운동의 지도자로 성장하는 기반이 되었다.

---

10) Charles E. Sharp, "Motives For Seeking Christ", *Korea Mission Field*, August 1906, vol. II no. 10, p. 182.

기독교에 입교하여 세례를 받은 김구는 그해 12월31일부터 2주일 동안 평양 예수교회에서 개최한 사경회에 참가했다.[11] 헌트 목사의 순회전도로 황해도에 교인이 급증하자 헌트와 숭실학당 교장 베어드(William M. Baird, 裵偉良)는 이들을 평양에서 열린 대규모의 사경회에 참가시켰던 것이다.[12]

김구가 어떠한 경위로 평양의 겨울 사경회에 참가했는지는 자세히 알 수 없다. 다만 초기 사경회의 초점이 성경학습을 통한 기독교 기본교리의 전파와 함께 새로 입교한 신자들에게 지도자훈련을 시키는 데 있었기 때문에, 다른 많은 사람들의 경우처럼 김구도 적극적인 의욕을 가지고 사경회에 참가했을 것이다. 초기 입교자들은 사경회에 참가하여 교리학습과 함께 지방과 마을에 돌아가서 어떻게 전도하고 가르쳐야 하는지를 배웠다.[13]

성경공부에 대한 열성과 적극적인 전도활동은 한국 교회의 중요한 특징의 하나로 꼽힌다.[14] 한국에 처음 온 캐나다 선교부 스콧(William Scott, 徐高道) 목사가 "한국에 처음 온 저로서는 모든 기독교 가정에서 손때 묻은 성경을 보고 있는 것이 무엇보다 충격적이었습니다"[15] 라고 보고하고 있는 것은 그러한 상황을 잘 말해 준다. 그리하여 성경은 "한국교회의 설립과 성장에 가장 기여를 많이 한 단일기구"였으며, 그러한 이유 때문에 흔히 한국기독교를 가리켜 '성경 기독교(Bible Christianity)'라고 부르게

---

11) "Country Evangelistics Work: From Annual Report of Pyeng Yang Station, September, 1904", *The Korea Field*, November 1904, p. 217.

12) 옥성득, 앞의 글, p. 28.

13) H. G. 언더우드 저, 李光麟 역, 《韓國改新教受容史》, 一潮閣, 1989, p. 91.

14) 윤경로, "기독교사적 시각에서 본 한국 근현대사", 《한국근대사의 기독교사적 이해》, 역민사, 1997, p. 461.

15) *Annual Report of the British and Foreign Bible Society for 1916*, p. 294, 이만열, 《한국기독교와 민족의식 — 한국기독교사연구논고》, 지식산업사, 1991, p. 179에서 재인용.

되었다.[16] 미국 북장로교 선교사 마펫(Samuel A. Moffett, 馬布三悅) 목사는 성경과 성경학습이 한국교회의 발전에 미친 역할을 다음과 같이 설명했다.

> 물론 성경 그 자체가 모든 나라에서와 마찬가지로 복음화에서 가장 두드러진 요소이다. 그러나 한국의 성경은 좀 독특한 위치를 차지해 온 것이 분명하다. … 성경공부와 성경공부반은 한국교회의 발전에서 가장 독특하고 가장 중요한 요소이다. 그 속에서 신앙과 지식의 기초를 놓아 왔다.[17]

특히 기독교 수용 초기에 한국기독교인들의 성경공부에 대한 열성은 폭발적인 것이었는데, 그러한 열성은 사경회 모임을 통하여 집중적으로 나타났다.

한국의 사경회는 1890년에 언더우드 목사가 7명의 교인을 대상으로 사랑방 성경공부를 시작한 것이 효시였다. 이듬해에 선교회 본부가 성경공부의 원칙을 제정하면서 사경회는 선교지구별로 광범위하게 확산되었다. 1904년도의 선교회 보고서에 따르면, 이 무렵의 한국기독교인 가운데에서 60%에 이르는 교인들이 사경회에 참석했을 정도였다. 그리하여 사경회는 한국교회의 한 전통이 되어 일본 점령기에도 계속되었다.

사경회는 흔히 선교 거점지역의 교회나 학교에서 2, 3주일 동안의 단기과정으로 개최되었다. 주로 농한기나 겨울철에 열렸는데, 참가비용은 자비로 부담해야 했다. 이 때문에 멀리서 참가하는 사람들은 쌀이나 돈과 함께 자취할 도구를 준비해 와서 합숙하거나 친지들의 집에 묵었다. 사경회에서는 신앙을 위한 기초학습뿐만 아니라 천문지리학, 농사

16) *The Bible in the World*(*A Record of the Work of the British and Foreign Bible Society*), 1932. 10, p. 149, 이만열, 위의 책, p. 181에서 재인용.
17) Samuel. A. Moffett, *Bible Society Record*(*of the American Bible Society*), 1916. 11, p. 216. 이만열, 위의 책, p. 181에서 재인용.

법, 아동교육, 건강위생법, 신생활운동 등 일반상식과 실생활에 필요한 내용도 가르쳤다.

평양의 사경회 열기는 다른 지방의 열기를 압도했다. '한국의 예루살렘'으로 불렸던 평양은 관서지방의 기독교인이면 누구나 한번쯤은 다녀오고 싶어하는 곳이었다.[18] 평양은 1893년에 장로교 선교가 시작된 이래로 교세가 급속하게 성장하여 한국 최대의 기독교 도시가 되었다. 1899~1900년의 통계에 따르면, 평양의 장로교 교인수는 2,230명으로서 전국의 장로교인 수 3,690명의 60.4%를 차지했으며,[19] 예배당수도 1901년 현재 185개처로서 전체 237개처의 78.1%나 되었다.[20]

평양의 어느 예배당이나 금강산 어느 기도원에서 사경회가 있다고 하면 전국 각지에서 사람들이 모여들었다. 1902년 1월에 개최된 한 사경회에는 400여명이 모였는데, 이들 가운데에는 평안남북도와 황해도뿐만 아니라 서울과 멀리 전라남도 무안과 목포에서까지 먹을 양식을 짊어지고 찾아오는 사람들이 있었다.[21]

사경회에 한번 다녀오면 성경지식은 말할 나위도 없고 교회에 대한 일반상식을 얻고 신앙이 성장했기 때문에 어느 교회에서 사경회가 열리게 되면 너나할 것 없이 참가하는 것이 일종의 유행처럼 되었다.[22]

평양 사경회의 그러한 성경학습 분위기 속에서 김구도 열성적으로 성경을 공부했을 것이다. 김구가 참석한 평양 사경회에는 600명가량의 사람들이 모였다. 멀리는 함경북도 강계(江界)에서 온 사람도 있었다. 사경회의 하루 프로그램은 오전에 두 시간, 오후에 한 시간씩의 성경 공

18) 白南薰, 《나의 一生》, 白南薰先生紀念事業會, 1968, p.47.
19) 이광린, "평양과 기독교", 《한국기독교와 역사》 제 10호, 한국기독교역사연구소, 1999, pp.18~19.
20) 《그리스도신문》 1901년 5월23일자, "교회됴사".
21) 《그리스도신문》 1902년 1월30일자, "교회통신—평양".
22) 白南薰, 앞의 책, p.47.

부와 저녁 집회가 주였고, 토요일 오전에는 토론회가 열렸다. 가르치는 사람들은 외국 선교사들이었는데, 한국 교인들의 신앙간증과 기도는 선교사들을 고무시킬 만큼 영적 체험이 깊어져 있었다. 여선교사들은 찬송가를 지도했다. 평양 사경회가 끝나고 나서 선천(宣川)에서도 사경회가 열렸는데, 김구는 선천 사경회에도 참석했을 개연성이 있다.[23]

《백범일지》 친필본에는 다음과 같이 성경구절을 인용한 대목이 있다.

> 그리하여 야소성서(耶蘇聖書)에 육체는 마귀를 복종하고 영혼으로는 상제(上帝)를 복종한다는 것을 더욱 의미깊게 생각하고 … .[24]

이 구절은 "로마서" 7장 25절의 "그런데 내가 마음으로는 하나님의 법에 복종하고, 육신으로는 죄의 법에 복종하고 있습니다"라는 구절을 말한 것으로서, 《백범일지》 전체를 통하여 유일한 성경인용이다. 김구는 이 성경구절을 감옥에서 모진 고난을 당하던 때를 회상하는 대목에서 인용했는데, 친필본의 원고에 지우는 줄이 그어져 있어서 그 뒤의 필사본이나 주해본에서는 삭제되었다. 성경구절을 썼다가 지운 이유는 정확히 알 수 없다. 그러나 이러한 성경구절의 인용은 김구가 기독교에 입교한 초기에는 종교를 단순한 교육운동의 수단으로만 생각한 것은 아니었음을 짐작하게 한다.[25]

김구는 이때의 사경회에서 성경과 교육자로서의 기초과정을 익혔다. 그리고 이때에 평양에 모인 해서지방의 기독교 지도자들과 신교육운동가들을 만날 수 있었던 것은 그 자신이 신교육운동을 적극적으로 추진하는 데 매우 중요한 밑거름이 되었다.

김구는 이 사경회에서 장련(長連) 출신의 숭실학교(崇實學校) 학생

---

23) 옥성득, 앞의 글, p.28, 주 2).

24) 金九, 《白凡金九自叙伝 白凡逸志》(親筆影印版), 集文堂, 1994, p.148.

25) 梁潤模, "김구의 《백범일지》와 민족주의사상 연구", 인하대학교 박사학위논문, 2001, p.48.

오순형(吳舜炯)을 만났다. 오순형은 장련의 갑부 오인형(吳寅炯) 진사의 셋째 동생으로서 1903년 10월1일에 숭실학교에 입학했다. 그는 공부를 잘했으나 입학 당시에는 기독교인이 아니었다. 그러나 이 무렵의 숭실학교는 전교생 70여명이 모두 기독교인이라고 했을 만큼 기독교적 교풍이 강했으므로 오순형도 이내 기독교에 입교했고, 평양 시내에 나가서 거리전도를 할 만큼 독실한 신자가 되었다. 1903년의 겨울 사경회에는 황해도 신자들이 많이 참가했기 때문에 오순형도 겨울방학을 맞이하여 이 사경회에 참가했던 것 같다. 오인형과 친교를 맺고 있던 김구는 사경회를 통하여 오순형과도 이내 친숙해졌을 것이다. 두 사람은 사경회가 끝나고 1904년 2월에 러-일전쟁이 발발하여 일본군이 평양으로 진군하자 집으로 돌아왔다. 집으로 돌아온 김구는 곧바로 장련의 사직동(社稷洞)으로 이사했다.[26]

장련은 고려시대의 장명진(長命鎭)과 연풍장(連豊莊)이 합쳐져 된 지명으로서, 1895년에 행정구역 개편과 함께 군으로 승격되었다가 1909년에 은율군(殷栗郡)에 통합되었다.[27] 장련은 황해도 북부의 조그마한 소읍이었으나 문묘(文廟)가 두 개나 있을 만큼 유교적 전통이 강한 고장이었다. 그리고 강을 사이에 두고 평안도 삼화부(三和府) 및 진남포(鎭南浦)와 마주하고 있어서 해주보다도 평양의 영향을 더 많이 받았다. 그리하여 기독교를 비롯한 서양문화의 수용도 쉽게 이루어졌다.

장련에는 김구의 재종조부가 살고 있었다. 김구는 어릴 때에 김순영 내외가 김순영의 병치료를 위해 각지를 떠돌아다니느라고 잠시 장련의

---

26) "Country Evangelistics Work; From Annual Report of Pyeng Yang Station, September, 1904", *The Korea Field*, November, 1904, p. 217. 《백범일지》에는 여옥이 사망한 1903년 2월에 장련으로 이사했다고 했으나, 위의 평양지구 장로교회 연회보고서에 따르면 김구가 장련으로 이사한 것은 1904년 2월이었다.

27) 《殷栗郡誌》, 殷栗郡民會, 1975, p. 78, p. 83.

재종조부 누이집에 맡겨진 적이 있었다. 이때에 김구는 그 집 주인과 함께 구월산에 가서 나뭇짐을 해왔다. 그리고 동학농민봉기 때에 해주성 공략에 실패한 김구가 농민군을 이끌고 구월산에 은거하면서 만났던 우종서, 송종호(宋鍾鎬), 허곤(許坤) 등은 장련 출신이거나 장련 가까이에 살고 있었다.

김구가 장련으로 이사한 계기는 오인형 진사의 호의에 따른 것이었다. 1905년에 광진학교(光進學校)에 입학했던 최태영의 회고에 따르면, 오 진사가 외지에 나갔다가 돌아와서 "이제부터 우리 동네에 교육이 나온다. 신문명하는 사람을 하나 데려왔다"고 했는데, 그것이 바로 김구였다는 것이다.[28] 신교육운동에 큰 관심을 가진 오인형은 김구가 생활 걱정없이 교육사업에 전념할 수 있는 경제적 기반을 제공해 주었다. 그는 사직동에 새로 산 집과 그 집에 딸린 산림과 과수와 20여마지기의 전답을 김구에게 내어주었다. 그리고 농사에 부릴 소도 한 마리 사주었다. 김구는 곧 해주 고향에서 사촌형 김태수(金泰洙) 내외를 이사오게 하여 농사와 집안일을 맡기고 자신은 교회일과 교육활동에 전념했다.[29] 동학농민봉기 때에는 관군에 자금을 대는 등으로 농민군 토벌을 지원했던[30] 오인형이 동학농민군 대장이었던 김구를 적극적으로 지원한 것은 매우 흥미로운 일이다.

오인형이 김구에게 경제적 지원을 한 데에는 오순형의 영향도 컸을 것이다. 김구와 함께 고향으로 돌아온 오순형은 맏형을 설득하여 그의 집 큰사랑에 예배당을 개설했고, 김구는 오순형과 상의하여 예배당으로 사용하는 사랑채에 학교를 열었다. 김구는 오순형에 대해 "(그는) 성품이 지극히 너그럽고 온후하며 부지런하고 검소했다. 그는 나와 같이 예

---

28) 최태영, 《인간단군을 찾아서》, 학고재, 2000, p. 21. 최태영은 이때를 1903년이라고 기억했는데, 그것은 1904년의 착오일 것이다.

29) 《백범일지》, p. 186.

30) 《殷栗郡誌》, p. 103.

수를 믿고 교육에 전력하기로 마음을 같이하여 학생들을 가르치며 예수를 선전했다"고 적었다.[31)]

이때의 일은 장로교평양선교지부의 연례보고서에 매우 자세히 기록되어 있다.

> 안악 시찰 보고서에 따르면, 김구와 오순형이라는 두 청년이 작년에 입교했는데, 그들은 자신들의 영적 작업과 다른 사람들을 감화시키는 일로 이미 널리 알려져 있다. 그들은 좋은 집안사람들이고 생활형편도 안정되어 있어서 많은 시간을 성경공부와 전도에 바칠 수 있다. 김씨는 작년 가을에 입교했고, 여러 달 동안 평양 겨울 사경회를 비롯하여 여러 사경회에 참가했다. 그는 지난 2월에 해주에서 장련읍으로 이사했는데, 그곳에서 쉬지 않고 가르치고 전도하고 있다. 오씨는 장련 사람으로서, 작년 가을에 숭실학당에 입학했다. 그런데 그는 교인임을 고백하는 기독교인은 아니었으나, 성경에 관심을 가지고 읽고 있었다. 그는 공부를 잘했고, 처음부터 예배에 열심히 참여했다. 평양 시내 전도대회 기간에는 처음으로 가두전도에 나섰다. 일본군이 평양에 들어오자 그는 고향집으로 돌아갔고, 김씨와 함께 복음에 대하여 아는 것을 가르치기 시작했다. 그는 이 일을 위해 자기집을 개방했고, 그 밖에도 장터와 길거리와 농부들이 일하다가 쉬는 들판에 찾아가서 전도했다. 이내 여러 사람들이 관심을 가지게 되었고, 이들은 오씨 집에 모여 주일예배를 드리게 되었다. 예배 참석자는 40명가량이다. 오씨는 가을에 숭실학당에 가서 과정을 마치기를 바라고 있으나, 이 일이 너무 중요하여 떠나지 못하고 있다.[32)]

김구가 선교활동을 시작한 1904년 전반기에 황해도에서는, 헌트 목

31) 《백범일지》, p. 187.

32) "Country Evangelistics Work: From Annual Report of Pyeng Yang Station, September, 1904", *The Korea Field*, November, 1904, p. 217.

사가 황해도에 일종의 '전진운동'이 일어나고 있다고 보고할 정도로, 신도수가 급증했다. 그리하여 1904년 9월에 열린 북장로회 연례회의는 황해도 선교지부를 새로 설치하고 담당에 헌트 목사와 화이팅(Harry C. Whiting, 黃浩里) 의사를 임명했다.[33)]

교육사업은 김구 스스로 일찍부터 꿈꾸어 왔고, 그리고 기회 있을 때마다 소규모로나마 실천해 온 일이었다. 오 진사의 사랑에 학교를 연 김구는 우선 오 진사의 큰딸 신애(信愛)와 아들 기수(基秀), 오봉형(吳鳳炯)의 두 아들과 오면형(吳勉炯)의 자녀, 오순형의 두 딸을 학생으로 삼고, 학교에 뜻을 같이하는 사람들의 자녀 몇 명을 더 모집했다. 김구는 방 중간을 칸막이로 막고 남녀의 자리를 구별하여 앉혔다. 이렇게 시작한 학교가 광진학교였다.

학교를 개설하고 나서 가장 중요한 일은 학생을 모집하는 일이었다. 김구는 적령기의 아이가 있는 집을 찾아다녔다. 학생을 모집하는 데 어려운 문제는 머리를 깎는 것이었다. 학부모들은 학교에 가면 아이들이 머리를 깎아야 한다고 생각하여 아이들을 학교에 보내려고 하지 않았다. 이 때문에 김구는 "아이들의 머리는 깎지 않겠다"고 약속하고 학생들을 모아야 했다.

이미 10년 전에 단발령이 선포되었으나 제대로 시행되지 않아서 시골에서는 거의 모든 사람들이 머리를 깎지 않고 있었다. 이 무렵에 기독교에 입교하여 머리를 깎았던 백남훈(白南薰)의 회고에 따르면, 장련에는 단발한 사람이 두세 사람밖에 되지 않았다. 사람들은 단발한 사람을 일종의 정신이상자로 생각했다고 한다. 누가 머리를 깎으면 "집안이 망했다"면서 문중 전체가 심하게 비난하기도 했다. 기독교에 입교한 사람들은 입교한 표시로 단발을 하는 풍습이 있었는데, 그러기 위해서는 여간 용기가 필요하지 않았다. 그러므로 사람들은 아이들을 기독교계통의

33) 옥성득, 앞의 글, p. 29.

학교에 보내면 머리를 깎여야 한다고 생각한 것이었다.

김구는 단발의 필요성을 설득하기 위해서 여러 가지 방법을 강구했다. 부모들이 머리를 자주 빗겨 주지 않아서 머리에 이와 서캐가 가득 낀 아이들도 있었다. 김구는 얼레빗과 참빗을 사다 두고 매일 몇 시간씩 아이들의 머리를 빗겼다. 점차 학생 수가 늘어나자 수업하는 시간보다 머리 빗기는 시간이 더 많아졌다. 이렇게 하여 학생들을 확보한 뒤에는 부모들을 설득하여 아이들의 머리를 깎으려 했다.

그러나 아이들의 머리를 깎는 일은 좀처럼 진전되지 않았다. 김구는 사직동에서 이태 가량 살다가 장련읍으로 이사하여 봉양학교(鳳陽學校)에서 근무했는데, 이때의 일이라면서 손두환(孫斗煥)에 관한 에피소드를 다음과 같이 적고 있다. 손두환은 뒷날 임시정부의 의정원 의원을 역임하는 등으로 김구와 함께 독립운동을 열성적으로 한 사람이다.

손두환은 영특한 학동이었다. 그는 중추원(中樞院) 의관을 지낸 손창렴(孫昌濂)이 늦게 얻은 아들로서 애지중지하는 초립동이였다. 만약 김구가 손두환의 아버지에게 아들의 머리를 깎자고 했다가는 도리어 퇴학시키겠다고 할지 몰랐다. 김구는 먼저 손두환과 상의했다. 그는 상투 짜는 것이 괴롭고 초립이 무거워서 머리 깎는 것이 소원이라고 했다. 김구는 손두환의 머리를 깎고 집으로 보낸 다음 그의 뒤를 슬금슬금 따라가 보았다. 상투가 잘린 아들의 모습을 보자 그의 아버지는 눈물을 비오듯이 흘리며 분노했다. 그러나 그는 지극히 사랑하는 아들을 차마 심하게 꾸짖을 수는 없었다. 결국 김구에게 모든 분풀이를 할 참이었다. 그런데 김구를 본 손두환이 반가워하는 모습을 보고는 그의 마음이 갑자기 변했다. 방금 전까지의 성난 모습은 사라지고 눈물을 뚝뚝 떨어뜨리면서도 기쁜 표정을 지으며 말했다.

"선생님, 이것이 웬일입니까? 내가 죽거든 머리를 깎아 주시지 않고."

김구는 미안하다고 사과하고 나서 다음과 같이 말했다.

"영감님께서는 두환이를 지극히 사랑하시지요? 저도 영감님 다음으로는 사랑합니다. 저는 두환이가 목이 가는데 큰 상투를 짜고 망건으로 조르고 무거운 초립을 씌워 두는 것이 위생에 큰 방해가 되기 때문에 아끼고 사랑하는 생각으로 깎았습니다. 두환이 신체가 튼튼해지면 영감님한테서 고맙다는 인사를 듣고야 말 걸요."

단발이 얼마나 심각한 문화충돌 현상[34]이었는지를 짐작할 수 있는 에피소드이다. 김구가 손두환의 머리를 깎은 일은《대한매일신보(大韓每日申報)》에 기사화하기까지 했다.

> 장련군 손의관(孫議官)은 그 아들 13세된 신랑이 학교에 입학하기를 간청하는 고로 허락하였더니, 수학(授學)한 지 한 달 만에 그 신랑이 자원 삭발하얏더니, 그 부친이 아들의 머리를 어루만지며 대성통곡하얏다더라.[35]

이 일이 있고 나서 손두환은 김구를 더 따르게 되었다. 얼마 뒤에 김구가 안악(安岳)으로 자리를 옮기자 손두환은 김구를 따라서 안악으로 유학했다. 손창렴도 아들을 따라와 객지생활을 하면서 아들을 뒷바라지 했다.[36]

이 무렵 김구는 장련공립소학교에서도 학생들을 가르쳤다. 장련공립소학교는 1900년 10월에 전국 각 군에 공립소학교를 설립할 때에 생긴 학교였다. 설립 당시에 학생으로 입학했던 백남훈의 회고에 따르면, 교원이 서울에서 온다고 했으나 오지 않아서 한문에 조예가 깊은 허곤(許坤)을 교원으로 초빙하여 학생들을 가르쳤다. 허곤은 동학농민봉기 때에 구월산에 머물던 김창수부대에 초빙되었던 학식 있는 선비였다. 개교 당시에 학생은 50여명이었고, 한문실력에 따라 1, 2, 3반의 3년제로 구분하여 가르쳤다. 최고반인 1반에 입학한 백남훈은 1년쯤 배운 뒤에

---

34) 劉香織,《斷髮—近代東アジアの文化衝突》, 朝日新聞社, 1990 참조.

35)《大韓每日申報》1907년 11월26일자, "子削父哭".

36)《백범일지》, pp. 233~234.

는 배울 교과서도 없고 온다던 교원도 끝내 오지 않아서 1903년 봄에 졸업식 없는 졸업을 하고 말았다.[37]

김구는 허곤의 뒤를 이어 장의택(張義澤)과 임국승(林國承)과 함께 이 학교에 근무했다. 이 무렵 황해도의 공립소학교로는 해주와 장련에 설립된 두 학교가 있었는데, 해주에서는 그때까지도 사서삼경(四書三經)을 가르쳤으나, 장련공립소학교에서는 교사가 칠판 앞에 서서 산술, 역사, 지리 등의 신식 교과목을 가르쳤다.[38]

전도와 교육사업으로 바쁜 나날을 보낸 김구는 오순형과 함께 여름에 평양에서 열린 교사사경회에 참석했다. 그리고 그는 교사사경회가 끝난 뒤에도 남아서 지도자 사경회까지 참석했다. 한 달가량 평양에 머물면서 성경을 집중적으로 공부하고 교회지도자 훈련을 받은 것이었다. 이때의 사경회의 내용은 새벽기도회, 아침식사, 30분간 예배, 오전 성경공부, 점심, 오후 성경공부, 한 시간 동안의 찬송가 배우기 또는 가두전도, 저녁식사, 저녁 집회 또는 토론회 등이었다.[39]

평양 사경회에 참가하는 동안 김구는 방기창(邦基昌)의 집에 묵었다. 방기창은 황해도 신천(信川) 사람으로서 일찍이 동학접주였다가 기독교에 입교한 뒤에 평양 널다리골〔章臺峴〕교회 제 1대 장로가 되어 안창호(安昌浩), 한진석 등과 함께 독립협회 평양지회의 간부로 활동했고, 1907년에는 한국 장로교의 최초의 7인 목사의 한 사람이 된 인물이다. 방기창이 김구를 자기 집에 묵게 한 것은 아마도 김구가 장련의 대표적 기독교 활동가로 알려져 있었고, 또 지난날 같은 황해도 동학접주였던

37) 白南薰, 앞의 책, pp. 40~41.

38) 《백범일지》, pp. 186~187.

39) "Our Training Class System; From Annual Report of Pyung-Yang Station, September 1904", *The Korea Field*, February 1905, pp. 233~234.

인연 때문이었을 것이다.

김구는 방기창의 집에서 청년 교육운동가로 명성이 높은 최광옥(崔光玉)을 만났다. 김구보다 한 살 아래인 최광옥은 1904년 5월에 숭실학교를 수석으로 졸업한 수재였다. 그는 교육사업뿐만 아니라 한글연구에도 열성적이어서 그가 저술한 《국어문전》이 소학교의 교과서로 사용되기도 했다. 김구는 최광옥으로부터 신교육운동의 이론과 실천방법에 대해 많은 것을 배웠다. 최광옥을 만나 "친밀히 교제하면서 장래 일을 의논하였다"[40]는 《백범일지》의 기술은 이때에 두 사람이 나눈 동지적 우정과 포부를 짐작하게 한다.

사경회가 끝나는 날 최광옥이 김구에게 혼인했느냐고 물었다. 김구는 여러 차례의 불행했던 약혼 실패의 이야기를 최광옥에게 대충 들려주었다. 그러자 최광옥은 안창호의 누이동생인 안신호(安信浩)를 한 번 만나보지 않겠느냐고 말했다. 그는 안신호가 사람됨이 매우 활달하고 처녀들 사이에서 명성이 자자하다고 소개했다.

최광옥은 안창호가 세운 계몽학교〔뒤에 점진학교로 개명〕에서 잠시 아이들을 가르친 적이 있었다.[41] 그 때문에 최광옥은 안신호에 대해서도 잘 알고 있었던 것 같다. 안신호는 열네 살 때에 안창호를 따라서 서울에 올라가 정신여학교(貞信女學校)에 입학하여 신식교육을 받은 신여성이었다. 정신여학교 재학시절에 성적도 우수하고 성격이 활달하여 모든 면에서 오빠인 안창호와 비슷한 점이 많았다.[42]

김구는 안신호를 직접 만나 보고 서로 뜻이 맞으면 혼인하기로 하고, 이석관(李錫寬)의 집에서 최광옥과 이석관과 함께 그녀를 만났다. 이석

---

40) 《백범일지》, p. 187.

41) 곽림대, "안도산", 윤병석·윤경로 엮음, 《안창호 일대기》, 역민사, 1995, pp. 34~35.

42) 박현환 편, 《續篇 島山安昌浩》, 《島山安昌浩全集(11)》, 島山安昌浩先生記念事業會, 2000, p. 162.

관은 안창호의 서당 훈장이자 장인이었다. 《백범일지》는 이때의 일에 대해 "신호를 면대하여 몇 마디 의사교환을 한 뒤에 숙소로 돌아왔더니…" 라고만 적었을 뿐 어떤 말을 주고받았는지에 대해서는 언급이 없다. 이는 여옥(如玉)을 처음 만났을 때의 상황을 자세히 적어 놓은 것과는 매우 대조적이다. 그것은 아마도 안창호의 누이라는 점에서 만나기 전에 이미 웬만큼 호감을 가지고 있었고, 대화의 내용도 자세히 적을 만큼 특별한 것이 아니기 때문이었을 것이다.

숙소로 돌아와 있으려니까 최광옥이 뒤따라와서 어떠냐고 물었다. 김구는 자신의 뜻에 맞다는 의사를 표시했다. 최광옥은 안신호의 뜻도 그렇다면서 김구에게 이튿날 아주 약혼을 하고 고향으로 돌아가라고 말했다.

그러나 두 사람의 혼담은 어처구니없게도 하루 만에 깨어지고 말았다. 그 경위를 김구는 다음과 같이 술회하고 있다. 이튿날 아침 일찍 이석관과 최광옥이 함께 김구를 찾아왔다. 두 사람은 안신호가 전날 저녁에 편지 한 통을 받고 밤새껏 고민한 사연을 전해 주었다. 그것은 다름이 아니라, 안창호가 미국으로 갈 때에 상해를 거쳐서 갔는데, 그때에 상해의 어떤 중학교에 재학 중이던 양주삼(梁柱三)에게 자기 누이동생과 혼인하라고 부탁하여, 이를테면 구두 정혼 비슷하게 해놓았다는 것이었다. 평안남도 용강 출신인 양주삼은 미국 선교사의 주선으로 1901년에 상해 중서학원(中西書院)에 입학하여 수학하고 있었는데, 그를 서양 선교사에게 소개한 사람이 바로 안창호였다.[43] 양주삼은 안창호를 형님이라고 불렀고, 두 사람은 서로 떨어져 있으면서도 편지왕래가 있었다.[44]

---

43) 박현환 편, 위의 책, p. 172 ; 유동식, 《한국감리교회의 역사 Ⅰ》, 기독교대한감리회, 1994, pp. 397~398.

44) 두 사람이 주고받은 편지는 《島山安昌浩全集(1)》, p. 296, 《島山安昌浩全集(2)》, p. 280~281, 《島山安昌浩全集(3)》, p. 327~389 참조.

김구와 약혼할 뻔했던 안창호의 동생 신호와 그녀의 남편 김성택. 안신호는 1948년에 김구가 평양에 갔을 때에 그를 안내했다.

그때에 양주삼은 안창호에게 혼사문제는 학업을 마친 뒤에 결정하겠다고 대답했었는데, 안신호가 김구를 만나고 집에 돌아가자 마침 양주삼으로부터 학업을 마쳤으니 혼인 여부를 통보해 달라는 편지가 와 있었다는 것이었다. 믿기 어려울 만큼 공교로운 일이었다. 최광옥은 안신호가 이 때문에 밤새껏 고민하고 있으니까 그녀가 마음을 어떻게 정하는가를 듣고서 떠나라고 김구에게 말했다.

아침을 마친 뒤에 최광옥이 다시 와서 안신호의 결심을 전했다. 그녀의 입장으로서는 도의상 두 사람 가운데 누구를 선택하고 누구를 포기할 수 없기 때문에 양쪽을 다 단념할 수밖에 없다는 것이었다. 그리하여 안신호는 두 사람은 거절하고 이미 청혼을 받고도 몸이 약한 점을 꺼려서 승낙하지 않았던 김성택(金聖澤)을 택하기로 결심했다고 했다. 김성택은 안신호와 어려서부터 한 동네에서 같이 자란 사람이었다. 그는 이듬해인 1905년에 평안남도 강동군(江東郡) 원탄면(元灘面) 송오동(松塢洞) 교회가 설립될 때에 장로로 장립되었으며, 그 뒤에 진남포에서 목사가 되었다.[45]

그런데 안신호가 자신이 구두로나마 양주삼과 정혼한 사이라고 생각

45) 車載明 編, 《朝鮮예수教長老會史記》, 朝鮮基督教彰文社, 1929(영인판, 2000, 한국기독교역사연구소), p. 127.

하고 있었던 것이 사실이라면, 김구와 새로 맞선을 보았다는 것은 적이 의아스러운 일이 아닐 수 없다. 그리고 안창호가 미국에 갈 때에 상해를 거쳐서 갔다는 말은 사실이 아니다. 안창호는 아내 이혜련(李惠鍊)과 함께 1902년 9월4일에 인천을 떠나서 도쿄에서 1주일 동안 머물렀다가 미국으로 갔다.[46] 그러므로 이 무렵에 안창호가 양주삼에게 안신호와의 혼인문제를 상의했다면, 그것은 편지를 통해서였을 것이다.

양주삼은 귀국하지 않고 1905년 10월에 미국으로 건너가서, 샌프란시스코에 한국인 감리회를 설립하고 선교사업에 열중했다. 1908년에 장인환(張仁煥)과 전명운(田明雲)이 대한제국의 외교고문 스티븐스(Durham W. Stevens, 須知分)를 저격한 사건이 일어났을 때에 양주삼은 두 사람의 통역으로 열성을 다했다.

얼마쯤 있다가 안신호가 직접 김구를 찾아왔다.

"지금부터 오라버님으로 섬기겠습니다. 매우 미안합니다. 저의 사정이 그리된 것이오니 너무 섭섭하게 생각하지 마십시오."

김구로서도 어쩔 수 없는 일이었다. 비록 혼담은 깨어졌으나 김구는 안신호의 결단력과 도량을 보고 더욱 그녀를 흠모하게 되었다. 김구는 이때의 일이 몹시 아쉬웠던 것 같다. "이미 지나간 일"이라고 체념을 하면서도 "어쩔 수 없는 일이기는 하나 정리상에 매우 섭섭하였다"[47]는 《백범일지》의 표현은, 오랜 세월이 흐른 뒤에도 이때의 심정이 애틋한 추억으로 남아 있었음을 말해 준다.

교사사경회와 지도자 사경회를 마친 김구와 오순형은 장련으로 돌아올 때에 최광옥을 초빙하여 같이 왔다. 이때의 상황은 1904년 9월의 베

46) 주요한 編著, 《安島山全集》, 1963, 三中堂, p. 34.

47) 《백범일지》, p. 188.

어드 목사의 개인보고서에 요약되어 있다.

> 집으로 돌아가는 길에 그들〔김구와 오순형〕은 숭실학당을 올해에 졸업하고 학교 교사로 있는 최광옥에게 함께 가서 전도해 주기를 부탁했다. 최씨는 이를 받아들여 같이 갔는데, 가는 길에 배에 탄 사람들에게 전도했다. 이때에 신천에서 온 두 사람이 그리스도를 영접했다. 장련의 (오씨네) 집에 도착하여 최씨는 저녁마다 사랑방에서 전도하고, 모인 신자들의 믿음을 북돋우었다. 얼마 뒤에 그는 평양으로 돌아왔는데, 오씨의 형 집안의 다섯 사람이 새로 믿기로 결심했다는 기쁜 소식을 전해 주었다.[48]

김구와 오순형은 전도와 교육 사업에 열성을 쏟았다. 두 사람의 노력으로 1년도 채 되지 않아서 교세가 확장되고 학교도 점점 발전했다. 주색잡기에 빠져서 방황하던 백남훈을 인도하여 기독교를 믿게 한 것도 이 무렵이었다고 김구는 술회하고 있다.[49] 그러나 백남훈의 이야기는 다르다. 그는 자신이 기독교에 입교한 것은 교회를 설립한 오순형의 권유 때문이었다고 회고했다. 오순형은 백남훈의 이종형이었다. 또한 자기가 잘못을 뉘우치고 주색잡기를 끊게 된 것은 아버지의 친구인 박봉서(朴鳳瑞)가 초달을 하면서 일깨워 준 충고 때문이었다고 했다.[50] 백남훈이 이 무렵의 김구와의 관계에 대해 이처럼 데면데면하게 술회하는 것은, 해방 이후에 그가 소속한 한국민주당(韓國民主黨)과 김구가 이끄는 한국독립당(韓國獨立黨)의 격심한 알력에 기인하는 점이 없지 않으리라고 짐작된다.

교인수와 학생수가 점차 늘어나자 새로 예배당과 학교를 짓는 문제가

---

48) "Progress at the Academy: From Personal Report of Dr. W. M. Baird, September, 1904", *The Korea Field*, February 1905, p. 229.

49) 《백범일지》, p. 187.

50) 白南薰, 앞의 책, pp. 44~45.

논의되었다. 그리하여 선교사 쿤스(Edwin W. Koons, 君芮彬)가 광진학교 인가를 받고 교인들의 기부금을 모아서 양사업동(養士業洞)의 큰 초가집을 사들여서 교회와 학교를 그곳으로 옮겼다.[51] 이 과정에 대해서 백남훈은 다음과 같이 회고했다.

> 교인도 증가되었으나 예배당을 마련하기에는 아직도 경제의 힘이 연약하였다. 그렇다고 하여 언제까지나 오씨의 사랑에서 예배를 볼 수 없으므로 뜻있는 사람들은 은근히 걱정하였으나 딴 도리가 없다. 교회임원들은 수차 회합하여 난상토의한 결과 연보를 걷되 몇 번이든지 될 때까지 하여보기로 결정하고 1906년 9월 어느 주일 예배 후 연보를 청하였더니 천냥이라는 놀라운 숫자에 달하여 장내는 기쁨에 넘쳐 피차 손을 잡고 감격의 연발이라. 마침 이때에 양사업동에 적당한 집이 있어서 곧 매입하기로 계약하였다. 내방 세 칸, 사랑 세 칸, 이것을 ㄱ자로 통하면 당시 예배당으로 적당하였고, 건너방 두 칸은 관리인이 거주하기에 충분하며, 앞마당(양사업동의 타작마당)이 넓어서 학교를 옮겨도 운동장으로 사용하는 데에 지장이 없는 것이다. … 이와 같이 예배당이 따로 있게 되매 학교도 새 예배당으로 옮기게 되었다. 어찌된 일인지 그 후는 아동이 늘어 50여명에 달할뿐더러 비교인 가정에서도 아동을 보내게 되어 일종의 전도기관인 느낌이 있는 동시에 그때에 백여명의 아동을 가르치는 공립학교에 비하여 조금도 손색이 없는 교육기관이었다.[52]

양사업동으로 교회와 학교를 옮긴 것이 1906년이었다고 한 것은 1905년의 착오일 것이다. 양사업동 시절에 김구가 백남훈 등 다른 교사들과 함께 학동들과 같이 찍은 사진이 보존되어 있어서 이때의 사정을 어렴풋이 짐작할 수 있게 한다. 이 사진은 1906년에 찍은 것으로서, 1920년

---

51) 최태영, 앞의 책, p. 22.

52) 白南薰, 앞의 책, pp. 51~52.

1906년 장련 양사업동의 광진학교 교사들과 학동들. 뒷줄 오른쪽부터, 김구, 최상륜, 백남훈, 김낙현(손영곤). 초가집 처마 밑에 "예배당(禮拜堂)"이라는 간판이 보인다.

대 이전의 김구의 사진으로는 유일한 것이다. 학교 교원들인 김구, 백남훈, 손영곤, 최상륜(崔商崙)의 개성 있는 차림새가 무엇보다 인상적이다. 백남훈은 중절모에 양복을 말쑥하게 차려입었고, 손영곤 역시 중절모에 양복차림이다. 그는 수염을 길렀다. 이처럼 이들 두 사람은 코흘리개 시골아이들의 선생으로는 어울리지 않을 만큼 세련된 멋쟁이 모습이다. 반면에 김구는 짧게 깎은 머리에 물들인 바지저고리를 입고 광대뼈가 불거져 나온 투박스러운, 그러면서도 퍽 순박해 보이는 모습을 하고 있다. 최상륜은 망건을 쓰고 흰 두루마기를 차려 입었는데, 그는 원래 열렬한 천주교인이었다가 기독교로 개종하여 장련교회의 발전에 크게 기여한 인물이다.[53] 예닐곱 살에서 열대여섯 살쯤 되어보이는 스물두명의 학동들 가운데에는 갓을 쓴 학동도 있다. 초가집 처마 밑에는

53) 같은 책, p. 46.

"예배당"이라는 간판이 보인다.

사직동으로 이사한 이듬해인 1905년 봄에 김구는 해주 고향에 성묘하러 갔다. 고향을 떠나올 때까지도 김구를 탐탁하게 여기지 않던 작은아버지 김준영(金俊永)을 만나 장련생활을 보고했다.

"사촌형제가 한 집에 살면서 사촌형은 농삿일과 집안일 전부를 맡고 저는 교육에 종사하여 생활이 안정되고 집안이 화락합니다."

김준영은 조카의 말에 의아해했다.

"너 같은 난봉꾼을 누가 도와주어서 그렇게 사느냐?"

"작은아버지 보시기에는 저의 난봉이 위험하지만, 난봉이 아니라고 보는 사람도 더러 있는 게지요."

김구가 이렇게 대답하면서 웃자 김준영은 다시 물었다.

"네가 빈손으로 간 뒤에 네 사촌형도 뒤미쳐 가고, 네 사촌 매부 이용근(李用根)의 식구까지 너를 따라가서 같이 산다니, 너는 생활 근거를 어떻게 하고 사느냐?"

"제가 장련군에 몇몇 친구가 있어서 그들이 오라고 청해서 이주했습니다. 친구 가운데 진사 오인형군은 그 군의 갑부였던 오경승(吳慶勝) 진사의 장손인데, 아직도 유산을 가지고 괜찮게 사는 처지입니다. 인형군이 특별히 1,000여냥을 주고 전답과 과수밭이 딸린 집 하나를 사서 내어주면서 언제든지 내 물건과 같이 사용하며 의식주의 근거를 삼으라 했습니다."

김구는 오인형이 농사짓는 데 부릴 소도 한 마리 사주었고, 집안에 필요한 돈은 수시로 그에게서 얻어 쓴다고 살림살이 형편을 자세히 보고했다.

김준영은 듣고 나서 말했다.

"세상에 그렇게 후덕한 사람도 있느냐."

그는 조카의 말이 믿어지지 않았다. 김준영은 김구가 무슨 협잡이나 하지 않는가 하고 의심했다. 그는 이웃 부호들의 자식들이나 조카들의 못난 행실이 연상되었기 때문이다. 이들은 일본사람에게서 돈 100냥을 빌려쓰면서 증서에는 1,000냥이라고 써주어 일본사람은 그 1,000냥을 다 받아내는데, 당사자의 자산이 부족하여 친척들이 대신 물어주는 것을 김준영은 자주 보아왔다고 했다. 그 때문에 그는 김구가 서울도 가고 남도에 왕래하는 것이 혹시 일본사람의 돈이나 얻어 쓰고 다니지 않나 해서 김구가 어디를 간다고 하면 야단부터 쳤던 것이다.

그해 가을에 김준영이 장련으로 김구네 식구를 보러 왔다. 사직동집이 집만 좋을 뿐 아니라 추수한 곡식도 자기집 살림보다 나은 것을 보자 김준영은 놀라움을 금치 못했다. 그는 오진사를 찾아보고 와서 곽씨 부인에게 말했다.

"조카가 다른 사람에게 그같이 신뢰받을 줄은 생각 못 했습니다."

이렇게 하여 김준영은 조카에 대한 오해가 풀렸다. 그 뒤로 그는 김구를 매우 사랑하게 되었다.[54]

어느 날 유완무(柳完茂)와 강화의 주윤호(朱潤鎬) 진사가 김구를 찾아왔다. 주윤호는 연전에 김구가 유완무의 친구들을 찾아 삼남을 여행하고 와서 마지막으로 찾아간 사람이었다. 아버지의 병환을 걱정하면서 황급히 서울을 떠나온 뒤로 만나지 못하여 소식이 궁금하던 참이었다. 유완무는 그 동안 북간도에 가서 관리사(管理使) 서상무(徐相懋)[55]와 앞으로의 계획을 논의하고 왔다고 했다. 그런데 이때의 간도관리사는 서상무가 아니라 이범윤(李範允)이었다. 그러므로 《백범일지》의 이러한 기술은 유완무가 이범윤을 서상무로 잘못 말했거나 김구가 잘못 적은 것일 것이다. 서상무는 1897년에 서간도지역 한인이주민의 보호와 관리를 위해서 서변계 관리사(西邊界管理使)로 임명된 인물이었는데,

54) 《백범일지》, pp. 202~203.

55) 《백범일지》에는 徐相茂라고 했으나(p. 191), 이는 徐相懋의 오기일 것이다.

비행이 심하여 한인이주민들로부터 오히려 배척을 받았고, 그 때문에 관리정청은 설치된 지 1년도 못 되어 폐지되어 버렸다.[56] 그 뒤에 다시 파견한 관리가 이범윤이었다. 이범윤은 1902년 6월25일에 간도시찰사(間島視察使)의 자격으로 파견되었다. 그는 간도에 살고 있는 동포들의 호적을 조사하여 등록했는데, 이때에 등록된 동포수는 2만 7,400여호에 10여만명에 이르렀다. 이범윤은 1년 동안 청국관원들의 한국인 이주민에 대한 온갖 가렴잡세(苛斂雜稅)를 상세히 조사하여 정부의 강력한 대책을 촉구했다. 정부는 이범윤의 활동의 중요성을 인정하여 1903년 10월에 그를 간도시찰사에서 간도관리사(間島管理使)로 승격시켰다. 이범윤은 진위대(鎭衛隊)와 변계경무관(邊界警務官)들에게 자신의 신변보호를 요청했으나, 그들은 무기가 부족하고 상부의 지시가 없다는 이유로 그의 요청을 거절했다. 그러자 그는 정부의 허가없이 독자적으로 산포수와 본국에서 건너온 구한국 군인 및 의병들을 모집하여 사포대(私砲隊)를 조직했다. 이 사포대는 충의대(忠義隊), 관리병(管理兵) 등으로도 불렸다. 이범윤은 이 사포대를 배경으로 청국이 임명한 향약(鄕約)을 잡아 가두는 등 청국관리들의 횡포에 적극적으로 대응했다. 그는 한국인 이주민들에게 청국관리에게 조세를 바치지 말도록 포고하고, 이를 어기는 자는 체포하거나 다른 지역으로 추방했다. 그리하여 청국 관민들은 이범윤을 호랑이보다 더 무서워했다.[57]

그러나 이범윤의 활동은 청국과의 외교분쟁으로 발전하여 청국정부는 한국정부에 이범윤을 소환할 것을 요청했다. 1904년 6월15일에 양국 정부 사이에 한-중변계선후장정(韓中邊界先後章程)이 체결되어 한국정부가 간도지역에 대한 청국의 관할권을 인정함으로써 국경분쟁은 마

56) 金祥起-蔡永國, "南滿洲에서의 韓國獨立運動", 한국독립유공자협회 엮음, 《中國東北地域韓國獨立運動史》, 集文堂, 1997, p. 185.

57) 鄭濟愚, "沿海州 李範允義兵", 《한국독립운동사연구》 제 11집, 독립기념관 한국독립운동사연구소, 1997, p. 5.

무리되고 말았다.[58] 이 장정이 체결됨에 따라 사포대는 해산되고, 이범윤에게는 철수명령이 내려졌다. 그러나 이범윤은 소환에 응하지 않고 부대를 거느리고 연해주로 망명하여 의병운동을 전개했다.[59]

유완무가 언제 북간도를 시찰하고 돌아왔는지는 정확히 알 수 없다. 아마도 그는 이범윤이 간도관리사로 있을 때에 북간도를 다녀온 것으로 짐작된다. 독립운동자들의 해외근거지 구축계획이 구체적으로 논의되는 것이 1905년의 을사조약 이후인 점을 감안하면, 그 이전부터 추진된 유완무의 해외이주계획은 주목할 만한 가치가 있다. 북간도에 가서 관리사와 앞으로의 활동계획을 협의한 유완무는 같이 북간도로 갈 국내 동지들을 구하러 귀국했다. 유완무가 김구를 찾아온 것도 그러한 목적에서였을 것이다.

유완무와 주윤호는 며칠동안 머물렀는데, 《백범일지》는 세 사람이 "어머님이 삶아 주신 밤과 닭고기를 먹으면서, 연일 밤을 새워 품은 생각을 털어놓고 여러 가지 일을 토의했다"[60] 라고 적고 있다. 그러나 밤을 새워 토의한 '품은 생각'의 내용이 어떤 것이었는지에 대해서는 설명이 없다. 유완무는 김구더러 같이 북간도로 가서 독립운동의 근거지를 구축하는 일을 하자고 제의했을 것이고, 김구는 그보다도 국내에서 2세 국민을 가르치는 일이 더 중요하다고 주장했을 것이다.

김구는 강화 김주경(金周卿)의 일이 궁금하여 유완무에게 그의 소식을 물었다. 유완무는 탄식을 하며 김주경의 소식을 알려 주었다. 강화를 떠난 김주경은 10여년 동안 봇행상을 하면서 수만원의 금전을 모았다. 그렇게 모은 돈을 자기 몸에 간직하고 다니다가 작년에 연안(延安)에서 불행히도 객사했다는 것이었다. 김주경의 아들이 이 사실을 알고

---

58) 金春善, "'北間島' 地域 韓人社會의 形成研究", 國民大學校 博士學位論文, 1998, pp. 99~125 참조.

59) 鄭濟愚, 앞의 글, pp. 6~41 참조.

60) 《백범일지》, p. 191.

주인을 찾아가서 소송까지 했으나 아무런 소용이 없었다고 했다.

김주경이 그처럼 부모나 친척에게도 알리지 않고 비밀행상으로 거액의 돈을 모은 것으로 보아 아마도 어떤 큰 계획이 있었을 것으로 짐작되나, 다시는 이 세상에서 김주경의 큰 포부와 책략을 알 길이 없게 되고 말았다는 것이었다. 게다가 김주경의 동생 김진경마저 전라도에서 객사하여, 집안형편이 말이 아니라고 했다.[61]

김구는 이때에 헤어진 뒤로 유완무와 다시 만나지 못했다. 뒷날 김구는 상해에서 《백범일지》 상권을 집필할 때에, 유완무는 북간도로 가서 백초(白樵)라는 가명을 쓰면서 활동하다가 누군가에게 피살되었고 그 아들 한경(漢卿)은 북간도에서 살고 있다고 적었다.[62]

유완무가 북간도에서 어떤 활동을 했는가에 대해서는 아쉽게도 구체적으로 밝혀진 것이 없다. 그러나 그는 그 뒤에도 국내를 내왕하고 있었던 것이 확인된다. 유완무는 1908년 1월에 대구에서 블라디보스토크로 떠나는 장지연(張志淵)을 만났고, 그해 4월에는 함경도 이원(利原)에서 장지연에게 편지를 보냈다. 또한 그는 국민사범학교를 졸업한 조창용(趙昌容)이라는 청년에게 자신의 명함을 주어 보내어 장지연과 블라디보스토크까지 동행하게 했다.[63] 유완무가 함경도 이원에서 장지연에게 편지를 보낸 것은 블라디보스토크로 가는 길에 보낸 것일 것이다. 또한 1908년 11월에 공립협회(共立協會) 샌프란시스코 지방회가 설립될 때에 유완무가 블라디보스토크 신입회원으로 참가하고,[64] 이듬해 1월7일에는 대한인국민회(大韓人國民會) 블라디보스토크 지방회 설립대회에 회원으로 참가하고 있는 것을 보면,[65] 1908년 12월 무렵에는 블

61) 위와 같음.

62) 《백범일지》, p. 290.

63) 張志淵, "海港日記", 《張志淵全書 (八)》, 檀國大學校 東洋學研究所, 1986, p. 1107, p. 1109, p. 1114.

64) 《共立新報》 1908년 12월2일자, "會報".

라디보스토크에서 활동하고 있었음을 알 수 있다. 따라서 그는 1908년 이전에 북간도에서 블라디보스토크로 이동한 것이 틀림없다. 공립협회는 1905년에 샌프란시스코에서 안창호를 초대 회장으로 하여 설립된 한인단체로서, 미주뿐만 아니라 국내와 연해주와 만주에도 지회를 설치했었다.[66] 유완무가 피살되었다면, 그것은 1909년 1월 이후의 일이었을 것이다.

블라디보스토크를 중심으로 한 연해주 지역은 서북간도와 함께 해외 이주 한인사회가 가장 먼저 형성된 곳으로서 1911년 무렵에는 이주 한인수가 20만명[67]으로 추산될 정도였다. 특히 연해주 지역은 러시아에 속했기 때문에 일본의 세력이 미치지 않은 곳이면서 지리적으로 국내와 가까워서 만주와 러시아의 한인들을 연결하기가 비교적 쉬웠고, 토질도 비옥하여 독립운동근거지를 건설하기에 적합한 곳이었다. 초기에는 함경도와 평안도에서 건너간 가난한 이주농민들이 대부분이었으나 을사조약이 체결된 이후에는 독립운동을 위한 정치적 망명이 크게 늘어났다. 의병, 계몽운동, 신민회, 기독교, 대종교 등 다양한 운동세력들이 모여들어 곳곳에 한인촌락을 건설하여 연해주 남쪽지방은 국경의 구분이 되지 않았으며, 마치 한국의 연장지와도 같았다. 이렇게 하여 블라디보스토크에 건설된 것이 신한촌(新韓村)이었다.[68]

---

65) 《新韓民報》1909년 2월17일자, "國民會報".

66) 金度勳, "共立協會(1905~1909)의 民族運動 硏究", 《한국민족운동사연구》 4, 한국민족운동사연구회, 1989. 10, pp. 12~31 참조.

67) 尹炳奭, 《國外韓人社會와 民族運動》, 一潮閣, 1990, p. 212.

68) 潘炳律, "露領沿海州 한인사회와 한인민족운동(1905~1911)", 《한국근현대사연구》 제7집, 한울, 1997, pp. 66~98 및 李明花, "1910년대 재러한인사회와 大韓人國民會의 민족운동", 《한국독립운동사연구》 제11집, 독립기념관 한국독립운동사연구소, 1997, pp. 67~97 참조.

루스벨트 대통령을 만나다

1. 딘스모어와 함께 헤이 국무장관 방문

이승만은 1905년 새해를 워싱턴의 호텔방에서 맞았다. 그는 아침에 아이오와 서클에 있는 한국 공사관을 찾아갔다. 3층으로 된 공사관 건물은 큰 방이 아홉 개나 있어서, 1층은 공사관으로 쓰고 2, 3층은 공관원들의 살림집으로 쓰고 있었다.

이승만은 자서전 초록에, 이때에 서기관 홍철수(Hong Chul Soo)와 김윤정(金潤晶)을 만났는데, 홍철수는 민영환(閔泳煥)으로부터 자신이 올 것이라는 것과 자신의 사명에 대해 설명한 편지를 받고 자신이 정부와 연관을 가지고 있는 것을 알고 있었고 자신이 하는 일을 무엇이건 돕겠다고 말했다고 적었다.[1] 홍철수가 어떤 사람이었는지는 확인되지 않는다. 이 무렵 주미 공사는 없었고 참사관 신태무(申泰茂)가 공사대리로서 서기관 김윤정과 함께 일하고 있었다.

공사관을 나온 이승만은 햄린(Hamlin) 목사를 교회로 찾아가 그의 집에서 오찬을 함께했다. 전날 밤중에 찾아갔을 때에 햄린 목사로부터 이

---

1) "Autobiography of Dr. Syngman Rhee", George A. Fitch Papers, Yenching Institute, Harvard University, p. 17 ; "청년이승만자서전", 이정식 지음, 권기붕 옮김, 《초대대통령 이승만의 청년시절》, 동아일보사, 2002, p. 286.

워싱턴의 아이오와 서클에 있던 대한제국 공사관. 1층은 공사관으로 쓰고 2, 3층은 공관원들의 살림집으로 썼다.

날 오찬을 초대받았던 것이다. 이 오찬회동을 통하여 햄린은 이승만을 자신이 돌보아 주어야 할 인물로 평가한 것 같다. 이승만은 이날 저녁을 공사관에서 공사관원들과 같이했다.[2)]

이승만은 몇 안 되는 공사관원들이 심각한 불화에 빠져 있는 사실을 곧 알아차렸다. 처음에 이승만이 자주 접촉한 사람은 김윤정이었다. 김윤정은 신태무가 본국으로 소환되어야 한다고 주장했다. 김윤정의 말에 따르면, 신태무는 엄비(嚴妃)가 보낸 사람이었다. 엄비가 자신의 소생인 이은〔李垠: 뒤에 英親王으로 피봉〕이 제위를 계승할 수 있게 하기 위해 미국에 유학 중인 이강〔李堈: 뒤에 義親王으로 피봉〕을 감시할 목적으로 보냈기 때문에 신태무가 하는 일은 오로지 이강의 행실을 헐뜯는 보고서를 보내어 이강으로 하여금 고종의 신임을 잃게 하는 것이라는 것이었다. 신태무는 1889년에 통리교섭통상사무아문(統理交涉通商事務衙門) 주사로 임명된 뒤로 덕원감리(德源監理), 궁내부 참리관(宮內府參理官) 등을 거쳐 1900년에 주미공사관 2등 참서관으로 임명된 사람이었다.[3)]

2) Syngman Rhee, *Log Book of S.R.*, 1905년 1월1일조.

이승만은 그 뒤 몇 달 동안 버지니아주 세일럼에 있는 로어노크 대학(Roanoke College)에 다니던 이강을 워싱턴에서 몇번 만났다. 이승만은 이강이 여자들과의 교제로 돈을 많이 허비하고 있었고, 그 때문에 알렌(Horace N. Allen, 安連) 공사가 고종에게 그에게 돈을 너무 많이 보내지 말라고 충고한 적이 있다고 적고 있다.[4] 이강은 1901년 3월부터 수행원 두 사람을 데리고 로어노크 대학에 유학하고 있었는데, 대학 근처의 사교계, 특히 젊은 여성층에서 큰 관심과 화제의 대상이 되고 있었다고 한다. 이때에 로어노크 대학에는 김규식(金奎植)도 유학하고 있었다.[5]

신태무는 본국으로부터 명확한 훈령이 없는 상태에서는 이승만에게 협조할 수 없다는 태도였다. 이미 일본의 감시를 받고 있는 한국정부가 공식적으로 그러한 훈령을 보낼 까닭이 없다는 것을 그는 잘 알고 있었다. 그 반면에 김윤정은 자기가 공사대리가 될 수 있다면 모든 힘을 다해서 이승만의 일에 협조하겠다고 말했다. 도미하기 전부터 기독교인이었던 김윤정은 1897년에 미국으로 건너가서 매사추세츠주의 마운트 허몬 스쿨을 거쳐 워싱턴의 흑인학교 하워드 대학교(Howard University)를 졸업하고 미국인들의 천거에 따라 1904년 4월에 미국 공사관 서기생으로 현지 채용된 사람이었다.

이승만은 곧 바쁘게 움직였다. 2일에는 언더우드(Horace G. Underwood, 元杜尤)가 써준 소개장을 가지고 N. W. 2307-1의 걸리(Gurley) 기념 장로교회 목사 버브리크(Verbrycke) 박사를 그의 집으로 찾아갔다. 7일에 마운트 버넌 호텔을 나와서 H가 2122의 스미스(W. H. Smith)의 집

---

3) 國史編纂委員會 編, 《大韓帝國官員履歷書》, 探究堂, 1972, p. 359 ; 安龍植 編, 《大韓帝國官僚史研究(Ⅰ)—1896. 8. 1~1901. 7. 31》, 延世大學校 社會科學研究所, 1994, pp. 347~348.

4) "청년이승만자서전", 이정식 지음, 권기붕 옮김, 앞의 책, p. 283.

5) 李庭植, 《金奎植의 生涯》, 新丘文化社, 1974, p. 22.

하숙으로 숙소를 옮긴 이승만은 신년 연휴가 지나고 첫째 주일인 1월8일에 스미스네 교회의 아침 성경반과 저녁의 크리스천 면려회(Christian Endeavor Society)에서 강연을 했다. 이승만은 워싱턴에 도착한 지 1주일 만에 호기심에 찬 눈빛으로 바라보는 백인들 앞에 선 것이었다. 2월12일에는 걸리 기념 교회의 예배시간에 연사로 초대되었다. 교인들은 이승만의 학비지원금으로 12달러 79센트를 걷어 주었다. 이때부터 이승만은 여러 교회에서 한국의 형편과 기독교 선교 실태를 소개하는 연설을 하고, 학비지원을 위한 의연금을 받았다. 햄린은 또 적은 액수이기는 했으나 개인적으로 돈을 보태 주었다. 2월20일에는 공사관에서 방값으로 6달러를 보내왔다.[6)]

이승만은 민영환과 한규설(韓圭卨)의 편지를 가지고 아칸소주 출신 하원의원 딘스모어(Hugh A. Dinsmore)를 찾아갔다. 딘스모어는 1887년부터 1888년까지 주한 미국 공사를 지낸 인물로서, 그의 밑에서 서기관으로 일했던 알렌에 따르면 "냉정하고 빈틈없는 법률가"이며 "양심적인 크리스천 신사"였다.[7)] 그는 동아시아의 정세에 밝았을 뿐만 아니라 한국에도 우호적이었다. 딘스모어는 옛 친구들의 소식을 들어 기쁘다면서 국무장관과의 면담을 주선해 주겠다고 약속했다. 이때의 국무장관 존 헤이(John M. Hay)는 매킨리(William Mckinley) 행정부의 국무장관으로 있던 1899년 9월에 중국에 대한 문호개방정책(Open Door Policy)을 제창한 것으로 유명해진 인물이었다. 그의 문호개방정책은 중국에 대한 열강의 통상기회의 균등과 중국의 영토보전을 강조함으로써 열강에 의한 중국분할을 방지했고, 그 뒤로 오랫동안 미국의 동아시아정책의 기조가 되었다.[8)] 이승만은 말할 나위도 없고 딘스모어도 헤이 장관

---

6) Syngman Rhee, *Log Book of S.R.*, 1905년 1월2일~2월20일조.

7) Allen to Ellinwood, June 15, 1987, Fred H. Harrington, *God, Mamon and Japanese — Dr. Horace N. Allen and Korean-American Relations, 1884~1905*, The University of Wisconsin Press, 1961, p.51.

이 이와 같은 정책기조에 따라 친한적 조치를 취할 것으로 기대했던 것이다.[9]

올리버는 이승만이 헤이 장관과의 면담 통보를 기다리는 동안 《워싱턴 포스트(*Washington Post*)》지를 방문했고, 1905년 1월15일자 《포스트》 지에 일본의 한국점령 기도에 대한 이승만의 성토기사가 실렸는데, 그것은 미국언론이 이승만의 주장을 다룬 최초의 기사였다고 적고 있다.[10]

이승만은 한편으로 그 자신의 도미목적인 진학준비를 서둘렀다. 햄린 목사는 이승만을 한국 공사관의 법률고문을 맡고 있던 조지 워싱턴 대학교(George Washington University) 총장 찰스 니덤(Charles W. Needham) 박사에게 소개했다. 니덤은 이승만에게 선교장학금을 받도록 해주었다. 그것은 매학기 도서관 이용료 1달러를 제외한 학비전액을 충당할 수 있는 것이었다. 그리하여 이승만은 2월에 시작되는 봄학기부터 조지 워싱턴 대학교에 입학했다. 알렌 윌버(William A. Wilber) 학장은 이승만의 한국 및 중국 학문에 관한 지식을 인정하여 1년을 월반한 '특별생'으로 등록시켜 주었다.[11]

이승만이 이처럼 쉽사리 조지 워싱턴 대학교에 입학할 수 있었던 것은 더할 나위 없는 행운이었다. 워싱턴에 도착했을 때에 수중에 몇 달러밖에 남지 않았던 그로서는 무엇보다도 시급한 숙식문제를 해결할 수

---

8) 김기정, 《미국의 동아시아개입의 역사적 원형과 20세기 초 한미관계연구》, 문학과지성사, 2003, pp. 95~124 참조.

9) Robert T. Oliver, *Syngman Rhee—The Man Behind the Myth*, Dodd Mead and Company, 1960, p. 81.

10) Oliver, *op. cit.*, pp. 81~82.

11) Oliver, *op. cit.*, p. 97.

있게 되었을 뿐만 아니라 미국사회에서 안정적인 생활을 할 수 있는 기반을 보장받은 것이기 때문이었다.

입학수속을 마친 그는 딘스모어 의원에게 헤이 장관과의 면담주선을 독촉하는 편지를 썼다. 딘스모어는 2월16일에 답장을 보내왔다.

> 친애하는 이승만씨. 어제 아침에 당신의 편지를 받았습니다. 당신을 만나고 나서 나는 바로 유행성 감기에 걸려서 누워 있었기 때문에 당신과 약속한 일을 추진하지 못했습니다. 그러나 나는 오늘 아침에 내 방에서 일어나 앉아서 헤이 장관에게 언제 당신을 만나 줄 수 있느냐는 문의편지를 쓰고 있습니다. 회신을 받는 대로 알려드리겠습니다.

며칠이 지난 금요일에 이승만은 연필로 갈겨쓴 "헤이 장관의 메모를 동봉합니다. 9시 정각에 오시면 같이 국무부로 가도록 하겠습니다"라는 딘스모어의 편지를 받았다.

이튿날 아침에 딘스모어 의원은 의원사무실에서 기다리지 않고 자기 마차를 몰아 아이 스트리트에 있는 이승만의 거처로 데리러 왔다. 국무부로 간 두 사람은 곧 장관실로 안내되었다. 면담은 30분 이상 계속되었다. 커버넌트 교회의 신자인 헤이 장관은 한국의 서북지방에서 활동하는 미국 선교사들의 동향에 관해 알렌 공사가 보내온 보고를 받고 감격한 이야기를 했다. 러-일전쟁이 발발하자 미국은 이 지역을 전쟁지역으로 선포하고 전함 1척을 평양으로 보내어 그곳에서 활동하는 선교사들과 미국인들을 철수시키려 했으나 선교사들은 임무수행을 위해 철수를 거부하고 있었다. 1904년 2월8일에 러-일전쟁이 발발하자 서울의 알렌 공사는 그 날로 평양에 있는 마펫(Samuel A. Moffett, 馬布三悅) 목사에게 전보로 일본군의 평양진격을 알리고 모든 선교사들의 여행을 중지시켰다. 황해도에 있던 헌트(William B. Hunt, 韓緯廉) 목사는 곧 평양으로 돌아왔다. 2월15일에 마펫은 알렌에게 전보로 모두 무사함을 알리고, 진남포로 미국 군함을 보내어 선교사들과 미국인들을 철수시키려는 알렌의 계획을 유보시켰다. 선교사들은 평양에 남기로 "영웅적인" 결정을 내린 것이었다. 알렌은 2월말에 러시아군이 진주한 선천(宣川)에 있는 선교사들을 평양으로 철수하도록 조치했다. 그러나 휘트모어(Norman C. Whittemore, 魏大模) 목사와 샤록스(Alfred M. Sharrocks, 謝樂秀) 의사 부부는 선천에 남았다. 4월 하순에 평양을 떠났던 사람들이 다시 돌아왔다. 대부분의 교인들은 평양을 떠나지 않았으나, 지방으로 흩어졌던 사람들은 그것을 복음을 전파하는 기회로 삼았다. 이때에 평안도와 황해도에서는 "우리도 야소교인이 되어 두려움 없이 살자"는 말이 생기면서 많은 사람들이 기독교에 입교했고, 선교사들은 하나님이 전쟁을 이용하여 전도하셨다고 믿었다고 한다.[12] 헤이 장관은 이러한 사실을 알렌 공사로부터 보고받고 있었던 것이다.

헤이 장관은 이승만에게 한국인들이 선교사들을 사랑하는 것 같아 보인다고 말하면서 이렇게 덧붙였다.

"한국인들이 어떤 반기독교 운동을 벌이지 않는 한 문제가 없을 것입니다."

이 말은 반기독교 및 반외세의 기치를 내걸었던 1900년의 중국의 의화단(義和團) 사건을 염두에 두고 한 말이었다. 이승만은 헤이에게 한국이 개항한 이래로 한 사람의 선교사도 아무런 화를 입지 않았음을 상기시켰다. 그러고 나서 그는 본론을 말했다.

"우리 한국인들은 장관께서 중국을 위해 하신 일을 한국을 위해서도

---

12) A. J. Brown, "The War and Our Devoted Missionaries", *Missionary Review of the World*, April 1904, pp. 241~246 ; "War", *The Korea Field*, May, 1904, p. 161 ; "Still War", *The Korea Field*, August, 1904, p. 177 ; A. J. Brown, "The Situation in Korea", *The Assembly Herald*, December, 1904, p. 737, 옥성득, "백범 김구의 개종과 초기 전도 활동", 《한국기독교역사연구소소식》, 2001년 3월3일호(제 47호), p. 28.

이승만을 미국에 보낸 민영환. 그는 1905년 11월에 을사조약이 체결되자 이에 항의하여 자결했다.

해주시기를 원합니다."

그것은 헤이의 문호개방정책을 뜻하는 것이었다. 헤이는 이승만이 자신의 문호개방정책을 거론한 데 대해 기뻐하는 눈치였다. 그는 이렇게 대답했다.

"기회가 주어지는 대로 나는 개인적으로나 미국정부를 대표해서 우리의 조약상의 의무를 이행하기 위해 할 수 있는 모든 일을 다할 것입니다."[13]

이때에 헤이 장관이 이승만에게 조약상의 의무를 다하겠다고 이처럼 확실하게 말했는지는 의심스럽다. 왜냐하면 헤이 장관은 바로 한 달 전에 루스벨트(Theodore Roosevelt) 대통령으로부터 "우리는 일본에 맞서서까지 한국문제에 관여할 수 없다. 한국인은 그들 자신의 방위를 위하여 일격을 가할 능력도 없다"는 편지를 받고 있었기 때문이다.[14] 루스벨트는 러시아와 일본 사이의 강화가 성립되면 한국은 일본의 보호국이 되어야 한다고 생각하고 있었다. 그는 한국문제로 자신과 대립했던 알렌 공사를 3월에 해임하고 후임으로 모건(Edwin V. Morgan)을 임명했다.

13) Oliver, *op. cit.*, pp. 82~83.

14) Roosevelt to John Hay, January 28, 1905. Elting E. Morison ed., *The Letters of Theodore Roosevelt*, vol. Ⅳ. *The Square Deal (1903~1905)*, Harvard University Press, 1951, p. 1112.

그러나 이승만은 헤이 장관과의 면담으로 크게 고무되었다. 딘스모어 의원도 국무부를 나오면서 회담 결과가 매우 만족스러웠다고 말했다. 이승만은 민영환과 한규설에게 회담에 대한 상세한 보고서를 썼고, 딘스모어는 그것을 외교 파우치편으로 주한 미국 공사관에 보내어 두 사람에게 전하게 해주었다. 이승만이 민영환과 한규설에게 보내는 편지를 주미 한국공사관 파우치를 이용하지 않고 미국 외교파우치를 이용한 것은 이때는 이미 스티븐스(Durham W. Stevens, 須知分)가 외교고문에 취임하여 일체의 외교 업무를 장악하고 있어서 편지가 일본인들에게 알려질 염려가 있기 때문이다.

헤이 장관이 한국정부의 공식사절도 아닌 젊은 이승만을 만난 것은 매우 이례적인 일이었다. 이승만은 이때의 일을 오래도록 자랑스럽게 기억했다. 이승만은 뒷날 헤이 장관이 그 해 여름에 갑자기 사망하지 않았더라면 그의 약속대로 한국의 독립은 지켜졌을 것이라고 아쉬워하곤 했다. 그러나 그것은 물론 이승만의 단견이었다.

헤이 장관은 이승만을 만나기 두 달 전에 이미 고종의 다른 '밀사'를 만나고 있었다. 1904년 8월22일에 이른바 제 1차 한-일협약〔한-일협정〕이 체결되고 한 달 뒤인 9월30일에 주일 공사 조민희(趙民熙)는 주미 한국공사관 고문 니덤에게 자기가 워싱턴 재임 중에 헤이 장관과 회견했을 때에 헤이가 한미 간의 우호관계를 고려하여 기회가 있으면 한국을 구할 생각이라고 말했다면서, 한국의 독립이 일본에 의하여 위기에 빠져 있으므로 한국의 상황을 루스벨트 대통령과 헤이 장관에게 전하여 한국의 독립과 황실의 보전을 위해 힘써달라고 부탁했다.[15] 조민희는 중추원(中樞院) 의관을 시작으로 평안도 관찰사, 법부 협판, 군부 협판 등을 역임하고 주독 공사와 주미 공사를 거쳐 1904년부터 주일 공사로 재임하고 있었다.[16] 조민희의 부탁을 받은 니덤은 12월21일에 헤이 장

15) Cho Min-Hai to Needham, Sept. 30, 1904, Dispatches, Korea, 長田彰文, 《セオドア・ルーズベルトと韓國—韓國保護國化と米國》, 未來社, 1992, p. 146.

관과 면담했다. 그리고 이튿날 조민희에게 면담결과를 다음과 같이 통보했다.

> 나는 어제 국무장관을 방문하고, 관계 각국과의 기존의 조약관계와 일치하는 범위 안에서 미국정부가 한국의 안전과 독립의 유지를 위해 동양사태의 최종적 조정에 대해 적절한 영향력을 행사해 주기 바란다는 황제 폐하의 희망을 구두로 전달했습니다.
>
> 국무장관은 정중히 맞이해 주었습니다. 그는 한국에 대해 깊은 관심을 표시했는데, 이 사실은 조금은 귀국에 도움이 되리라고 나는 마음으로부터 믿습니다. 교섭이 시작되고, 귀국 주변에서 현재 계속되고 있는 불행한 전투에 강화가 초래되기까지는 어떠한 우호국도 아무런 일도 할 방도가 없는 것은 명백합니다. 관계각국 모두에 명예로운 모양으로 동양에서의 전쟁이 즉시 종결되는 것은 인류의 희망이라고 확신합니다. … 17)

헤이 장관의 반응은 고종이 기대했던 것만큼 만족스러운 것은 물론 아니었다. 그러나 고종과 한국정부는 1882년의 조-미수호통상조약에 따른 미국정부의 '거중조정(good offices)'에 의해 독립이 유지되기를 절실히 바랐다. 니덤의 통보는 강화회의가 시작되면 우호국이 어떤 일을 할 수 있을지 모른다는 것을 시사하는 것이기도 했다. 이승만은 물론 니덤이 헤이 장관을 면담한 사실을 몰랐다. 그러나 그가 조지 워싱턴 대학교에 유리한 조건으로 쉽게 입학할 수 있었던 것은 이처럼 한국을 위해 활동하던 니덤이 바로 그 대학교의 총장이었기 때문에 가능했던 것이다.

---

16) 安龍植 編, 《大韓帝國官僚史研究(Ⅰ)—1896. 8. 1~1901. 7. 31》, pp. 737~738 및 《大韓帝國官僚史研究(Ⅱ)—1901. 8. 1~1904. 2. 29》, p. 879.

17) Needham to Min-hui Cho, Dec. 22, 1904, 日本外務省 編, 《日本外交文書 38-1》, 國際聯合協會, 1954, pp. 655~656.

중국에 대한 '문호개방정책'으로 유명해진 존 헤이 미국 국무장관.

일본정부는 니덤의 헤이 장관 면담사실을 모르고 있다가 1905년 6월에 이르러 주미 공사관의 서기관 히오키 에키(日置益)가 스티븐스에게 알려와서 비로소 알게 되었다. 이승만이 헤이 장관을 만나고 나서도 넉 달이나 지나서였다. 히오키는 주한 일본 공사관에도 근무했었다. 그러나 이승만이 헤이 장관과 면담한 사실에 대한 일본정부의 반응은 보이지 않는다.

이때부터 일본정부는 한국이 비밀리에 전개하고 있는 대미 교섭활동에 대해 경계를 철저히 하기 시작했다. 니덤의 헤이 장관 면담사실을 보고받은 외부대신 고무라 주타로(小村壽太郎)는 6월14일에 주한 일본 공사 하야시 곤스케(林權助)에게 이러한 일은 "대단히 재미없는 일"이므로 한국 황제에게 앞으로 외교는 모두 일반경로를 거치게 하고, 특히 외교고문 용빙계약 규정대로 반드시 고문의 자문을 거쳐서 시행하도록 상주하라고 훈령했고, 하야시는 곧바로 고종을 만나서 이와 같은 뜻을 상주했다. 하야시는 또 스티븐스에게도 같은 상주를 하게 했다.

헤이 장관과의 면담으로 고무된 이승만은 이러한 사실을 알지 못한 채, 주미 공사관을 통하여 좀더 공식적인 대미 교섭활동을 벌이기 위해 신태무 대신에 김윤정을 대리공사로 임명할 것을 민영환에게 건의했다. 그는 김윤정의 애국심을 의심하지 않았다. 이승만은 이때의 상황을 자서전 초록에서 다음과 같이 적었다.

김씨는 자주 나를 만나러 오곤 했다. 그는 나와 한국정계의 관계,

> 그리고 나의 비밀사명에 대해 알고 있었기 때문에 나에게 신씨를 본국으로 소환해야 된다고 자주 말했다. 이 중요한 시기에 신씨는 한국을 위해 무슨 일을 하지도 않을 것이고 또 하려고 하지도 않을 것이라고 그는 말했다. 그러면서 만일 자기가 공사가 될 수 있다면, 모든 힘을 다해서 나에게 협조하겠다고 했다. 그래서 나는 만일 내가 그를 대리공사 자리에 승진되게 한다면 한국을 위해 미국 정부에 정식요청을 하겠느냐고 물었더니, 그는 있는 힘을 다해서 일본이 한국의 지도자들에게 한 약속을 어기는 것에 항의하겠다고 말했다.[18]

이윽고 6월23일부로 신태무가 해임되고 김윤정이 3등 참서관으로 승진되어 대리공사로 임명되었다. 김윤정은 주미공사관의 서기생으로 현지 채용된 지 1년 만에 공관장이 된 것이었다. 김윤정이 대리공사에 임명된 것이 반드시 이승만의 추천에 따른 것이었는지는 분명하지 않다. 이승만을 미국으로 보낸 민영환과 한규설이 이 무렵에 차례로 참정대신(參政大臣)을 맡고 있었으므로 그들이 마음먹기에 따라서는 그것은 어려운 인사는 아니었다. 김윤정의 대리공사 임명과 관련하여, 미국 국무장관 대리 루미스(Francis B. Loomis)가 6월12일과 14일 두 차례에 걸쳐서 김윤정이 대리공사에 임명될 것같다고 주한 미국 대리공사 패독(Gordon Paddock)에게 타전하고, 패독은 한국정부에 조회하여 사실임을 확인하고 본국에 보고하고 있는 것[19]이 눈길을 끈다. 그런데 이승만 자신은 자기가 민영환에게 김윤정을 대리공사로 임명하도록 추천한 것은 사실이나, 김윤정이 비밀리에 서울에 있는 일본 공사에게 접근해서 일본정부가 그의 보직을 승인하도록 노력한 것이 뒤에 일어난 일들로 증명되었다고 적고 있다. 그러면서도 이승만은 "그러나 (이때에) 나는

---

18) "청년이승만자서전", 이정식 지음, 권기봉 옮김, 앞의 책, p.289.

19) 長田彰文, 앞의 책, p.151.

그가 (대리공사로) 임명된 것은 우리 계획을 절반쯤은 성공케 한 것으로 생각했다"[20] 고 덧붙였다.

이승만은 김윤정을 자주 찾아갔다. 그는 공사관 3층의 김윤정의 살림집에서 식사를 하고 오기도 했다.

이승만의 개인생활도 정착되어 갔다. 그는 4월23일의 부활절 주일에 햄린 목사로부터 세례를 받았다.[21] 태평양 건너 먼 이국땅에서 눈빛 푸른 미국 사람들과 섞여 세례를 받는 이승만은 만감이 교차했을 것이다. 그리고 각별한 선민의식과 사명감을 느꼈을 것이다.

6월4일에 아들 태산(泰山)이 워싱턴에 왔다. 박용만(朴容萬)이 미국에 오는 길에 데리고 온 것이었다. 태산은 이때에 여덟 살이었다. 태산을 이승만에게 보낸 사람은 박씨 부인이었다. 박씨 부인은 태산을 먼저 미국에 보내놓고, 그것을 핑계삼아 자신도 도미할 생각이었다고 한다. 그리고 이러한 사실을 사전에 시아버지 이경선(李敬善)과는 상의하지 않았다는 것이다. 그 때문에 박씨 부인은 이경선의 진노를 샀고, 자신의 도미계획도 수포로 돌아갔다고 한다.[22]

한편 이승만이 미국으로 떠날 때에 박씨 부인과 태산을 미국으로 데려갈 계획을 하고 있었다는 이야기도 있다. 박씨 부인의 양아들 이은수(李恩秀)의 말에 따르면, 이승만은 미국으로 떠나기에 앞서 박씨를 일본으로 보낼 것을 주선해 놓고 있었다. 박씨 부인에게 신교육을 시켜 미국에서 합류할 계획이었다는 것이다. 그러나 나가사키(長崎)까지 갔던 박씨 부인이 가슴앓이로 건강을 해쳐서 석 달 만에 돌아오고 말았다는

20) "청년이승만자서전", 이정식 지음, 권기붕 옮김, 앞의 책, p. 292.

21) "Autobiography of Dr. Syngman Rhee", p. 18. *Log Book of S.R.*에는 세례를 받은 날이 3월26일 부활절이었다고 했으나, 이해의 부활절은 4월23일이었다.

22) 李承晚의 조카 沈鍾喆의 부인 말을 근거로 한 曺惠子 증언.

것이다. 또한 박씨 부인의 친정조카 박관현(朴貫鉉)은 박씨 부인이 태산을 데리고 대만까지 갔으나 각기병에 걸려서 귀국했다는 말을 들었다고 했다.[23)]

이승만은 자신이 오래 감옥살이를 하는 동안 할아버지 슬하에서 자랐던 어린 태산이 이역만리까지 찾아온 것이 여간 반갑지 않았으나, 그렇다고 데리고 있을 수는 없었다. 그리하여 그는 태산을 김윤정의 집에 맡겼다가 이내 워싱턴 시내의 어떤 부잣집에 맡겼다.

이승만은 1905년 여름부터 조지 워싱턴 대학교를 졸업할 때까지 여름방학을 뉴저지주의 오션 그로브(Ocean Grove)에서 지냈다. 그곳은 미국 동부 부자들의 별장지이다. 필라델피아에 사는 부유한 감리교 신자 보이드 부인(Mrs. Boyd)의 별장이 거기에 있었는데, 이승만이 감옥에 있을 때에 그를 도왔던 선교사 존스(George H. Jones, 趙元時)가 그녀에게 이승만을 소개해서 그는 여름방학을 그 별장에 가서 지내게 된 것이었다. 조지 워싱턴 대학교는 여름방학이면 기숙사 문을 닫았기 때문에 아무도 학교에 머무를 수 없었다. 보이드 부인은 뒤에 이승만을 "폴(Paul)"이라고 부르면서, 겨울학기 동안에는 1주일에 한 번씩 그에게 편지를 썼고, 여름방학이 다가오면 하인을 오션 그로브에 보내어 별장 문을 열게 했다.[24)]

이승만이 처음 오션 그로브에 간 것은 6월19일이었다. 그는 태산을 워싱턴에 남겨둔 채 햄린 목사로부터 여비 5달러와 왕복기차표를 얻어 가지고 갔다.[25)] 이때의 일을 그는 다음과 같이 적고 있다.

아직 피서철이 시작되기 전이어서, 내가 그곳에 도착했을 때는 캄캄

23) 李恩秀 및 朴貫鉉 證言, "人間李承晩百年(56)", 《한국일보》 1975년 6월5일자.

24) Oliver, *op. cit.*, p. 101.

25) Syngman Rhee, *Log Book of S. R.*, 1905년 6월19일조.

한 밤이었다. 길에서 만난 부인에게 호텔이 어디 있느냐고 묻자 그녀는 깜짝 놀랐다. 어떤 집을 말해 주면서 그 집으로 가라고 했다. "그 집 부인은 좋은 크리스천이므로 당신을 반갑게 맞이해 줄 것입니다" 하고 그녀는 말했다. 나는 그 집을 찾아가서 스탁스(Starks) 부인을 만났는데, 뒷날 그녀의 우의는 우리의 활동에 참으로 많은 도움이 되었다.[26]

상류층의 별장지에서 밤중에 낯선 동양인이 부녀자에게 다가와서 말을 걸자 그녀는 기겁을 하도록 놀란 것이었다.

2. 루스벨트 대통령을 만나서 '스퀘어 딜' 부탁

포츠머스(Portsmouth)에서 열릴 러-일전쟁 강화회의를 앞두고 일본정부는 이 회의에 대표단을 참석시키려는 한국정부의 움직임에 긴장했다. 전쟁수행 능력의 한계에 도달한 일본은 1905년 5월27일의 동해 해전의 승리라는 유리한 상황을 계기로 6월1일에 루스벨트 대통령에게 러시아와의 강화 알선을 요청했고, 루스벨트는 6월9일에 강화권고서를 발송하여 양국으로부터 동의를 받자 6월26일에 강화회의를 포츠머스에서 개최한다고 발표했다. 강화회의에 앞서 일본정부는 6월30일의 각의결정(閣議決定)으로 한국의 '자유처분'을 강화의 절대적 필요조건으로 결정했다.[27]

한편 일찍이 한국과 만주에서의 러시아의 세력확장을 저지하기 위해 일본을 지지했던 루스벨트는 러-일전쟁에서 일본이 러시아를 압도하자

26) "Autobiography of Dr. Syngman Rhee", p. 18 ; "청년이승만자서전", 이정식 지음, 권기봉 옮김, 앞의 책, p. 293.

27) 日本外務省 編,《日本外交年表竝主要文書(上卷)》, 原書房, 1972, p. 236.

일본의 한국 보호국화에 동의하는 태프트-가쓰라 비밀협약을 체결한 미육군장관 윌리엄 태프트는 27대 미국대통령으로 선출되었다.

1898년 이후로 미국령이 되어 있는 필리핀에 대한 일본의 의도에 대해 불안감을 느끼고, 필리핀 확보를 위한 육해군을 준비할 필요성을 절감하게 되었다. 동해에서의 발틱함대의 패전 직후에 루스벨트는 여름에 필리핀을 시찰할 예정인 육군장관 태프트(William H. Taft)에게 보낸 편지에서 "체재 중 귀하가 동행하는 상하 양원 의원들이 수빅 만(Subig Bay)의 방비를 강화할 필요성에 주의를 집중하도록 하기를 절망합니다"[28] 라고 강조한 것은 그러한 사정을 여실히 보여 준다. 루스벨트 행정부에서 본직인 육군장관 이상의 역할을 하고 있던 태프트는 헤이 국무장관이 1905년 봄부터 중병에 걸려 7월1일에 사망하자 국무장관 대리를 겸임했다.

태프트는 7월8일에 상하 양원 의원과 군장성 등 80여명의 방문단을 이끌고 필리핀을 향하여 샌프란시스코를 출발했다. 일행 가운데에는 루스벨트의 딸 앨리스(Alice)와 이듬해 2월17일에 그녀와 결혼하는 하원의원 롱워스(Nicolas Longworth)도 있었다. 여행의 목적은 일행 중의 상하양원 의원들에게 미국이 필리핀 통치에서 당면한 문제들에 대해 이해를 넓히는 일이었다.

태프트 일행은 7월14일에 호놀룰루에 도착했다. 그런데 이때에 뜻밖

28) Roosevelt to Taft, May 31, 1905, *The Letters of Theodore Roosevelt*, vol. Ⅳ. *The Square Deal*(*1903~1905*), p.1198.

의 일이 벌어졌다. 하와이에 있는 한국인들이 대대적인 환영회를 연 것이었다. 1905년에 접어들면서 하와이와 미국 본토의 한국인들은 조직을 확대하고 있었다. 샌프란시스코의 친목회는 4월5일에 안창호(安昌浩)를 회장으로 하는 공립협회(共立協會)로 확대 개편되었고, 하와이에서는 윤병구(尹炳求) 목사 등의 주도로 5월3일에 일화(日貨) 배척 등 항일운동과 동포들의 결속을 표방하고 에와(Ewa) 친목회가 발족했다. 공립협회와 에와친목회는 7월12일에 연합행사로 호놀룰루에서 특별대회를 열어 루스벨트 대통령 앞으로 한국의 독립유지를 위한 청원서를 보내기로 결의하고, 그 청원서를 제출할 대표로 윤병구와 이승만을 선출했다. 그리고 태프트 일행을 대대적으로 환영하기로 결의했다. 워싱턴에 있는 이승만을 공동대표로 선출한 것은 그가 미국에 오면서 하와이에 들렀을 때에 밤을 새워 앞으로의 대책을 숙의했던 윤병구의 제의에 따른 것이었을 것이다.

한국교민들의 태프트 환영행사는 워싱턴의 신문들도 대서특필했다. 태프트는 하와이 감리교회의 감리사 와드먼(John W. Wadman)의 소개로 윤병구를 만나서 여러 가지 이야기를 나누었고, 와드먼의 요청에 따라 윤병구에게 루스벨트를 만날 수 있도록 소개장을 써주었다. 윤병구로부터 이러한 사실을 통보받은 이승만은 그 사실을 민영환에게 보고했다. 이승만의 동향이 일본정부에 포착된 것은 이때부터였다.

7월14일 새벽에 주한 일본 공사 하야시는 임시 외부대신을 겸하고 있는 가쓰라 타로(桂太郎) 총리대신에게 믿을 만한 한국대관(大官)이 전하는 극비정보라면서 다음과 같이 타전했다.

> 지금 모 외국에 있는 이승만이라는 자를 머지않아 열릴 평화회의를 계기로 미국에 건너가게 하여 모국 정치가에 대해 지금 한국이 일본으로부터 심한 학대를 받고 있는 정황을 설명하고 열국, 특히 미국의 후의에 의하여 한국의 독립을 유지하도록 진력하게 하는 비밀

> 협의가 궁중에서 이루어졌고, 이를 위하여 다액의 비용을 지출하도록 결정했으며 ….[29]

이 전문으로 미루어 보면, 이승만이 민영환과 한규설에게 보낸 보고서를 토대로 하여 궁중에서 극비리에 포츠머스 강화회의에 대한 대책이 논의되고 있었음을 알 수 있다. 이승만은 헤이 장관을 만난 뒤에도 수시로 민영환에게 편지를 보내고 있었던 것 같다. 또한 이 전문은 서글프게도 이때에 이미 일본과 내통하고 있던 '대관'이 있었던 것도 말해 준다.

이러한 보고를 받은 가쓰라는 7월16일에 이승만의 소재를 조사해서 보고하라고 훈령했고, 하야시는 이튿날 "이승만은 예수교 신도로서 작년에 장남을 동반하고 미국으로 가서 체재하고 있는데, 미국 어느 지방에 있는지는 불명함"[30] 이라는 답전을 보내고 있다. 이때까지만 해도 대리공사 김윤정이 일본과 내통하여 이승만의 동정을 일본 공사관에 알려주고 있지는 않았던 것이다.

가쓰라는 또 7월17일에 고종이 다시 개인적으로 어떤 사람을 강화회의에 파견하기로 하고 이미 다액의 운동비를 내탕금(內帑金)에서 하사했다는 서울발 기사의 사실 여부를 급히 조사해서 보고하라고 하야시에게 훈령했다.[31] 이에 대해 하야시는 19일에 다음과 같이 보고했다.

> 궁중에서는 이러한 풍설을 부인하나 현재 미국에 있는 이승만을 시켜, 또는 새로 사람을 파견하여 강화회의의 경과를 탐지하고, 또 한국의 현상에 대해 특히 미국의 동정을 불러일으키는 운동을 하게 하자는 비밀협의를 궁중에서 하고 있는 것은 근거 있는 말로 믿어짐.

---

29) "李承晩ヲ米國ニ渡航セシメントスル韓廷密議ニ關スル情報ノ件", 《日本外交文書 38-1》, pp. 656~657.

30) "李承晩ノ所在ニ付回申ノ件", 《日本外交文書 38-1》, p. 657.

31) "韓廷ニ於ケル獨立保持運動ノ眞僞調査報告方訓令ノ件", 《日本外交文書 38-1》, pp. 657~658.

다만 다액의 운동비를 이미 지출했다는 말은 확실하지 않음.[32]

하야시는 다시 입궐하여 고종을 알현하려고 했으나 고종은 더위를 핑계로 만나 주지 않았다. 그리하여 하야시는 고종 대신에 참정대신 심상훈(沈相薰)을 만났는데, 심상훈은 밀사파견 사실을 강력히 부인하면서 한국이 일본을 제쳐 두고 직접 다른 나라에 대하여 운동을 하는 일은 없다고 확언했다.[33]

윤병구의 도착을 기다리는 동안 이승만은 필라델피아에 있는 서재필(徐載弼)을 찾아가서 상의했다. 이 무렵 서재필은 펜실베이니아에서 문방구상을 경영하고 있었다.[34] 서재필이 청원서를 작성하여 법률전문가에게 법률적 검토를 받아놓기로 하고 이승만은 워싱턴으로 돌아왔다. 한국정부가 두 사람의 특사를 미국에 파견했고, 그 특사가 미국정부에 대해 한국의 독립유지의 보장을 요청하고 있다는 것은 이미 미국 신문에 보도되고 있었다.[35] 가쓰라가 도쿄를 방문한 태프트에게 비밀회담을 요청한 것은 이승만의 대미교섭 활동에 관한 하야시의 보고를 받고 며칠 지나지 않은 7월27일이었다. 그러므로 이승만과 윤병구의 활동에 대한 정보가 가쓰라가 태프트를 만나서 한국의 운명에 관한 비밀협약을 맺는 촉매제가 되었을 수 있다.

7월15일에 호놀룰루를 떠나서 열흘 뒤인 25일에 요코하마(橫濱)에 입항한 태프트 일행은 일본에서 대대적인 환영을 받았다. 강화회의를 앞두고 태프트가 일본을 방문한 것에 대해 주미 러시아대사 카시니

32) "韓廷ニ於ケル韓國ノ獨立保持ニ關スル秘密協議ハ事實ト認メラルル旨回申ノ件", 《日本外交文書 38-1》, p. 658.

33) "米國へ密使派遣ノ件ニ付韓帝否認ノ旨報告ノ件", 《日本外交文書 38-1》, p. 658.

34) 李庭植, 《구한말의 개혁-독립투사 서재필》, 서울대학교 출판부, 2003, p. 273.

35) *The New York Times*, Jul. 20, 1905, "Korea Wants Its Say, too".

(Graf A. P. Cassini)는 격노했으나, 태프트의 일본방문은 루스벨트의 뜻을 반영한 것이었음은 말할 나위도 없다. 그리고 필리핀 총독을 지내어 필리핀에 대한 애착이 남다른 태프트로서는 일본으로부터 필리핀에 대한 야심이 없다는 확약을 받고 싶은 심정이 루스벨트보다도 강했을 것은 충분히 짐작할 수 있다.[36]

태프트와 가쓰라의 비밀회담은 7월27일 오전에 이루어졌는데, 두 사람은 이때의 합의를 각서로 작성했다. 그것이 유명한 태프트-가쓰라 비밀협약이다. 각서는 1) 필리핀문제, 2) 극동의 평화유지 문제, 3) 한국문제의 세 가지로 되어 있는데, 한국에 관한 대목은 다음과 같은 것이었다.

> 한국문제에 관하여 가쓰라 백작은 한국은 우리의 러시아와의 전쟁의 직접적 원인이기 때문에 전쟁의 논리적 귀결로서 반도문제의 완전한 해결이 이루어져야 한다고 말했다.… 일본은 한국이 이전의 상태로 돌아가서 일본이 별도의 대외전쟁에 돌입할 필요가 있는 상황에 다시 처할 가능성을 배제하기 위하여 확고한 조치를 취하는 일이 절대로 필요하다고 느끼고 있다. 태프트 장관은 백작의 관찰이 정당하다는 것을 충분히 인정하고, 개인적 의견은 한국이 일본의 동의 없이는 외국과 협약을 할 수 없도록 요구할 정도의 일본군에 의한 한국에 대한 종주권(suzerainty)의 수립은 현 전쟁의 논리적 귀결이며 동양의 항구적 평화에 직접 기여하는 것이라는 취지의 견해를 피력했다.…[37]

이 조항은 곧 일본이 한국을 보호국으로 만드는 것을 미국이 인정한다는 내용이었다. 이러한 비밀협약을 보고받은 루스벨트는 7월31일에

---

36) 長田彰文, 앞의 책, pp. 101~102.

37) 《日本外交年表竝主要文書(上)》, p. 240. 이 협정의 일본 쪽 문서는 소실되고 없어서 일본정부도 미국 국무부 자료를 이용하고 있다.

태프트에게 이를 확인하면서 가쓰라에게 통보하라고 타전했고, 태프트는 8월7일에 마닐라에서 그 사실을 가쓰라에게 통보했다. 가쓰라는 이튿날 포츠머스에 회담대표로 가 있는 고무라 주타로에게 알렸다. 그런데 이때 이후의 미국의 대한정책에서 결정적 근거가 된 이 태프트-가쓰라 비밀협약의 존재가 세상에 알려지는 것은 그로부터 19년의 세월이 지난 1924년의 일이다.

태프트-가쓰라 비밀협약의 존재를 알 턱이 없는 이승만은 루스벨트와의 회견준비에 흥분해 있었다. 윤병구는 7월 31일에 워싱턴에 왔다. 이승만은 역에 나가서 기다렸다가 윤병구가 여장을 풀자마자 함께 서재필에게로 갔다. 서재필은 이승만과 약속한 대로 청원서 문안을 작성해 놓고 있었다. 세 사람은 다시 상의하여 마지막 손질을 해서 워싱턴으로 돌아왔다. "루스벨트 대통령에게 보내는 하와이 거주 한국인의 청원서"라는 제목의 이 글은 고종이나 한국정부가 아니라 하와이에 거주하는 "8,000명의 한국인"이 보내는 것으로 되어 있다. 그 내용은 이 시기의 서재필이나 이승만의 국제정세 인식을 반영한 것이어서 눈여겨볼 만하다.

> 러-일 양국 간의 전쟁개시 이후 곧 우리 정부는 공수(攻守) 양쪽의 목적을 위하여 일본과 동맹조약을 체결했습니다. 이 조약에 따라 한국 전토는 일본인에게 개방되고, 한국정부 및 한국국민은 한국 내 및 한국 주변에서의 군사작전에서 일본당국을 지원해 왔습니다.

이러한 말로 시작된 청원서는 거의 강압적으로 체결했던 이 동맹조약〔한-일의정서〕에 대해 다음과 같이 설명했다.

> 이 조약을 체결할 때에 한국인들은 일본이 유럽과 미국의 근대문명의 노선에 따라 정부에 여러 가지 개혁을 도입하고 우의에 찬 방법으로 우리 국민들에게 조언하고 권고할 것을 진정으로 기대했습니다. 그러나 우리가 실망하고 유감스럽게 생각하는 것은 일본정부

> 가 한국인의 상태를 개선하기 위하여 한 일이 아무 것도 없다는 사실입니다. 그와는 반대로 수천명의 조잡하고 난폭한 일본인들을 한국에 풀어놓아서 그들은 무고한 한국인을 악학무도(惡虐無道) 한 방법으로 다루고 있습니다. … 한국 안의 일본인들이 저지르는 온갖 비행을 일본정부가 인정하고 있다고는 우리도 거의 믿지 않으나, 일본정부는 이러한 상황을 방지하기 위한 수단을 아무 것도 강구하지 않고 있습니다. …

청원서는 그러면서 일본정부에 대한 실망을 다음과 같은 말로 표명했다.

> 우리 한국국민은 동맹조약을 체결할 때에 일본이 한 약속에 대한 신뢰를 상실하게 되었고, 일본이 우리 국민에게 표명하는 선의를 진정으로 의심하고 있습니다. 지리적으로나 인종적으로나 상업상의 이유 때문에 우리는 일본과 우호관계에 있을 것을 바라고 있고, 내정개혁과 교육 면에서 일본을 우리의 인도자 내지 모범으로 삼기를 바라기까지 합니다. 그러나 한국인의 희생을 통한 이기적 착취라는 정책의 계속으로 말미암아 일본에 대한 우리의 신뢰감은 동요하고 있고, 한 국가로서의 한국의 독립을 보전하고 국내정치의 개혁에서 우리를 지원한다는 약속을 일본이 지키지 않을 것이라고 우리는 위구하고 있습니다. 바꾸어 말하면, 한국에서의 일본의 정책은 전쟁 전의 러시아의 그것과 꼭 같은 것으로 생각됩니다. …

또한 청원서는 미국에 대한 기대를 다음과 같이 표명했다.

> 미국은 우리나라에 많은 이해관계를 가지고 있습니다. 미국의 경영 아래 있는 산업, 상업, 종교의 각 분야의 여러 사업은 상당한 부분을 차지하고 있으므로, 한국의 실정과 앞으로 일본이 한국에서 월등한 지위에 있게 되면 어떤 결과가 오는지를 미국정부와 국민은 알아야 한다고 우리는 믿습니다. 우리는 미국 국민이 페어 플

> 레이를 사랑하고 모든 사람에 대하여 정의를 제창하고 있음을 압니다. 또한 우리는 각하께서 국가와 국가 사이뿐만 아니라 개인과 개인 사이의 일에도 공평한 조치(square deal)가 이루어져야 한다는 것을 강력히 주장하고 계시는 것을 알고 있습니다. 그러므로 우리나라 운명의 이 중대한 시기에 각하께서 우리나라를 도와주시리라는 희망을 품고 우리는 이 청원서를 가지고 각하에게 왔습니다. …

청원서는 끝으로 조-미통상조약의 '거중조정' 조항에 따른 미국의 지원을 다음과 같이 요청했다.

> 우리는 한국이 자치정부를 보전하고 다른 열강이 우리 국민을 억압하거나 학대하지 않도록 각하께서 힘써 주시기를 진심으로 원합니다. 미국과 한국 간의 조약의 조문에 따라 우리는 미국에 지원을 요청하는 것이며, 지금 이때야말로 우리는 미국의 지원이 가장 필요한 때입니다.[38]

이처럼 이 청원서는 짜임새 있는 문장으로 된 것이기는 했으나, 그것은 한국의 독립을 보전하기 위해 루스벨트의 정의감을 부추기기에는 너무나 온건한 것이었다. 그러나 이 청원서는 루스벨트를 통하여 포츠머스 강화회의에 제출될 것을 전제로, 따라서 일본인들에게도 읽힐 것을 염두에 두고 작성되었다는 사실을 감안할 필요가 있다. 그리고 그것은 뒷날 독립운동 기간 내내 계속되는 청원외교의 효시가 된 문서라는 점에서 기억할 만한 가치가 있다.

이승만과 윤병구가 루스벨트 대통령을 방문할 것이라는 소식은 재미동포들을 적잖이 고무시켰던 것 같다. 이 무렵 로스앤젤레스에 있던 신흥우(申興雨)에 따르면, 7월12일에 호놀룰루에서 한인 특별회의 소식

38) F. A. McKenzie, *The Tragedy of Korea*, E. P. Dutton Co., 1908, pp. 311~312.

이 전해지자 서부지역의 유학생들은 샌프란시스코에 모여 이승만을 유학생 대표로 선정했다.[39] 한편 이승만은 루스벨트 방문을 준비하고 있을 때에 샌프란시스코 등지의 한국인들이 운동비 연조로 100달러를 보내왔다고 적고 있다. 그는 이 돈으로 프록코트와 실크해트 등 외교관 예복을 마련했다.[40]

이승만과 윤병구는 김윤정에게 미국정부에 자신들이 대통령을 만날 수 있도록 편지를 써줄 것을 부탁했다. 그런데 뜻밖에도 그는 그것을 거절했다. 본국정부의 훈령이 없이는 할 수 없다는 것이었다. 이때는 이미 김윤정이 일본 공사관과 긴밀한 연락을 취하고 있을 때였다. 김윤정이 대리공사로서 일본 공사관과 연락을 취하지 않을 수 없었던 것은 공사관의 재정사정과도 관계가 있었다. 한국 공사관은 스티븐스가 외교고문으로 부임한 1904년 12월 이래로 아홉 달 동안이나 본국으로부터 봉급과 공사관 경비의 송달이 없어서 관원들은 심한 곤경에 빠져 있었다. 심지어 귀국발령이 난 신태무는 여비가 없어서 귀국하지 못하는 형편이었다. 주미 공사관의 이러한 재정궁핍은 재정고문 메가타와 외교고문 스티븐스가 주미 공사관에 대한 경비송금을 금지했기 때문이었던 것 같다. 그러한 사정은 일본의 주미 공사 다카히라 고고로(高平小五郎)가 외부대신에게 한국 공사관의 경비송금을 알선할 필요성을 강조한 보고서에도 나타나 있다.[41] 결국 신태무는 일본 미쓰이(三井) 상사를 통하여 1,000달러를 송금받아 가지고 귀국했다.

이승만과 윤병구의 움직임과 두 사람이 김윤정과 벌인 논쟁에 관하여

---

39) 申興雨 증언. "人間李承晚百年(51)", 《한국일보》 1975년 5월29일자.

40) "李承晚이 閔泳煥에게 보낸 1905년 8월9일자 편지", 《梨花莊所藏 雩南李承晚文書 東文篇(十六) 簡札 1》, 延世大學校 現代韓國學研究所, 1998, p. 37.

41) "在米韓國公使館費用送金方ニ付斡旋依賴ノ件", 《日本外交文書 38-1》, pp. 596~597.

주미 일본 대리공사 히오키는 임시 겸임 외부대신 가쓰라에게 다음과 같이 보고했다.

> 이승만과 윤병구 양인은 이곳에 와서 여러 차례 김 한국 대리공사를 방문하고 … 한편으로는 국무부에 한국독립 보전을 청원하고 한편으로는 자기들이 대통령과 회견하도록 주선하라고 강청하여 마침내 격론 폭행에 이를 뻔했으나, 대리공사는 정부의 훈령이 없이는 결코 움직일 수 없다고 주장하여 끝내 그들을 물리쳤음. 이(李), 윤(尹) 두 사람은 그 뒤에 이곳을 떠나서 뉴욕에 도착하여 지금 대통령을 회견할 목적으로 활동 중인 것 같음. …
>
> 윤병구는 태프트 육군장관이 하와이에 기항했을 때에 그곳에서 동 장관으로부터 대통령 앞으로 보내는 소개장을 받았다고 하며, 또 종교가 등은 그들의 목적에 다소 동정을 보내는 사람도 있어서, 끝내는 대통령을 회견하고 그들 나라의 사정을 진술할 기회를 얻을지도 모름. 그러나 한국문제에 관한 이 나라 정부 및 인민의 의견은 스스로 정하는 것이므로 새삼스럽게 지위도 없는 청년서생배(青年書生輩)가 잔재주를 부리더라도 아무 소용이 없을 것이 분명하다고 판단됨. 오늘까지는 신문 등에 그들의 활동에 의한 것으로 추측되는 기사 등이 더러 보임. …
>
> 이번에 한국 공사관 서기생으로 임명되어 어제 착임한 이하영(李夏榮: 당시 법부대신)의 처조카 최석준(崔錫俊)이 제보하기로는, 새로 몇 명의 한국 유지가들이 같은 배를 타고 미국에 왔다고 함. …
>
> 탐문한 바에 따르면, 안에서는 민영환이 전적으로 이 일을 획책하고 밖에서는 서재필이 이를 지원하고 있음.[42]

이 보고서는 이승만과 윤병구가 루스벨트 대통령을 면담하고 난 이튿

42) "米國ニ於ケル韓國人尹炳求李承晩等ノ韓國獨立維持運動ノ件", 《日本外交文書 38-1》, pp. 659~660.

날인 8월5일에 보낸 것이기는 하나, 이 시점에서는 이처럼 주미 일본 공사관이 이승만과 윤병구의 동향을 비교적 정확히 파악하고 있었음을 알 수 있다. 새로 서기생으로 부임한 최석준이라는 인물도 일본이 보낸 사람이었을 것으로 짐작된다.

이승만과 윤병구는 8월2일에 루스벨트를 만나러 오이스터 베이(Oyster Bay)를 향해 워싱턴을 떠났다. 오이스터 베이는 뉴욕시의 동북부에 있는 피서지로서 롱 아일랜드의 북쪽 끝에 위치해 있다. 루스벨트는 오이스터 베이의 새가모어 힐(Sagamore Hill)에 있는 여름 별장에서 휴가를 보내고 있었다.

이튿날 오후 6시 반에 오이스터 베이에 도착한 두 사람은 '옥타곤하우스(Octagon House)' 비슷한 이름의 고급 호텔에 들었다. 이튿날에는 루스벨트가 강화회의에 참석하기 위해 포츠머스에 와 있는 러시아 대표와 일본 대표를 접견할 예정이었으므로 오이스터 베이는 붐비고 있었다. 두 사람은 곧바로 루스벨트를 찾아가고 싶었으나 예복을 넣은 짐이 도착하지 않아서 오후 8시가 지나서야 마차를 불러타고 대통령 비서실을 찾아갔다. 비서관 로웁(Loeb)은 출타 중이고 임시비서관 반즈(Barnes)가 두 사람을 만났다. 그는 두 사람이 오는 것을 알고 있었다. 명함을 주고 태프트의 소개장을 보이자 그는 청원서를 보여 주면 그 내용을 대통령에게 보고하겠다고 말했다. 두 사람은 청원서를 보여 주었다. 그것을 훑어보고 나서 그는 말했다.

"호텔에 가서 기다리시면, 대통령에게 말씀드려서 오늘밤이나 내일 아침에 연락드리겠습니다."

두 사람은 감사하다고 말하고 호텔로 돌아왔다.

오이스터 베이에는 많은 기자들이 몰려와 있었다. 그들은 뉴스거리가 별로 없던 참이어서 한국에서 온 두 젊은이에게 이례적인 관심을 보였다. 몰려온 기자들이 이것저것 묻는 데 대해 두 사람은 대통령을 만나기 전에는 아무 말도 할 수 없다고 대답했다. 기자들은 두 사람에게 대통령을 만날 수 있을 것 같으냐고 비웃듯이 묻기도 했다. 오이스터 베이에는 각국 외교관들이 루스벨트와의 사전협의를 위해 몰려들고 있었으므로 기자들은 한국에서 온, 그것도 외교관 신분도 아닌 이름 없는 젊은이들을 루스벨트가 만나 줄 것 같지 않아 보였던 것이다. 기자들은 말했다.

루스벨트 대통령을 회견하기 위해 외교관 복장으로 정장한 이승만.

"루스벨트 대통령은 당신들을 만날 시간이 없을 겁니다. 그러니 몇 달을 머물러 봐도 소용없을 걸요."

그러면서도 그들은 두 사람의 움직임을 자세히 보도했다. 《뉴욕 트리뷴》의 다음과 같은 기사는 그러한 보기의 하나였다.

> 한국국민이 대통령에게 보낸 밀사 윤병구와 이승만 두 사람은 오늘 저녁 오이스터 베이에서 대통령을 면담할 기회를 기다리고 있다. 그들은 내일 아침에 대통령에게 제출할 청원서를 휴대하고 있는데, 그 내용은 극비에 부치고 있다. 윤병구는 "현재 한국황제는 일반국민의 이익을 대표하고 있지 않으므로 우리는 황제의 대표가 아님을 분명히 이해해 주기 바란다. … 한국국민은 진실로 미국국민 및 그

정부와의 우호를 갈망하고 있다. 미국은 앞장서서 한국과 수호조약을 체결했으며, 1882년에 체결된 그 조약은 아직도 존속하고 있다. 한국은 미국과 우호관계를 유지하지 않으면 일본과 러시아 양국의 틈바구니에 끼어 파멸의 지경에 빠지리라는 것이 일반 한국국민의 생각이다. 그러므로 미국 대통령이 거중조정을 해준다면 대한제국의 영토는 보전되고 국민은 착착 진보의 방향으로 나아갈 수 있다고 생각한다"고 말했다.

윤병구는 또한 "현재 일본이 한국에 대하여 집행하고 있는 보호권(保護權)은 조약〔한-일의정서〕 원문의 부정확한 해석을 이용한 간계에 따른 것이다" 라고 말했다.[43]

주미 일본 대리공사는 가쓰라에게 보낸 기밀 보고서의 '부속서'로 이 기사를 첨부했다.

《뉴욕 타임스》는 이승만이 했다는 흥미로운 말을 전하고 있다. 윤병구가 한-일의정서 문구해석의 문제점에 관해서 이야기하자 한 기자가 물었다.

"만일 한국이 독립을 잃는다면 어느 나라의 지배를 받기를 더 원하겠습니까? 러시아입니까, 일본입니까?"

그러자 이승만이 "잠깐요" 하고 대화를 가로챘다.

"제발 두 나라를 비교하지 마십시오. 러시아는 극동에 있는 역사가 오랜 민족들의 절대적인 적이라고 우리는 간주하고 있습니다. 러시아의 지배에 항거해야 할 날이 온다면 아시아의 이른바 황인종들은 일치단결해서 일어설 것입니다."[44]

이러한 이승만의 답변은 물론 러시아의 남하를 두려워하는 미국의 여론을 고려한 외교적 수사의 성격도 없지 않았을 것이나,[45] 그 자신이

---

43) *The New York Tribune*, Aug. 4, 1905, "Will Ask Roosevelt to Protect Koreans".

44) *ibid.*

독립협회운동 때부터 지녀온 반러시아 의식이 일관되고 있었음을 보여 주는 것이다.

이튿날 오전 11시가 되도록 아무 기별이 없었다. 한 기자가 와서 청원서는 공사관을 통해서 제출하라고 할 것 같다는 말을 들었다고 했다. 두 사람은 막막한 심정으로 기다릴 수밖에 없었다. 그러고 있는데 비서실에서 전화가 걸려왔다. 두 사람은 달려갔다. 비서관 로웁은 두 사람을 보고 말했다.

미국의 26대 대통령 시어도어 루스벨트. 그의 외교정책의 기본사상은 "강한 나라는 번영하고 약한 나라는 망한다"는 것이었다.

"대통령께서 오늘 오후 3시30분에 새가모어 힐로 두 분을 오시라고 하십니다. 3시에 떠나시는 것이 좋을 것입니다."[46]

프록코트와 실크해트로 정장한 이승만과 윤병구는 오후 3시에 새가모어 힐에 도착하여 안내하는 대로 마차에서 내려서 대기실로 들어갔다. 건물 안은 들고 나는 사람들로 붐볐다. 문무관 복장을 한 러시아 사람들이 많이 눈에 띄었다. 러시아의 수석대표 위테(Sergei Y. Witte) 일행이 막 도착한 것이었다. 일본사람들은 보이지 않았다. 이윽고 안내인이 와서 두 사람을 한 작은 방으로 안내했다. 이때에 루스벨트가 그의 유명한 승마복 차림으로 안쪽에 있는 방에서 나오면서 문 밖에서 기다리는 위테 일행과 악수를 하고는 잠깐 기다리라면서 다른 방으로 안내

45) 方善柱, 《在美韓人의 獨立運動》, 翰林大學校 아시아文化硏究所, 1989, p. 193.

46) 이승만은 자서전 초록에서 루스벨트를 만난 것이 오전 9시라고 했으나, 회담 직후인 8월9일에 민영환에게 보낸 편지에는 오후 3시30분이었다고 적었다.

했다. 그러고는 빠른 걸음으로 이승만과 윤병구가 기다리고 있는 방으로 들어왔다. 그는 두 사람에게 손을 내밀며 말했다.

"어서 오시오, 젠틀먼. 반갑습니다."

그러고는 옆에 있는 의자에 앉으면서 두 사람에게도 의자를 권했다.

"두 분을 영접하게 되어 대단히 기쁩니다. 두 분과 두 분 나라를 위해서 내가 무엇을 할 수 있을까요?"

루스벨트가 어떻게 바쁘게 서두는지 두 사람은 말을 꺼낼 겨를이 없었다.

윤병구가 청원서를 꺼내면서 말했다.

"우리는 하와이에 거주하는 우리 국민의 청원서를 가지고 각하에게 올리러 왔습니다."

루스벨트는 그 자리에서 청원서를 읽었다. 그가 청원서를 읽는 동안 두 사람은 가만히 앉아 있었다. 청원서를 다 읽고 나서 루스벨트가 말했다.

"두 분이 내 말을 이해해 주시기 바랍니다. 나는 러시아와 일본을 초청하여 강화를 논의하도록 권할 뿐이고 다른 간여는 못 합니다. 그런데 이 일은 대단히 중대하여 이 청원서를 내가 사사로이 받을 수 없고, 그러나 실제로는 내가 다 보았으며, 또 이렇게 두 분을 만났으니까…, 나의 권리가 한계가 있다는 것을 이해하시기 바랍니다."

그러자 이승만이 입을 열었다.

"저희는 먼 지방에서 각하의 스퀘어 딜을 구하러 왔습니다."

'스퀘어 딜(Square Deal)'이라는 말은 이 무렵 루스벨트가 대기업과 노동조합의 대립을 조정하면서 개혁의 슬로건으로 표방한 말로서, 루스벨트의 국내정책을 상징하는 용어가 되어 있었다.

이승만의 말에 루스벨트는 웃으면서 고개를 끄덕였다.

"그런 줄 압니다."

이승만은 말을 이었다.

"저희가 온 것은 각하께 강화회의에 구태여 간섭을 하시라는 것이 아니라 언제든지 기회 있는 대로 조-미수호통상조약에 입각하여 불쌍한 나라의 위험을 건져 주시기를 바라서입니다."

그러자 루스벨트는 이 일을 한국 공사관에서 아느냐고 물었다. 두 사람은 대답했다.

"이 일은 공사관에서도 다 알고 있습니다. 다만 이 일은 우리 백성끼리 전국 관민의 뜻을 받들어 행하는 것이므로 공사관에서 간여하는 것은 긴요치 않은 줄 알았습니다."

"청국정부에서도 항의서한을 공사관을 통해서 보냈으므로 이 청원서도 마땅히 그렇게 해야 합니다."

이렇게 말하면서 루스벨트는 이 일의 중대성을 거듭 강조했다. 그리하여 두 사람은 "공사관으로 보내어 보겠습니다" 하고 일어섰다.[47]

이승만은 자서전 초록에서 이때에 루스벨트가 다음과 같이 말했다고 적고 있다.

"만일 당신들이 이 문서를 귀국 공사관을 통하여 제출하신다면 나는 그것을 중국의 청원서와 함께 강화회의에 제출하겠습니다. 귀국 공사더러 국무부에 가져다주라고 하십시오. 국무장관을 만날 수 없거든 아무에게나 내게 보내라고 말하고 맡기라고 하십시오. 그러면 됩니다."[48]

태프트가 써준 소개장의 내용이 어떤 것이었는지는 알 수 없으나, 루스벨트가 바쁜 일정 속에서도 두 사람을 만난 것은 극히 이례적인 일이었다. 그것은, 그 자신이 면담사실 자체의 중요성을 언급하고 있는 데서 보듯이, 어쩌면 위테 백작과 고무라 주타로의 면접에 앞서 잠깐 동안이나마 한국인을 만나는 것이 강화회의를 주선하는 자신의 영향력에 도움이 될 수도 있다고 생각했기 때문이었는지 모른다.

---

47) "李承晩이 閔泳煥에게 보낸 1905년 8월9일자 편지", 《雩南李承晩文書 東文篇(十六) 簡札 1》, pp. 37~40.

48) "청년이승만자서전", 이정식 지음, 권기붕 옮김, 앞의 책, p. 299.

회견은 30분가량 걸렸다.[49] 루스벨트는 기분이 한껏 고조되어 있어 보였다. 그러나 이때는 루스벨트가 태프트에게 가쓰라와의 비밀협약을 확인하는 전보를 보내고 닷새가 지난 때였다. 그러므로 루스벨트가 한국정부의 공식문서가 아니라 하와이에 사는 민간인들이 자기에게 보내는 청원서를 굳이 한국 공사관을 통해서 제출하라고 한 것은 청원서의 접수를 정중하게 거절한 것에 지나지 않았다.

이승만과 윤병구는 루스벨트의 친절에 진정으로 감사했다. 루스벨트와 작별인사를 하고 돌아서 나오는 두 사람은 흥분과 희망으로 들떠 있었다. 호텔로 돌아온 두 사람은 기자들에게 둘러싸였다. 두 사람은 기자들에게 루스벨트와의 대화 내용을 대충 말해 주었다. 윤병구가 말했다.

"여러분의 대통령께서는 대단히 친절하게 우리를 맞아 주셨습니다. 지금 우리 국민을 괴롭히는 고통스러운 문제들을 우리가 말씀드리지 않을 수 없었던 것에 대해 대통령께서는 매우 관심을 가지시는 것 같았습니다. 대통령을 뵙게 되어 기쁘게 생각합니다."[50]

기자들은 회견이 성사된 것을 축하하며, 앞으로의 일이 성공하기 바란다고 말했다. 기자들 말고도 여러 사람들이 두 사람에게 악수를 청하면서 축하해 주었다. 같은 호텔에 들어 있던 다른 나라 외교관들은 이렇게 말하기도 했다.

"초창기에는 우리나라도 승인을 받기 위해 무척 고생한 적이 있습니다. 여러분의 처지에 충심으로 동정합니다. 아무쪼록 성공하시기 바랍니다."

---

49) *The New York Times*, Aug. 5, 1905, "Koreans See the President".

50) *ibid.*

두 사람은 들뜬 마음으로 방으로 올라가서 짐을 챙겨 가지고 내려와서는 카운터에 숙박비로 20달러짜리 지폐를 놓고 거스름돈도 받지 않은 채 역으로 달려갔다. 빨리 워싱턴으로 가기 위해서였다. 호텔 직원이 거스름돈을 가지고 역까지 뛰어왔다. 뒷날 이승만은 이때의 호텔 직원의 이러한 행위는 미국인의 정직성과 관용의 전형이라고 회상하곤 했다.

두 사람은 뉴욕을 거쳐서 이튿날 이른 아침에 워싱턴에 도착했다. 그들은 밤새 기차간에서 뜬눈으로 보냈으나 아침 신문들에 난 자신들의 기사를 보자 다시 힘이 솟았다. 《워싱턴 포스트》는 두 한국사절이 루스벨트 대통령을 만나서 청원서를 제출했고, 이미 그 청원서를 공사관을 통해 공식으로 접수시키기 위해 워싱턴으로 오고 있다고 보도했다. 이러한 신문보도에 대해 이승만은 민영환에게 보낸 보고편지에서 "이는 지금 우리나라 형편에 앉아서 몇천원, 몇만원을 각 신문에 주어 가면서도 이렇게 될 수 없는 일이라. 초목 같은 무리라도 흥기나는 마음이 없지 못할러라" 라고 적었다.[51] 그만큼 그는 큰 성과를 거두었다고 자부했다. 이제 청원서를 김윤정이 국무부에 제출하기만 하면 한국 독립유지 문제가 포츠머스 강화회의에 상정되고, 루스벨트 대통령은 조-미수호통상조약에 따라 '거중조정' 의 역할을 해줄 것이라고 그는 확신했던 것이다.

3. 공관장 김윤정의 배신

서둘러 아침식사를 마친 두 사람은 공사관으로 달려갔다. 이승만은 청원서와 기사가 난 신문들을 김윤정에게 건네주면서 말했다.

---

51) "李承晩이 閔泳煥에게 보낸 1905년 8월9일자 편지", 《雩南李承晩文書 東文篇(十六) 簡札 1》, pp. 37~40.

"김 공사, 이제 공사가 나설 차례입니다."

그러나 김윤정은 긴장된 목소리로 두 사람을 깜짝 놀라게 했다.

"이 선생, 정부의 훈령이 없이는 이것을 보낼 수 없습니다."

이승만은 끓어오르는 배신감과 분노를 참을 수 없었다. 그는 모든 희망이 한꺼번에 무너지는 듯한 느낌이었다. 그는 김윤정을 설득해야 한다고 생각했다.

"김 공사, 그게 무슨 소리요. 이 일은 우리가 기왕에 의논했던 바가 아니오. 또 공사가 전에 나에게 말하기를 신태무의 자리를 가지면 목이 떨어져도 하겠다고 하지 않았소. 지금 하나님이 대한을 도우시느라고 뜻대로 되었고, 또한 이것이 공사 알기에도 곧 성의(聖意)와 합하며, 민정이 이러하며, 또한 우리 정부 제공들도 다 원하는 바가 아니오. 이 글 가운데 조금도 어디 거리낄 말이 없으며, 또한 대통령이 하라 하는 것이오. 이것은 우리말만 들을 것이 아니라 이렇게 신문에 났으니 보면 알게 아니오. 또 이 청원서를 바치는 백성이 본국에 있는 사람들이 아니라 미국에 있는 사람들이오. 미국에 있는 한국공사가 미국에 있는 한국백성들의 청원을 아니 들을 수 없고, 또한 이 일이 설령 권한 밖의 일이라 해도 미국 군부대신이 상관없는 사람이면서도 대통령에게 편지까지 해주는데 어찌 월급이나 벼슬만 돌아볼 수 있단 말이오."

이승만과 윤병구는 온갖 말로 오전 내내 김윤정을 달래고 얼렀으나 소용이 없었다. 끝내는 김윤정의 가족들까지 내려왔다. 김윤정의 아내 고순영(高純迎)이 이승만을 보고 말했다.

"이 선생님, 우리 네 식구를 모두 죽인다 해도 정부의 훈령이 없이는 우리는 아무 일도 할 수 없습니다."

이승만은 김윤정의 두 아이들을 보고 말했다. 장남 용주(用柱)는 '프랭크'로, 딸 고려(高麗)는 '코라'라고 부르고 있었는데, 이승만은 그 동안 이 아이들과도 가까이 하고 있었다.

"애들아. 너희들은 어려서 지금 너희 아버지가 무슨 짓을 하는지 모를게다. 지금 너희 아버지는 너희들의 자유를 팔아먹고 있다. 너희들은 아버지 때문에 노예가 될 것이다. 너희 아버지는 나라를 배반하고 너희들과 너희들 민족을 배반하고 있다. 나는 너희 아버지가 이 공사관을 일본인들에게 넘겨주는 것을 보고만 있지 않을게다. 그 전에 불태워버리고 말거야."

이렇게 분통을 터뜨리고 나서 두 사람은 현관문을 쾅 닫고 밖으로 나왔다. 온 몸의 힘이 빠져서 걸음을 비틀거렸다.

이튿날 아침에 이승만과 윤병구는 다시 공사관으로 갔다. 그러나 김윤정은 문을 걸어 잠근 채 당장 떠나지 않으면 경찰을 불러 두 사람이 공사관에 불을 지르려 한다고 이르겠다고 위협했다. 그는 흑인 경비원에게 그들이 다시 돌아오면 쫓아버리라고 명령했다.

이때에 이승만이 얼마나 분격했는가는 민영환에게 보낸 편지의 다음과 같은 구절로도 짐작할 수 있다.

> 나의 분한 마음으로는 각 신문사원을 청하야 공관에 둘러앉히고 일장 연설한 후 공관을 파쇄하며 연놈을 배를 갈라 우리 대한백성의 충분(忠憤)한 마음을 세상에 드러내고자 하여 움직움직하다가, 여럿이 말리며 더 보아서 하자 하기로 간신히 참기에 과연 어려운 지경을 당하였는데, 지금은 당초에 우리를 들이지 아니하니 파쇄거조(破碎擧措)하기 전에는 다른 수 없고 … .[52]

이러한 표현에서 우리는 일찍이 만민공동회를 극한투쟁으로 몰아갔던 이승만의 과격파 기질이 이때에 그대로 되살아나고 있었음을 짐작할 수 있다.

이승만은 니덤과 그 밖의 친지들에게 도움을 요청하는 편지를 쓰고 또 직접 찾아가서 상의했다. 햄린 목사는 단념하라고 강력히 권고했다.

52) "李承晩이 閔泳煥에게 보낸 1905년 8월9일자 편지", 《雩南李承晩文書 東文篇(十六) 簡札 1》, p. 42.

그는 이 문제는 전적으로 공적인 문제이기 때문에 외교경로를 통하지 않고서는 해결이 불가능하다고 말하고, 또 1882년의 조-미수호통상조약은 단순한 형식에 지나지 않는 것이므로 그것을 심각하게 생각해서는 안 된다고 말했다. 그는 루스벨트 대통령과 미국정부의 주요 인사들이 모두 일본에 우호적이라는 것도 지적했다. 이승만은 햄린 목사와의 대화를 통하여 한국인들이 조약이나 국제적 약속을 철석같이 믿고 있다면 그것처럼 어리석고 순진한 일이 없을 것이라고 생각하는 사람이 햄린 목사만이 아니라는 것을 깨달았다.

이승만은 필라델피아로 서재필을 찾아가서 상의해 보기로 했다. 가면서 그는 어쩌면 효과가 있을 한 가지 방법을 생각해 냈다. 그것은 서재필이 김윤정에게 편지를 쓰는 일이었다. 서재필은 8월7일에 김윤정에게 신임국무장관 앞으로 이승만과 윤병구에 대한 소개장을 써주라고 당부하는 편지를 썼다. 7월1일에 사망한 헤이 장관의 후임으로 엘러휴 루트(Elihu Root)가 7월19일에 국무장관으로 임명되어 있었다.

> 루스벨트 대통령은 청원서가 국무부를 통하여 자기에게 전달될 것을 바라고 있습니다. 그러므로 이 두 분을 적극 돕는 것은 공사의 국가에 대한 의무이자 루스벨트 대통령에 대한 예의입니다. 공사는 청원서 문제에 공식적으로 개입하지 않아도 됩니다. 소개장은 그러한 목적에 유효하면서도 공사가 청원서 문제에 개입하는 일이 되지 않을 것입니다. 공사도 나와 같은 생각이기를 바랍니다.[53)]

서재필은 김윤정보다 다섯 살 위였다. 서재필의 제안은 대리공사의 처지도 배려한 것으로서, 김윤정이 청원서와 정부훈령 사이의 딜레마를 해결할 생각만 있었다면 실행가능한 것이었다. 그러나 김윤정은 이 제의마저 묵살했다.

---

53) Oliver, *op. cit.*, p. 89.

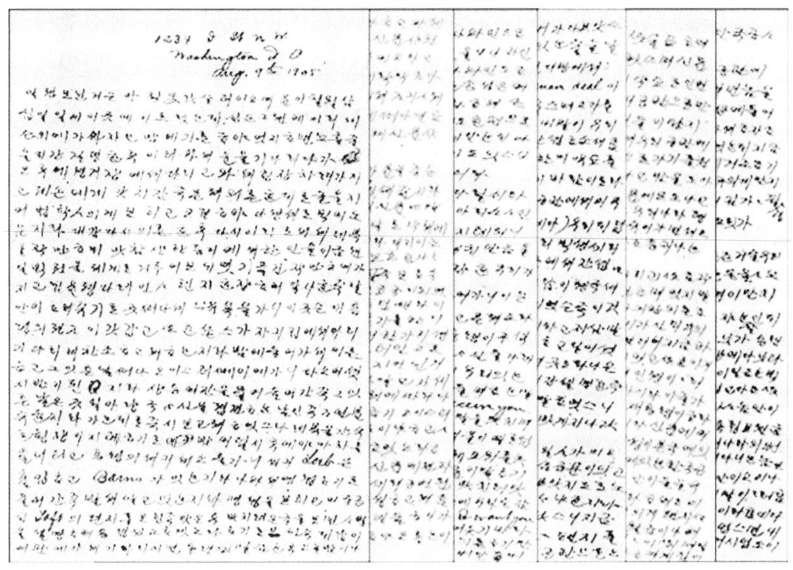

이승만이 루스벨트 대통령과 회견한 경위를 자세히 적어서 민영환에게 보낸 보고 편지.

이승만은 루스벨트를 회견한 사실과 김윤정의 태도를 상세히 적은 보고편지를 8월9일에 민영환에게 보냈다. 이승만은 이 보고편지에서 다과 같이 격앙된 말로 김윤정을 비난하면서 그에 대한 인사조치를 요구했다.

> 임금과 신하와 백성이 다 하고 싶어도 못하고 앉은 것을 우리 이 백성들이 사탕수수밭에 농사하여서 먹고사는 돈을 사오백원씩 모아 외국관민이 일체로 찬조하여 이만치 만들어 놓은 일인바 우리나라 독립을 보전하자 한 일인데, 소위 공사는 독립 없어지기를 원하는 일이오니까. 대통령의 말이 청국도 행한 일이니 하라 하는 것을 세상에 다 나타내었는데, 어찌하여 정부에서 말린다 하겠소. 이 일하는 백성이 비록 역적이나 강도라도 이 일에 아무 말 없고 아무 뜻 없고 나라 보전하자 하는 뜻이면 일본이나 아라사〔러시아〕 놈 아니

고는 다 도울 바이어늘, 하물며 이놈이 어찌하여 독립 보전한다는 일에 이렇듯 원수로 여깁네까. 실로 우리나라의 원수는 일인이나 아라사인이 아니오 실로 월급에 팔려다니는 놈들이 우리의 제일 원수라 합네다. 이는 우리의 말이 아니오 이 나라 사람들이 땅을 치며 하는 말이고, 또한 남들의 말이, 그러하므로 너희 나라는 일본이 와서 마음대로 하여야 참 복이라 합네다. 김가를 시각으로 갈거나 소환이라도 시킬 수 없으면 내가 물고 뜯기라도 할 터이며, 기가 오르면 보이는 것이 없소이다.[54)]

이승만이 이러한 편지를 쓴 이튿날인 8월10일에 포츠머스 강화회의가 요란하게 개막되었다. 이 날 이승만은 서재필로부터 다음과 같은 편지를 받았다.

친애하는 이승만씨. 김윤정이 소개장을 쓰기를 거절한다면 달리 방법이 없을 것 같소. 당신이 할 수 있는 유일한 방법은 본국정부가 문제해결에 나서도록 하는 것인데, 그것은 좀처럼 성사될 것 같지 않소. 모든 노력이 실패하면 AP통신을 통하여 여러 신문에 모든 것을 공개하는 방법이 있소. 청원서가 왜 공식적으로 루스벨트 대통령에게 전달되지 않았는지, 그리고 왜 당신들은 공식적으로 전달할 수 없는지를 밝히는 것이오.[55)]

또한 김윤정에게 설득해 달라고 부탁했던 니덤한테서는 다음과 같은 편지가 왔다.

내 생각에 김윤정으로서 취할 수 있는 조치는 오직 두 분이 원한다면 그 청원서를 접수하고 그것을 접수했다는 사실과 청원서의 내용을 한국 외부에 보고하고 훈령을 요청하는 것입니다. 이토록 중요

54) "李承晩이 閔泳煥에게 보낸 1905년 8월9일자 편지", 《雩南李承晩文書 東文篇(十六) 簡札 1》, p. 42

55) Oliver, *op. cit.*, p. 90.

> 한 시기에 그런 중요한 문제를 자기독단으로 결정하는 것은 좋은 태도가 아닐 것입니다. 나는 김윤정이 최선을 다하여 나라에 봉사하려 하고 있다고 확신합니다.[56]

니덤은 일본의 압력으로 이미 7월말에 주미 한국 공사관의 고문에서 해고되어 있었다. 니덤의 이러한 편지는 모든 일이 끝났음을 뜻하는 것이었다.

이승만은 자서전 초록에서 "그때에 우리가 할 수 있는 일이란 그저 실상을 완전히 적어서 한국 사람들에게 알리는 일뿐이었다"[57] 라고 말하고 또 "나는 한국 신문을 위해 긴 글을 썼다"[58] 고 적고 있으나, 현재 보존되어 있는 이 무렵의 국내 신문에는 이승만의 이름으로 된 글은 보이지 않는다. 이승만이 주로 기고했던 《제국신문(帝國新聞)》은 이 무렵의 신문이 거의 일실되어 있다. 몇 달이 지난 1906년 2월에 네브래스카주 커니 지방에 있던 박용만의 숙부 박장현(朴長玹) 이름으로 《황성신문(皇城新聞)》 사장 앞으로 보낸 장문의 '기서(奇書)'가 4월17일자의 "논설"난에 실렸는데, 어쩌면 그것이 이승만이 직접 썼거나 그렇지 않으면 그의 글을 참고하여 박장현이 따로 쓴 글일 것이다. 이 글은 사건의 경위를 자세히 적으면서도 뉘앙스가 좀 다르게 표현되어 있어서 진상과 배경을 이해하는 데 참고가 된다.

> 지난 해에 러-일전쟁이 종결되어 양국 대사가 미국 대통령 루스벨트의 알선으로 포츠머스에서 담판을 열 때에, 우리나라가 동맹자격으로 강화사(講和使)를 특파하야 국제권리를 회복하고 손해배상도 요구할 터이어늘, 정부가 압제 아래에서 정신을 잃고 국권상의 관계를 임지(任地)하여 두고 일언반사(一言半辭)도 없으므로, 국

---

56) *ibid.*

57) "청년이승만자서전", 이정식 지음, 권기붕 옮김, 앞의 책, p. 301.

58) "Autobiography of Dr. Syngman Rhee," p. 20.

내인민이 정부를 권고코저 하다가 성사치 못하고 오직 미국영지인 하와이에 이주한 동포와 미국에 유학하는 학생 등 7천여 인민이 충애혈성(忠愛血誠)으로 윤병구, 이승만 양씨로 대표를 선정하여 담판지에 파송하야 국권의 위태함을 보전하려고 한 사실은 일반 국민이 다 아는 바이라. 그 두 사람이 워싱턴에 모여 공관 대리공사 김윤정을 만나서 대책을 협의했으나 자세한 결론은 확정하기 전에 러시아와 일본 대사가 만날 일자가 촉박하므로 강화지로 가니, 신문기재원과 철도 사무원이며 성시가로(城市街路)의 사람들이 박수갈채하야 성사하기를 축하하며 말하기를 한국인민의 대표자요 독립주권의 보전자요 애국열성의 의기남자요 청년지사라고 무수히 칭송하며…. 59)

물론 과장된 묘사이기는 하나 이러한 문면으로 미루어 보면, 이승만과 윤병구는 김윤정이 청원서를 국무부에 제출하기만 하면 루스벨트가 그것을 강화회의에 회부할 것이고 또 그러면 자신들도 그 청원서의 설명을 위해 회의에 참석할 수 있을 것으로 기대했던 것 같다.

이 글은 두 사람이 루스벨트를 만나고 나왔을 때의 모습을 "만성사녀(滿城士女)가 다투어 악수하고 면담을 칭송하며 한국을 위하야 연방 만세를 부르니 … 우리 인민의 무량한 복락과 국가의 영원한 기초가 완전히 회복되는 것이 십중팔구라 …"고 과장해서 적고 있다. 그러면서 이 글은 김윤정이 청원서를 국무부에 제출하기를 거절한 것은 이승만과 윤병구가 자기와 충분한 상의 없이 오이스터 베이로 간 것이 공사의 권리를 무시한 것이고, 또 이들이 "백면서생으로 다수한 인민의 대표가 되어 만국사녀의 칭도〔稱道: 칭찬해서 말함〕함을 받고 천하영걸이 모인 곳에서 대통령의 총애를 입었으니, 그 영예를 시기하는 마음으로"60) 본국훈령을 빙자하여 청원서 제출을 거절했다고 적었다.

59) 《皇城新聞》 1906년 4월17일자, "奇書: 私嫌으로 國權을 失한 事".
60) 위와 같음.

을사조약의 강제로 온 국민이 비분강개하고 각처에서 다시 의병이 일어나기 시작한 상황에서 이러한 기사는 국내 지식인들을 크게 자극했을 것이다. 그리고 그것은 그 성과와는 관계없이 이승만의 명성을 크게 높여 주었을 것임은 말할 나위도 없다.

포츠머스 강화회의는 한때 배상문제로 교착되었으나 9월5일에 러-일 강화조약이 체결되었다. 조약 제 2조는 한국문제에 대해 "러시아제국정부는 일본이 한국에서 정치상, 군사상 및 경제상의 우월한 이익을 갖는 것을 인정하고, 일본제국정부가 한국에서 필요하다고 인정하는 지도, 보호 및 감리(監理)의 조치를 취하는 데 대하여 방해하거나 간섭하지 아니할 것을 약정한다"[61] 라고 되어 있다. 이로써 패전국 러시아는 일본이 한국을 '보호국'으로 만드는 것을 용인한 것이다. 또한 포츠머스 강화회의와 때를 같이하여 8월12일에 체결된 제 2차 영-일동맹협약 제 3조에도 일본이 한국에 대해 "지도, 감리 및 보호"의 조치를 취하는 것을 영국이 인정하는 내용이 포함되었다.[62] 이렇게 하여 마침내 미국과 영국과 러시아는 일본이 한국을 '보호국'으로 만드는 데 국제적 보장을 한 것이다. 그러한 포츠머스 강화회의를 주선한 일로 루스벨트가 1906년도 노벨평화상을 수상한 것은 역사적 아이러니가 아닐 수 없다. 그것은 미국인으로서는 최초의 노벨평화상 수상이었다.

이러한 상황에서 이승만과 윤병구의 요구대로 김윤정이 하와이 동포들의 청원서를 국무장관에게 전달했더라도 그것이 강화회의에 제출되었을 가능성은 거의 없다. 그러한 사정은 9월9일에 귀국하는 일본의 수석대표 고무라 주타로에게 루스벨트가 "앞서 청국정부가 강화회의에 참

61) 《日本外交年表竝主要文書 (上)》, 原書房, 1972, p. 245.
62) 위의 책, p. 241.

가하겠다는 희망을 표명해 왔을 때에도 청국이 돈 한푼, 병사 한 사람 사용하지 않고 권리를 주장하는 것은 이론상 불가능하며, 요컨대 일본과 러시아 양국의 처분에 일임하는 수밖에 없다고 대답했다"고 말한 것으로도 짐작할 수 있다.[63] 그럼에도 불구하고 이승만은 루스벨트의 외교적 언사를 곧이곧대로 믿고 김윤정을 그처럼 증오한 것이었다.

하와이 동포들의 청원서를 국무부에 제출하기를 거부한 김윤정은 강화회의도 끝나기 전에 국무장관 대리 루미스에게 터무니없는 정보를 전했다. 그것은, 서울주재 각국공사들이 회의를 열고 각각 본국정부에 자기들을 소환하고 후임으로 대리공사를 임명할 것을 요청하기로 의견의 일치를 보았다고 본국 정부로부터 자기에게 알려왔다는 것이었다. 루미스로부터 사실을 확인하라는 훈령을 받은 모건(Edwin V. Morgan) 공사는 8월30일에 그러한 회의가 열린 적이 없고, 하야시 일본 공사가 서울주재 각국 공사관이 철수할 것을 일본정부가 기대하고 있음을 시사하기는 했으나 고종은 한국이 독립국이라는 표시로 각국 공사관이 서울에 존속할 것을 강력히 희망하고 있으며, 외부대신 이하영(李夏榮)은 김윤정이 루미스에게 말한 내용은 한국정부의 훈령이 아니라고 말했다고 보고했다.[64]

김윤정의 이러한 태도는 이때는 이미 그가 일본정부의 하수인이 되어 있었음을 말해 준다. 이승만은 김윤정의 태도를 보고 어떻게 한국사람들이 저렇게 자기 나라를 배반하고 자기 친구들을 배반할 수 있단 말인가 하고 느꼈다고 한다. 그는 자서전초록에서 이때에 한국사람들이 그처럼 짐승 같은 저열상태에 빠져 있는 한 한국에는 구원이 있을 수 없다는 결론을 내리고, 한국사람들에게 기독교 교육을 실시하기 위해 일생을 바치기로 결심했다고 적었다.[65]

---

63) 日本外務省 編,《小村外交史》, 原書房, 1966, pp. 675~676.

64) Morgan to Root, Aug. 30, 1905, Dispatches, Korea, 長田彰文, 앞의 책, p. 158에서 재인용.

드디어 김윤정은 9월5일자로 본국정부로부터 견책(譴責) 처분을 받았다. 견책 사유는 "교섭상 소홀"[66] 이었다. 이승만은 김윤정에 대한 분노를 일생 동안 잊지 않았다. 그것은 그로부터 40여년이 지난 1949년에 윤병구가 작고했을 때에 조사의 거의 대부분을 이때의 김윤정의 배신행위를 규탄하는 데 할애하고 있는 것으로도 알 수 있다.[67] 윤병구는 1949년에 이승만의 초청으로 귀국하여 외무부와 공보처의 고문으로 일하다가 과로로 쓰러져서 사망했다.

포츠머스 강화회의가 폐막되고, 며칠 뒤인 9월10일에 이승만은 민영환으로부터 그와 윤병구의 노고를 치하하는 편지를 받았다. 편지에는 그 동안의 비용이라면서 130달러의 송금수표가 들어 있었다. 민영환은 황제가 자기편에 두 사람의 노력에 대해 감사의 뜻을 전하면서 비밀경로를 통하여 두 사람의 활동자금을 보낼 것을 약속했다고 썼다. 그러나 민영환의 격려편지도 실의에 빠진 이승만을 일으켜 세울 수는 없었다. 고종이 비밀경로를 통하여 활동자금을 보낼 것을 약속했다는 말에 대해서도 이승만은 "나는 그가 그렇게 할 수 없다는 것을 알고 있었다"라고 적었다.[68]

포츠머스 강화조약이 체결된 뒤에도 한국정부, 특히 고종은 미국의 지원을 얻기 위해 안간힘을 썼다. 때마침 태프트와 함께 일본과 필리핀을 방문했던 루스벨트 대통령의 딸 앨리스가 태프트 일행과 헤어져서 한국을 방문했는데, 이때에 고종이 보인 환대는 민망스러울 정도였다. 앨리스 일행은 9월19일에 서울에 도착했다. 앨리스는 이전에 한국을 방문한 다른 나라 왕족 이상의 대접을 받았다. 일행이 지나는 큰길가에는

65) "청년이승만자서전", 이정식 지음, 권기붕 옮김, 앞의 책, p. 303.

66) 國史編纂委員會 編, 《大韓帝國官員履歷書》, p. 155.

67) 《서울신문》 1949년 6월25일자, "李承晩 대통령, 尹炳求씨 장례식에 弔辭".

68) "청년이승만자서전", 이정식 지음, 권기붕 옮김, 앞의 책, p. 303. 올리버는 민영환이 보내온 돈이 300달러였다고 적고 있다(Oliver, *op. cit.*, p. 90).

사람들이 빽빽이 늘어서서 청홍의 장명등을 들고 성조기를 흔들었다. 도착한 이튿날 고종은 앨리스 일행을 접견하고 오찬을 베풀었다. 고종은 앨리스를 자기와 같은 테이블에 앉혔다. 이날의 오찬에 참석한 정부 고관들 가운데에는 양복을 처음 입어보는 사람들이 많았다. 앨리스 일행이 한국에 머무는 동안 고종은 같이 온 상원의원 뉴랜즈(Francis G. Newlands)를 만났는데, 뉴랜즈는 고종에게 국제변호사를 고용하여 권위 있는 이의신청을 하라고 권했다. 앨리스 일행은 29일에 기차로 부산까지 가서, 10월2일에 배편으로 떠나 한국관광을 마쳤다.

이어 10월 어느 날 민영환을 비롯한 몇 사람의 대신들이 비공식회의를 열고 당면문제를 논의했을 때에도 조-미수호통상조약의 '거중조정' 조항이 다시 거론되었다. 한국정부로서 유일한 대책은 미국의 협력을 얻는 것뿐이었다. 회의에서는 열강의 '공동보호'로 일본의 침략을 견제하자는 방안이 채택되었다. 그리고 그러한 내용을 담은 황제의 친서를 미국 대통령에게 전달하기로 하고, 밀사로 선교사 헐버트(Homer B. Hulbert, 紇法, 轄甫)를 선임했다. 고종도 헐버트를 파견하는 데 적극 찬성이었다.

헐버트는 고종의 친서가 도중에 일본인들에게 탈취당할 것을 염려하여 그것을 주한 미국 공사관의 파우치 편으로 워싱턴까지 보냈다. 헐버트가 호놀룰루, 샌프란시스코, 시카고, 피츠버그를 거쳐 워싱턴에 도착한 것은 을사조약이 체결된 다음날인 11월17일이었다. 일본정부는 헐버트가 루스벨트에게 고종의 친서를 전달하고 한국의 독립유지를 위한 미국정부의 '거중조정'을 당부하기 전에 모든 것을 해결해 버릴 필요가 있다고 판단하고 이토 히로부미(伊藤博文)를 한국에 파견하여 강압적으로 조약체결을 서둔 것이었다.

고종은 헐버트를 밀파한 뒤 11월12일에 모건 공사에게 루스벨트 앞으로 보내는 친서를 전달해 주도록 부탁했으나, 모건은 그 일에 관여하기를 거절했다. 이승만은 미국으로 가기 전까지 헐버트와 가까운 사이였다. 그리고 비슷한 사명을 띠고 워싱턴에 왔는데도 이때에 두 사람이 만나지는 않았던 것 같다. 학교로 돌아간 이승만은 이 무렵에는 여기저기의 교회에서 강연을 하고 다녔다. 루스벨트는 헐버트에게 외교사항이므로 국무부로 가라면서 접견을 거절했고, 국무장관 루트는 바쁘다는 핑계로 차일피일 미루다가 모건 공사에게 주한 미국 공사관의 철수를 훈령하고 난 다음날인 11월25일에야 헐버트를 만났다.

이튿날 헐버트는 고종으로부터 다음과 같은 전보를 받았다.

> 짐은 총검의 위협과 강요 아래 최근에 한-일 양국 사이에 체결된 이른바 보호조약이 무효임을 선언함. 짐은 이 조약에 동의하지 않았으며 앞으로도 결코 동의하지 아니할 것임. 이 뜻을 미국정부에 전달하기 바람. 대한제국 황제.[69)]

이 전보는 이미 일본의 수중에 놓인 국내의 전신망을 이용하지 않기 위해 사람을 청국의 지부(芝罘)까지 보내어 타전한 것이었다. 헐버트는 이 전문을 국무부에 알렸으나 며칠 뒤에 그와 만난 루트 장관은 미국정부가 이 문제로 할 수 있는 일은 없다고 잘라 말했다.

고종은 헐버트를 파견한 직후에 대미교섭을 강화하기 위해 또 다시 민영환의 동생인 주프랑스 공사 민영찬(閔泳瓚)을 미국에 급파했다. 민영찬은 12월11일에 루트와 만나서 고종의 뜻을 전했다. 그러나 민영찬이 루트를 만난 닷새 뒤인 16일에 김윤정이 루트에게 외부대신 임시서리 이완용(李完用)으로부터 주미 한국 공사관의 문서와 그 밖의 재산을 일본 공사관에 이양하라는 훈령을 받았다는 사실을 통보함으로써 모든 대미 밀사교섭은 끝나고 말았다. 루트는 민영찬에 대한 회답을 미루다가 12월19일에 보낸 편지에서 김윤정의 이 통보가 한국정부의 공식 통보라면서 민영찬의 요청을 거절했다.

---

69) F. A. McKenzie, *Korea's Fight for Freedom*, 1920, AMS Press, rep. 1970, pp. 100~101.

김윤정은 서둘러 공사관을 일본 공사관에 넘겨주고 귀국했다. 귀국할 때에 그는 미국 서부지역과 하와이의 분노한 동포들로부터 변을 당할 것이 두려워서 신분을 숨겨야 했다. 김윤정은 귀국한 뒤에 태인군수(泰仁郡守), 인천부윤(仁川府尹), 충청북도지사 등을 역임하면서 친일파로 일관했다. 이승만은, 앞에서 본 윤병구에 대한 조사에서, 1945년에 자신이 귀국하여 조선호텔에 들었을 때에 김윤정이 따라와서 살려달라고 애원하는 것을 보았다고 했다.[70]

이승만의 대미 '밀사' 사명은 미국의 '거중조정'을 통하여 대한제국의 독립유지를 보장하게 한다는 목적에서 보면, 헐버트 등 다른 밀사들의 경우와 함께 결국 실패로 끝났다. 그러나 그것은 처음부터 이승만의 개인적 능력 밖의 사명이었다.

루스벨트는 힘이 모든 것을 결정한다고 믿는 사람이었다. 따라서 그의 외교정책의 기본사상도 강한 나라는 번영하고 약한 나라는 멸망한다는 것이었다. 그는 1900년 8월에 뉴욕 주지사로서 부통령 후보가 되었을 때에 "나는 일본이 한국을 손에 넣는 것을 보고 싶다. 일본은 러시아에 대한 견제가 될 것이고, 지금까지 한 것으로 보아 그런 보답을 받을 만하다"[71] 라고 했을 만큼 일찍부터 일본에 편향적이었다. 그 뒤의 동아시아의 세력관계는 루스벨트로 하여금 더욱 일본을 지지하게 만들었다. 그러한 루스벨트를 상대로 조-미수호통상조약상의 의무를 이행할 것을 촉구한다는 것은 터무니없는 일이었다.

그러나 헤이 국무장관을 만난 데 이어 포츠머스 강화회의를 앞두고 루스벨트 대통령을 만나고, 특히 그것을 계기로 미국의 유수한 신문에 한국문제를 부각시킬 수 있었던 것은, 이승만 자신의 말대로 한국정부가 "몇천원, 몇만원을 각 신문에 주어 가면서도" 할 수 없을 만큼 선전효

---

70) 《서울신문》 1949년 6월25일자, "李承晩 대통령, 尹炳求씨 장례식에 弔辭".
71) *The Letters of Theodore Roosevelt*, vol. II, *The Years of Preparation (1898~1900)*, Harvard University Press, 1951, p. 1394.

과를 거두었다는 점에서, 중요한 성과였다고 할 수 있다.

이승만은 루스벨트와의 면담을 계기로 제국주의적 국제정치질서의 냉엄한 현실을 한결 심도 있게 인식하게 되었다. 그리고 서른 한살의 젊은 나이에, 그것도 아무런 공적 직함이 없는 신분으로 미국의 대통령과 국무장관을 만났다는 사실은 여러 가지 면에서 큰 경험이 되었다. 사실 이승만은 이때 이후로는 독립운동 기간 내내 미국의 어떤 대통령이나 국무장관도 만날 수 없었다.

이때에 이승만이 헤이 국무장관과 루스벨트 대통령을 만나고 또 그것에 대한 미국 신문의 반응을 통하여 깨달은 것은 뒷날 그가 독립운동 방략으로 시지프스의 신화처럼 되풀이하는 청원외교와 여론 환기작업의 원형이 되었다. 그리고 그것은 김구가 국모보수(國母報讐)의 의분에서 변복한 일본인 쓰치다(土田讓亮)를 살해했던 치하포사건과 대비되는 상징성을 가지면서, 그 자신의 명성과 권위를 높여 주는 근거가 되었다.

을사조약 파기투쟁의 행동대

1. 서울에 올라와서 을사조약 반대투쟁에 참가

일본은 포츠머스 강화조약으로 러시아의 동의를 받아냄으로써 마침내 한국을 '보호국'으로 만드는 데 국제적 보장을 확보하게 되었다. 강화회의에 참가했던 외부대신 고무라 주타로(小村壽太郎)가 귀국한 직후인 10월27일에 일본정부는 8개 항목의 「한국보호권 실행에 관한 각의결정(閣議決定)」을 확정했는데, 이 결정에는 "도저히 한국정부의 동의를 얻을 가망이 없을 때에는 최후수단으로 한편으로 한국에 대해서는 보호권을 확립하겠다는 뜻을 통고하고…"라는 항목(제8항)이 들어 있었다.[1] 그것은 비록 고종이나 한국정부가 동의하지 않더라도 군사력으로 겁박해서 일방적으로 '보호국'으로 만들었다고 선언할 계획이었음을 말하는 것이었다.

이러한 계획에 따라 추밀원(樞密院) 의장 이토 히로부미(伊藤博文)가 일본 천황의 특파대사로 한국에 파견되었다. 11월9일에 서울에 도착한 이토는 이튿날로 고종을 알현하고 일본 천황의 친서를 전달했다. 그 뒤 1주일 동안 이토는 주한 일본 공사 하야시 곤스케(林權助)와 함께 일본

1) "韓國保護權實行ニ關スル閣議決定ノ件", 日本外務省 編, 《日本外交文書 38-1》, 國際聯合協會, 1958, p. 527.

군대를 시가지에 풀어 시민들을 위협하고 일본헌병들로 하여금 호위라는 명목으로 대신들을 감시하게 하는 등의 준비를 갖추었다.

11월15일 오후에 다시 고종을 알현한 이토는 세 시간 반 동안 고종을 협박했다. 이튿날 이토는 자기가 묵고 있는 손탁호텔로 대신들을 불러 준비해 온 조약안을 설명했고, 하야시는 외부대신 박제순(朴齊純)에게 일본의 조약안을 전했다. 하야시는 17일 오전에 대신들을 일본 공사관으로 초치하여 그들의 반대의견을 확인한 다음 어전회의를 열 것을 요구했다. 일본군대가 궁궐을 이중삼중으로 포위하고 일부는 궁궐 안에까지 들어와서 황제의 어전을 포위하는 등 살벌한 분위기 속에서 열린 어전회의에서도 대신들은 반대의사를 표명했다.

그러자 이토가 일본군 사령관 하세가와 요시미치(長谷川好道)를 대동하고 입궐하여 고종의 알현을 요구했다. 그러나 고종은 접견을 거부하면서 "이는 대신들과 결정할 문제이다"라고 말했다. 이토는 고종의 이 말을 근거로 다시 대신회의를 열게 하여 조약체결의 가부를 물었는데, 참정대신 한규설(韓圭卨)이 끝까지 반대하자 그를 납치하여 딴 방에 감금한 채 새벽 2시까지 대신들을 강박했다. 그리하여 마침내 학부대신 이완용(李完用)을 비롯하여 군부대신 이근택(李根澤), 내부대신 이지용(李址鎔), 외부대신 박제순, 농상공부대신 권중현(權重顯)이 찬의를 표하자 이토는 조약이 체결되었음을 선언했다.[2] 이것이 흔히 '을사보호조약' 또는 '을사조약'〔일본에서는 '第2次日-韓協約'〕이라고 일컫는 국제법상 유례가 없는 조약이다.

조약의 내용은 (1) 일본정부는 일본 외무성을 통하여 한국의 외교관계 및 그 사무 일체를 감독 지휘하고, 외국 재류 한국인과 그 이익도 일본의 외교대표자나 영사로 하여금 보호하게 하고, (2) 일본정부는 한국

2) 《皇城新聞》1905년 11월20일자, "五件條約請締顚末", "韓國特派大使伊藤博文復命書", 《日本外交文書 38-1》, pp. 496~518, 鄭喬, 《大韓季年史(下)》, 國史編纂委員會, 1957, pp. 171~176 참조.

과 다른 나라 사이에 현존하는 조약을 실행할 임무를 맡고, 한국정부는 일본정부의 중개를 거치지 않고는 국제적 성질을 띤 어떠한 조약이나 약속을 맺지 못하도록 하고, (3) 일본정부의 대표자로 서울에 1명의 통감(統監)을 두어 자유로이 황제를 알현할 권리를 갖게 하고, 각 개항장과 필요한 지방에 통감 지휘하의 이사관(理事官)을 두게 하고, (4) 일본과 한국 사이에 현존하는 조약 및 약속은 이 협약의 조항들에 저촉되지 않는 한 계속 효력을 가지고, (5) 일본정부는 한국 황실의 안녕과 존엄을 유지할 것을 보증한다는 것이었다.[3)]

마지막 조항은 한국 대신들의 요구로 추가된 것이었으나, 그것은 허울에 지나지 않는 것이었다. 하야시 공사는 이 조항은 한국 대신들이 그들 특유의 체면론과 고종에게 생색을 내느라고 요구해서 넣었을 뿐이라고 비꼬았다.[4)] 고종은 이 조약을 끝까지 인준하지 않아 절차상으로는 그것은 조약이 아니라 일본의 「각의결정」에서 말한 제국주의 일본의 일방적 '통고'가 되고 말았다. 고종이 미국에 밀파했던 헐버트에게 이 조약을 부인하는 전보를 보낸 것은 앞에서 본 대로이다.

을사조약이 체결된 사실이 알려지자 전국 각지에서 조약의 무효를 외치고 '을사오적〔乙巳五賊: 조약에 찬성한 다섯 대신〕'의 단죄를 요구하는 조약파기운동이 일어났다. 파기운동에 앞장 선 것은 신문들이었다. 일본은 민심의 동요를 우려하여 조약체결 사실을 당분간 비밀에 부쳐 두고자 했으나 《황성신문(皇城新聞)》은 11월20일자 기사로 을사조약 체결과정의 일본의 강박을 자세히 폭로했다. 같은 날 사장 장지연(張志淵)은 유명한 "시일야방성대곡〔是日也放聲大哭: 이 날에 목놓아 크게 哭하노라〕"이라는 논설로 다섯 대신은 말할 것도 없고 조약에 반대한 참정대신 한규설까지 규탄했다.

---

3) 國會圖書館 立法調査局, 《舊韓末條約彙纂(上)》, 國會圖書館, 1964, p. 77.
4) "韓日協約案文中 修正條項에 대한 報告件", 《駐韓日本公使館記錄(24)》, 國史編纂委員會, 1998, pp. 371~372.

저번 날 이등후(伊藤侯)가 한국에 오매 어리석은 우리 백성들이 서로 다투어 말하기를 후(侯)는 평소에 동양삼국(東洋三國)의 정족안녕(鼎足安寧)을 자임하여 주선하던 사람이라. 오늘 한국에 온 것은 필시 우리나라의 독립을 공고히 할 방략을 권고하리라 하여 전국의 관민상하(官民上下)가 환영해 마지 않았거늘, 천하사가 헤아릴 수 없는 것이 많도다. 천만 뜻밖에 오조건(五條件)이 무엇으로 해서 제출되었는가. 이 조건은 비단 우리 한국뿐만 아니라 동양삼국의 분열하는 조짐을 자아낼 것이니, 이등후의 처음 의도가 어디에 있는가.

그러나 우리 대황제 폐하께서 강경하신 성의(聖意)로 거절하셨으므로 그 조약이 불성립함은 상상컨대 이등후가 스스로 알고 자파(自破)한 바이어늘, 아! 저 개돼지만도 못한 소위 우리 정부대신이란 자들이 영리(榮利)를 바라고 거짓 위협에 겁을 먹고 머뭇거리고 벌벌 떨면서 매국의 도적이 되어, 4천년 강토와 5백년 종사(宗社)를 남에게 바치고 2천만 생령을 남의 노예로 만들었으니, 저들 개돼지만도 못한 외부대신 박제순과 각 대신들은 족히 깊이 나무랄 것이 없거니와 명색이 참정대신이라는 자는 정부의 우두머리라. 오직 "부(否)"자로 책임을 면하여 이름을 남길 밑천이나 꾀했던가. 김청음(金淸陰: 尙憲)이 국서를 찢고 통곡했던 일도 하지 못하고 정동계(鄭桐溪: 蘊)가 칼로 할복했던 일도 못하고 그저 편안히 살아남아서 세상에 나서고 있으니, 무슨 면목으로 강경하신 황상 폐하를 대하며 무슨 면목으로 2천만 동포를 대하리오.

아! 원통하고 분하도다. 우리 2천만 남의 노예가 된 동포여! 살았는가, 죽었는가. 단군, 기자 이래 4천년의 국민정신이 하룻밤 사이에 갑자기 멸망하여 멎어 버렸는가. 아! 원통하고 원통하도다. 동포여! 동포여![5)]

---

5) 《皇城新聞》 1905년 11월20일자, "論說: 是日也放聲大哭". 원문은 한문투의 국한문혼용 문체이다.

《황성신문》 1905년 11월20일자 “논설”난에 실린 “시일야방성대곡”.

이 짤막한 한편의 논설이 불러일으킨 파장은 컸다. 이 논설은 일본 경찰의 검열을 무시하고 인쇄하여 “경성내외의 가호대로 전파하고 또 여관과 정거장에까지 전파되어 거의 집집마다 전해지고 읽혔다”[6] 라고 할 정도로 큰 영향을 미쳤다. 이 때문에 《황성신문》은 정간되고 사장 장지연 이하 사원들이 일본경찰에 연행되었다. 이 논설이 집집마다 전해지고 읽혔다는 말은 물론 과장이다. 이 날짜 《황성신문》은 서울에서 800부가 배부되었고 지방으로 보낼 2,288부는 모두 일본군에 압수되었다.[7] 《대한매일신보(大韓每日申報)》와 《제국신문(帝國新聞)》도 을사조약과 ‘을사오적’을 규탄했다.

가평에서 신병을 치료하던 전 의정대신 조병세(趙秉世)는 상경하여

6) 朴殷植 著《韓國痛史》, 《白巖朴殷植全集(1)》, 동방미디어, 2002, pp.342~343 ; 朴殷植 著, 李章熙 譯, 《韓國痛史(下)》, 博英社, 1996, p.141.

7) “新聞紙發行禁止幷ニ差押ノ件”, 《駐韓日本公使館記錄(24)》, p.390.

"시일야방성대곡"을 집필한 《황성신문》 사장 장지연.

11월23일에 고종을 알현하고 울면서 조약파기와 5대신의 처벌을 주장했다. 이것을 계기로 전현직 관리들과 유생들의 상소가 봇물 터지듯이 쏟아졌다. 유생들은 조약이 체결되기 전부터 서울에 대한십삼도유약소(大韓十三道儒約所)를 설치하고 각국 공사관에 한국의 독립보장을 촉구하는 편지를 보내기도 했다. 이토가 내한하자 그에게도 "마관조약(馬關條約) 및 러-일전쟁 선언서에서 선명한 대로" 한국의 독립을 보장하라는 편지를 보냈다. 을사조약이 체결되자 유약소에서는 11월21일과 24일에 조약의 철회를 주장하는 상소를 올렸다.

상소문 가운데에는 을사조약이 만국공법(萬國公法)에 위배되는 것임을 지적한 것도 있어서 눈길을 끈다. 시강원(侍講院) 시독 박제황(朴齊璜)의 상소가 그것인데, 박제황은 당시에 널리 읽히던 블룬츨리(Johannes K. Bluntschli, 步倫)의 《공법회통(公法會通)》의 내용을 인용하면서 보호조약의 폐기를 주장했다.[8] 그러나 열강은 이미 앞에서 본 대로 태프트-가쓰라 비밀협약, 제 2차 영-일 동맹조약 등으로 일본의 한국보호국화를 동의하고 있었다.

전현직 관리와 유생들뿐만 아니라 서울을 중심으로 한 기독교단에서도 격렬한 조약파기운동이 전개되었다. 이 무렵 기독교인들의 민족운동

---

8) 《高宗實錄》光武9년 11월26일조, "侍講院侍讀 朴齊璜疏略".

은 구국기도회 운동이 중심이었다. 9월의 장로회 공의회에서 길선주(吉善宙) 장로의 발의에 따라 11월의 감사절 다음날부터 일주일 동안 구국기도회를 연 것을 시발점으로 하여 전국 각지의 교회에서 나라를 위한 기도회가 광범위하게 개최되었다.[9)]

서울에서 구국기도회의 중심이 된 곳은 상동교회(尙洞敎會)였다. 교회 안의 상동청년학원과 엡워스청년회 등이 연합하여 열린 11월10일의 기도회는 1,000여명의 교인들이 모여 나라가 위기에 직면한 것을 분개하여 서로 부둥켜안고 통곡했을 만큼 애국적인 열기에 차 있었다.[10)] 《대한매일신보》는 다음과 같은 이때의 "위국기도문(爲國祈禱文)"까지 소개하면서 집회 상황을 자세히 보도했다.

> 만왕의 왕이신 하나님이시여! 우리 한국이 죄악으로 침륜〔沈淪: 침몰〕에 들었으매 오직 하나님밖에 빌 데 업사와 우리가 일시에 기도하오니, 한국을 불쌍히 여기사 예레미야와 이사야와 다니엘이 자기 나라를 위하여 간구함을 들으심같이 한국을 구원하사, 전국 인민으로 하여금 자기 죄를 회개하고 다 천국 백성이 되어 나라가 하나님의 영원한 보호를 받아 지구상에 독립국이 확실케 하야주심을 예수의 이름으로 비옵나니다.[11)]

구국기도회는 기독교인들에게 민족의식과 국가의식을 크게 고취시키는 계기가 되었다.[12)] 그러나 구국기도회만으로 을사조약을 무효화시킬 수는 없었다. 그리하여 기독교인들은 조약무효 상소투쟁과 가두연설이라는 좀더 적극적인 운동을 펼치게 되었다.

---

9) 한국기독교역사연구소, 《한국기독교의 역사 I》, 기독교문사, 1989, p. 294.

10) 《大韓每日申報》 1905년 11월12일자, "雜報: 技徒可慴".

11) 《大韓每日申報》 1905년 11월19일자, "雜報: 聲聞于天".

12) 한국기독교역사연구소, 앞의 책, p. 294.

김구는 서울에 올라와서 구국기도회와 조약무효 상소투쟁에 적극적으로 참여했다. 그 과정을 그는 다음과 같이 술회했다.

> 나는 진남포 엡워스청년회 총무의 직임을 이어받아 그 회의 대표로 뽑혀 경성에 파견되어, 경성 상동교회에 가서 엡워스청년회의 대표 위임장을 제출했다. 그때에 각 도에서 청년회 대표가 모여 토의하는 것은 겉으로는 교회사업처럼 보였으나 속으로는 순전히 애국운동이었다. 먼저 의병을 일으킨 산림학자들을 구사상이라 하면 예수교인들은 신사상이라 하겠다.[13]

앞에서 본 대로, 엡워스청년회는 감리교회의 청년조직으로서 상동청년회를 중심으로 전국적 조직활동을 추진하고 있었다. 김구는 자신이 진남포 엡워스청년회 총무의 자격으로 상동교회의 모임에 참석했다고 했는데, 황해도 장련(長連)에 살던 그가 어떤 경위로 평안도 진남포의 엡워스청년회 총무가 되었는지에 대해서는 아무런 설명이 없다. 그러나 김구가 진남포 엡워스청년회 총무의 자격으로 상동교회의 구국기도회에 참여했다는 사실은 매우 주목할 만한 일이다.

장련에서 뱃길로 한 시간 거리에 있는 진남포는 개항되기 전까지는 조그마한 포구였다. 그러던 것이 개항 이후로 일본의 상업자본이 침투하면서 평안도지방의 신흥상업도시로 급속히 발전했다. 진남포는 장련이나 안악(安岳)에서 평양으로 가는 길목에 위치해 있었기 때문에 김구는 평양을 왕래할 때에는 말할 나위도 없고 평소에도 그곳에 자주 들렀을 것이다. 김구의 광진학교 제자였던 최태영(崔泰永)은 "김구 선생이 진남포 교회에 엡워스청년회를 만들기도 했지만 사실 진남포에 산 일은 없다"고 술회했다.[14] 이러한 기술은 김구가 진남포 엡워스청년회 조직에 깊이 관여했음을 말해 준다. 진남포는 감리교가 강한 지역이고 엡워

13) 도진순 주해, 《김구자서전 백범일지》, 돌베개, 1997, pp. 193~194.
14) 최태영, 《인간 단군을 찾아서》, 학고재, 2000, p. 131.

스청년회가 감리교 청년회라는 점을 들어 김구가 감리교인이었다고 보기도 하나,[15] 그는 기독교 북장로교회 소속이었던 것으로 알려져 있다.[16] 김구에게 중요한 영향을 미친 우종서(禹鍾瑞), 방기창(邦基昌), 김윤오(金允五) 등이 모두 장로교인이고, 그가 활동한 장련과 안악이 장로교가 강한 지역이었다는 점을 고려할 때에 김구는 장로교회 소속이었다고 보는 것이 타당할 것이다. 그리고 상동청년회에는 감리교인들만 참여한 것이 아니었다.

이 무렵 기독교는 선교사들의 적극적인 지지로 교육사업, 병원사업, 전도사업 등 여러 분야에 걸쳐서 교파를 초월한 활동을 펼치고 있었다. 1903년에 원산에서 있었던 선교사들의 사경회를 계기로 장로교와 감리교를 구분하지 않는 합동 사경기도회도 자주 열렸다.[17] 특히 을사조약을 전후하여 집중적으로 열린 구국기도회에는 장로교, 감리교, 침례교의 신자들이 공동으로 "위국기도문"을 작성하고 단결하여 연합기도회를 개최했기 때문에[18] 김구가 상동교회의 기도회에 참여한 것은 자연스러운 일이었다.

김구가 상동청년회와 직접 관련을 맺기 시작한 계기와 시점은 자세히 알 수 없다. 이 무렵 엡워스청년회는 민족운동에 열성을 가지고 전국적으로 조직을 확대하고 있었으므로, 사회참여의식이 강했던 김구가 엡워스청년회 활동에 참가하게 된 것은 자연스러운 일이었을 것이다. 사실 이때의 감리교단의 움직임은 비슷한 시기에 기독교의 비정치화를 선언한 장로교단과 좋은 대조를 이룬다. 1901년 9월에 장로회 공의회에서는

15) 韓圭茂, "尙洞靑年會에 대한 연구, 1897~1914", 《歷史學報》 제 126집, 1990, p. 94.

16) 朝鮮總督府, 《要視察人名簿》(1925), 《海外의 韓國獨立運動史料(XVII) 日本篇 ⑤》, 國家報勳處, 1996, pp. 60~61.

17) 유동식, 《한국감리교회의 역사 I》, 기독교대한감리회, 1994, pp. 297~298.

18) 《大韓每日申報》 1905년 11월19일자, "雜報: 聲聞于天".

교세의 확장과 함께 사회개혁운동에 대한 교인들의 관심이 높아가자 이를 금지하기 위해서 "교회는 나라 일을 의논하는 집이 아니므로 그 집〔교회〕에서 나라 일을 공론하러 모이는 것은 아니 된다"는 요지의 입장을 천명했었다. 장로교 선교사들은 교회가 선교보다는 사회개혁운동에 더 열중하는 것을 몹시 못마땅하게 생각했던 것이다. 이러한 교회의 비정치화선언으로 말미암아 일부 교인들은 교회를 스스로 떠나거나 이 원칙에 따라서 교회에서 축출되기도 했다.[19]

김구가 언제 서울에 올라왔는지는 정확하지 않다. 1,000여명이 모였던 11월10일의 상동교회 구국기도회에는 지방회원들도 많이 참가했을 것으로 짐작된다. 을사조약이 체결된 뒤에는 전국의 교회에서 날마다 오후에 구국기도회가 열렸는데, 상동교회에서는 매일 저녁 7시에서 9시까지 열렸고, 모이는 남녀 교인들의 수도 수천명에 이르렀다고 한다.[20] 김구가 상동교회의 기도회에 참가한 것은 이 무렵이었을 것이다. 안악에서 활동하던 최명식(崔明植)은 을사조약 체결 직후에 조약 반대투쟁을 위해서 상경하는 김구의 모습을 다음과 같이 회고했다.

> 그 당시 교회는 신문화와 접촉할 수 있는 유일한 기관이었고 또한 이곳을 중심으로 해서만 집회의 기회가 쉽게 마련되었다. 예를 들면 '을사보호조약 반대결사대'의 연락으로 그 반대궐기대회에 참석하려고 장련으로부터 상경 중이던 김구씨가 중도 안악에 들렀을 때에 동예배당에서 예배를 본 후 일장의 반대연설을 하여 일본의 침략을 물리쳐야 한다는 것을 강조함으로써 청중의 민족의식을 크게 고취한 곳도 바로 이 안악예배당이었던 것이다.[21]

---

19) 한국기독교역사연구소, 앞의 책, p.303.

20) 《大韓每日申報》 1905년 12월1일자, "雜報: 爲國祈禱".

21) 崔明植, 《安岳事件과 3·1運動과 나 — 兢虛崔明植先生略傳과 自敍》(타자본), 兢虛傳記編纂委員會, 1970, p.14.

최명식의 이러한 술회는, 김구의 엡워스청년회 진남포 대표자격은 외형적 명분이고 사실은 을사조약 반대를 위해서 기독교 계통에서 조직한 비밀결사대의 일원으로 상경했을 가능성을 시사해 준다. 실제로 상동교회의 모임에는 주요 엡워스청년회의 임원들이 거의 참가하지 않은 반면에 감리교인이 아닌 사람들도 많이 참가했다. 따라서 김구가 진남포 엡워스청년회의 대표자격으로 상동교회의 집회에 참가했다는 것만으로 이때의 집회가 엡워스청년회 대표들의 회의였다고 단정하기는 어렵다.[22] 엡워스청년회 대표자격은 감시가 심한 일본경찰의 눈을 피하기 위한 외형적인 것이었을 것으로 짐작된다.

또 한 가지 눈여겨 볼 것은 서울로 올라가던 김구가 안악교회에서 예배를 보고 조약반대 연설을 했다는 사실이다. 그것은 이 무렵에는 이미 김구가 장련군뿐만 아니라 안악군에서도 기독교인들 사이에서 열성적인 활동가로 웬만큼 알려져 있었음을 말해 준다.

상동교회의 구국기도회를 주도했던 인사들이 대안문(大安門) 앞에서 상소투쟁을 벌인 것은 11월27일이었다. 이때의 상황을 《백범일지》는 다음과 같이 적고 있다.

> 그때에 상동교회에 모인 인물로 말하면, 전덕기(全德基), 정순만(鄭淳萬), 이준(李儁), 이석(李石: 李東寧), 최재학(崔在學: 평양인), 계명륙(桂明陸), 김인집(金仁濈), 옥관빈(玉觀彬), 이승길(李承吉), 차병수(車炳修), 신상민(申尙敏), 김태연(金泰淵: 金鴻作), 표영각(表永珏), 조성환(曺成煥), 서상팔(徐相八), 이항직(李恒稙), 이희간(李僖侃), 기산도(奇山濤), 전병헌(全炳憲: 王三德), 유두환(柳斗煥), 김기홍(金基弘), 김구(金龜) 등이었다. 회

22) 韓圭茂, 앞의 글, pp. 93~97.

> 의결과 상소를 올리기로 결정하고 이준이 상소문을 지었다. 제 1회 소수(疏首)는 최재학이고, 그 밖에 네 사람을 더하여 다섯 사람이 신민(臣民)의 대표 명의로 서명하였다. 다섯 사람만 상소한 것은 상소하면 반드시 사형될 것이요, 사형되면 다시 다섯 사람씩 몇 차례든지 계속할 작정이었기 때문이다.
>
> 정순만의 인도로 교회당에서 맹세의 기도를 하고 모두 대안문 앞으로 나갔다. 서명한 다섯 사람만 궐문 밖에서 형식상으로 회의를 열어 상소를 의결했지만, 상소장은 벌써 별감(別監)들의 협조로 상감께 올려졌다. 그런데 갑자기 왜놈 순사대가 달려와서 간섭했다. 다섯 사람이 일시에 왜놈순사에게 달려들어 내정간섭을 규탄했다. 즉각 대안문 앞에는 왜놈의 칼이 번쩍번쩍 빛났고 다섯 지사는 맨주먹으로 싸움을 시작했다. 근처에서 호위하던 우리들은 소리를 벽력같이 지르며, "왜놈이 국권을 강탈하고 조약을 강제로 체결하는데, 우리 인민은 원수의 노예가 되어 죽을 것인가 살 것인가!" 하는 격분한 연설을 곳곳에서 했다. 그러자 인심이 흉흉해졌다.[23]

이처럼 상동교회에 모인 기독교인들은 죽음을 각오하고 상소투쟁을 시작한 것이었다. 이날 상소투쟁을 한 사람들은 물론 상동청년회 인사들만이 아니었다. 전 의정대신 조병세(趙秉世), 태의원(太醫院) 도제조 이근명(李根命) 등은 며칠째 궁궐 안에서 상소농성을 하고 있었고, 표훈원(表勳院) 총재 박정양(朴定陽) 등 여러 전현직 고관들이 새로 상소를 올렸다.

민간인 신분인 최재학 등 다섯 사람은 궁중으로 들어가서 상소문을 올리고 나와서 대안문 앞에 엎드렸다. 이들은 상소뿐만 아니라 을사조약의 부당성을 알리는 「대소위신조약변명서(對所謂新條約卞明書)」라는 격문을 각국 공사관에 발송하고 서울 곳곳에 뿌렸는데, 이 격문은 최재

---

23) 《백범일지》, pp. 194~195.

을사조약 파기 상소투쟁이 벌어졌던 덕수궁의 대안문(大安門) 앞. 이 사진은 1904년 이전에 찍은 것이다. 대안문은 1906년에 대한문(大漢門)으로 이름이 바뀌었다.

학이 평양에서 인쇄해 가지고 온 것이었다.[24] 이 격문에 발기인으로 최재학을 비롯하여 김인집, 신상민, 이시영(李始榮),[25] 신석준(申錫俊)의 이름이 적혀 있는 것으로 보아 이날의 상소문에 연명한 사람들도 아마 이들 다섯 사람이었을 것이다.

상동교회의 모임에 참여한 사람들이라면서 김구가 든 22명 가운데에서 전덕기, 정순만, 이준, 이동녕 등 서울지역의 명망가들을 제외하고는 거의가 관서지방 사람들이었다. 김구는 자기가 기억할 수 있는 인물들의 이름만을 적은 것이었으나, 한편으로 그 명단은 상동청년회의 주요한 지역적 기반이 관서지역이었음을 시사하는 것이기도 하다.

도끼를 메고 대안문 앞에 나가 상소문을 바치고 꿇어 엎드려 황제의 답지를 기다리던 최재학 일행을 일본순사가 강제로 순검파출소로 연행

24) "時局ニ關スル上疏者取押ノ件", 《駐韓日本公使館記錄(24)》, pp. 418~419.

25) 이때에 연기명한 '李始榮'은 평양사람으로서, 省齊 李始榮과는 동명이인이다("時局ニ關スル上疏者取押ノ件", 《駐韓日本公使館記錄(24)》, p. 419).

하려 하자 격렬한 몸싸움이 벌어졌다. 군중이 몰려와서 형세가 험악해지자 일본 보병 2개 소대가 달려와서 이들을 포박했다. 몰려든 군중은 4, 5백명에 이르렀다. 최재학 일행은 포박되는 순간에도 일본순사를 꾸짖고 대한독립만세를 소리높이 외쳤다. 일본순사들은 수건으로 이들의 입을 틀어막고 칼로 등을 치며 끌고 가서 경무청에 구금했다.[26] 일본경찰 기록에 따르면, 소란 중에 이시영은 도망쳤고, 네 사람은 연행되면서 군중들을 향해 "우리가 죽음을 당하는데 동포들은 왜 보고만 있소!" 하고 고함을 쳤다.[27]

그런데 이날의 상소운동에 앞장섰던 최재학 일행의 신분에 대해서는 기록에 따라 차이가 있다. 《대한매일신보》는 이들을 기독교인이라고만 했으나,[28] 《대한계년사(大韓季年史)》는 "함경북도의 기독교인",[29] 《기려수필(騎驢隨筆)》은 "평양유생",[30] 일본경찰기록은 "평양거주의 청년회원"이라고 적었다.[31] 이 시기에 최재학은 동명이인으로 두 사람이 있었는데, 한 사람은 정동교회(貞洞敎會) 교인으로서 상동청년회의 간부를 역임한 사람이고, 다른 한 사람은 김구가 평양 대보산의 영천암에서 걸시승(乞詩僧) 행세를 할 때에 어울렸던 유학자였다.

상동교회 기도회 참여인물로 《백범일지》에 적혀 있는 전병헌은 최재학의 소개로 알게 된 평양 진위대 영관(領官) 전효순(全孝舜)의 아들

26) 《大韓每日申報》 1905년 11월29일자, "雜報: 死守獨立"; 鄭喬, 앞의 책, pp. 186~187; "時局ニ關スル上疏者取押ノ件", 《駐韓日本公使館記錄(24)》, pp. 418~419. 《大韓每日申報》와 《大韓季年史》는 이때에 투입된 일본군인이 2개 소대라고 했고, 《駐韓日本公使館記錄》은 1개 소대라고 했다.

27) "時局ニ關スル上疏者取押ノ件", 《駐韓日本公使館記錄(24)》, pp. 418~419.

28) 《大韓每日申報》 1905년 11월29일자, "雜報: 死守獨立".

29) 鄭喬, 앞의 책, p. 187.

30) 宋相燾, 《騎驢隨筆》, 國史編纂委員會, 1971, p. 83.

31) "時局ニ關スル上疏者取押ノ件", 《駐韓日本公使館記錄(24)》, p. 419.

이었다. 김구는 영천암에서 그에게 글을 가르쳤다. 이들 말고도 김인집, 신상민 역시 최재학과 함께 행동한 평양사람들이었다. 따라서 김구는 이들 최재학 일행과 같이 행동했을 개연성이 있다. 최재학의 활동에 대해서는 자세히 알려져 있지 않으나, 그는 을사조약 파기투쟁 이후에는 안창호(安昌浩), 박은식(朴殷植), 이동휘(李東輝) 등과 함께 서북학회(西北學會)를 조직하여 활동하기도 했다.

이날의 대안문 앞 상소투쟁은 일본경찰과 격렬한 몸싸움이 벌어지는 등 한때 흥분된 분위기에 휩싸였으나 일본군의 무력진압으로 해산되고 말았다. 처음에 상동교회에 모였던 인사들은 최재학 등 다섯 사람은 반드시 사형될 것으로 예상하고 그들이 사형되면 다시 다섯 사람씩 복합상소에 나설 계획이었으나, 일본군은 이들을 체포하여 경무청에 구금했을 뿐 별다른 조치를 취하지 않았다. 일본군은 격렬한 투쟁의 빌미를 제공하지 않기 위해서 주모자만 체포했다가 이내 방면했다. 그리하여 최재학 등은 두 달 뒤인 1906년 1월24일에 석방되었다.[32] 을사조약파기 상소투쟁으로 투옥되었던 사람들은 이들 네 사람을 포함하여 장지연, 윤효정(尹孝定), 이설(李偰), 최동식(崔東植), 이학재(李學宰), 김복한(金福漢), 강형원(姜馨遠), 김세동(金世桐), 오주혁(吳周爀), 안병찬(安秉瓚) 등 모두 14명이었다. 이들은 감옥에서 한시를 지으며 시간을 보냈는데, 그 한시를 모아 편집한 시집이 《복당창수록(福堂唱酬錄)》이다.[33]

대안문 앞 조약파기 상소투쟁에는 최재학 일행과 관계없는 젊은 평양사람들도 참가하고 있어서 눈길을 끈다. 평양의 숭실학교(崇實學校) 학생들은 을사조약 체결소식이 전해지자 한동안 수업을 전폐하고 조약반

32) 《大韓每日申報》 1906년 1월30일자, "雜報: 諸氏放還".

33) 이 시집은 이설의 시문집인 《復菴集》에 수록되었고, 宋容綵 編, 《洪州義兵實錄》, 洪州義兵遺族會, 1896에 실려 있다(최기영, "백범 김구의 계몽운동", 《한국근대계몽사상연구》, 일조각, 2003, p.208).

대 시위를 벌였는데, 김영서(金永瑞) 등 시위에 적극적인 학생들 12명은 서울까지 올라와서 상동청년회와 연계하여 200여명이 대안문 앞에서 사흘 동안 시위운동을 벌였다.[34]

대안문 앞 상소투쟁에 참여한 주동자들은 장소를 종로로 옮겨서 공개연설회를 개최하기로 했다. 연설을 통하여 일본의 침략을 비판하다가 저지당할 경우에는 대대적인 육박전을 전개한다는 전략이었다. 김구도 이 연설회에 참가했다.

대안문 앞 상소가 있은 지 사흘 뒤인 11월30일 오후 3시에 김하원(金河苑), 이기범(李基範), 김홍식(金弘植), 차병수 등 기독교인들은 「경고 아이천만동포지문(警告我二千萬同胞之文)」이라는 글을 인쇄하여 종로에 뿌리고 군중 앞에서 격렬한 반일연설을 했다. 순식간에 몰려든 군중으로 종로는 발디딜 틈이 없었다. 그러자 일본헌병 수십명이 총검을 휘두르며 뛰어들어 시민들을 함부로 짓밟았다. 격분한 김하원 등은 앞으로 나아가 큰 소리로 "우리는 국가독립을 위하여 죽어도 또한 영광이니 속히 죽여라" 하고 외치며 달려들어 가슴을 치받았다. 그러자 일본순사들이 총검을 휘두르며 마구 찔러서 여러 사람이 피를 흘리며 쓰러졌다. 이 광경을 본 군중은 주변의 기와조각과 돌을 집어던졌고, 일본헌병들은 마구 총을 쏘았다. 그래도 군중이 해산하지 않자 일본헌병들은 병력을 증강하여 상점을 부수고 사람들을 닥치는 대로 포박하여 수백명을 일본군사령부에 구금했다.[35]

김하원 등이 상동교회에 모여 죽음을 각오하고 상소투쟁을 계속하기로 했던 사람들이었는지는 확인할 수 없다. 그러나 김구도 이때의 연설

34) William M. Baird, "Pyeng Yang Academy", *Korea Mission Field*, October, 1906, vol. 2, no. 12, p. 221.

35) 鄭喬, 앞의 책, pp. 191~192.

회에 참가하고 있고, 또 이들이 기독교인이었으며, 이들 가운데 차병수는 김구가 열거한 명단에 포함된 것으로 보아, 이들도 상동교회에 모였던 사람들이었을 것으로 짐작된다. 이때의 상황을 《백범일지》는 다음과 같이 적었다.

> 종로에서 연설을 하자 왜순사가 칼을 뽑아들었다. 연설하던 청년이 맨손으로 달려들어 발로 차 왜순사를 땅에 거꾸러뜨리자 왜놈들이 총을 쏘기 시작했다. 그때에 마침 어물전 도매점이 화재를 당한 뒤라 기와조각이 산처럼 쌓여 있어서, 우리 몇 사람이 그 기와조각을 왜순사대를 향해 던지며 접전이 시작되었다. 왜순사놈들은 중국인 상점에 침입하여 잠복한 채 총을 발사했다. 군중이 기와조각을 중국 점포에 던지자 왜보병 1개 중대가 포위하여 공격했다. 인산인해를 이루던 군중은 제각각 흩어졌고, 왜놈들은 한인을 닥치는 대로 포박하니 수십명이 체포 감금되었다.[36]

어물전은 전날인 11월29일 밤에 큰 불이 나서 고종은 피해상인들에게 8,000환(圜)의 구휼금을 내리고, 내부와 농상공부에 따로 구제방법을 강구하라는 명령을 내렸었다.[37]

김구 일행이 종로 가두연설 끝에 일본군과 투석전을 벌이고 있을 때에 시종무관장 민영환(閔泳煥)의 자결소식이 전해졌다. 민영환은 을사조약이 체결된 뒤에 여러 차례 조약파기 상소를 올렸으나 아무런 성과가 없자 마침내 11월30일 새벽에 자결했다.[38] 급보를 받고 달려갔던 시종무관 어담(魚潭)은 민영환의 장렬한 최후를 다음과 같이 적었다.

> 언뜻 얼굴을 보니 옆으로 두치 정도의 구멍이 난 목줄기로부터 아직까지 피가 흐르고 있었고, 원망하는 듯, 노한 듯 딱 부릅뜨고 있

36) 《백범일지》, p. 195.

37) 國史編纂委員會, 《高宗時代史(六)》, 探求堂, 1972, p. 393.

38) 《閔忠正公遺稿》, 國史編纂委員會, 1959, pp. 225~226.

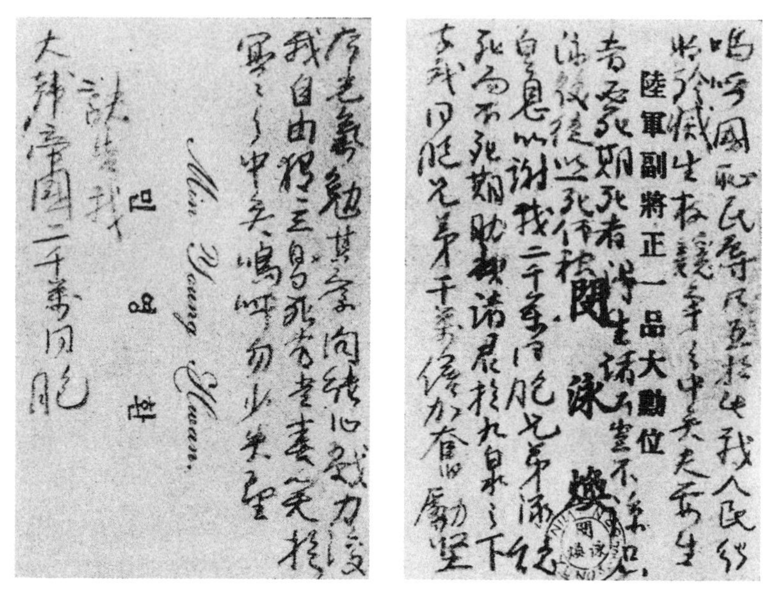
嗚呼國恥民辱乃至於此 我人民將且殄滅於生存競爭之中矣 夫要生者必死 期死者得生 諸公豈不諒只 泳煥徒以一死 仰報皇恩 以謝我二千萬同胞兄弟 泳煥死而不死 期助諸君於九泉之下 幸我同胞兄弟 千萬倍加奮勵 堅乃志氣 勉其學問 結心戮力 復我自由獨立 則死者當喜笑於冥冥之中矣 嗚呼 勿少失望 訣告我大韓帝國二千萬同胞

陸軍副將正一品大勳位 閔泳煥

Min Young Hwan.

민 영 환

민영환이 자신의 명함에 쓴 국민에게 보내는 유서 "결고 아대한제국이천만동포".

는 양쪽 눈은 처절하고도 가여웠다. 다음 오른손에 꽉 쥐고 있는 작은 칼을 풀어내고 의복을 벗기니 일자로 할복하고 있었다. 칼을 만져 보니 손톱깎기에 쓰는 퍽 작은 칼로서 깊이 찌를 수 없었기에 다시 상처 위로 좌로 우로 몇 번이나 칼질을 한 것 같았다. 그 증거로 의복의 양 무릎에 좌우 손을 닦은 듯한 핏자국이 묻어 있는데, 생피가 찐덕찐덕하여 작은 칼을 쓰기 어렵게 되자 좌우 손으로 칼을 바꿔 쥐어 가며 한 손의 피를 무릎에 닦은 것이 틀림없다. 그러나 이같이 하고도 목적을 이루지 못하자 목구멍을 옆으로 끊어젖힌 것이 아닌가! 참으로 장절한 죽음이었다.[39]

염을 할 때에 옷깃에서 명함 여섯 장이 나왔다. 황제와 국민과 각국 공사관에 보내는 유서였다.[40] 국민들에게 보내는 「결고 아대한제국 이

39) 國史編纂委員會, 《韓國獨立運動史(一)》, 1965, p. 112에서 재인용.

40) 《閔忠正公遺稿》, p. 198. 애용하던 손가방에 들어 있었다는 말도 있다(國

천만동포(訣告我大韓帝國二千萬同胞)」라는 유서는 이튿날로《대한매일신보》에 전문이 보도되었다.

> 오호라. 국치(國恥)와 민욕(民辱)이 이에 이르렀으니, 우리 인민이 장차 진멸(殄滅)과 생존이 경쟁하는 가운데 있을지라. 대체 살기를 바라는 자는 죽고 죽기를 맹세하는 자는 사나니, 제공은 어찌 요량치 못하느뇨. 영환은 오직 한번 죽기로써 황은(皇恩)에 보답하고 우리 이천만 동포형제에게 사하려 한다. 영환은 죽어도 죽지 않고 기어히 제공을 구천 아래에서 도울 것이다. 다행히 동포형제들은 천만배 더 분려(奮勵)하여 이 지기(志氣)를 굳게 하고 학문을 힘써서 마음과 마음을 합하고 힘과 힘을 아울러 우리의 자유독립을 회복할지어다. 그러면 죽은 자 마땅히 명명(冥冥)한 가운데에서 기뻐하여 웃으리라. 오호라. 조금도 실망하지 말지어다.[41]

민영환의 유서 가운데에서 특히 주목되는 것은 미국 공사관으로 영향력 있는 미국인 친지들에게 보낸 유서이다. 이승만과 헐버트(Homer B. Hulbert, 紇法, 轄甫)를 미국에 밀파한 친미파답게 그는 슬프게도 자결하는 순간까지 한국의 독립보전을 위한 미국인들의 '거중조정'에 대한 기대를 버리지 않고 있었음을 보여 준다.

> 귀하는 오늘의 일본인의 목적과 행동을 알아야 합니다. 그러므로 나는 우리 국민이 입을 부당한 처사를 세계에 알리면서 귀하가 거중조정을 행사하고, 우리의 독립을 지지하기 위해 아량 있는 노력을 해주실 것을 간청합니다. 만일에 귀하가 우리나라를 위하여 위와 같은 일을 할 수 있다면, 나의 죽어 가는 영혼도 행복하게 쉴 수 있을 것입니다. 우리 국민들의 성실한 태도를 오해하지 말아 주십

史編纂委員會, 위의 책, p. 113).

41) 《大韓每日申報》 1905년 12월1일자, "雜報: 警告韓國人民遺書". 원문은 한문이다.

> 시오. 귀국과 우리나라 사이에 성립된 우리나라의 (서양제국과의) 최초의 조약을 귀하가 잊지는 않을 줄 믿습니다. 귀국정부 및 국민들의 동정심을 실제로 증명해 주시기 바랍니다. 그때에는 죽은 자도 알게 될 것이고, 귀하에게 감사할 것입니다.[42]

민영환은 마흔네 살이었다. 그가 죽던 날 큰 별이 서쪽으로 떨어지고 까치 수백 마리가 그의 집을 둘러싸고 울며 흩어지지 않았다거나 그가 자결한 자리에서 뒷날 대나무가 솟았다는 이야기는, 국민들의 그에 대한 숭모가 어떠했는가를 말해 주는 것이다.

민영환의 자결소식이 전해지자 장안은 삽시간에 흥분의 도가니를 이루었다. 사람들은 "국가의 기둥이 쓰러지고 큰 별이 떨어졌다"고 울부짖으면서 민영환의 집으로 몰려가서 통곡하며 "순국의 권화(權化)를 한 번 뵙게" 해달라면서 인산인해를 이루었다. 그러나 재빨리 달려온 일본헌병들이 군중을 함부로 끌어내고 문을 닫은 다음 자물쇠를 걸어 버렸다.[43]

김구는 민영환의 자결소식을 듣자 군중 틈에 섞여 민영환의 집에 가서 조문했다. 김구는 민영환의 조문을 마치고 나오다가 큰길가에서 마흔 살쯤 되어보이는 사람이 흰 명주저고리에 갓과 망건도 없이 맨 상투 바람으로 의복에 핏자국이 얼룩덜룩한 채 여러 사람의 호위를 받으며 인력거에 실려가는 모습을 보았다. 주위 사람들에게 누구냐고 묻자 의정부 참찬(參贊) 이상설(李相卨)인데 자살미수에 그쳤다고 했다.[44] 이때에 이상설은 서른여섯 살이었다. 궁내부 특진관, 학부와 법부의 협판 등을 거쳐 을사조약이 체결되기 2주일 전인 1905년 11월1일에 대신회의의 실무를 총괄하는 의정부 참찬에 임명되었던 이상설은 일본군의 저지로 17일

---

42) "Min Yong Whan", *The Korea Review*, January 1906, p. 7.

43) 國史編纂委員會, 《韓國獨立運動史(一)》, p. 113.

44) 《백범일지》, p. 196.

의 대신회의에는 참석하지도 못했다. 조약이 체결된 뒤에 원임대신 조병세를 비롯한 전현직 관리들의 강경한 상소를 주도했던 그는 민영환이 자결했다는 소식을 듣고는 종로네거리로 달려가서 술렁거리는 군중들 앞에서 통곡을 하면서 열변을 토했다.

민영환에 이어 종로에서 머리를 찧고 자결하려 한 이상설. 그는 헤이그평화회의에 밀사로 파견되었다.

"우리 정부 대관들이 근일에 이르러도 오히려 눈앞의 안락을 탐내어 구차하게 살겠다는 망상이 있어서, 지난날의 사대(事大)의 습관으로 강국에 의뢰하면 자가 생명을 능히 보전할 줄로 오해하고 있소. 지금의 시대는 국가가 자립하지 못하고 다른 나라의 보호하에 들어가면 국가가 전복할 뿐만 아니라 전국 인종이 거개 멸망하는 것이니, 우리나라 동포인민은 이를 깊이 생각하시오. 오늘 이 민보국〔閔輔國: 민영환을 지칭〕이 자결한 날이 곧 우리 전국 인종이 모두 멸망하는 날이오. 나는 민보국 한 사람의 죽음을 위해 조상(弔喪)하는 것이 아니라 우리 전국 인민이 진멸할 정경을 위해 조상하오."[45]

연설을 마친 이상설은 땅에 뒹굴면서 머리를 땅바닥에 부딪쳐 자결을 시도했다. 흥분한 군중은 유혈이 낭자한 모습으로 인사불성이 된 이상설의 곁에 모여들었고, 온 장안에 이상설도 민영환을 따라 순국했다는 소문이 퍼져 흥분과 통곡의 도가니를 이루었다.[46] 시민들은 이상설을

45) 《大韓每日申報》 1905년 12월1일자, "雜報: 參贊演說".

백관들이 모여서 상소농성을 하고 있는 표훈원으로 데려갔다. 김구는 마침 이때에 이상설의 모습을 본 것이었다.

민영환의 자결과 이상설의 자결미수로 군중의 열기는 더욱 고조되었다. 종로에는 기독교인들 이외에도 여러 부류의 사람들이 몰려와서 가두연설을 하고 시위운동을 벌였다. 군중 가운데에서 조병철(曺秉哲)이라는 사람은 조약의 철회를 요구하는 격렬한 연설을 했는데, 저녁 8시에 일본헌병들이 달려와서 군도로 그와 그의 열 살짜리 아들을 마구 때리고 아들을 끌어갔다.

그러나 밤이 되어서도 군중의 수는 줄어들지 않고 밀물처럼 몰려들었다. 일본경찰과 헌병들이 연설을 제지하고 군중을 강제로 해산시키려고 하자 모여든 군중은 돌을 던지며 격렬하게 저항했다. 일본경찰 하나가 돌팔매를 맞고 쓰러지자 군중은 그의 대검을 빼앗고 발길질을 했다. 이어 일본헌병대위와 다른 헌병 한명이 돌에 맞아 부상했다. 일본헌병들이 발포하자 군중은 혼란한 틈을 타서 종로에 있는 일본헌병대 파견소를 습격하여 유리창을 깨고 의자를 들어 던지고 하여 격투가 벌어졌다. 당황한 일본헌병들이 총을 난사하여 여러 사람이 총상을 입었고, 일본헌병분견대원과 경찰 한명이 부상했다. 마침내 일본군은 보병 1개 중대를 증파하여 군중 100여명을 체포하고, 이들을 모두 일본군사령부로 끌고갔다.[47]

민영환의 자결은 뒤이어 많은 사람들이 순국 자결하는 도화선이 되었다. 조약파기 상소투쟁에 앞장섰던 원임 의정 조병세와 전 참판 이명재(李命宰)가 12월1일에 음독 자결한 데 이어 학부 주사 이상철(李相哲), 상소투쟁을 벌이다 투옥되었던 이설, 대사헌(大司憲)의 요직을 제수받고도 사퇴하고 역신의 처결을 주장했던 송병준(宋秉璿) 등이 잇따라 음

46) 尹炳奭, 《增補 李相卨傳》, 一潮閣, 1984, p. 46.
47) 國史編纂委員會, 《韓國獨立運動史(一)》, pp. 115~117.

독 자결했다. 민영환 집에서 고용원으로 일했던 계동 사는 인력거꾼은 민영환이 자결한 바로 그날 하루종일 통곡하다가 밤이 되자 경우궁(景祐宮) 뒷산 소나무에 목을 매었다.

상소투쟁이 좌절되자 상동청년회의 전덕기, 정순만 등은 교인들과 평안도 장사 수십명을 모집하여 매국 오적의 암살을 모의했다. 그러나 일본군의 삼엄한 경비로 좀처럼 뜻을 이룰 수 없었다.[48] 김구 일행이 상동교회의 회의에서 상소투쟁을 하기로 결의하고 대안문 앞으로 나갔던 사실을 감안하면, 김구는 강경한 행동파 정순만 등이 모집한 행동대에 포함되었을 개연성이 없지 않다.

민영환을 비롯한 전현직 관리들의 자결은 지방의 항일운동에도 적지 않은 자극제가 되었다. 그 가운데에서 김구와 관련하여 주목되는 것은 12월4일 밤에 진남포에서 있었던 기독교청년회 학생들의 집회사건이다. 밤 10시경에 한국인 동네에서 기독교 청년회 학생들이 을사조약파기에 관한 결의를 하기 위해 집회를 열려고 할 즈음에 일본 헌병과 수비대가 현장을 덮쳐 학생 14명을 연행한 것이었다. 이 사실에 대해 진남포 일본 영사관은 하야시 공사에게 "원로 민(민영환) 씨와 그 밖의 자살 이야기가 이달 2일에 이곳에 전해져서 인심이 조금 평온을 잃고 있다"고 보고했다.[49] 진남포 일본 영사관은 뒤이은 보고에서, 이들 학생들을 "한국청년회 학생"들이라면서, 서울의 청년회와 기맥을 통하고 있다고 말하고 있다.[50] 여기서 말하는 진남포의 기독교청년회란 바로 김구가 총무로 있는 엡워스청년회였을 것이다. 진남포 엡워스청년회는 그만큼

48) 鄭喬, 앞의 책, p. 191.

49) "耶蘇教學生의 協約反對集會와 閔氏自殺에 따른 民心動向報告", 《駐韓日本公使館記錄(24)》, p. 445.

50) "在鎭南浦韓國青年會의 捕縛件", 《駐韓日本公使館記錄(24)》, p. 449.

애국열에 차 있었던 것이다. 김구 자신은 이때에는 아직 서울에 머물고 있었던 것 같다.

을사조약 파기운동이 상동청년회가 중심이 되어 추진되었다는 사실을 탐지한 통감부는 남한지역 선교구의 감리사이며 상동교회 목사인 스크랜턴(William B. Scranton, 施蘭敦)을 겁박하여 상동청년회의 해산을 종용했다. 한국 교인들의 정치적 활동에 대해서 비판적 입장을 취해 온 감리교 선교사들은 마침내 엡워스청년회의 해산을 결정했다. 1906년 6월에 스크랜턴은 "청년회가 교회의 목적에서 벗어나 정치조직으로 변질했기 때문에 엡워스청년회를 해체했다"고 교단에 보고했다.[51] 상동청년회의 해산은 이때부터 한국 교회 안에서 어떤 조직이든 종교적 목적에서 벗어난 정치적 활동은 금지되었음을 보여 주는 것이었다.

비록 을사조약파기 상소투쟁은 좌절되었으나 이때의 경험은 김구의 삶의 방향을 결정짓는 중요한 계기가 되었다. 상동교회 모임에 참여함으로써 김구는 전국적 규모의 사회운동의 주류에 접근할 수 있게 되었고, 이를 통하여 중앙의 명망가들과 인연을 맺게 되었다. 이때에 만난 주요 인사들은 대부분 신교육운동과 뒤이은 신민회운동(新民會運動)을 통하여 민족운동을 주도했는데, 김구는 그들 가운데 몇몇과는 3·1운동 이후에 상해임시정부에서 재결합하여 활동하게 된다. 그 대표적 경우가 전덕기와 이동녕과의 만남이었다.

이때 이후로 김구는 전덕기에 대하여 특별한 애정을 가지고 있었다. 김구는 서울에 왔을 때에는 반드시 전덕기의 설교를 들으러 상동교회를 찾았다.[52] 이러한 애정은 오랜 세월이 지나서 해방된 뒤에 김구가 귀국했을 때에도 변함이 없었다. 1946년에 전덕기 목사의 추도예배가 상동교회에서 열렸을 때에 김구는 이승만과 함께 이 예배에 참석하여 추모

---

51) 한규무, 앞의 글, p. 97.

52) 오동춘, "전덕기 목사의 국어정신과 나라사랑", 《나라사랑 — 전덕기선생 특집호》 제97집, 1998, p. 326.

사를 했다. 이날 김구는 옛일을 회상하면서 기억나는 대로 전 목사가 남기고 간 말들을 소개했다. 김구는 조사에서 "전 목사님은 이 강대상이 놓인 자리에 서서 왼손을 하늘 높이 쳐들고 또 발을 구르면서 '여러분은 철저하게 하나님을 믿으면서 철저하게 동포와 나라를 사랑하시오'라고 항상 말씀하셨습니다"라고 전덕기의 설교에 깊은 감명을 받았던 일을 회상했다.[53]

또 한 사람 이동녕에 대해서는 뒷날 《백범일지》에서 "최후의 한순간까지 선생의 애호를 받은 사람은 오직 나 한 사람이었다"[54] 라고 술회했을 만큼, 김구는 임시정부에서 활동하는 동안 이동녕의 큰 힘을 입었다.

을사조약 파기운동의 결과는 김구로 하여금 새로운 각성과 결의를 하게 해주었다. 그것은 곧 민중의 애국사상이 박약한 것을 절감하고 민중을 계몽하는 것이 급선무라는 사실을 깊이 인식하게 된 것이었다. 그는 다음과 같은 결론을 내렸다.

> 아무리 급박하여도 국가흥망에 대한 절실한 각오가 적은 민중과 더불어서는 무슨 일이나 실효 있게 할 수가 없다. 바꾸어 말하면 아직 민중의 애국사상이 박약한 것이다. "7년 병에 3년 묵은 쑥을 구한다(七年病三年艾)"는 격으로, 때는 늦었으나마 인민의 애국사상을 고취하여 인민으로 하여금 국가가 곧 자기집인 줄을 깨닫고, 왜놈이 곧 자기 생명과 재산을 빼앗고 자기 자손을 노예로 삼을 줄을 분명히 깨닫도록 하는 수밖에 최선책이 없다.[55]

그러나 김구는 왜 이때에 민중의 애국사상이 박약하다고 느꼈는지에 대해서는 설명하지 않았다. 대안문 앞 상소투쟁에서나 종로의 연설회에서 보여준 민중의 호응도는, 김구 자신의 서술대로라면, 상당히 적극적

---

53) 오동춘, 위의 글, p. 327.

54) 《백범일지》, pp. 389~390.

55) 《백범일지》, p. 196.

이었다. 그럼에도 불구하고 민중의 애국사상이 박약하다고 느꼈다는 것은 당시의 개화파 지식인들의 일반적 민중관을 반영하는 것이라고 할 수 있을 것이다. 사실 또 이때의 민중의 태도는, 대안문 앞에서 상소투쟁을 하던 최재학 등이 일본경찰에 끌려 가면서 "동포들은 왜 보고만 있소!"라고 고함쳤다는 일본 경찰기록이 말해 주듯이, 방관적인 면이 없지 않았던 것 같다. 그러한 민중의 태도가 김구로 하여금 민중의 애국사상이 박약하다고 절감하게 했을 것이다. 이렇게 하여 김구는 모였던 동지들과 작별하고 신교육운동에 헌신하겠다는 각오로 장련으로 돌아왔다.

2. 대한매일일보사 지사 운영하며 교육운동에 전념

을사조약을 계기로 항일민족운동은 새로운 단계를 맞이하게 되었다. 그것은 본격적인 항일의병투쟁과 계몽운동의 두 갈래로 전개되었다. 계몽운동은 실력양성에 의한 국권회복을 표방하면서 여러 가지 형태로 전개되었다. 일본군에 의해 정치활동이 금지된 상황에서 개화파 지식인들이 맨 먼저 펼친 운동은 학술문화단체를 표방한 학회의 조직이었다. 1906년 4월에는 장지연, 윤효정 등이 중심이 되어 전년에 이준 등이 조직했다가 해산 당한 헌정연구회(憲政硏究會)를 확대 개편하여 대한자강회(大韓自强會)를 조직했고, 같은 해 10월에는 박은식을 중심으로 한 서우학회(西友學會)와 이준, 이동휘 등의 한북흥학회(漢北興學會)가 조직되었으며, 1907년 7월에는 고정주(高鼎柱) 등 전라도 지식인들을 중심으로 한 호남학회(湖南學會)와 충청도 지식인들을 중심으로 한 호서학회(湖西學會)가 조직되었다. 이어 1908년 1월에는 지석영(池錫永), 유성준(兪星濬), 이상재(李商在), 정교(鄭喬), 권근(權槿) 등 경기도와 충청도 지식인들의 기호흥학회(畿湖興學會)가 조직되고, 같은

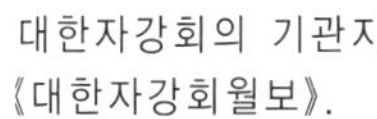

대한자강회의 기관지
《대한자강회월보》.

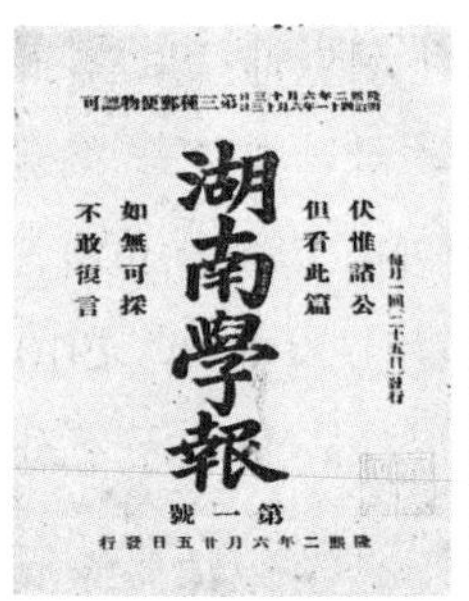

호남학회의 기관지
《호남학보》.

기호흥학회의 기관지
《기호흥학회월보》.

교남학회의 기관지
《교남교육회잡지》.

서북학회의 기관지
《서북학회월보》.

해 3월에는 남궁억(南宮檍)의 발기로 강원도지방 지식인들을 중심으로 한 관동학회(關東學會)와 경상도 지식인들을 중심으로 한 교남학회(嶠南學會: 또는 교남교육회)가 조직되었다. 그리고 서우학회가 1908년 1월에는 한북흥학회를 통합하여 안창호, 이동휘, 박은식, 유동열(柳東說), 최재학 등을 중심으로 서북학회(西北學會)로 개편되었다.

이들 학회는 지방에 지부를 설치하여 조직을 전국적으로 확대하면서 강연회와 토론회를 개최하여 국민들을 계몽하고, 기관지를 발간하여 국권회복의 필요성을 강조하는 한편, 신학문을 소개하는 데 앞장섰다. 이들 학회는 구국운동의 방안으로서 특히 학교설립에 주력했다. 《황성신문》과 《대한매일신보》는 학교의 설립이야말로 자주독립과 국권회복의 길임을 주장하면서, 국민들의 적극적 참여를 촉구하는 논설과 기사를 계속 실었다. 이러한 노력의 결과로 1906년 현재 인가를 받아서 설립한 사립학교가 63개교에 지나지 않던 것이,[56] 1910년 7월 말에는 무려 2,237개교에 이르렀다.[57] 「사립학교령」이 규정한 규모에 미치지 못했거나 신청하지 않은 학교까지 감안한다면 실제 사립학교수는 5,000여 개교쯤 되었을 것으로 추산된다.[58] 학부의 조사에 따르면, 1910년의 경우 황해도의 학교 수는 평안남도의 428개교와 평안북도의 377개교에 이어, 전국에서 세번째로 많은 260개교에 이르고 있다. 그것은 인구에 비하면 가장 많은 사립학교가 설립되었던 셈이었다. 이러한 사립학교 설립 붐은 정치활동이 금지된 상황에서 취해진 새로운 민족운동의 방법이었다.

새로운 각오로 장련으로 돌아온 김구도 광진학교를 중심으로 교육계몽운동에 열성을 쏟았다. 광진학교 시절의 김구의 모습을 최태영은 다음과 같이 회고했다.

> 김구 선생은 밤에 광진학교 마당에 온 고을 사람들을 모아놓고 환등기로 세계 각국의 도회사진과 비스마르크, 워싱턴 같은 영웅들을 보이면서 개명한 이치를 계몽했다. 개화당의 김옥균(金玉均), 박영효(朴泳孝) 등도 이때에 알게 되었다. 김구 선생은 그때에 모친 곽낙원 여사와 오 진사네 사직골 전답을 관리하며 살았다. 어린 내가 그 골짜기에서 가재를 잡으며 놀 때에 할머니가 밤을 삶아 주시며 귀애하시던 기억이 있다.[59]

---

56) 《皇城新聞》 1906년 12월19일자, “雜報: 私校蔚興”.

57) 《官報》 隆熙4년 8월13일자; 《大韓每日申報》 1910년 8월7일자, “雜報: 學校數爻”.

58) 金興洙, “교육구국운동의 추진”, 국사편찬위원회, 《한국사(45) 신문화운동Ⅰ》, 2000, pp.128~129.

이처럼 김구는 아이들을 가르치는 데 열심이었을 뿐만 아니라 저녁에는 마을주민들을 모아 놓고 계몽활동을 벌였던 것이다. 김구가 언제부터 환등기를 사용했는지는 알 수 없으나, 광진학교 시절에 이미 환등기를 사용하며 대중강연을 했다는 사실은 주목할 만하다. 환등기는 당시로서는 신문명의 상징물이었다. 그것은 많은 사람들을 한자리에 불러모아 경이로운 세계를 구체적으로 보여 주는 효과적인 교육방법이었다. 그리하여 환등기는 정부에서 시정 정책을 홍보하거나 청년단체에서 계몽강연을 할 때에 활용되었다. 이 무렵 사설극장에서는 춤을 영사기에 찍어서 환등으로 보여 주는 전기광무(電氣光舞)라는 이색적인 공연프로그램도 있었다.[60] 정부에서 위생홍보를 위하여 매주 금요일마다 동대문 안 광무대 놀이터에서 위생관련 환등회를 개최했다거나,[61] 기독교청년회가 청년회관에서 회원들을 모아놓고 계몽강연을 할 때에 인도의 산천을 환등으로 보여 주면서 연설을 했다는[62] 등의 신문기사는 이 무렵의 환등기의 보급상황을 짐작하게 한다.

서울에 다녀 온 뒤의 김구의 활동 가운데에서 특별히 주목되는 것은 대한매일신보사의 장련 지사를 맡아서 운영한 사실이다. 《대한매일신보(大韓每日申報)》는 1905년 11월28일자 3면 머리에 "본사 특고"로 지국개설 사실을 알리고 있다. 신문을 관서지방에 널리 보급하기 위하여 평양의 김흥연(金興淵), 선천(宣川)의 안준(安濬)과 함께 장련의 김구

59) 최태영, 앞의 책, pp. 21~22.

60) 柳美希, "근대예술의 발전: 무용", 《한국사(45) 신문화운동 I》, 국사편찬위원회, pp. 362~363.

61) 《대한매일신보》 1907년 8월16일자, "잡보: 위생환등회" 및 8월24일자, "잡보: 환등회설명".

62) 《대한매일신보》 1908년 5월26일자, "잡보: 청년회환등회".

(金龜)에게 위탁하여 신문을 내려 보내니까 구독을 희망하는 사람들은 이들에게 구독 신청을 하고 대금도 이들에게 납부하라는 광고였다. 평양의 김홍연이 학교 교사였던 것으로 보아 선천의 안준도 교사였을 것으로 짐작된다. 이 무렵의 개화파 지식인들은 이처럼 교육활동과 함께 언론활동을 계몽운동의 중요한 사업으로 인식하고 있었다. 그리하여 《대한매일신보》 등의 지방지사들은 신문보급뿐만 아니라 지방의 중요한 동향을 취재하여 서울로 보내는 역할도 했다. 서울에서 발행되는 신문에 지방학교의 사소한 뉴스가 자세히 보도되고 있는 것이 그러한 사정을 말해 준다.

대한매일신보사가 관서지방부터 지사를 설치한 것은 신문사의 총무를 맡고 있던 양기탁(梁起鐸)이 평안도 출신이었던 사실과도 관련이 없지 않았을 것이다. 김구는 서울에 가서 을사조약 파기투쟁에 참여했다가 대한매일신보사의 장련 지사 운영을 위촉받았던 것이다.

대한매일신보사의 지사광고는 거의 매일 신문에 게재되었다. 지사 수도 차츰 늘어나서 1906년 4월28일자 《대한매일신보》의 "지점광고"에는 10개 지점, 1907년 2월10일자 "지사광고"에는 부산과 의주까지 포함한 18개 지사의 이름이 보인다. 그리고 1907년 2월12일자 "지사광고"부터는 "장련읍 김구"가 보이지 않는다. 장련지사가 없어진 것이었다. 김구가 대한매일신보사의 장련지사 운영을 그만둔 이유는 잘 알 수 없다.[63]

김구는 1906년 4월에 학생들을 인솔하고 은율읍(殷栗邑)의 광선학교(光宣學校)에서 열린 연합운동회에 참가했다. 광선학교는 은율읍의 예수교회에서 세운 학교였다. 이 무렵의 지방학교들에서 곧잘 열린 연합운동회는 눈여겨볼 만한 가치가 있다. 김구와 함께 학생들을 인솔했던 백남훈은 이때의 운동회 모습을 다음과 같이 술회했다.

---

63) 박정규, "대한매일신보의 참여인물과 언론사상", 《대한매일신보창간100주년기념학술회의》, 한국언론학회, 2004, pp.23~54 참조.

> 이것(연합운동회)이 발표되매 아동들은 좋아라고 그날이 오기를 손꼽아 기다리다가 4월24일 하오 1시에 장련을 출발했다. 아동 35명, 선생 2명, 학부형 15명, 도합 약 50명이 도보로 은율로 향했다. 하오 4시경 목적지에 도착하여 여관에서 일박하고 이튿날 상오 8시에 운동장에 도착했더니 이 모임을 구경하려고 군내 남녀노소가 운집하여 양교 아동들의 흥을 돋우어 주었다. 순서에 따라 체조, 유희, 연설 등이 대성황리에 끝났거니와 병식체조(兵式體操)가 우위를 차지한 것은 물론이고, 최요섭(崔泰永 박사 10세 때), 이보현(李寶賢) 양군의 연설이 박수갈채를 받은 것은 더욱 유쾌하였으며, 아동들 또한 기쁘고 흥분하였든지 다리 아프다는 말도 없이 그날 저녁으로 귀가하였던 것이다.[64]

전국의 각급학교에서 운동회를 개최하는 것은 하나의 붐처럼 유행했다. 서울에서는 1907년 봄부터 1909년 봄까지 관내 관립 및 사립학교 연합으로 해마다 봄 가을 두번의 운동회를 개최했는데, 1907년 10월26일의 운동회에는 73개교의 관사립학교가 참가하여 큰 성황을 이루었다.[65] 연합운동회 열기는 지방에서도 마찬가지였다. 개성에서는 10여 개교의 1,400명, 북청에서는 35개교의 1,636명이 참가하는 대규모 운동회가 열리기도 했다.[66] 평양에서는 무려 182개교의 학생 4,449명과 교사 381명, 임원 857명이 참가하고, 구경꾼이 1만여명이나 모이는 엄청난 규모의 연합체육대회가 열리기도 했다.[67]

이 무렵 사립학교 교육의 가장 큰 특징의 하나는 체육교육을 강조한 것이었다. 평양의 대성학교(大成學校)에서는 체육시간을 제일 중요하

64) 白南薰, 《나의 一生》, 白南薰先生紀念事業會, 1968, p.53.

65) 《皇城新聞》 1907년 10월27일자, "雜報: 官私立學校秋季聯合運動會盛況".

66) 《皇城新聞》 1908년 5월3일자, "雜報: 開城運動의 盛況" 및 11월20일자, "雜報: 運動盛況".

67) 《皇城新聞》 1908년 4월23일자, "論說: 平壤에 各校聯合運動會盛況".

게 생각하여 군대식으로 학생들을 교련했다. 서울의 상동청년학원에서는 학생들에게 군복 같은 정복을 입히고 운동시간에 체조를 가르친다는 구실로 군가를 부르면서 목총을 메고 군사훈련을 했다.[68] 이처럼 당시의 체육은 단순한 스포츠가 아니라 애국정신을 고취시키는 구국운동의 수단이었다. 각 학교에서는 토론회, 웅변회, 운동회 등의 행사를 마련하여 민족의식을 일깨웠는데, 이때에 가장 중점을 두었던 것이 군대훈련을 방불케 하는 병식체조였다. 김구가 근무하던 광진학교에서도 대한제국 군대의 하사로 있던 이(李)아무개 선생이 학생들을 지도했다. 이 때문에 광진학교의 병식체조는 우수한 실력을 발휘했다고 한다.[69]

이러한 군대식 체조교육은 당시의 사회적 분위기와 밀접한 관련이 있었다. 1896년 1월11일에 공포한 무관학교관제에는 군대의 훈련과 함께 체조교사를 양성할 것을 규정하고 있었다. 1904년에는 육군연성학교(陸軍研成學校)에 6개월의 이수과정으로 체조검술과를 부설하여 학교 병식체조의 지도자를 양성하기도 했는데, 1905년에 이 학교 교관겸 교성대장(教成隊長)이 되어 학도들을 지도한 사람이 뒷날 상해 임시정부의 군무총장이 된 육군정령(陸軍正領) 노백린(盧伯麟)이었다.[70] 그리하여 이 무렵의 각급학교의 체육교사는 거의가 무관출신들이었다. 그들은 구한국 군대의 장교이기도 했고, 개중에는 의병출신들도 있었다. 1907년의 군대해산 뒤에는 전직 군인들이 많이 포함되어 있었다. 이러한 사실은 이 무렵의 각급학교의 체육시간의 분위기를 짐작하게 한다.

대부분의 학교에서는 군대 나팔과 북으로 된 악대가 조직되어 있었고, 체육시간에는 목총을 메고 나팔과 행진곡에 맞추어 총격자세를 연습하는 등 군대식 훈련을 받았다. 이러한 학생들의 훈련은 길거리에까지 나와서 지나가는 사람들의 구경거리가 되기도 했는데, 그 때문에 일

---

68) 전택부, 《한국기독교청년회운동사》, 범우사, 1994, p. 99.

69) 白南薰, 앞의 책, p. 53.

70) 박민영 외, 《노백린의 생애와 독립운동》, 한국독립운동사연구소, 2003, p. 31.

본군대와 충돌을 일으키는 일도 있었다. 이 병식체조는 각 학교의 운동회 때마다 큰 인기를 끌었다. 운동회 때에는 의례히 "'대한독립만세"라는 철자경기를 시키고 독립가를 부르게 했다.

3. 서른한 살에 열세 살 밑의 최준례와 혼인

장련에서 생활하는 동안 김구에게 개인적으로 가장 뜻깊었던 일은 혼인을 한 것이었다. 곽씨 부인은 장련으로 이사한 뒤로 살림살이 걱정은 없어졌으나 외아들인 김구가 서른이 되도록 장가를 들지 못하고 있는 것이 여간 안타깝지 않았을 것이다. 동학농민봉기가 터지자 아들을 함지박장수 김치경(金致景)의 딸과 성혼시키려고 서둘렀던 일이며, 결국 그 일 때문에 고능선(高能善)의 손녀와 다 된 혼사가 깨어지고 말아 아들의 가슴에 깊은 상처를 남긴 것을 생각하면, 아무리 아들이라도 미안쩍어서 혼인을 재촉하기도 조심스러웠을 것이다. 여옥(如玉)의 장사를 혼자 치렀을 아들의 모습을 상상하면 곽씨 부인은 가슴이 미어지는 듯했을 것이다. 안신호와의 일은 몰랐는지 모른다. 아무튼 곽씨 부인은 아들이 처복이 없다고 속으로 탄식했을 것이다. 김구는 김구대로 여러 차례의 혼담이 이런저런 이유로 깨어지거나 불행하게 끝나서 혼인에 대해 자괴감을 느끼고 있었을 것이다. 또한 효자인 그도 어머니에게 송구스러운 마음을 금할 수 없었을 것이다.

이러한 김구를 중매한 사람은 이웃 신천군 사평동(謝平洞) 교회의 초대 장로 양성칙(梁聖則)이었다. 양성칙은 사평동교회가 설립되기 전인 1893년에 언더우드(Horace G. Underwood, 元杜尤)의 전도로 기독교에 입교했는데, 사평동교회는 1907년에 예배당을 새로 건축했다.[71] 김구

71) 車載明 編, 《朝鮮예수敎長老會史記》, 朝鮮基督教 彰文社, 1929, 影印版(한

가 어떠한 계기로 양성칙을 알게 되었는지는 알 수 없으나, 양성칙이 신천지방의 교회지도자였다는 점을 고려하면 그가 이웃 장련지방에서 열심히 전도하며 아이들을 가르치는 노총각 김구에게 호감을 가지고 있었을 것은 당연하다. 양성칙은 김구에게 자기 교회에 다니는 최준례(崔遵禮)라는 여중학생과 혼인하라고 권했다. 최준례는 그 동네에 살던 의사 신창희(申昌熙)의 처제였다. 최준례의 어머니 김씨 부인은 서울사람으로서 젊어서 남편을 잃고 두 딸을 기르며 기독교를 믿고 있었는데, 최준례는 그녀의 둘째 딸이었다. 김씨 부인은 제중원이 구랫재〔銅峴〕에 세워졌을 때에 제중원에 고용되어 일하면서 병원 안에 얹혀 살다가 신창희를 큰사위로 맞았다. 신창희는 제중원의 의과생으로 공부하다가 사평동으로 내려와서 개업했는데, 여덟 살이었던 최준례도 어머니와 같이 신창희를 따라와서 함께 살았다.

김씨 부인은 최준례가 어릴 때에 이웃 동네에 사는 강성모(姜聖謨)라는 사람에게 자기 둘째 딸과 혼인할 것을 허락하여 두 사람은 약혼을 한 셈이었다. 그러나 최준례는 성장한 뒤에 그 사실을 인정하지 않고 어머니의 뜻에 따르지 않았다. 이 때문에 교회에서 큰 문제가 되었다. 선교사 헌트(William B. Hunt, 韓緯廉)와 쿤스(Edwin W. Koons, 君芮彬) 등도 강성모와 결혼하라고 권유했으나 최준례는 한사코 마다고했다.

1897년 10월에 미국 북장로회 선교사로 내한한 헌트는 재령(載寧)선교의 아버지로 불릴 만큼 황해도의 기독교 선교활동에 큰 역할을 한 선교사였다.[72] 같은 미국 북장로교회에서 1903년 10월에 파견된 젊은 선교사 쿤스는 재령에서 전도활동뿐만 아니라 명신학교를 설립하는 등 교육에도 열성을 쏟았다.[73] 그러나 그는 뒷날 "우리는 한국인들에게 일본

국기독교역사연구소, 《조선예수교장로회사기(상)》, 2000) p. 24, p. 246.

72) 김승태·박혜진 엮음, 《내한선교사총람(1884~1984)》, 한국기독교역사연구소, 1994, p. 314.

73) 위의 책, p. 334.

에 복종하는 것이 그들의 의무임을 분명히 하고, 그것도 '달가운 마음'으로 할 것과, 독립을 위한 일은 하지 말라고 권고했다"[74] 고 고백할 정도로 기성질서를 옹호하고 기독교의 정치화와 사회참여에 반대한 인물이었다.

최준례는 열여덟 살이었다. 그녀는 자신의 뜻에 맞는 남자를 골라서 자유혼인을 하겠다고 마음먹고 있었다. 양성칙은 김구에게 그러한 최준례와 혼인할 의향이 있는지 물었다. 어릴 때의 억지 약혼으로 말미암아 마음속에 지워지지 않는 상처를 지니고 있는 김구는 최준례에 대한 동정심이 생겼다. 그는 사평동에 가서 최준례를 만나 보았다. 그리고 곧 약혼이 성립되었다. 아마도 주위의 권유를 뿌리치고 스스로 뜻에 맞는 남자를 선택하여 혼인하겠다는 최준례의 어엿한 태도가 김구의 마음에 들었던 것 같다.

그런데 뜻밖의 문제가 생겼다. 김구가 최준례와 약혼하려고 하자 강성모가 선교사에게 이 사실을 고발했고, 교회는 김구에게 최준례와의 약혼을 그만두라고 권고했다. 교회뿐만 아니라 김구의 친구 가운데에도 만류하는 사람이 많았다. 그러나 김구는 교회와 친구들의 권유에 굴복하지 않았다. 이 무렵 신창희는 은율읍에 살고 있었는데, 김구는 최준례를 사직동 집으로 데려다가 굳게 약혼을 하고 나서 서울의 경신학교(敬信學校)로 유학을 보냈다.

선교사들이 김구와 최준례의 혼인문제에 깊이 관여할 수 있었던 것은 교회가 교인들의 결혼을 비롯한 생활상의 문제에 상당한 통제권을 가지고 있었기 때문이다. 교인들의 혼인문제는 교회의 중요한 관심사항이었다. 이 무렵에 발행되었던 기독교 신문에는 혼인과 관련된 여러 가지 기사가 자주 보인다. 어떤 교회에서는 혼인의 원칙을 발표하기도 했고, 혼인문제를 주제로 한 연설회나 토론회가 열리기도 했다. 또한 당사자

74) L. George Paik, *The History of Protestant Mission in Korea, 1832~1910*, Union Christian College Press, 1929, p. 401.

아내 최준례와 단란했던 1922년 상해 시절의 김구. 아이는 장남 인(仁).

의 의견을 무시하고 부모끼리 혼인을 결정하거나 조혼하는 폐단을 막기 위한 캠페인도 벌였다.[75] 1905년에 결정된 규정에는 부당하게 혼인해서 사는 사람에게는 세례를 주지 않고, 축첩이나 이혼뿐만 아니라 이혼한 사람과의 결혼도 금지하며, 어린 나이에 미리 정혼하는 것도 못 하게 했다. 이와 같은 규정에도 불구하고 선교사들이 최준례에게 강성모와 혼인할 것을 강압적으로 권유했다는 사실은 매우 의아스러운 일이다. 강성모가 어떤 사람이었는지는 알려진 것이 없다. 선교사들이 최준례에게 그와 혼인하도록 강력히 권유한 것은 아마도 그가 그 지역의 상당한 유지로서 교회에 많은 공헌을 하고 있었거나 독실한 신자였기 때문이었을 것이다.

75) 한규무, "초기 한국장로교회의 결혼문제인식(1890~1940)", 《한국기독교와 역사》 제10호, 한국기독교역사연구소, 1999, pp. 68~71.

선교사들은 김구가 금지권고를 듣지 않자 책벌을 선언했다. 그러나 김구는 이를 받아들이지 않고 오히려 구식 조혼을 인정하고 개인의 자유를 무시하는 것은 교회로서 잘못이고 사회악풍을 조장하는 것이다라고 강력하게 항의했다. 김구와 최준례의 강력한 반발에 부딪친 선교사들은 하는 수 없이 두 사람의 결혼을 승인했다. 쿤스는 혼례서를 작성하여 주고 김구에 대한 책벌을 사면했다.[76] 이러한 김구와 외국 선교사들과의 반목은, 비록 혼인문제에 한한 것이기는 했으나, 배재학당에 다닐 때부터 정신적으로나 물질적으로나 외국 선교사들의 온갖 도움을 받고 그들의 도움으로 미국에 건너가서 어렵지 않게 미국사회에 접근할 수 있었던 이승만의 경우와는 매우 대조적이었다.

이렇듯 우여곡절 끝에 두 사람은 혼인했다. 김구가 서른한 살 나던 1906년의 일이다.[77] 그것은 고능선의 손녀딸과의 약혼 실패 이래 네번째, 김치경의 딸까지 합치면 다섯번째 만에 성사된 혼인이었다.

사직동 생활은 그때까지의 김구의 생애에서 가장 가멸차고 안락한 것이었다. 그는 그것을 하나님의 축복이라고 믿었을 것이다. 그러나 그러한 사직동 생활은 오래가지 못했다. 오인형 진사가 사망했기 때문이다. 김구가 사직동으로 이사할 무렵에 오인형은 연평도 조기잡이에 투자했는데, 이태 만에 사업이 실패하여 가산을 몽땅 날리고, 그 일로 말미암아 병까지 얻어서 몸져누웠다가 끝내 일어나지 못했다.[78]

농사일과 집안일을 맡아보던 사촌형 김태수는 어릴 적에는 일자무식이었으나 사직동에 온 뒤로 김구를 따라 예수를 믿고부터는 국문을 깨우쳐 성경과 그 밖의 종교서적을 읽고 강단에서 교리를 강의할 수 있을

---

76) 《백범일지》, pp. 191~192.

77) 《백범일지》의 여러 주해서나 김구전기에는 김구가 혼인한 해를 1904년으로 추정하고 있으나 근거는 없다. 혼인할 때에 최준례의 나이가 열여덟 살이었다는 김구 자신의 서술에 따라 1906년으로 보는 것이 타당할 것이다.

78) 《백범일지》, p. 190 ; 최태영, 앞의 책, p. 22.

정도가 되어, 김구는 앞으로 많은 도움을 받을 수 있으리라고 기대했다. 그런데 그 역시 어느 날 뜻하지 않게 예배당에서 예배를 보다가 뇌일혈로 쓰러져서 그대로 사망했다. 김구는 사촌 형수를 재혼하라고 권유하여 본가로 보냈다.

김구가 언제 광진학교를 떠났는지는 알 수 없으나 광진학교에서 교사들과 아이들이 함께 찍은 사진의 왼쪽 아래 끝에 "1906. 夏"라고 적힌 것으로 보아서[79] 적어도 그때까지는 광진학교에 재직하고 있었음을 알 수 있다. 최태영의 회고에 따르면, 광진학교는 1906년 9월에 신교사로 이사했는데, 그 신교사는 다름 아닌 오인형(吳寅炯) 진사 형제가 살던 서부리의 큰 기와집이었다. 오진사가 어업에 실패하고 사망하자 광진학교 건물로 팔렸던 것이다.[80]

김구는 1906년 9월쯤에 오진사가 제공해 준 집과 전답을 오 진사 유가족에게 돌려주고 장련읍으로 이사했다. 장련읍으로 이사한 뒤에 김구는 장련공립소학교와 봉양학교(鳳陽學校) 두 곳에서 아이들을 가르쳤던 것 같다. 김구는 봉양학교가 기독교에서 설립한 학교이고 뒤에 진명학교(進明學校)로 교명을 고쳤다고 적고 있다. 김구뿐만 아니라 《대한매일신보》도 봉양학교를 장련 예수교회 안에 세워진 학교라고 말하고 있는 것으로 보아서 기독교인들이 세운 사립학교였던 것이 틀림없어 보인다.[81] 봉양학교는 장련 신교육운동의 선구자이며 김구와도 교분이 있던 장의택(張義澤)이 세운 학교로서, 지역유지들도 지원하고 있었다. 전 군수 전치룡(全致龍)이 예수교회당 안의 봉양학교와 보통사립학

79) 사진에 있는 글씨는 이 학교에 다녔던 崔泰永의 것이다.

80) 최태영, 앞의 책, p. 22.

81) 《백범일지》, p. 232. 그러나 《殷栗郡誌》는 봉양학교를 비기독교계열의 학교로 분류하고 있다(殷栗郡民會, 《殷栗郡誌》, 1975, p. 95).

교에 의연금을 희사했다는 뉴스가 《대한매일신보》에까지 보도되고 있다.[82]

김구는 1907년 5월에 안악에서 열린 황해도 내 기독교계 학교의 연합체육대회에 학생들을 인솔하고 참가했다. 광진학교 교사로 참가했던 백남훈은 당시의 상황을 다음과 같이 술회했다.

> 1907년 5월의 어느 날로 기억하거니와 안악 예수교학교 주최로 황해도에 있는 예수교학교 연합대운동회가 개최되었다. 수십 학교가 참가하여 성황을 이루었거니와 광진학교의 병식체조가 이채를 띠었고, 그날 밤 이종렴(李宗濂), 이보현(李寶顯) 양군의 연설이 만장의 박수를 받은 것은 이제 생각하여도 상쾌한 일이었다.[83]

이러한 운동회의 경비는 대체로 주민들의 성금으로 충당되었다. 연합운동회는 지역별로 가까운 학교들이나 도내 각 군의 학교들이 모두 참가하여 실시하는 대규모의 군중집회였다. 운동회의 이와 같은 분위기와 병식체조는 일본인 학무차관이 "무장적 시위"[84]로 간주했을 만큼 일본에 대한 저항정신을 함양하는 행사였다.

김구는 안악 연합체육대회에 참여하여 안악지방뿐만 아니라 황해도 내 다른 지역의 신교육운동가들과도 교분을 맺을 수 있었다. 운동회가 끝난 다음날 운동회에 참가한 각 지방 인사들이 모여 황해도의 교육사업 발전을 위해서 다음과 같은 결정을 했다는 사실은 매우 주목할 만한 일이다.

> 최광옥 선생이 본대회 회장으로(되어 있고) 미국에서 돌아온 김성무(金成武) 선생이 내빈으로 참석한 것이 대중의 절대한 인기를 끈 것은 물론이지만, 그 익일 각 군대표가 모여 황해도 내 교육사업을

82) 《大韓每日申報》 1908년 7월24일자, "雜報: 全氏義捐".
83) 白南薰, 앞의 책, p.53, 白南薰은 金成武를 金聖武로 잘못 적었다.
84) 國史編纂委員會, 《韓國獨立運動史(一)》, 1967, p.301.

> 더욱 발전시키는 동시에 중학교 설립의 필요를 역설하고, 그 실현을 촉진하기 위하여 최 선생을 중심으로 해서교육총회 준비위원회를 결성한 후 각 군의 학무위원(學務委員)을 선출하여 군교육회(郡敎育會)를 조직하게 하고, 이것이 완료되는 대로 해서교육총회(海西敎育總會)를 실현시키기로 결정하였는데, 장련군 학무위원은 김구(金龜), 장원용(莊元瑢), 백남훈 세 사람이었다.[85]

뒤에서 보듯이, 해서교육총회가 정식으로 결성되는 것은 1년 뒤인 1908년 8월 무렵이며, 이때에 김구가 황해도 학무총감으로 선정되었다. 그런데 백남훈의 위의 회고에 따르면, 사전준비작업으로 해서교육총회 준비위원회가 조직되어 각 군마다 학무위원을 선출하여 군교육회를 조직했던 것이다.

비록 긴 기간은 아니었으나 장련 사람들은 김구와의 인연을 소중한 추억으로 간직했던 것 같다. 그리하여 김구와 관련하여 재미있는 이야기가 장련지방에 전해지고 있다. 김구는 기독교에 입교한 뒤에 평양 사경회에 가서 성경을 공부하고 장련으로 올 때에 클로버씨앗을 가져다가 장련 사직골에 뿌렸는데, 뒷날 이 풀이 무성하게 퍼지자 장련지방에서는 이 풀을 '김구초(金龜草)'라고 불렀다는 것이다.[86]

장련지방에서 했던 교육활동은 김구의 인맥형성에도 큰 도움이 되었다. 뒷날 김구의 영향으로 이곳의 많은 청년들이 상해임시정부에 참여했다.[87] 김구가 망명했을 때에 처음으로 숙식을 제공해 준 김보연(金甫淵)도 장련에 있을 때에 그를 따랐던 청년이었다.[88] 이들은 임시정부 안에서 김구의 입지를 뒷받침하는 중요한 정치적 기반이 되었다. 또한 장련은 해방 이후 북한지역에서 김구가 이끄는 한국독립당(韓國獨立黨)

---

85) 白南薰, 앞의 책, p. 53.

86) 《殷栗郡誌》, p. 101.

87) 위와 같음.

88) 《백범일지》, p. 285.

의 지부가 조직된 몇 안 되는 지역 가운데 하나였는데, 이때의 한국독립당 관계자들은 거의가 김구가 장련에 있을 때에 인연을 맺은 기독교계 인사들이었다.89)

장련읍에서 봉양학교에 근무하고 있을 때에 김구는 문화군(文化郡)의 우종서(禹鍾瑞)로부터 그가 운영하는 초리면(草里面) 종산(鍾山) 마을의 서명의숙(西明義塾) 교사로 초청을 받았던 것 같다. 그러나 김구가 언제 장련읍을 떠났는지는 분명하지 않다. 《백범일지》는 무신년(戊申年: 1908년) 9월9일에 종산마을로 이사했다고 적고 있으나,90) 앞뒤의 정황으로 미루어 보아 정확한 기록으로 생각되지 않는다. 반면에 《대한매일신보》의 다음과 같은 기사는 김구가 종산마을로 이사한 동기와 이사시기를 짐작하는 데 시사하는 점이 적지 않다.

> 문화군 초리의 서명학교(西明學校)는 설립한 지 1년에 군수 정회성(鄭會聲) 씨의 열심 권장과 우동상(禹東湘) 등 제씨의 알선으로 현재 재정을 구집하고 교사를 중건하며 고등한 강사를 연빙(延聘)하고 학도를 확대 모집하여 보통고등학교 정도로 교육을 일층 확장한다더라.91)

급속하게 증가하는 사립학교의 가장 큰 애로사항은 부족한 교원확보 문제였다. 학교를 세우고 학생을 모집하는 일은 쉬워졌으나 정작 학생들을 가르칠 우수한 교사는 제대로 양성되어 있지 않았다. 학교 교사를 증축하고 학생들을 확대 모집한 산골학교 서명의숙의 가장 큰 고민은

---

89) 《殷栗郡誌》, p. 215.

90) 《백범일지》, p. 197.

91) 《大韓每日申報》 1908년 3월26일자. "雜報: 西校尤明". 禹東湘은 종산교회를 책임지고 있으면서 교육사업에도 열성적이었던 禹鍾瑞일 것이다.

무엇보다도 우수한 교원을 초빙하는 문제였을 것이다. 그러나 김구 스스로 "산촌에 있어서 발전성이 보이지 않았다"고 술회할 정도로 시골인 종산에서 우수한 교사를 초빙한다는 것은 쉬운 일이 아니었을 것이다. 초리면은 구월산(九月山)을 사이에 두고 장련과 이웃해 있는 지방으로서, 종산마을은 상점도 없고 경찰서도 헌병대도 면사무소도 없이 구월산 속에 우(禹)씨들만 모여 사는 집성촌이었다.[92] 이러한 사정 때문에 우종서는 동학농민봉기 때부터 각별한 친분을 지녀온 김구를 초청했을 것이고, 김구 역시 당시의 형편이나 우종서와의 지난날의 인연을 믿고 그의 초청에 응했을 것이다.

김구는 1908년 초에 우종서의 초청을 받고 종산마을로 이사하여 3월의 신학기부터 아이들을 가르쳤던 것으로 보인다. 그러한 사정은 그가 종산에서 겪었던 일 가운데에서 특히 기억에 남는 일이라면서 의병을 토벌하러 온 일본군이 민가를 약탈하는 광경을 목격하고 이를 질타하여 물리쳤던 일을 자세히 적고 있는 것으로도 짐작할 수 있다. 그것은 1908년 3월의 일이었다.

을사조약이 체결된 뒤에 전국적으로 다시 일어난 항일의병투쟁은 1907년 7월의 고종의 양위와 그해 8월의 군대해산을 계기로 더욱 확대되었다. 의병투쟁에는 유생과 농민과 포군을 비롯하여 해산된 군인들과 광부 등 광범위한 부류의 사람들이 참여했다. 이들 의병부대는 산악지대를 근거지로 하여 일본군 수비대를 습격하고 철도와 전신선을 파괴하는 등 치열한 투쟁을 벌였다. 일본군의 통계에 따르더라도, 1907년 12월부터 1909년 6월까지의 약 1년 반 동안(1909년 1월 제외)에 의병이 일본군과 교전한 횟수는 무려 3,714회에 이르며, 연인원 12만 1,360명의 의병이 참가했다.[93]

---

92) 최태영, 앞의 책, p.39.

93) 金祥起, "항일 의병 전쟁", 《한국사(43) 국권회복운동》, 국사편찬위원회, 1999, pp.423~424.

의병투쟁은 전라도, 강원도, 경기도, 충청도, 경상도 지역에서 치열하게 전개되었으나, 황해도지역도 예외가 아니었다. 문화(文化) 지방에서는 이곳 출신 우동선(禹東鮮)이 조직한 의병부대의 활동이 두드러졌다. 우동선은 '정동의려대장(正東義旅大將)'이 되어 장련, 신천, 송화, 재령 등 황해도 서부지역을 중심으로 활동했다. 그는 구월산 월정사(月精寺)에 연합본부를 설치하고, 황해도 서부지역 일대를 왕래하면서 일본군의 군사시설을 파괴하고 일본군과 관군을 격파하여 크게 용맹을 떨쳤다. 그는 특출한 담력과 뛰어난 전술전략으로 산간지대를 이용하는 유격전을 벌여서 우세한 화력을 가진 일본군을 궁지로 몰아넣으면서 끈질기게 항전했다. 특히 그는 해서선유위원(海西宣諭委員)으로 파견된 기독교인 서상륜(徐相崙)의 해산권고를 거절하고 통렬하게 꾸짖은 회답문을 보낸 일로 유명하다.[94]

그러나 우동선은 서상륜의 효유문(曉諭文)을 거절한 직후에 일본군과의 전투에서 패하여 체포되고 말았다. 종산에서 10리쯤 떨어진 내동(內洞) 부근에 진을 치고 있던 우동선부대는 일본군의 야간습격을 받고 달천(達泉) 부근에서 크게 패하여 많은 사상자를 냈다. 패배한 우동선부대의 시신은 제대로 수습되지 못하고 17구나 되는 시체가 동구 밖 길가에 그냥 내버려져 있었다고 한다.

김구가 종산마을에 있을 때의 일이라면서 설명한 우동선부대의 전투란 1908년 3월9일에 달천부근에서 의병 120여명이 일본군과 교전하다가 21명이 사망한 전투를 말하는 것일 것이다.[95] 우동선이 체포된 정확한 시기는 밝혀져 있지 않다. 서상륜이 황해도 선유위원으로 황해도에

94) 黃海道誌編纂委員會, 《黃海道誌》, 1982, p. 177 ; 鄭濟愚, "韓末 黃海道地域義兵의 抗戰", 《한국독립운동사연구》 제 7집, 1993, 독립기념관 한국독립운동사연구소, pp. 10~12.

95) 朝鮮駐箚軍司令部, 《朝鮮暴徒討伐誌》, 독립운동사편찬위원회, 《독립운동사자료집(3) (의병항쟁사 자료집)》, 독립유공자사업기금운용위원회, 1971, p. 732.

을사조약 파기를 위해 일어난 제2차 의병들. 이 사진은 영국언론인 F. M. 매켄지가 찍은 사진으로서, 그의 저서 《대한제국의 비극》(1908)에 수록되어 있다.

도착한 것이 1908년 2월말 무렵[96]이었으므로 아마도 우동선은 이때의 전투에서 일본군의 총에 맞아 부상을 입고 체포되었을 것으로 짐작된다. 우동선은 체포되고 나서도 항거를 계속했다. 그는 파수병의 총을 빼앗아 일본군 8명을 사살했고, 탄환이 다하자 육탄전으로 끝까지 대적하다가 장렬하게 순절했다.[97]

우동선 부대와 싸운 일본병사들은 그대로 퇴각하지 않고 인근 마을을 약탈했다. 그들 가운데 몇 명이 총기를 들고 종산에 들어와서 집집마다 다니며 달걀과 닭을 약탈하고 다녔다. 동장이 놀라서 김구를 찾아왔다. 김구는 동장과 함께 그의 집으로 갔다. 과연 일본군인들이 닭과 달걀을 마구 약탈하고 있었다.

의병을 토벌하기 위해 출동한 일본군인들의 행패는 전국적으로 심각했다. 농민들의 소나 말을 강제로 징발하여 탄환과 군수물자를 실어 나르고는 운임을 한푼도 지불하지 않기가 일쑤였다.[98] 또한 밤중에 마을

96) 이덕주, "한말 기독교인들의 선유활동에 관한 연구", 《한국기독교와 역사》 제10호, 한국기독교역사연구소, 1999, p. 55.

97) 鄭濟愚, 앞의 글, p. 12.

에 갑자기 침입하여 마구 총을 쏘아서 놀란 부녀자들이 뛰쳐나가다가 탄환에 맞아 즉사하기도 하고, 멋대로 민가에 침입하여 부녀자를 겁탈하고 개와 닭 등 가축을 약탈하기도 했다.[99] 그리하여 "미친 개의 눈에는 몽둥이만 보인다더니 개명하였다는 일병의 눈에는 의병만 보이나 보다 하며 방금 농사 방극(方極: 몹시 바쁜 때)에 산에서 절초도 못 하고 나물도 못 하여 먹으며 폐농도 하고 굶어 죽을 수밖에 없다"[100]고 한탄할 만큼 일본군에 대한 원성이 자자했다.

종산에 온 일본군의 행패도 마찬가지였다. 화가 난 김구는 일본군에게 필담으로 물었다.

"군대에서 물품을 징발하는 것이냐, 아니면 돈주고 사는 것이냐?"

"돈주고 사는 것이다."

"그렇다면 달천시장에서 살 수 있는데, 왜 이같이 촌민을 괴롭히느냐?"

"당신이 문화군수냐?"

"나는 서명의숙 교사이다."

김구가 필담을 나누는 사이에 나머지 일본병사들은 밖으로 나가서 앞뒷집으로 다니면서 닭을 몰아 안마당으로 들어왔다. 이를 보자 부녀자들과 아이들이 기겁을 하며 소리를 질렀다. 참다못한 김구는 동장에게 호령했다.

"도적이 집집마다 쳐들어온다는데, 동장은 실태도 관찰하지 않소?"

이 고함 소리에 김구와 문답하던 일본병사가 깜짝 놀라서 호각을 불었다. 그러자 흩어졌던 일본병사들이 닭을 한 손에 두세 마리씩 들고 들어왔다. 그들은 저희끼리 무슨 말인가를 주고받았다. 이윽고 그들은 강

---

98) 《대한매일신보》 1907년 8월27일자, "잡보: 농민의 원망".

99) 《대한매일신보》 1908년 6월30일자, "지방정형", 7월11일자, "잡보: 일병도 인정을 갖춘 사람이지", 7월18일자, "잡보: 일병토색".

100) 《대한매일신보》 1908년 7월11일자, "잡보: 일병도 인정을 갖춘 사람이지".

탈한 닭을 내버리고 동네 바깥으로 나갔다. 그러자 가련한 대한제국의 산골 백성들은 김구의 이러한 행동에 고마워하기는커녕 오히려 "아랫동네에서는 집집마다 닭을 잡아 몇 짐이나 지고 갔다"며 후환을 겁내어 웅성거렸다. 김구는 큰 소리로 외쳤다.

"걱정 말고 모든 일은 나에게 맡기시오!"

이렇게 하여 사태는 가까스로 수습되었다.[101)]

김구는 종산에 오래 살지는 않았다. 그는 안악의 부호이면서 교육운동에 열성이었던 김용제(金庸濟)로부터 새로 설립한 안악의 양산학교(陽山學校) 교사로 초청받아 안악으로 이사했다.

김구가 언제 안악으로 이사했는지도 분명하지 않다. 《백범일지》는, 위에서 보았듯이, 문화군 종산마을의 서명의숙으로 이사한 것이 무신년(1908년) 9월9일이었고, 이듬해 정월에 안악읍으로 이사했다고 적고 있으나,[102)] 이는 착오인 것 같다. 《대한매일신보》의 다음과 같은 기사는 김구가 1908년 7월 이전에 안악으로 이사했음을 말해 준다.

> 안악군 양산학교 안에 야학과를 설립하고 나무하는 아이 오십여명을 모집하야 교사에 김구씨와 기독학교 교사에 최명식씨가 열심으로 가르친다더라.[103)]

김구는 종산에 있을 때에 첫딸을 낳았다. 그러나 모녀를 가마에 태우고 안악으로 옮겨오면서 찬바람을 많이 쐰 탓인지 딸아이는 안악에 도착한 뒤에 이내 죽고 말았다.[104)] 그것은 김구의 가슴에 또 하나의 상처를 남기는 일이었다.

김구가 종산에서 안악으로 이사할 무렵에 있었던 일이라면서 《백범

---

101) 《백범일지》, pp. 197~198.

102) 《백범일지》, p. 197.

103) 《대한매일신보》 1908년 7월5일자, "잡보: 열심교수".

104) 《백범일지》, p. 198.

일지》에 적은 다음과 같은 이야기는 그의 교육자로서의 인품이 어떠했는가를 짐작하게 한다.

과부 아들로 우기범(禹基範)이라는 학생이 있었다. 재질로 보아 장래성이 있었으나 그의 어머니 형편으로는 계속해서 공부를 시킬 수 없었다. 김구는 우기범의 어머니에게 말했다.

"기범이를 나에게 맡겨 주시면 안악으로 데리고 가서 내 집에 두고 가르치겠습니다."

그 자신도 가난한 형편에서 하기 어려운 제안이었다. 그러자 우기범의 어머니는 매우 고마워하면서 말했다.

"만일 선생께서 그같이 생각하시면 나도 따라가서 엿장수를 하며 기범이 공부하는 모습을 보겠습니다."

이렇게 하여 김구는 아홉 살 난 우기범을 안악으로 데리고 와서 자기 집에서 기르며 안신학교(安新學校) 소학과를 마치고 양산학교 중학부에 입학하게 했다.[105]

안악읍으로 이사한 김구는 황해도 전역을 활동무대로 한 본격적인 교육계몽운동을 펼치게 된다.

---

105) 《백범일지》, p. 234.

외아들 태산의 죽음

1. 웨스턴 홈에서 디프테리아에 걸려 급사

포츠머스 러-일 강화조약의 결과와 특히 대리공사 김윤정(金潤晶)의 배신행위에 크나큰 좌절감을 느끼고 학업에 전념하기로 결심한 이승만이 을사조약의 체결 소식을 듣고 어떤 반응을 보였는지는 확인되지 않는다. 그의 자서전 초록이나 그의 구술을 토대로 한 전기들에도 아무런 언급이 없다. 그는 국내사람들과는 달리 제국주의 일본의 '보호국'이 될 수밖에 없는 조국의 운명을 예견하고 있었을 것으로 생각된다.

이때의 상황과 관련하여 그는 자서전 초록에서 "오로지 남은 하나의 희망은 한국사람을 거듭나게 하는 것이고 그 길은 기독교 교육이라고 나는 믿었다. 나의 (인생) 목적은 그 일을 위해 준비하는 것이었다"[1] 라고 적고 있는데, 이 말은 을사조약 파기운동을 위해 상경했던 김구가 민중의 애국심을 함양하는 것이 급선무임을 깨닫고 전도활동과 교육계몽운동에 전념하기로 결심하고 장련(長連)으로 돌아간 일과 일맥상통하는 것이었다.

---

1) "Autobiography of Dr. Syngman Rhee", George A. Fitch Papers, Yenching Institute, Harvard University, p. 20; "청년이승만자서전", 이정식 지음 권기봉 옮김, 《초대대통령 이승만의 청년시절》, 동아일보사, 2002, p. 303.

이 무렵의 이승만의 생각을 보여 주는 자료가 하나 보존되어 있다. 민영환(閔泳煥)이 자결한 지 한 달 뒤인 1905년 12월30일에 아버지 이경선(李敬善)에게 보낸 편지가 그것이다.

> 아버님전 상서
>
> 11월10일의 마지막 하서와 계동(桂洞) 집 회계문건은 잘 받아보았사옵고 위안이 되옵나이다. 논문폭에 대략 말씀드렸으므로 새로 여쭐 것은 없사옵나이다.
>
> 저는 매일 분주하와 동서로 뛰어다니옵나이다. 성탄일에는 태산(泰山)이 가 있는 곳에 있는 한 부인이 이원 은(二元銀)을 보내어 몇몇 한인들과 조반을 같이 하라 하야 서너 사람이 회식하였사옵고, 태산은 그날 여러 집에서 먹을 것과 장난감 등을 많이 보내 와서 뛰어놀며 날을 보낸다 하오니 다행이옵나이다. 공부는 여일하옵고, 다만 전동(典洞) 대감〔민영환의 집이 전동에 있었음〕이 세상을 떠났사와, 시량〔柴糧: 땔감과 양식〕을 무엇으로 지탱하시는지 삼가 송구스럽사옵나이다. 유 주사는 일이 이렇게밖에 되지 못한다고 하오니 다시 다음을 기다려야 하오려니와 민망하고 답답하기 이를 데 없사옵나이다.
>
> 국기 여남은 폭을 만들어 보내라고 며느리에게 부탁한 것이 도무지 오지 않으니 무슨 영문인지 모르겠사오며, 음양력 달력 한 장 하송하시옵소서. 이만 줄이옵나이다.
>
> 1905년 12월30일
>
> 아들 승만 상서[2)]

민영환의 자결소식을 듣고 이승만이 가장 심각하게 걱정한 것이 가족들의 생계문제였음을 이 편지는 말해 준다. 현재 보존되어 있는 편지는 원본

---

2) 《梨花莊所藏 雩南李承晩文書 東文篇(十六) 簡札 1》, 延世大學校 現代韓國學研究所, 1998, p. 153. 원문은 한문투의 국한문 혼용체이다.

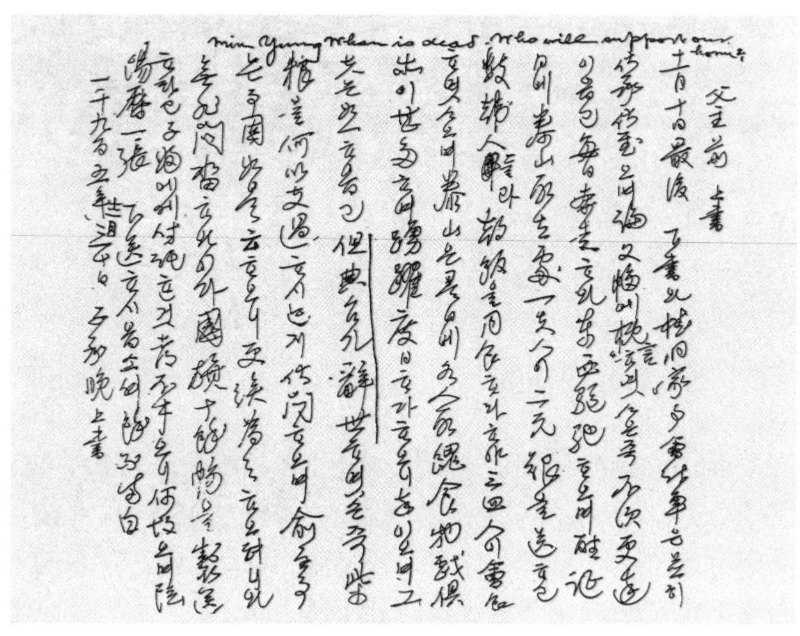

Min Young Whan is dead. Who will support our home?

이승만이 아버지 이경선에게 보낸 편지. 민영환이 자결한 뒤의 가족의 생계를 걱정하고 있다.

이 아니라 이승만 자신이 옮겨 적은 사본인데, 편지 위쪽에 "Min Young Whan is dead. Who will support our home?"이라고 영어로 적어놓은 것이 눈길을 끈다. 민영환이 죽었으니 누가 우리집을 보살펴 주겠느냐는 한탄이었다. 그것은 그 동안 민영환이 이승만을 미국에 보내면서 약속한 대로 이경선의 생계를 계속해서 지원하고 있었음을 말해 준다.

또한 이 편지는 아들 태산의 이야기를 자세히 적고 있어서 흥미롭다. 이경선은 자기도 모르게 며느리가 미국으로 보낸 손자의 일을 여간 걱정하지 않았을 것이다. 이승만이 오래 감옥생활을 하는 동안 자신이 손수 기른 7대 독자였다. 이 무렵 이승만은 태산을 필라델피아의 보이드 부인(Mrs. Boyd) 에게 맡겨 놓고 있었다. 태산이 크리스마스에 보이드 부인을 비롯한 여러 사람들로부터 푸짐한 선물을 받고 기뻐 뛰놀면서 날을 보내고 있다고 이승만은 부친에게 보고하고 있다.

그리고 이 편지는 이승만이 어려운 형편에서도 크리스마스를 가까운 한국인들을 초대하여 함께 보냈음을 보여 준다. 이승만의 형편을 잘 아는 보이드 부인이 크리스마스를 맞아 은화 2달러를 보내 주었고, 그 돈으로 서너 사람이 회식했다는 것이었다.

이승만은 멀리 떨어져 있으면서도 중요한 집안일은 자신이 챙기고 있었던 모양이다. 그것은 주로 식구들의 생계와 관련된 일에 대한 것이었을 것이다. 편지에서 언급한 '유 주사'는 일찍이 옥고를 같이 치르면서 의기투합했던 유성준(兪星濬)을 지칭하는 것 같으나 확인할 수 없다. 내무아문(內務衙門) 주사, 탁지아문(度支衙門) 주사를 역임한 바 있는 유성준은 이승만이 이 편지를 쓸 무렵인 1905년 12월26일에 통진(通津) 군수로 발령이 났다.[3] '유 주사'에 대한 언급으로 미루어 이승만은 미국에 있으면서도 국내 인사들과 시국문제나 개인적인 일로 편지내왕을 하고 있었음을 알 수 있다.

또한 흥미 있는 것은 아내에게 태극기를 여남은 장 만들어 보내라고 했는가 하면, 새해를 맞아 음양력이 표기된 달력을 부치라고 하고 있는 점이다. 이승만은 이경선뿐만 아니라 박씨 부인과도 따로 편지를 주고받고 있었던 것이다. 다만 박씨 부인이 왜 얼른 태극기를 만들어 보내지 않았는지 궁금하다. 태극기는 아마 미국인들에게 선사하거나 강연을 할 때에 쓸 필요가 있었는지 모른다. 음양력 달력을 부치라고 한 것은 미국에서 생활하면서도 아직도 거의 음력을 쓰고 있는 한국의 여러 가지 상황을 짐작하는 데 필요했기 때문이었을 것이다.

이승만은 미국에 도착해서부터 시작한 강연 활동에 더욱 열성을 쏟았다. 그는 국내에 있을 때부터 연사로 나서는 일을 좋아했다. 그러나 미국에서의 그의 연설은 만민공동회의 급진 과격파로서 민중을 선동하던

3) 安龍植 編, 《大韓帝國官僚史硏究(Ⅲ)—1904. 3~1907. 7》, 延世大學校 社會科學硏究所, 1995, p. 380.

때와는 성격이 전혀 달랐다. 무엇보다도 그것은 생활비를 버는 유일한 수단이었다. 뿐만 아니라 그것은 미국인들에게 한국을 알림으로써 한국의 친구가 되게 하는 일이기도 했다. 강연할 때의 그의 모습에 대한 올리버의 다음과 같은 서술은 이승만이 미국사회에서 선동정치가로 성장해 가는 모습을 실감나게 보여 준다.

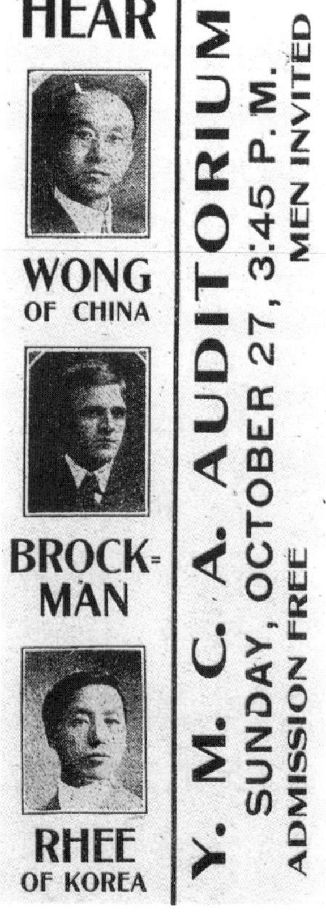

이승만이 조지 워싱턴 대학교 안의 YMCA 주최 강연회에 연사로 초청되었을 때의 광고사진.

> 그는 연단에 올랐을 때의 흥분을 즐겼으며, 청중들의 진지한 주의와 갈채에 고무되었다. 이승만의 목소리는 퍽이나 낭랑하고 부드러웠고, 고저와 강약을 자유자재로 구사했다. 동양적 무표정의 근엄한 자세와는 반대로 그는 풍부한 표정과 몸짓으로 특출한 의사표시를 했다. 미국과는 환경이 매우 다른 한국에서 대중연설가로 풍부한 경험을 가지고 있었던 그는 미국에서도 이내 대중연설에 익숙해졌다. 연사로서의 그는 연설의 기교보다는 생생한 경험과 열정으로 청중을 매료시켰다. 4)

이러한 표현은 물론 과장된 면이 없지는 않을 것이다. 그러나 이승만이 미국에 도착하여 1910년에 귀국할 때까지 6년 동안 계속해서 연설을 하고 다녔고 그 사례비로 생활했다는 사실은 특기할 만한 일이다. 그리

4) Robert T. Oliver, *Syngman Rhee — The Man Behind the Myth*, Dodd mead and Company, 1960, p. 98.

고 그것은 천부적 재질뿐만 아니라 그의 의식적인 노력의 산물이기도 했던 것임은 말할 나위도 없다.

이승만은 1905년 가을에도 여기저기에서 강연을 했다. 그의 《여행일지(*Log Book of S. R.*)》에 보면, 10월에 한번, 11월에 네번, 그리고 12월에는 아홉번이나 강연을 하고 다녔다.

1905년 12월치 《여행일지》에는 다음과 같은 메모가 적혀 있다.

○ 12월1일. 뉴욕 장로교회에서 강연.
○ 12월3일. 갈보리 침례교회의 중국인 성경반에서 강연.
○ 12월5일. 오전 11시30분. G가 10번지 모퉁이에 있는 제일 조합교회(First Congregation Church).
○ 12월6일. 오전 11시. 메릴랜드주 볼티모어의 매디슨가에 있는 제일장로교회. 파크 애비뉴 818의 와일리(M. Wylie) 부인을 통하여 개인적으로 9달러 받음.
오후 8시. 주임목사 도널드 거스리(Donald Guthrie) 목사를 통하여 개인적으로 15달러 받음.
○ 12월10일. 오후 7시. 파운드리 M. E. 교회의 엡워스 연맹.
○ 12월13일. 토머스 서클에서 20분 거리의 모퉁이에 있는 제일침례교회에서 강연. 7달러 40센트를 연조받음.
○ 12월15일 오전 1시30분. 트리니티 M. E. 교회.
○ 12월17일. 오후 7시30분. 일요일. 브라이트우드 파크 M. E. 교회, 파워즈(E. C. Powers) 주임목사. 9달러 97센트 연조받음.
○ 12월24일. 일요일 저녁. 브루클런드 침례교회에서 강연.[5)]

이처럼 이승만은 강연한 날짜와 시간과 함께 누구에게서 돈을 얼마 받았다는 것까지 꼼꼼히 적어 놓았다.

그의 강연에는 환등기가 동원되기도 했다. 그는 한국의 풍물과 미국

---

5) Syngman Rhee, *Log Book of S. R.* 1905년 12월1~24일조.

선교사들의 활동, 그리고 점점 향상되고 있는 한국인의 생활상 등 미국인들의 흥미를 끌 만한 내용을 담은 슬라이드를 준비해 가지고 다녔다. 이승만의 이러한 행동은 황해도 시골사람들을 상대로 문명국의 문물을 환등기로 소개하면서 계몽강연을 하고 다닌 이 무렵의 김구의 행적을 상기시킨다. 슬라이드는 기독교 선교본부 같은 데에서 입수했을 것이다.

이승만은 강연할 때마다 한국의 독립 유지야말로 일본의 팽창 야망을 저지할 수 있고 그것은 미국의 국가이익에 큰 도움이 된다는 점을 특별히 강조했다. 청중들은 그의 연설의 앞부분에서는 큰 흥미와 공감을 표시했으나 뒷부분에서는 거북해 하는 반응을 보이기가 일쑤였다.[6)]

이승만은 여러 교회의 YMCA나 성경반 모임 같은 데서뿐만 아니라 조지 워싱턴 대학교 안의 YMCA 주최 강연회에서도 연사로 초청되어 그의 사진이 다른 연사들의 사진과 함께 광고전단에 실리기도 했다.

이승만의 바쁜 강연일정은 이듬해 들어서도 계속되었다. 그의 1906년 1월치 《여행일지》에는 여덟번 강연을 하고 다닌 내용이 적혀 있다. 그리고 이 해에 그는 무려 서른여섯번이나 강연을 하고 다녔다.

이처럼 바쁘게 강연을 하고 다니는 동안에 이승만은 어처구니없게도 아들 태산을 잃고 말았다. 그는 일요일인 2월25일 저녁에도 리버데일(Riverdale) 장로교회에서 강연을 했는데, 태산은 같은 날 저녁 7시에 필라델피아 시립병원에서 숨을 거두었다. 태산은 박용만(朴容萬)을 따라 미국에 온 지 여덟 달 만에 죽고 만 것이었다. 이승만은 자서전 초록에서 "그것은 말하기가 참으로 슬픈 일이었다"라고 한마디만 적었으나,[7)] 《여행일지》 2월26일자에는 태산이 죽은 경위를 자세히 적어 놓았다.

---

6) Oliver, *op. cit.*, p. 99.

7) "Autobiography of Dr. Syngman Rhee", p. 18 ; "청년이승만자서전", 이정식 지음, 권기봉 옮김, 앞의 책, p. 292.

이승만을 지원하고 그의 아들까지 돌보아 준 필라델피아의 보이드 부인.

2월24일 오후 11시30분에 그는 필라델피아의 네이션(The Nation)으로부터 전보를 받았다. 태산이 회충약을 먹느라고 이틀째 음식을 끊고 있는데, "심하게 아프다"는 것이었다. 전보를 받자마자 그는 바로 기차역으로 달려갔다. 그러나 필라델피아행 기차는 두 시간 반쯤 뒤에나 있었다. 그는 서둘러 우체국으로 가서 "내가 지금 곧 가야 하는지. 속히 회답하기 바람"이라고 네이션 앞으로 전보를 쳤다. 즉각 "조금 진정되고 있음. 편지를 보냈음. 다시 쓰겠음. 네이션"이라는 답전이 왔다.

전보를 받고 조금은 안도감을 느낀 이승만은 편지를 기다리기로 했다. 25일 오후 2시쯤에 이승만은 "태산이 위독함. 즉시 아취가 1520번지로 오시오"라는 다른 전보를 받았다. 그것은 보이드 부인이 친 것이었다. 이승만은 보이드 부인에게 9시30분차로 떠나겠다고 답전했다. 그가 보이드 부인집에 도착한 것은 2월26일 새벽 2시30분이었다. 보이드 부인은 말하기를 태산은 사흘 동안 앓아누웠었는데, 의사는 아이가 그 무서운 디프테리아에 걸렸다고 했다는 것이었다. 그래서 의사는 태산을 시립병원으로 보냈고, 그곳에는 아무도 들어갈 수 없다고 했다. 디프테리아는 치명적인 전염병이었다. 만일에 이승만이 태산을 보러 병원에 간다면 검역법에 따라 적어도 한 달은 병원에 억류되어 있어야 한다고 했다. 이승만은 억류되어도 좋다고 말했다. 이승만이 단호하게 말하자 보이드 부인은 말했다.

"그러면 내일 아침에 가보시구려."

필라델피아 근교의 론뷰 공동묘지에 있는 이승만의 아들 태산의 묘비. 이름이 "RHEE TAISANAH"으로 적혀 있다.

이승만은 정거장으로 나와서 밤을 새우고, 날이 밝기를 기다려 병원으로 달려갔다. 그러나 병원에서는 그를 들여보내 주지 않았다. 11시가 되자 편지 한 장이 그에게 전달되었다. 베어링가 41번지에 있는 웨스턴 홈(Western Home for Children)의 머피(Murphy) 부인이 보낸 것이었다. 편지에는 태산이 25일 저녁 7시에 죽었다고 적혀 있었다. 태산의 시체는 브루덴버크스가의 옷펠로(Oddfellow) 공동묘지에 묻혔다.[8)]

보이드 부인은 태산을 자기집에 데리고 있었던 것이 아니라 웨스턴 홈이라는 보육시설에 맡겨 놓았던 것이다. 머피 부인은 그 보육시설의 주인이었다. 태산의 분묘기록에도 분묘 주인이 머피 부인으로 되어 있다.[9)]

태산의 묘는 뒤에 이장되어 현재 필라델피아 근교의 론뷰(Lawnview) 공동묘지에 있다. 묘비에는 "RHEE TAISANAH 1899~1906"이라고만 새겨져 있을 뿐 다른 아무 표지도 없다. 이름이 "TAISANAH"으로 되어 있는 것은 이승만이 "태산아"라고 부르는 것을 보고 보이드 부인은 그것이 아이의 이름인 줄로 생각했기 때문이었을 것이다.

이승만은 1945년에 귀국한 뒤에 만난 처조카 박태연(朴泰然)이 태산

---

8) Syngman Rhee, *Log Book of S.R.* 1906년 2월26일조.

9) 梨花莊 소장 분묘 기록.

Name
Rhee Taisanah
Age Years Months Days Date of Death
Date of Interment 2/26/06 Western Home for Childern Last Residence
Cause of Death Diphtheria
Permit Number Grave North Lot 535 Section M
Undertaker Battersby
Owner's Name Mrs. Murphy Address
Remarks
over

이승만의 아들 태산의 매장기록. 분묘 주인은 머피부인으로 되어 있다.

의 일을 묻자, "내가 … 묘는 잘 써 줬지…" 라고 말했다고 한다.[10] 다만 이승만의 일기에 적힌 "네이션"이 무엇을 지칭하는 것인지는 알 수 없다.

먼 이국땅에서, 그것도 너무나 급작스럽게 7대독자인 아들을 잃은 이승만의 충격이 얼마나 컸을 것인가는 상상하기에 어렵지 않다. 그 엄청난 충격 속에서도 이승만은 일기에 특별한 감정표현 없이 냉철하게 태산이 죽은 경위를 시간까지 정확하게 적어 놓았다.

이승만은 생전에 박씨 부인에 대한 이야기와 마찬가지로 태산에 대한 이야기를 하려고 하지 않았다. 그의 구술을 토대로 한 전기들에도 이 부분은 기술되어 있지 않다. 이승만은 감옥생활을 하는 동안 태산을 불러 감옥서 안에서 같이 자기도 했었다. 할아버지 밑에서 응석받이로 자란 태산은 소년수들과 곧잘 싸움을 하여 이승만은 아들을 심하게 패주기도 했었다. 미국에 도착한 뒤에 잠시 김윤정의 집에 있을 때에는 그런 대로 괜찮았으나, 워싱턴 시내의 어떤 미국인집에 맡겨 놓았을 때에는 환경변화와 언어장애를 견디지 못하여 주인부부의 옷을 물어뜯는 등

10) 李承晩의 처조카 朴泰然의 증언. "人間李承晩百年(56)", 《한국일보》, 1975년 6월5일자.

이상증상을 보이기도 했다고 한다.[11]

태산을 미국으로 떠나보내고 홀로 남은 박씨 부인은 태산이 죽은 뒤에도 아들 사진을 지니고 다녔다. 그 사진은 서재필(徐載弼)과 나란히 손을 잡고 찍은 것이었다고 하는데,[12] 아마도 그것은 이승만이 태산을 보이드 부인에게 맡기러 필라델피아에 갔을 때에 서재필을 방문하고 찍은 것이었을 것이다. 그리고 태산의 죽음은 이경선의 며느리에 대한 증오감을 더욱 심화시켰을 것이다.

이승만은 이때 이후로 자식을 낳지 못했다. 그것은 일생을 두고 그의 가슴 한구석에 공허감과 조상에 대한 죄책감으로 남았던 것 같다. 만년에 이강석(李康石)을 양자로 맞으면서 지은 "유감(有感)"이라는 시는 그러한 사정을 잘 보여 준다.

十生九死苟生人　　열에 아홉번 죽을 고비를 살아온
六代李門獨子身.　　이씨 가문 6대 독자의 몸.
故國青山徒有夢　　고국청산은 꿈에도 못 잊건만
先塋白骨護無親.　　선영의 백골이야 돌볼 이 없어라.[13]

이 시는 양자를 맞은 기쁨보다는 새삼스럽게 느끼는 공허감과 조상들에 대한 죄책감을 되새기는 시이다.

어린 외아들을 공동묘지에 묻고 며칠 되지 않은 3월4일에 이승만은 다시 강연을 시작했다. 이날은 일요일이었는데, 저녁에 리버데일 아래쪽에 있는 장로교회에서 강연을 하고 28달러를 모금해 받았다. 엘리스(Ellis)라는 소년이 작은 봉투를 주었는데, 그 속에는 돈 15센트와 함께 "이승만씨 사랑합니다. 가장 어린 소년 엘리스로부터"라고 적힌 쪽지가

11) 金潤晶의 아내 高純迎의 말을 토대로 한 金潤晶의 아들 金仁柱의 증언. "人間李承晩百年(56)"《한국일보》, 1975년 6월5일자.
12) 李承晩의 처조카 朴貫鉉, 朴泰然 남매 증언. 위의 "人間李承晩百年(56)".
13) 公報室, 《雩南詩選》, 1959, pp. 62~63.

들어 있었다. 이 사실을 일기에 적으면서 이승만은 눈앞에 어른거리는 죽은 아들의 모습을 떨칠 수 없었을 것이다.

2. 조지 워싱턴 대학교를 어렵게 졸업

학기말 시험이 끝나자 이승만은 오션 그로브의 보이드 부인 별장으로 갔다. 이 별장에서 여름을 나면서 이승만은 옆집의 보이어(Boyer) 씨네 사람들과 친숙해졌다. 이승만은 그집 어린 아들 에드윈(Edwin)[14]에게 한국 연을 만들어 날리는 법을 가르쳐 주기도 하고, 세 딸들과도 젊은이들의 관심사를 화제로 하여 진지한 대화를 나누었다. 큰딸 어덜(Ethel)은 호리호리한 몸매의 미인이었다. 이승만은 그녀에게 마음이 끌렸던 것 같다.

어린 아들이 미국에 온 뒤에도 아들과 단란한 시간을 한번도 가져본 적이 없었던 이승만이 남의 나라 아이에게 연을 만들어 주면서 얼마나 쓰라린 감회를 느꼈을 것인지는 상상하기에 어렵지 않다. 강연을 해서 생활비를 벌어 쓰는 이승만으로서는 미국 동부의 부자들 별장에서 시간을 보내는 것 자체가 심리적 갈등이 느껴지는 일이었을 것이다.

어느 날 이승만이 어덜과 함께 에드윈을 데리고 바닷가를 산책했을 때였다. 금테 안경을 낀 한 뚱뚱보 여인이 휠체어를 타고 지나가다가 멈추어 서서 가시 돋친 말투로 어덜에게 물었다.

"이봐요. 이 이가 당신 남편이고 저 아이는 당신 아들이오?"

그러자 어덜은 불쾌한 듯이 대답했다.

"아니에요, 부인. 지금 물어보신 이 젊은 분은 한국황제의 손자분이

---

14) 올리버는 이 아이의 이름이 'Erwin'이었다고 했으나, 그 누이의 회상기에는 'Edwin'으로 되어 있다. Oliver, *op. cit.*, p. 101, p. 342.

오션 그로브에 있는 보이드 부인의 별장 옆집에 살던 어덜 보이어양과 이승만.

고 이 꼬마는 제 동생이에요."

이때에 어덜이 이승만의 가계를 과장해서 대답한 것은 도전적인 그 여인에게 핀잔을 주기 위한 것이었음이 틀림없다고 올리버는 적고 있다.[15] 그러나 이 에피소드는 이승만이 보이어씨네 딸들과 사귀면서 자신이 왕족의 후손이라는 사실을 강조해서 이야기하고 있었음을 짐작하게 한다. 그것은 일반적으로 귀족에 약한 동부 미국인들의 호감을 사는 중요한 근거가 되었을 것이다.

그러나 두 사람은 자신들의 우정이 여러 사람들이 몰려와서 어런더런하는 여름 휴양지의 입방아거리가 되고 있을지도 모른다는 생각이 들었다. 그리하여 이승만은 보이어씨네집 현관에서 환담을 나누는 일을 자제했다.

한참 세월이 지난 뒤에 캠프(Kamp) 부인이 된 어덜은 이 무렵의 이승만에 대해 다음과 같이 회상했다. 그것은 이승만의 전기를 쓰는 올리버의 요청에 따라 1950년에 적은 것인데, 이 무렵의 이승만의 모습을 아주 생생하게 보여 준다.

> 어느 날 키가 한 5피트 5인치〔약 165센티미터〕쯤 되는 가냘픈 몸매에 검정색 알파카 여름 양복에다가 흰 셔츠에 검은 넥타이를 매고 선글라스를 낀 귀족적 풍모의 젊은이가 맞은편 집 옆문으로 나와서

15) Oliver, *op. cit.*, p. 102.

우리집 현관을 보며 앉았다.

그는 우리를 유심히 지켜보고 있었다. 그러나 우리는 (모든 교수 가족들처럼) 다른 사람들이 보는 것에 익숙해져 있었기 때문에 아무렇지 않게 여겼다. 이튿날 오후에도 이승만씨는 그 자리에 앉아 있었다. 사흘째 날 오후에 바닷가에서 돌아오는 에드윈은 새 이웃이 된 그의 손을 꼭 잡고 있었다. 나는 곧 그에게 의자를 권했다. 그는 조지 워싱턴 대학교에 다닌다고 했다. 그러자 화제는 학교 이야기와 세상 젊은이들의 일상적 이야기로 이어졌다.

우리는 이승만씨에게 매우 호감이 갔다. 잠시 뒤에 그가 가려고 일어서자 어머니는 다시 놀러오라고 말했다. 며칠 뒤에 그가 다시 우리집에 왔는데, 꼬마 동생과 함께였다. 그는 나에게 바닷가에 나가서 연을 날리려는데 같이 가지 않겠느냐고 말했다. 자기네 나라에서는 연날리기가 큰 오락이라고 했다. 그날은 바람이 거의 없었기 때문에 두 사람 — 그는 언제나 에드윈을 어른인 것처럼 정중하게 대했다 — 은 바닷가를 빨리 뛰어가면서 연을 띄우느라고 무척 애를 먹었다.

마침내 연이 바람을 타자 이승만씨의 눈이 어찌나 빛나던지! 연은 직사각형의 우아한 것이었다. 흰 바탕 가운데 붉은 동그라미가 그려져 있었고, 바람이 통하도록 구멍이 뚫려 있었다. 네 귀퉁이에는 연줄에 이어진 실이 매여 있어서 날리는 사람이 조종할 수 있게 되어 있었다. 나중에 안 일이지만 그것은 한국 국기를 본뜬 것이었다.

두 사람이 연을 날리기 시작할 때에는 바닷가에 아무도 없었는데, 이내 사람들이 몰려들었다. 구경꾼들의 시선에 내가 당황해하는 것을 눈치챈 이승만씨는 바닷가 산책로를 걷자고 했다. 거기에서도 그는 사람들의 주목을 끌었다. 사람들은 연방 그를 뒤돌아보았다. 왜냐하면 그는 마치 바닷바람을 남김없이 들이마시기라도 하겠다는 듯이 고개를 빳빳이 치켜세우고 윗몸을 뒤로 젖힌 자세로 걸었기 때문이다. 내가 왜 그런 자세를 취하느냐고 묻자 그는 내가 깜짝 놀랄 대답을 했다. 7년 동안 감옥생활을 했기 때문에 들이마실 수 있는 한껏 자유의 공기를 마시고 있다는 것이었다. …

이승만씨는 우체국에 가거나 바닷가를 거니는 시간 말고는 온 시간을 공부에 전념했다. 그는 내가 하는 말 한마디 한마디를 주의깊게 들었다. 그는 내가 하는 말에 대해 곧잘 "그것이 사투리라는 겁니까?"하고 묻곤 했다. 그럴 때면 나는 정확한 뜻을 설명하고 그가 이해하지 못하면 그가 잘 아는 다른 단어를 사용했다.

이승만씨는 일요일이면 크림색 실크옷을 입고 파나마 모자를 쓰고 혼자서 열심히 교회에 나갔다. … 스물아홉 살의 열정적이고 강력한 퍼스낼리티의 이승만씨는 자기 국민들의 독립이라는 인생의 한 가지 목표를 가지고 있었다. 그 목표는 그들의 물질적 풍요에 대한 깊은 고려와 결부되어 있었다. 그의 타고난 위엄은 친구이건 낯선 사람이건 누구나 느낄 수 있어서 그의 앞에서는 말할 것도 없고 그에 대한 이야기를 할 때에도 모두 "미스터 리(Mister Rhee)"라고 존칭을 썼다. 말이 많지는 않았으나 그는 만나는 사람들을 누구나 편안하게 해주었다. 그러면서도 조용하고 신중한 성품은 처음 만나는 사람도 그의 앞에서는 함부로 행동하지 못하게 했다. … 그는 사람들을 대할 때에 모르는 사람이라도 그 사람의 특성을 대번에 알아차리고 무슨 생각을 하는지를 꿰뚫어보는 특별한 힘이 있었다. …

하루는 우리가 산책하면서 윈도 쇼핑을 할 때에 그도 우리와 같이 걸었는데, 그의 표정이 하도 밝아서 물어보았다.

"무슨 일이 있기에 그렇게 좋아하시죠?"

그랬더니 그의 대답이 "집에서 편지가 왔거든요" 라는 것이었다. 그 뒤로 며칠 동안 우리는 그를 보지 못했는데, 그는 바로 답장을 쓰느라고 그랬던 것이다. 편지가 태평양을 건너려면 시간이 많이 걸리기 때문이었다. 그는 자기 어머니 이야기를 자주 했다. 한번은 자기 어머니의 패물 이야기를 하면서 자기 집안이 자기 나라에서는

> 경제적으로 부유한 편에 속한다고 말했다. …
>
> 나는 이승만씨에게 그의 이름에 대해 물어본 적이 있다. 그는 한국에서는 성이 앞에 오고 이름이 뒤에 온다고 설명했다. 내가 "싱맨(Syngman)"이 무슨 뜻이냐고 묻자 그는 잘 모르겠다고 대답했다. 그래서 누가 그 이름을 지어 주었느냐고 물었더니 "어머니요" 라고 대답했다. 내가 "이름이 '싱맨〔Sing Man: 노래하는 사람〕'이었으니까 행복한 아이였겠어요"라고 놀리자 그는 "그건 잘 모르겠지만, 우리 국민들은 행복한 민족입니다" 라고 대답했다.[16]

이 회상기는 이승만이 미국 부자들의 별장지에 가서도 미국인들과 사귀기 위해 무척 애를 쓰고 있었음을 보여 준다.

보이어씨는 대학교수였던 모양이다. 그집 식구들, 특히 큰딸 어덜의 호감을 사기 위해 그녀의 어린 동생에게 연을 만들어 날려 주면서 이승만은 여간 착잡한 심정이 아니었을 것이다. 이 글로 미루어 보면 이승만은 오션 그로브에 간 첫해부터 보이어씨네와 가까이 사귀었던 것 같다. 그가 처음 오션 그로브에 간 것은 1905년 여름이었는데, 이때는 도착한 지 2주일밖에 되지 않는 어린 아들 태산을 워싱턴에 남겨 두고 혼자 갔었다. 이듬해 여름에 간 것은 필라델피아의 보육시설에 맡겨 놓았던 태산이 급사하고 나서 넉 달쯤 지난 때였다.

이승만은 자기 자신을 드러내어 보이려고 애쓰는 것도 여전했던 모양이다. 왕족의 후손이라는 가계와 함께 긴 감옥생활 이야기를 순진한 미국처녀가 깜짝 놀랄 방법으로 표현하고 있다.

또한 그는 미국에 가서도 계속해서 영어를 익히기 위해 특별히 노력하고 있었음을 이 회상기는 보여 준다. 이미 루스벨트 대통령을 만나 대화하고, 미국인 교회에서 교인들을 상대로 강연을 할 만큼 영어에 숙달해 있었음에도 불구하고 더욱 숙달하기 위해 끊임없이 노력했던 것이

---

16) Oliver, *op. cit.*, pp. 342~344.

다. 어머니 김씨 부인의 패물 이야기를 하면서 자기 집안이 한국에서 부유한 편이라고 말했다는 것도 인상적이다.

이승만이 어려운 형편에서도 옷차림에 신경을 쓰는 멋쟁이였던 것은 이 회상기로도 짐작할 수 있다. 검정색 알파카 양복에 검은색 넥타이를 매고 선글라스를 낀 모습이라든가, 크림색 실크 양복에 파나마 모자를 약간 비뚜름히 쓰고 성경책을 들고 나서는 모습은 꽤나 매력적이었을 것이다. 그리고 그를 그토록 기쁘게 했던 "집에서 온 편지"에는 부친 이경선의 편지뿐만 아니라 아내 박씨 부인의 편지도 있었을 것인데, 이 회상기에는 이승만이 아내에 관한 어떤 이야기를 했다는 말은 없다.

그러나 무엇보다 주목되는 점은 역시 우체국에 가거나 바닷가를 거니는 시간 말고는 온 시간을 공부에 전념했다는 사실이다. 또한 45, 6년이나 지난 이야기를 이처럼 자세히 기억하는 것을 보면, 이 무렵의 어덜 보이어도 이승만에 대해 단순한 호감 이상의 관심을 가지고 있었는지 모른다.

이승만은 1906년 6월 말에 매사추세츠주의 노스필드(Northfield)에 갔다. 그곳에서 열린 '만국학도공회'에 조지 워싱턴 대학교의 학생대표로 선발되어 참가한 것이었다. 이승만은 이 회의에 참석한 것이 매우 뜻있는 일이었다면서 《제국신문(帝國新聞)》에 아주 자랑스럽게 편지를 써보냈다.

> 사랑하는 본국 동포들에게 편지 한번 못한 것은 과연 겨를을 얻지 못함이라. 신산한 사정은 다 말할 것 없으며, 여름방학한 후에 학교에서 나를 총대로 정하야 이곳에 보내기로, 워싱턴에서 북으로 일천이백여리가량 되는 노스필드라는 곳에 와서 유숙한 지 엿새가 되었는데 …

1906년 노스필드에서 열린 '만국학도공회'에 참가한 외국인 학생대표들과 함께 한 이승만(맨 뒷줄 오른쪽 끝).

이러한 서두로 시작한 편지는 노스필드와 그곳 출신의 부흥전도사 무디(Dwight Moody)에 대하여 다음과 같이 설명했다.

> 이곳은 본디 세계에 유명한 전도인(傳道人) 무디 선생이 거생(居生)하며 그 기업을 세우고 근년에 작고한 곳이라. 산천이 수려하야 경개도 절승하며 굉장한 학교집이 여러 채가 동구 안에 벌여 있는 고로 교육상이나 교회상 관계로 큰 공회(公會)가 되는 때에는 매양 이곳에 모이나니, 이곳에 모이는 자 매양 그 경개도 탐하거니와 더욱 그 선생의 도덕을 앙모(仰慕)하야 감동하는 마음이 스스로 발하는 고로 사람마다 한번 보고자 하더라.

1837년에 노스필드에서 태어난 무디는 열일곱 살 때에 보스턴으로 돈벌이를 떠났다가 그곳에서 교단을 유니테리언파(Unitarianism)에서 프로테스탄트 정통파로 바꾸었다. 시카고로 옮겨간 그는 구두 판매상으로 성공한 뒤에 1860년에 사업을 정리하고 전도에 전념하여, 시카고 YMCA 회장이 되고, 무디교회를 세웠다. 슬럼가 전도에 힘을 쏟은 그는 1870년에 찬송가 작가 생키(Ira D. Sankey)를 만나서 그와 함께 '복음찬송가'를 발전시키는 데 기여한 것으로도 유명하다. 그는 분파적 교파원리를 거부했고, 성서에 대한 '고차적 비판(higher criticism)'이나 사회복음운동에 반대하면서 진화론을 부정했다. 그는 문자 그대로의 뜻에 따른 성경해석과 그리스도의 재림을 기다리는 전통적 복음신앙을 다채롭고 강렬한 방법으로 설교함으로써 큰 반향을 불러일으켰다.

무디의 대중전도운동은 같은 시기에 있었던 월터 라우션부시(Walter Raushenbusch)의 사회복음운동과 함께 미국 역사에서 세번째의 리바이벌(Revival: 신앙부흥) 운동이었다. 첫번째 것은 조나던 에드워즈(Jonathan Edwards)가 지도한 이른바 대각성(Great Awakening) 운동으로서, 여기에서 미국의 독자적인 종교적 특징이 생겨났다. 두번째 것은 서부로 프론티어가 확대되면서 일어났다. 그리고 이제 도시화와 공업화의 진전에 따라 세번째 리바이벌 운동이 일어난 것이었다. 뒷날 1950년대에 필(N. N. Peale)과 빌리 그레이엄(Billy Graham)이 미국뿐만 아니라 세계를 순방하면서 벌인 대규모의 전도집회는 네번째 리바이벌 운동으로 꼽힌다.

무디의 대규모 리바이벌 운동은 그가 가난한 사람들의 고통을 덜어 줄 것으로 믿는 저명한 기업가들로부터 재정지원을 받았다. 무디 자신도 여러 가지 자선사업을 열심히 지원했다. 그러나 그는 사회문제는 개인이 영적으로 거듭나야만 해결된다고 믿었다. 그는 고향인 노스필드에 남녀신학대학을 설립하고, 연례 성경회의(Bible Conferences)를 창설하여 직접 주재하는 한편 시카고에 시카고 성경연구소〔무디 성경연구소〕를 설립했다. 이승만이 참가했던 '만국학도공회'는 이 성경회의였거나 그 회의의 일부 프로그램이었을 것이다. 이승만은 이때의 회의에 대해 다음과 같이 적었다.

> 이번은 만국학도공회가 되는데, 이십년 전에 무디 선생이 이곳에서 시작하야 학도들의 도덕상주의(道德上主義)를 발달시키매, 사

> 업이 매년 진보되어 금년에 오백여명 학도가 왔으되 모두 각처의 유명한 학교에서 총대로 온 사람들이요, 세계 각국인이 거의 다 참여하얏는데, 그중에 대한사람도 한명이 참여하였으니 다행하도다.

실제로 이 회의에 한국인이 참석한 것은 이승만이 처음이었다. 이 회의기간에 열린 미국 독립기념일 축하행사에서 보여 준 이승만의 오달진 행동은 미소를 자아내게 한다.

큰 행사장 안에는 각국 깃발이 휘황찬란하게 걸리고 남녀 3,000여명의 참가자들은 각각 나라별로 특색 있는 복장을 하고 자리를 잡았다. 명사들의 연설과 애국가와 만세소리가 이어지면서 장내는 열기가 넘쳤다. 이어 학교별로 명단을 만들어서 순서대로 경축하게 했다. 이윽고 동양인 차례가 되었다. 먼저 일본학생들이 호명되었다. 일본학생 네 사람이 한쪽에서 대기하다가 일어나서 일본국 만세를 불렀다. 청중들은 일제히 박수로 화답했다. 다음은 청국학생 차례였다. 청국학생 열대여섯 사람이 자기나라 옷을 입고 한쪽에 앉아 있다가 일어나서 애국가를 부르며 경축하자, 청중들도 함께 즐거워하며 화답했다. 준비된 명단에 한국학생은 들어 있지 않았으므로 다음 학교 순서로 넘어갔다. 이승만은 떠들썩한 분위기 속에서 한없는 고립감을 느꼈다. 그는 벌떡 일어섰다. 그리고는 강단 쪽으로 걸어나가서 주최자에게 말했다.

"나는 한국 학생인데 혼자 경축하겠습니다."

그러자 주최자 쪽에서도 흔연히 허락했다. 그러면서 큰소리로 장내에 알렸다.

이승만은 혼자 강단에 올라서서 독립가를 부른 다음 큰소리로 대한제국 만만세와 아메리카 만만세를 세 번씩 불렀다. 청중들은 일제히 박수를 치며 화답했다. 사람들은 다투어 이승만에게 악수를 청했다.

이승만은 이러한 사실을 편지에 자세히 적은 다음 "이때에 이 사람들의 생각이 어떠하였을 것은 내가 말할 것 없거니와, 사람들이 비록 반쪽이라도 나라를 대하야 제가 행할 도리를 하면 남이 다 대접하야 주는도다"라는 말로 편지를 끝맺었다.[17] 이승만이 위와 같은 자신의 행동을 두고 나라를 위하여 할 도리를 다 한 것이라고 강조하고 있는 것이 흥미롭다.

그런데 이승만이 《제국신문》에 보낸 이 편지의 전문이 사흘 뒤에 《대한매일신보(大韓每日申報)》에 그대로 전재된 것은 특기할 만한 일이다.[18] 《대한매일신보》는 이승만의 이러한 행동을 자기네 독자들에게도 널리 알릴 만하다고 판단했던 것이다. 이 무렵에 김구는 《대한매일신보》의 장련지사장을 맡고 있었으므로, 이틀에 걸쳐서 3면 머리에 실린 이승만의 이 장문의 편지를 읽었을 것이다.

이승만의 조지 워싱턴 대학교 성적은 좋은 편이 못되었다. 첫해에 그는 영어, 경제학, 역사, 철학 등 여섯 과목을 수강했다. 영어는 F, C, D학점, 경제학은 E학점, 역사는 B학점, 철학은 E학점이었다. 이때의 조지 워싱턴 대학교의 학점은 A는 96~100점, B는 90~95점, C는 80~89점, D는 70~79점, 그리고 E는 낙제점이고 F는 결시를 뜻하는 것이었다.[19] 이승만은 첫해에 경제학과 철학에서 낙제점을 받았고, 영어도 시험을 치지 못한 것이 있었다. 특히 첫해에 성적이 좋지 못했던 것은 헤이(John M. Hay) 국무장관과 루스벨트(Theodore Roosevelt) 대통령을 만나고 김윤정과 실랑이를 벌이는 등 외교활동에 바빴고, 어린 아들 태산을 거두어야 하는 문제로 심경이 복잡한 데다가, 바쁜 강연일정으

---

17) 《帝國新聞》 1906년 8월4일자, "기서: 미국대학교에서 공부하는 리승만씨의 편지".

18) 《大韓每日申報》 1906년 8월7일 및 8일자. "美國大學校에서 卒業生 李承晩씨가 帝國新聞社에 보낸 편지".

19) 유영익, 《이승만의 삶과 꿈 — 대통령이 되기까지》, 중앙일보사, 1996, p. 48.

로 시간을 많이 빼앗기고 있었기 때문이었다. 올리버는 이승만의 조지 워싱턴 대학교의 성적이 좋지 않았던 것은 재학기간 내내 생활비 조달에 큰 어려움을 겪었고, 허기진 상태에서 강의를 듣는 경우가 많았기 때문이었다고 적었다.[20]

둘째와 셋째 해에 그는 영어, 역사, 수학, 철학, 유태학〔구약학: Semitics〕 등 아홉 과목을 수강했다. 영어는 D와 B학점, 역사는 C, A학점, 수학은 E, D학점, 철학은 B학점, 유태학은 B, C학점이었다. 결국 조지 워싱턴 대학교에서 A 학점을 받은 것은 두번째 학기의 역사과목 하나뿐이었다. 이승만은 배재학당 시절이나 특히 감옥생활 동안 영어학습에 힘을 기울여 영어실력이 특출하다는 평을 들었으나, 역시 미국 명문대학의 학생들에 비하면 많이 뒤떨어졌던 것이다. 수학이나 경제학의 성적이 좋지 않은 것도, 비록 한국에서 거의 독학으로 상당한 수준의 학습을 했다고는 하나, 미국 대학의 교과수준에는 미치지 못하는 것이었을 것이다. 그리고 유태학 과목을 두 가지나 수강한 것을 보면 이 무렵 이승만은 귀국하여 교역자가 될 것을 마음먹고 있었던 것이 틀림없다.[21]

이승만은 어렵게 공부하면서 같은 반의 메리트 얼(Meritt Earl)과 위너프리드 킹(Winifred King) 양의 도움을 받았다. 이승만은 얼이 목사준비를 하는 것을 알고 한국에 선교사로 오라고 진지하게 권했다. 얼과 킹은 결혼했고, 뒷날 얼이 감리교회 목사가 되어 여러 곳에서 사역하는 동안 이승만은 그들을 자주 방문했다.[22]

이승만이 미국사회를 이끌어갈 젊은 엘리트들과 함께 조지 워싱턴 대학교에서 정규교육을 받은 것은 그의 학문뿐만 아니라 인격도야의 새로운 기회가 되었다. 그는 자서전 초록에서 "나는 미국에서 써먹으려고 서

---

20) Oliver, *op. cit.*, p. 97.

21) 유영익, 앞의 책, p. 48.

22) Oliver, *op. cit.*, p. 98.

양교육을 받으려고 한 것이 아니라 그 교육을 통하여 서양책들을 한국말로 번역하기 위해서였다"고 적고 있다.[23] 순수하다고 할까, 겸허하다고 할까, 어쩌면 위선적으로 들리기까지 하는 이러한 술회는 그러나 사실이었다. 그것은 뒷날 미국에서 독립운동 방략을 논의하는 기회마다 영문잡지의 발행과 함께 번역서의 간행을 중요한 사업으로 되풀이하여 주장하는 것으로도 짐작할 수 있다. 그러기 위해서 그는

THE GEORGE WASHINGTON UNIVERSITY

OFFICE OF THE REGISTRAR

RECORD OF Syngman Rhee

COLUMBIAN COLLEGE

Subjects	Year	Hrs.	1st Term	2d Term	Subjects	Year	Hrs.	1st Term	2d Term
Applied Math					Latin 3				
Archæology 1					Math 5	1906/7			E
Architecture					" 7	"			D
Astronomy					"				
Astro-Physics					"				
Botany					"				
Chemistry 1					Mechanical Eng				
" 2					Meteorology				
" 3					Philosophy 2a	1906/7			B
" 6					Physics 1				
Civil Eng					" 2, 3				
Economics					Political Science				
Electrical Eng									
English 5	1906/7			D					
" 1a Psy.	"			B	Sociology				
" 4					Spanish				
French					Zoölogy				
"					Semitics 1	1906/7			B
Geol. and Miner.					" 2b	"			C
German									
"									
Graphics									
Greek 1									
" 3									
History 3	1906/7			C					
~~Italian~~ " 20	"			a					
Latin 1									

A=96-100; B=90-95; C=80-89; D=70-79; E=FAILURE; F=FAILURE TO APPEAR

* REMARKS:

July 5, 1907. Otis D. Swett REGISTRAR

이승만의 조지 워싱턴 대학교 성적표.

영어학습에 특별히 열성을 기울였던 것이다. 그가 주머니에 넣고 다니면서 외우기 위해 영어단어를 적었던 종이쪽지가 지금도 보존되어 있다.

1907년의 봄이 되자 조지 워싱턴 대학교 컬럼비안 칼리지(Columbian College: 문리과대학)의 4학년생 17명은 설레는 마음으로 졸업을 기다리고 있었다. 그러나 이승만은 어쩌면 졸업할 수 없을지 모른다는 불안과 걱정으로 마음이 무거웠다. 부지런히 강연을 하러 다니고 미국인 친구

23) "Autobiography of Dr. Syngman Rhee", p. 20 ; "청년이승만자서전", 이정식 지음, 권기붕 옮김, 앞의 책, p. 303.

조지 워싱턴 대학교를 졸업할 무렵의 이승만.

들과 테니스도 즐기고 또 복장에 신경을 쓰고 하면서도, 한편으로는 제대로 먹지도 못할 만큼 곤궁한 생활을 하느라고 항상 긴장해야 했고 건강도 상하게 되어 강의에 빠지는 날이 많았기 때문이다. 다행히 알렌 윌버(Allen Wilbur) 학장과 교수들이 그의 처지를 이해해 주어서 졸업할 수 있었다. '특대생'으로 입학한 지 2년 4개월 만의 일이었다.

6월5일에 거행된 졸업식 광경을 보도한 《워싱턴 포스트》지는 이승만에 대해 다음과 같이 적었다.

> 졸업장이 수여될 때에 이 한국 젊은이만큼 더 뜨거운 박수를 받은 사람은 없었다. 최근의 병세는 그의 건강을 해칠 만큼 위험했고, 게다가 그는 졸업을 못 할지도 모른다는 불안감에 시달렸었다.[24]

지방뉴스를 자상하게 보도하는 이 신문은 그 전에도 이승만에 대해 동정적인 관심을 자주 표명했었다.

24) Oliver, *op. cit.*, pp. 100~101.

3. 헤이그 만국평화회의 지원요청을 거절

강제된 을사조약을 근거로 하여 1905년 12월21일자로 이토 히로부미(伊藤博文)가 통감에 임명되고, 뒤이어 1906년 1월31일자로 일본 공사관의 폐쇄와 함께 방대한 조직의 통감부(統監府)가 설치되었다. 전국 10개소에 통감부의 이사청(理事廳)이 설치되고, 8개소에 그 지청〔뒤에 13개 이사청, 11개 지청〕이 설치되었다. 그에 따라 일본경찰도 전국적으로 배치되었다. 그리고 1906년 3월에 이토가 서울에 부임하는 것과 때를 전후하여 주재하던 외국사절들도 모두 철수했다. 을사조약에 따르면, 통감의 임무는 "외교에 관한 사항"만을 관리하는 것이었으나, 일본천황의 칙령으로 공포된 「통감부 및 이사청 관제」는 통감 밑에 총무장관, 농상공부총장, 경무총장 등을 두고 다시 그 밑에 수백명의 일본인을 높은 봉급으로 초빙하되, 그 경비는 모두 한국정부가 부담하도록 되어 있었다.[25)]

이토는 부임한 지 넉달 뒤인 7월20일 밤에 일본경찰을 동원하여 경운궁(慶運宮)을 점령하고 "황제가 각지의 의병과 내통하여 선동한다"고 고종을 겁박하여 궁궐의 경호업무까지 빼앗았다. 그리하여 고종은 실질적으로 유폐생활이나 다름없는 처지에 몰리고 말았다.

이러한 상황 속에서 독립보전을 위하여 고종이 취할 수 있는 유일한 방법은 밀사를 파견하여 외국의 지원을 구하는 일이었다. 그리고 그것은 민비 시해의 만행을 직접 경험한 고종으로서는 목숨을 건 모험이었다. 고종의 밀사파견 외교는 한-일의정서〔이른바 제 1차 한-일협약〕의 체결로 한국의 외교권이 실질적으로 일본으로 넘어가면서부터 시작되었다. 이승만이 미국에 파견된 것은 그러한 시도의 효시였다고 할 수 있다. 고종은 이승만과 윤병구가 루스벨트 대통령을 회견했던 사실을 성공적 선례로 생

---

25) 田保橋潔, 《朝鮮統治史論稿》, 成進文化社, 1972, pp. 17~23.

각했던 것 같다.

일본인들의 정보에 따르면, 1905년 2월7일 밤에 고종의 신임이 두터운 이용익(李容翊)과 궁내부 대신 이재극(李載克)이 중심이 되어 한국의 현상을 설명한 밀서 다섯 통을 작성했다. 내장원경(內藏院卿)으로 있으면서 러-일전쟁 발발 때에 국외중립선언을 추진했던 이용익은 일본군에 납치되어 일본에 억류되었다가 귀국한 지 얼마 되지 않은 때였다. 이 작업은 이용익과 함께 국외중립선언을 추진했다가 상해에 머물던 전 예식원(禮式院) 외사과장 현상건(玄尙健), 육군법원장 이학균(李學均) 등의 건의에 따른 것이었다.[26] 이때에 작성된 것으로 보이는 밀서 한 통이 3월 하순에 상해에 체재하던 전 주한 러시아공사 파블로프(Alexander I. Pavlov)에게 전달되었다. 그것은 고종이 러시아황제 니콜라이 2세에게 보내는 것이었다.[27] 파블로프는 러-일전쟁 발발 뒤에 상해로 가 있었다.

이용익은 포츠머스 러-일 강화회의가 열리던 1905년 8월17일에 비밀리에 출국하여 상해로 갔다. 출국의 정확한 목적은 밝혀져 있지 않으나 일본의 위협에 대한 일시적 피신을 겸하여 러-일 강화회의에서 한국의 독립이 보장될 수 있도록 프랑스를 비롯한 유럽제국을 방문하여 교섭을 벌이기 위해서였을 것으로 추측된다. 고종이나 이용익이 프랑스를 교섭의 대상으로 삼은 것은 러시아와 프랑스가 동맹관계에 있었고, 러시아와 일본 사이에서 프랑스가 제 3국의 역할을 해줄 것을 기대했기 때문이었을 것이다.[28] 이용익의 출국에 당황한 주한 일본 공사 하야시 곤스케(林權助)는 한국정부에 압력을 넣어 한국정부로 하여금 이용익의 프랑

---

26) "韓帝密使派遣ニ關スル情報ノ件", 日本外務省 編, 《日本外交文書 38-1》, 國際聯合協會, 1958, p. 630.

27) "韓帝ノ密書發見ノ經緯ニ關シ詳報ノ件", 《日本外交文書 38-1》, p. 640.

28) 廣瀨貞三, "李容翊の政治活動(1904～1907年)—その外交活動を中心に", 朝鮮史研究會, 《朝鮮史研究會論文集》 제 25집, 綠陰書房, 1988, p. 91.

스 방문은 "단순한 일 개인의 사행(私行)에 지나지 않는다"는 것을 주한 프랑스공사와 주독 한국공사 및 주프랑스 한국공사에게 통보하게 했다.

프랑스에서 소기의 목적을 수행하지 못한 이용익은 페테르부르크로 가서 러시아 외상 람즈도르프(Vladimir N. Lamzdorf) 등을 만나서 협의했다. 그러나 이미 러-일 강화조약이 성립된 뒤였을 뿐만 아니라 제 1차 러시아혁명으로 차르(tsar)체제 자체가 동요하기 시작한 때였으므로, 러시아와의 교섭으로 한국의 독립유지를 보장하기 위한 실효성 있는 대책이 강구될 수는 없었다.

이용익은 상해를 거쳐서 블라디보스토크로 갔다. 그곳은 고향인 함경도와도 가깝고 국내와 연락하기 쉬운 곳이기 때문이었다. 거기에서는 고종과의 연락도 긴밀히 계속되었고, 1906년 9월에는 본국으로부터 4만 루블의 자금을 송금받았다는 이야기도 있다.[29] 이용익은 이곳에 머물면서 제 2차 헤이그 만국평화회의에 밀사를 파견하는 데 깊이 관여했다.

고종이 파견하는 밀사에는 서울에 와 있던 외국인도 있었다. 을사조약이 체결되기 직전인 1905년 10월에 선교사 헐버트(Homer B. Hulbert, 紇法, 轄甫)가 미국에 밀파된 것은 앞에서 본 바와 같다. 헐버트가 미국으로 떠난 것과 때를 같이하여 프랑스어 교사 마르텔(Martel)은 러시아와 프랑스 두 정부에 보내는 고종의 국서를 가지고 청국의 지부(芝罘)를 거쳐 북경으로 갔는데, 그가 어떤 사람들을 만났는지는 알 수 없다.[30] 상해에 있던 현상건은 니콜라이 2세에게 러시아의 지원을 요청하는 고종의 친서를 가지고 페테르부르크로 가서 12월에 러시아 외상에게 전했는데,[31] 이 친서가 마르텔이 가지고 갔던 것이었는지 모른다.

---

29) 廣瀨貞三, 위의 글, p. 98.

30) "佛語敎師マアテル露佛兩國政府宛ノ韓帝密書ヲ携ヘ芝罘又ハ上海邊ニ赴キタル旨情報ノ件" 및 "佛人マアテル芝罘發北京ヘ出向ニ關スル小幡領事情報轉電ノ件", 《日本外交文書 38-1》, p. 661, pp. 664~665.

31) 劉孝鍾, "ハーグ密使事件と韓國軍解散", 《三千里》 49호, 1987년 2월호,

같은 무렵에 또 한 사람의 밀사가 파견되었다. 고종은 전 주영 공사관 서기생이었던 예식원 참리관 이기현(李起鉉)을 영국으로 밀파했다. 그러나 이기현은 10월28일에 인천에서 일본군에 체포되고 말았다.[32] 이기현의 출국목적은 프랑스에 있는 한국인이나 영국인들의 지원을 요청하려는 것이었다고 한다.[33] 고종은 인천총세무사에게 이기현의 여비를 지급하라고 명령했으나, 인천총세무사는 이를 거절하고 일본인들에게 이 사실을 밀고했던 것이다.

을사조약이 체결되자 더욱 위기감을 느끼게 된 고종은 새로운 외교교섭에 나섰다. 그 일은 먼저 재임 중에 루스벨트 대통령과 심한 논쟁을 벌이면서까지 한국의 독립보전에 호의적이었던 알렌(Horace N. Allen, 安連) 전 주한 미국 공사를 통하여 추진되었다. 1905년 3월에 해임된 알렌은 귀국해 있었다. 고종이 미국회사 한성지점 소속 변호사 엘리어트 등을 통해 어렵게 알렌에게 보낸 문서는 루트(Elihu Root) 미국 국무장관에게 보내는 외부대신 박제순(朴齊純) 명의의 협조요청공문 사본, 황제의 밀사가 구술한 을사조약 체결 전말, 미국, 러시아, 프랑스, 독일주재 공사관에 보내는 암호 훈령문, 황제의 어새(御璽)만 찍힌 백지 위임장 등이었다.[34] 고종이 알렌에게 부탁한 활동내용은 중간에 든 한 미국 기업인이 상해에서 미국 본사로 보낸 다음 전문과 같은 것이었다.

> 황제는 영향력과 명망이 있는 법률가를 고용하여 최근 사태의 해결에 미국정부의 협력을 얻고자 희망함. 일본은 지난 달 대한제국에 대한 보호권 설정을 위해 부당하고 부정직한 방법을 사용했으며, 또 의정부와 황실을 매수했음. 따라서 그 조약은 황제나 제국신민

p. 42.

32) "李起鉉ノ拘引竝韓人二名英國派遣情報ノ件", 《日本外交文書 38-1》, p. 665.

33) 鄭喬, 《大韓季年史(下)》, 國史編纂委員會, 1958, p. 163.

34) 김기석, "光武帝의 주권수호외교, 1905~1907 — 乙巳勒約 무효선언을 중심으로", 이태진 편저, 《일본의 대한제국 강점》, 까치, 1995, p. 242.

의 허가를 얻지 않은 것으로서 무효임.

나아가서 황제는 열강이 이 사태의 진상을 즉각 조사할 것과 미국, 영국, 일본의 공동보호를 요청하고자 함. 공동보호는 일본정부가 단독으로 제안한 보호권을 대신할 것임. 황제와 신민은 세 나라 공동보호에 동의할 것임. 보스트윅(Hany R. Bostwick)은 알렌과 협력하여 영향력 있는 법적 조력을 구하도록 하명받았음. 본사 한성지점으로부터 황제가 부담할 소요비용 1만달러를 보스트윅에게 송금할 것임. … 알렌과 보스트윅의 협력에 대한 충분한 보상이 있을 것임.[35]

이 전문에서 주목되는 점은 고종이 한국의 독립보전을 위해 일본의 단독보호 대신에 미국, 영국, 일본의 공동보호를 제안하고 있는 점이다. 이러한 제안은 그 뒤의 밀사파견 때에도 계속된다. 그리고 변호사 고용비용으로 1만달러라는 거금을 송금한 것도 당시의 고종의 절박했던 심경을 짐작하게 한다.

알렌은 곧 활동에 착수했다. 그는 퇴역 장군, 전직 공사, 상원 의원 등 영향력 있고 명망 있는 변호사를 고용하려고 백방으로 노력했으나 아무도 선뜻 나서지 않았다. 미국의 정치인이나 법률가 가운데에서 어느 누구도 루스벨트 대통령의 외교정책에 반대하여 문제를 제기하고자 하지 않았기 때문이다. 마침내 알렌은 활동을 포기하고 1906년 2월19일자로 고종에게 편지를 보내어 밀명을 실행하기가 불가능함을 알리고, 그 동안 사용한 비용 500달러를 제외한 나머지 돈을 모두 돌려보냈다.[36]

알렌이 유능한 변호사를 물색하느라고 동분서주하고 있을 때인 1906년 초에 영국 《트리뷴(*The Tribune*)》지의 기자 스토리(Douglas Story)가 한국을 방문했다. 스토리는 10여년 동안 홍콩과 북경에서 살면서 종

35) Bostwick to Allen, Dec. 9, 1905, 《알렌文書》, 김기석, 위의 글, pp. 243~244에서 재인용.

36) Allen to Bostwick, Feb. 19, 1906, 《알렌文書》, 김기석, 위의 글, p. 244.

군기자 또는 특파원으로 일해 온 사람이었다. 그는 북경에서 상해로 오는 동안 한국정부의 총세무사였던 브라운(J. McLeavy Brown)과 동행했고, 상해에서는 그곳에 머물고 있던 '황제의 밀사들'을 만났다.[37] 이 무렵 상해에는 앞에서 본 현상건과 이학균을 포함하여 민씨 일문의 실력자인 민영익(閔泳翊), 전 참정대신 민영철(閔泳喆) 등이 활동하고 있었는데, 스토리가 만난 '황제의 밀사들'이란 이들을 가리키는 말이었다. 그리고 일본으로 가서는 요코하마(橫濱)에서 전 주한 미국 공사 모건(Edwin V. Morgan)을 만나서 을사조약이 체결된 전말을 들었고, 고베(神戶)에서는 통감부 총무장관으로 임명되어 부임하는 쓰루하라 사다기치(鶴原定吉) 일행과 동행이 되어 한국에 왔다. 이처럼 스토리는 한국사정을 잘 아는 사람들을 두루 접촉하고 서울에 온 것이었다.

스토리가 궁중과 은밀한 협의 끝에 극적으로 가지고 나간 고종의 국서는 열강의 공동보호 요청을 공개적으로 발표한 것이나 다름없는 것이어서 눈길을 끈다. 1월29일자로 된 이 국서는 모두 여섯 항목으로 되어 있었는데, 주요 골자는 을사조약은 황제가 인정하지도 않았고 날인도 하지 않았으며, 황제는 독립주권을 다른 나라에 양여하지 않았고, 통감이 와서 머무는 것을 반대하며, 세계 대국들이 5년 기한으로 한국외교를 공동보호해 주기 바란다는 것이었다.[38] 이 국서내용은 스토리가 지부(芝罘)에서 타전하여 2월8일자 《트리뷴》지에 보도되기 시작하여 1년 가까이 국제적 뉴스가 되었다. 그렇게 된 것은 이토를 포함한 일본정부 관리들이 이 국서가 날조된 것이라고 주장하여 논쟁이 계속되었기 때문이다. 국내에서는 1년이 지나서 1907년 1월16일자 《대한매일신보》에 국새가 찍힌 원문이 "한황(韓皇) 폐하께옵서 재작년 신조약에 반대적으로 런던 트리뷴 신문사 특파원 더글러스 스토리씨에게 위탁하신

---

37) Douglas Story, *Tomorrow in the East*, Chapman & Hall, Ltd., 1907, p. 128.
38) *The Tribune*, Dec. 1, 1906 ; 《大韓每日申報》 1907년 1월16일자.

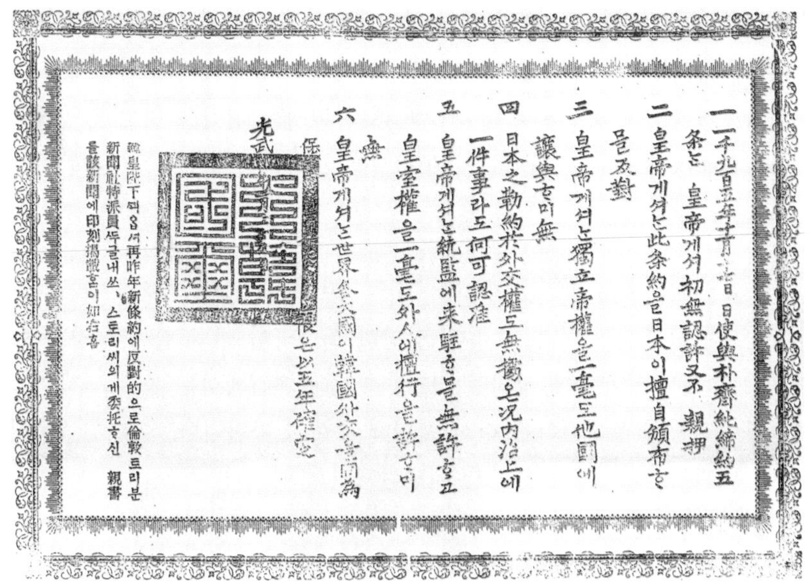
一 一千九百五年十一月十七日 日使與朴齊純締約五条는 皇帝게서 初無認許又不 親押

二 皇帝게셔는此条約을日本이擅自頒布홈을反對

三 皇帝게셔는獨立帝權을一毫도他國에讓與홈이無

四 日本之勒約於外交權도無據온况內治上에一件事라도何可認准

五 皇帝게셔는統監에來駐홈을無許호고皇室權을一毫도外人에擅行을許호미無

六 皇帝게셔는世界各大國이韓國外交를同爲保護홈은以五年確定

光武

韓皇陛下띄옵셔再昨年新條約에反對的으로倫敦트리분新聞社特派員뚜글내쓰、스토리씨의게委托호신 親書를該新聞에印刻揭載홈이如右홈

고종이 《트리뷴》지의 스토리 기자에게 주어 보낸 국새가 찍힌 밀서.

친서를 그 신문에 인각(印刻) 게재함이 우(右)와 여함" 이라는 설명과 함께 전재되어 일본당국을 크게 당황하게 하고 한국인들에게는 고종의 의지를 확실히 주지시켰다.[39]

스토리가 가지고 나간 국서가 물의를 일으키던 와중에 고종은 다시 지금까지보다 훨씬 뚜렷한 의지를 담은 친서를 작성했다. 이 친서를 전달할 특명전권으로는 미국에서 돌아온 지 2주일밖에 되지 않는 헐버트가 선임되었다. 헐버트에게 준 신임장에는 대한제국의 황실과 정부에 관련된 모든 일을 영국, 프랑스, 독일, 러시아, 오스트리아, 헝가리, 이탈리아, 벨기에, 청국의 9개국 정부와 협의하도록 명기되어 있었다. 이들 나라는 대한제국과 수교를 맺은 나라들이었다.

39) Story의 국서반출기사의 전말에 관해서는 鄭晋錫, 《大韓每日申報와 裵說 — 한국문제에 대한 英日外交》, 나남출판, 1987, pp. 226~239 참조.

고종이 작성한 여러 통의 친서 가운데에서 러시아황제에게 보낸 친서에는 다음과 같은 구절이 있었는데, 이것은 고종이 을사조약문제를 국제사법재판소에 제소하여 국제법에 따라 해결할 생각을 하고 있었음을 말해 준다. 친서는 을사조약의 불법성을 하나하나 지적하고 나서 다음과 같이 적었다.

> 조약이 성립되었다고 말하는 것은 공법〔국제법〕을 위배한 것이므로 당연히 무효입니다. ∴ 짐은 당당한 독립국이 이와 같이 부정한 일로 해서 국체가 손상되었으므로 원컨대 폐하께서는 즉시 공사관을 이전처럼 우리나라에 다시 설치해 주시기 바랍니다. 아니면, 우리나라가 앞으로 이 사건을 네덜란드의 헤이그 만국공판소에서 공판에 부치려 할 때에 공사관을 우리나라에 설치함으로써 우리나라의 독립을 보존할 수 있도록 특별히 유념하여 주시기 바랍니다. …[40]

그러나 각국 원수들에게 보내는 이 친서들은 전달되지 않았고, 또 헤이그 국제사법재판소에 제소하는 일도 실현되지 못했다. 헐버트가 가족을 동반하고 한국을 떠난 것은 거의 1년이 지난 1907년 5월8일이었는데, 그토록 늦게 떠난 것은 1906년 6월에 소집될 예정이었던 헤이그평화회의가 1년 연기되었기 때문이었을 것이다. 헐버트는 헤이그에 가서 이상설(李相卨) 등 밀사들의 지원활동을 벌인 다음 미국으로 건너가서 미국신문에 한국의 실정을 알리는 한편 고종의 밀명을 이행하려 했으나, 그 때는 이미 7월20일에 고종이 강제 퇴위당한 뒤였다. 헐버트는 활동을 중지할 수밖에 없었다.

고종의 위와 같은 일련의 밀사를 통한 외교교섭에 대해 이승만이 어느 정도의 정보를 얻고 있었고, 또 그것을 어떻게 평가하고 있었는지는

40) 김기석, 앞의 글, pp. 257~258에서 재인용.

정확히 알 수 없다. 자서전 초록에서, 루스벨트 대통령을 만난 뒤에 민영환이 치하편지를 보내면서 고종이 비밀경로를 통하여 자기와 윤병구에게 독립운동을 위한 자금을 보낼 것을 약속했다는 말을 듣고 "나는 그(황제)가 그렇게 할 수 없다는 것을 알고 있었다"라고 적고 있는 것을 보면, 이때는 이미 고종에 대하여 아무런 기대도 하지 않고 있었다. 그것은 대한제국의 독립유지 가능성에 대한 비관적 전망과도 관련 있는 것이었을 것이다. 앞에서 본 대로, 그는 헐버트가 고종의 밀서를 가지고 워싱턴에 와서 미국정부 사람들과 교섭을 벌이고 있을 때에도 만나지 않았다. 주프랑스 공사 민영찬(閔泳瓚)이 워싱턴에 와서 루트 국무장관을 만나고 있을 시점은 그의 친형 민영환이 자결한 뒤였는데, 이승만이 민영찬을 만나서 애도의 뜻을 표했다는 기록은 없다. 알렌이 고종의 부탁을 받고 영향력 있는 변호사를 찾고 있는 것은 어쩌면 몰랐을는지 모른다. 그러나 스토리 기자가 쓴 국서관련 기사가 국제적 파문을 일으키고 있는 것은 알았을 것인데, 자서전 초록에도 아무런 언급이 없다. 그리고 헐버트가 다시 미국에 왔을 때에는 《뉴욕 헤럴드(*The New York Herald*)》지에 "한-일조약은 성립하지 않았다"는 표제의 장문의 기사가 게재되기도 했는데, 이때의 상황과 관련해서도 이승만의 반응은 보이지 않는다.

그러한 이승만에게 헤이그 만국평화회의에 파견되는 밀사들을 도와달라는 요청이 왔다. 요청이 온 정확한 날짜는 알 수 없으나 시기적으로 보아 그가 조지 워싱턴 대학교의 졸업을 앞두고 근심에 싸여 있는 때였던 것 같다.

헤이그평화회의에 밀사를 파견한 일은 고종이 펼친 밀사외교의 가장 큰 성과인 동시에 그 자신의 정치생명을 종결시키는 결과를 가져온 사건이었다. 헤이그평화회의에 파견된 특사는 전 의정부 참찬 이상설, 전 평리원 검사 이준(李儁), 전 러시아 주재 공사관 참서관 이위종(李瑋鍾) 세 사람이었다. 이상설이 정사이고 다른 두 사람은 부사였다. 이위종은 고종의 신임이 두터운 주러시아 공사 이범진(李範晋)의 아들로서 처음에는 통역으로 대동할 예정이었으나, 이준이 고종에게 건의하여 특사에 포함시켰다고 한다.[41] 일곱 살 때에 러시아로 건너갔던 이위종은 러시아어와 프랑스어에 능통한 20대 청년이었다. 이상설은 1906년 4월에 이동녕(李東寧), 정순만(鄭淳萬) 등과 먼저 출국하여 블라디보스토크로 가서 북간도 용정에 서전서숙(瑞甸書塾)을 건립하고 동포 청소년들을 가르치고 있었다. 이준은 고종의 특사위임장과 러시아 황제, 미국 대통령, 네덜란드 여왕 등에게 보내는 고종의 친서, 평화회의에 제출할 공고사〔控告詞 : 성명서〕 등의 문서를 작성해 가지고 1907년 4월21일에 출국하여 블라디보스토크에서 이상설과 합류했다. 두 사람은 6월 중순께 페테르부르크에 도착하여 러시아 외부대신과 니콜라이 2세 황제를 만나 고종의 친서를 전했다.

고종과 이상설 등은 헤이그평화회의가 니콜라이 2세의 주창으로 열리게 된 점으로 미루어, 러시아의 지원 여하에 따라서는 한국대표가 회의에 참석하여 을사조약의 불법성을 폭로할 수 있고, 나아가 회의에서 한국의 독립유지를 보장하는 방안이 논의될 수 있을 것으로 기대했던 것이다. 그러나 회의 의장인 러시아대표 넬리도프(N. De Nelidov) 백작은 특사들의 회의참석권 부여문제를 주최국인 네덜란드에 미루었고, 네덜란드 정부는 한국대표의 회의 참석을 완곡히 거부했다. 그것은 일본의 적극적인 저지공작 때문이었음은 말할 나위도 없다. 특사들은 결국 회의에 공식대표로 참석하는 데는 실패했으나, 비공식 경로를 통하여 을사조약의 불법성과 한국의 요구를 각국 대표에게 주지시키는 활동을 적극적으로 전개했다. 특사들이 연명으로 평화회의 의장과 각국 대표에게 보낸 장문의 공고사와 그 부속문서는 일본의 침략상을 조리 있게 증명한 훌륭한 외교문서였다.[42] 이 문서들은 회의를 취재하기 위해 헤이

41) 柳子厚, 《李儁先生傳》, 東方文化社, 1947, p. 309.

그에 몰려와 있던 각국 신문기자들의 주목은 받았다. 그리하여 7월9일에 열린 각국 신문기자단 국제회의에는 이상설과 이위종이 귀빈으로 초청되었다. 이위종은 이 회의에서 프랑스어로 한국의 실정을 알리는 연설을 했고,[43] 연설내용은 여러 나라 신문에 보도되었다.[44]

특사들은 미국에서 간 헐버트와 윤병구와 송헌주(宋憲澍), 그리고 유럽에 체재 중이던 윤진우(尹鎭祐)와 민영돈(閔泳敦) 등의 지원을 받았다. 김현구(金鉉九)에 따르면, 윤병구와 송헌주는 이승만 대신에 간 사람들이었다. 격렬한 이승만 비판자가 된 김현구는 이때의 일을 다음과 같이 적었다.

> 영어에 능한 인물을 구하는 일은 검은〔儉隱: 정순만의 호〕이 그 의 동생 박용만을 통하여 미국에 청구한 바, 겁약(怯弱)한 우남(雩南)은 감히 나설 생각도 못 하고 공부에 바빠서 골몰한다는 이유로 회피하고, 그 대신에 윤병구, 송헌주 두 사람이 피택되어 헤이그로 갔다.[45]

이러한 기술로 미루어 보면, 헤이그로 향하던 특사들이 블라디보스토크에 이르러 그곳에 있던 이용익, 정순만 등과 평화회의에 대한 대책을 협의했고, 그에 따라 통역 등의 지원활동을 위하여 영어에 능통한 인물을 물색해 보내도록 정순만이 미국에 있는 박용만에게 연락했는데, 박용만은 이승만에게 먼저 연락했던 것이다. 이승만, 정순만, 박용만 세 사람은 일찍이 감옥생활을 같이 한 옥중동지로서 흔히 '3만'이라고 일컬어지는 사이였다.

---

42) 尹炳奭, 《增補 李相卨傳》, 一潮閣, 1998, pp. 67~84 참조. 프랑스어로 된 원문은 네덜란드 국립문서보관소에 소장되어 있다.

43) 《大韓每日申報》 1907년 7월7일자, "雜報: 平和會議에 運動".

44) "A Plea for Korea", *The Independent*, LXIII, 1907년 8월호, New York, pp. 423~426.

45) 金鉉九, 《儉隱遺傳》(자필 원고본), 하와이 대학교 한국학연구소 소장, p. 14.

그러나 이승만은 헤이그로 가지 않았다. 이승만이 헤이그로 가지 않은 데에는 몇 가지 이유가 있었을 것이다. 무엇보다도 그는 헤이그평화회의 그 자체에 대해 크게 기대하지 않았을 것이다. 이때의 평화회의는 제창국인 러시아와 미국, 영국을 비롯하여 40여개국의 대표 225명이 참가한 대규모의 국제회의였다. 6월15일부터 10월까지 열린 이 회의에서는 국제중재재판, 전쟁〔육전 및 해전〕법규, 해상사유권 등 세계평화 유지를 위한 체제구축 문제가 논의되었다. 그러나 그것은 기본적으로 제국주의 열강의 세력균형과 현상유지를 위한 것이었다. 따라서 그러한 회의에서 한국문제가 진지하게 다루어질 쟁점이 될 수 없었다. 특히 자기가 일찍부터 싫어하는 러시아의 주창으로 회의가 개최되었다는 사실도 이승만으로서는 기대되는 일이 아니었을 것이다. 또한 언제나 자신의 행동에 대해 중요한 의미부여를 하는 성격인 이승만으로서는 특사자격도 아닌, 통역 등의 지원활동을 하기 위해 헤이그까지 가는 것은 있을 수 없는 일이었다. 뿐만 아니라 이승만은 학업을 마치는 대로 귀국할 생각을 하고 있었으므로 밀사파견이 국내상황에 미칠 영향에 대한 고려도 했을 것이다.

실제로 국내에서는 어처구니없는 사태가 벌어지고 있었다. 일본정부의 강박으로 7월20일에는 고종이 양위하고, 나흘 뒤인 7월24일에는 관리임면권을 일본통감에게 넘기는 것을 주내용으로 하는 이른바 정미칠조약〔丁未七條約: 韓-日新協約〕이 체결되었다. 이 조약에 근거하여 7월31일에 대한제국 군대가 해산되고, 8월12일에는 이상설 등에 대한 궐석재판이 열려, 이상설에게는 사형이 선고되고 이미 사망한 이준과 함께 이위종에게는 무기형이 선고되었다. 세 사람은 밀사를 사칭하고 역적행위를 했다는 것이었다.[46]

---

46) 헤이그 평화회의 특사에 대한 종합적인 연구는《한국독립운동사연구》제29집(독립기념관 한국독립운동사연구소, 2007)에 실린 논문들 참조.

이상설은 이위종, 윤병구, 송헌주와 함께 7월17일에 헤이그를 떠나 영국을 방문하고, 8월1일에 뉴욕에 왔다. 이승만은 이상설의 전보를 받고 뉴욕으로 가서 그를 만났다. 그런데 올리버는 이때에 이승만이 만난 사람이 이준이고 그는 헤이그평화회의에 참석하기 위해 가던 길에 이승만에게 전보를 쳐서 뉴욕에서 합류하자고 했다고 사실과 전혀 다르게 기술하고 있다.[47] 이러한 오류가 이승만의 기억의 착오 때문이었는지 어쩐지는 짐작하기 어렵다. 이승만은 자서전 초록에서 헤이그에 갔던 이상설이 뉴욕에 와서 전보를 보내왔다고 적고 있다.[48]

올리버는 이때에 뉴욕에서 있었던 일이라면서 다음과 같은 이야기를 소개하고 있다. 이승만은 뉴욕에 머물면서 《크리스천 애드보키트(*The Christian Advocate*)》지의 편집인 레나드(A. B. Leonard)가 오션 그로브 공회당에서 행한 강연내용을 읽었다. 이 공회당은 좌석이 1만 2,000석이나 되는 대규모의 전도 및 문화강연장으로 쓰이는 곳이었다. 레나드는 감리교단에서 영향력이 막강하여 '감독제조자'로 알려진 사람이었다. 그는 동양순방에서 막 돌아왔는데, 순방길에 한국에서도 며칠을 보냈었다. 그는 강연에서 일본인들이 한국에서 이루어놓은 개혁조치들에 언급하고 나서, 일본의 한국지배가 영원하기를 기원한다는 말로 강연을 마무리했다는 내용이었다.

이 강연기사를 읽은 이승만은 레나드에게 장문의 격렬한 반박편지를 썼는데, 그 일로 해서 애스버리 파크의 《프레스(*Press*)》지 기자가 찾아와서 이승만을 인터뷰했다. 그리하여 7월25일자 《프레스》지와 뉴어크(Newark)의 《모닝 스타(*Morning Star*)》지에 이승만의 말이 인용 보도되었다.

> 한국인들은 어느 누구도 일본인들에게 복종하지 않을 것이다. …

---

47) Oliver, *op. cit.*, p. 103.

48) "Autobiography of Dr. Syngman Rhee", p. 18.

> 강대국들은 정의를 위해 한마디도 못 하고 있다. 일본을 자극해서 극동에서의 상업적 이해에 영향을 미치지나 않을까 하는 두려움 때문이다. 그러나 아시아 전체가 급속히 일본의 독점 아래로 들어가는 것을 당신들은 모르는가? 약소국들에 대한 불의의 조각들로 기워진 평화는 영원할 수 없다.[49]

이승만은 이상설을 만나 많은 이야기를 나누었을 것이다. 이상설은 루스벨트 대통령을 만나 지원을 구하고자 했다고 하나,[50] 루스벨트가 그러한 요청에 응할 턱이 없었다. 그럼에도 불구하고 이 무렵 헤이그밀사들의 동정에 대해 보도를 계속하던 《대한매일신보》가 루스벨트 대통령이 이상설의 회견요청에 대해 "공례(公禮)로 할 것이 아니라 사견례(私見禮)로 접견하겠다"고 말했다고 보도하고 있는 것[51]은 국내의 개화파 지식인들이 이때까지도 국제정세를 너무나 안이하게 관측하고 있었음을 보여 주는 보기이다. 이상설 일행은 한 달 가까이 미국에 머물다가 헤이그로 돌아갔는데, 뉴욕에서 배편을 알아보면서 이승만에게 동행을 다시 권유하는 다음과 같은 편지를 보낸 것이 눈길을 끈다.

> 지난번에 만나서 할 말을 다 했기에 다시 되풀이할 필요는 없겠소이다. 큰 국면을 둘러보건대 오직 이 한 가지 방법뿐이외다. 형이 세상일에 뜻이 없으면 그만이어니와, 있다면 속히 도모하시오. 시기를 정해서 알려 준다면 제가 페테르부르크에서 기다리면서 먼저 여비를 보내리다. 뜻은 길되 말은 짧아 눈물이 흐르오. 저는 지금 선편을 찾아보려고 하오. 편안하시기 빌며 답장을 기다리리다.[52]

---

49) *ibid*.

50) 金元容, 《在美韓人五十年史》, Reedley, Calif., 1959, p. 313.

51) 《大韓每日申報》 1907년 8월8일자, "雜報: 李氏渡美消息".

52) "李相卨이 李承晩에게 보낸 1907년 날짜미상의 편지." 《雩南李承晩文書 東文篇(十七) 簡札 2》, p. 476. 《雩南文書》 해설자는 이 편지가 1908년 8월경에 쓴 것으로 추정했으나 그것은 오류이다. 그때는 李相卨이 다시 미국에

이 편지로 미루어 보면, 이상설은 이승만을 만나서 동행하기를 강력히 권유했고, 이승만은 응하지 않았다. 이승만은 거절하는 답장을 보냈다는 것을 이상설의 편지에 영어로 적어 놓았다. 이상설은 헤이그로 가서 이준의 장례를 치르고 나서 프랑스와 독일을 방문한 다음 이탈리아의 로마 등지를 거쳐서 페테르부르크로 갔다. 그는 그곳에서 이듬해 2월까지 머물다가 영국을 거쳐서 다시 미국으로 갔다.

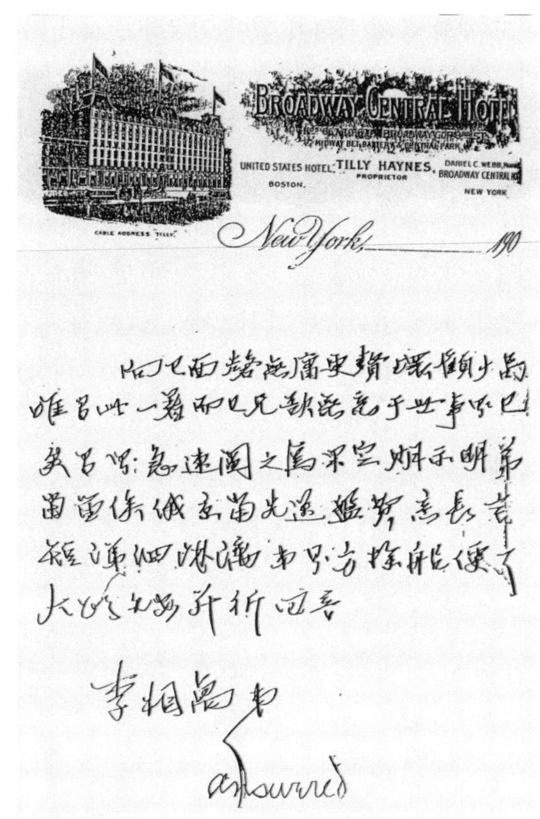

BROADWAY CENTRAL HOTEL

UNITED STATES HOTEL, BOSTON. TILLY HAYNES, PROPRIETOR. DANIEL C. WEBB, BROADWAY CENTRAL, NEW YORK.

CABLE ADDRESS "TILLY."

New York, ______ 190

answered

1907년 8월에 미국을 방문했던 이상설이 헤이그로 떠나기에 앞서 뉴욕에서 이승만에게 동행할 것을 권유하면서 보낸 편지.

조지 워싱턴 대학교를 졸업하자 이승만은 귀국을 생각했다. 감리교 선교부도 그가 그들이 지원하는 목사로서 즉시 귀국하기를 바랐다. 이승만은 조지 워싱턴 대학교의 선교장학금으로 공부할 수 있었고, 그 자

와서 머물고 있을 때였다.

신도 재학 중에 목사가 되어 귀국하는 것이 자기의 목표라고 공언했었다. 이승만은 자서전 초록에서, 이러한 결심을 바꾸어 미국에 더 머물면서 학업을 계속한 것은 부친 이경선의 편지 때문이었다고 적고 있다.[53] 이경선은 아들이 일본당국에 의해 투옥되거나 살해될지도 모른다고 생각하여 귀국을 연기하고 학업을 계속하라고 말했다는 것이다. 이경선이 아들에게 편지를 쓴 것이 언제였는지는 알 수 없다. 그러나 이승만이 조지 워싱턴 대학교에서 네 번째 학기를 마치고 있던 1906년 겨울에 서재필에게 편지를 보내어 하버드 대학교 대학원에 진학하고 싶다는 의사를 전하면서 자문을 구하고 있는 것을 보면, 그가 학업을 계속한 것이 반드시 이경선의 권유 때문만은 아니었던 것 같다. 서재필은 이승만이 하버드 대학교에 진학하여 역사학 전공으로 1년 이내에 석사과정을 마치고 귀국할 것을 권고했다. 그는 이승만에게 박사학위를 취득할 필요는 없을 것이라고 말했다.[54]

그러나 이승만의 희망은 빠른 기간 안에, 그것도 하버드 대학교와 같은 명문대학에서 박사학위를 취득하는 일이었다. 그는 1906년 말과 1907년 초에 하버드 대학교 인문대학원에 제출한 입학지망서에 2년 안에 박사학위를 취득하게 해달라고 적었다. 자기는 오랫동안 동양학문을 연마한 사람인데, 귀국해서 할 일이 많고 또 고국에서 자기를 학수고대하는 사람들이 많아서 빨리 귀국해야 하기 때문이라는 것이었다. 그는 또 지망서에서 조지 워싱턴 대학교에서는 2년 안에 박사학위 취득이 가능하다고 덧붙였다.[55] 실제로 조지 워싱턴 대학교에서 이승만에게 그

---

53) "Autobiography of Dr. Syngman Rhee", p. 20 ; "청년이승만자서전", 이정식 지음, 권기붕 옮김, 앞의 책, pp. 303~304.

54) "徐載弼이 李承晩에게 보낸 1906년 12월27일자 및 1907년 1월11일자 편지", 유영익, 앞의 책, p. 54.

55) "李承晩이 하버드 大學校 大學院長 비서 로빈슨(George W. Robinson)에게 보낸 1906년 12월15일자 및 1907년 1월9일자 편지", 유영익, 위의 책, p. 54.

러한 언질을 주었는지는 확인할 수 없다.

이승만이 하버드 대학교에 진학하려고 한다는 말을 들은 교회친지들은 극구 말렸다. 그들은 말했다.

"당신은 신앙을 잃게 될지 모릅니다."

이처럼 교우들이 반대한 것은 이 무렵 엘리어트(Charles W. Eliot)이 총장으로 재직하던 하버드 대학교는 교과 과정의 철저한 세속화를 포함하여 근본적 변혁을 추진하고 있었기 때문이다.[56] 그럼에도 불구하고 이승만이 하버드 대학교에 진학하려고 집착한 것은 그의 야심이 오로지 귀국하여 기독교사업을 하는 데에만 있지는 않았음을 시사해 준다.

이승만의 입학지망서를 접수한 하버드 대학교 대학원은 당황했다. 왜냐하면 본국 학생에게도 인문학 분야에서 2년 안에 박사학위를 수여한 전례가 없기 때문이었다. 결국 하버드 대학교 대학원은 이승만에게 기간의 조건 없이 박사과정에 입학하되, 석사과정부터 이수하라고 회답했다.[57] 이승만은 이러한 회답이 만족스럽지는 않았으나 그 제의를 받아들였다. 그리하여 그는 1907년 가을부터 하버드 대학교의 대학원생이 되었다. 하버드 대학교가 위치한 케임브리지는 인접한 보스턴과 함께 미국의 문명, 곧 퓨리터니즘과 미국식 민주주의의 발상지였다. 가까이에 독립전쟁의 유적지도 많았다. 그는 우수한 젊은 미국 청년들 사이에서 자신의 사명감을 거듭 되새겼을 것이다. 이때에 그는 서른세 살이었다. 그리고 그는 이곳에 와서도 여기저기의 교회를 찾아다니면서 강연을 계속했다.

56) Oliver, *op. cit.*, p. 104.

57) "하버드 大學校 大學院長 비서 로빈슨이 李承晩에게 보낸 1907년 1월7일자 편지", 유영익, 앞의 책, p. 56.

"양반도 깨어라! 상놈도 깨어라!"

1. 사범강습회에서 수강생들의 머리 깎아

안악(安岳)으로 옮겨온 김구는 양산학교(陽山學校)를 기반으로 하여 황해도 전체의 교육계 지도자로 두각을 나타내기 시작했다. 그가 교사로 초빙된 양산학교는 황해도 교육계몽운동의 요람이었다. 안악읍에는 사립학교로 안신학교(安新學校)와 양산학교가 있었다. 1902년에 귓담길 교회의 부속학교로 출발한 안신학교는 안악에서 맨 먼저 설립된 사립학교였다. 양산학교의 설립연도는 확실하지 않으나, 안악의 유지들이 교육과 산업 발달을 목적으로 1906년에 안악면학회(安岳勉學會)를 조직할 무렵에 안악의 세 부자의 한 사람으로 꼽히는 김효영(金孝英)과 그의 조카 김용제(金庸濟), 장손 김홍량(金鴻亮) 등이 주동이 되어 안악 향청(鄕廳) 자리에 설립한 사립학교였다.[1] 이 무렵은 향교(鄕校)와 서원(書院)이 문을 닫던 때였기 때문에 양산학교는 비기독교계 가정의 자녀들이 다닐 수 있는 유일한 학교였다. 그리하여 안신학교에는 주로 기독교계 자녀들이 다녔고 양산학교에는 비기독교계 집안의 자녀들이 다녔다.[2] 설립 초기의 양산학교 학생수는 3, 40명 정도였고, 학생들의

---

1) 최기영, "백범김구의 애국계몽운동", 《한국근대계몽사상연구》, 2003, 일조각, p. 211 ; 《安岳郡誌》, 安岳郡民會, 1976, (p. 99, p. 233)에는 1905년에 설립된 것으로 기술되어 있다.

연령과 지식수준에 따라 1, 2, 3학년으로 나누어서 가르쳤다.[3]

김구는 양산학교의 야학부도 맡아서 가르쳤다. 야학부에는 나무하는 아이들이 다녔는데, 김구는 자신의 불우했던 어린 시절을 생각하며 성심껏 가르쳤던 것 같다. 《대한매일신보》가 "안악군 양산학교에 야학을 설립하고 나무하는 아이 오십여명을 모집하야 교사에 김구씨와 기독학교 교사에 최명식씨가 열심히 가르친다더라"[4] 라고 보도한 것은 앞에서 본 대로이다.

야학운동은 교육계몽운동의 일환으로 사립학교 설립운동과 병행하여 전국적으로 추진되었다. 야학은 관리, 군수, 교사, 지방유지 등 다양한 종류의 지식인들이 주도했는데, 황해도에서는 관리들과 지방유지들이 야학설립에 가장 큰 역할을 했다. 황해도의 경우 신문에 보도된 야학만도 49개교나 되었고, 그 가운데에서 33개교가 관리나 유지들이 설립한 것이었다.[5] 또한 노동자, 농민, 목수 등과 같이 정식교육을 받지 못한 사람들이 자신들도 배우고 자제들도 가르치기 위하여 야학을 설립하기도 했다. 그러나 대다수의 야학은 독립적인 교사(校舍)는 물론 교재도 제대로 갖추지 못하는 형편이었다. 교사 한 사람이 전 과목을 가르치는 경우도 적지 않았다. 또한 운영비도 거의 설립자나 임원들의 기부금이나 의연금으로 충당했다. 재령군 우율면(右栗面)의 야학교는 운영비가 없어서 나무장사로 운영비를 마련하기도 했다.[6] 운영비 조달이 어려워서 중도에 문을 닫는 야학도 많았다. 운영비는 거의가 교실보수와 난

---

2) 《安岳郡誌》, p. 99.

3) 崔明植, 《安岳事件과 3·1 運動과 나》(타자본), 兢虛傳記編纂委員會, 1970, p. 19.

4) 《대한매일신보》 1908년 7월5일자, "잡보 : 열심교수".

5) 金炯睦, "韓末 海西地方夜學運動의 實態와 運營主體", 《白山學報》 제61호, 白山學會, 2001, pp. 244~245.

6) 《皇城新聞》 1910년 4월2일자, "雜報 : 熱心哉兩學生"; 《大韓每日申報》 1910년 4월3일자, "學界 : 嘉尙哉其人".

방, 전기료, 지필묵 구입비 등으로 지출되었기 때문에 교사들은 보수를 받지 못하는 경우가 많았다.[7] 김구도 아마 야학부는 따로 보수를 받지 않고 가르쳤을 것이다.

1908년 7월 무렵에 이르러 안악군수 이인규(李寅奎)의 주도로 유지들 사이에서 양산학교를 확장하여 새로 중학교를 설립하는 문제가 본격적으로 논의되었다.[8] 그리하여 김효영, 최용권(崔龍權), 원명로(元明潞) 세 부자와 그 밖의 많은 인사들의 협찬을 받아 1908년 9월11일에 개교식을 거행했다. 개교식 상황을 《대한매일신보》는 다음과 같이 보도했다.

> 안악군에서 양산중학교를 설립한다함은 이미 본보에 게재하였거니와, 그 학교를 열심히 찬성하는 유지 신사 제씨가 그 고을에 사는 신사에게 천여원의 보조를 청한 후 학도 육십여명을 모집하여 거월 십일일에 개학식을 거행하였는데, 남녀소학교 학도와 내빈 수백명이 모여 성대한 연회를 하였다더라.[9]

김구와 함께 양산학교의 교사였던 최명식(崔明植)은 세 부자가 3,000원씩 희사한 것을 포함하여 3만원의 기금이 모였다고 회고했으나,[10] 위의 기사로 미루어 보아 금액은 착오일 것이다.

이듬해 신문에 실린 학생모집광고에 따르면, 1학년 입학생은 16세 이상으로 독서, 작문, 산술, 본국 지지, 본국 역사, 이화학, 박물, 체격 등을 시험하여 선발했고, 예비과를 두었다.[11] 양산중학교는 황해도에

---

7) 金炯睦, 앞의 글, p. 243.

8) 《대한매일신보》 1908년 7월17일자, “잡보 : 학회조직”.

9) 《대한매일신보》 1908년 10월11일자, “잡보: 양산중학교 개교식”. 국한문판 《大韓每日申報》는 개교식 날짜를 “陰本月11日”이라고 적고 있다(1908년 10월 10일자, “雜報: 楊山開校盛況”).

10) 崔明植, 앞의 책, p. 25.

11) 《大韓每日申報》 1909년 9월10일자, “學員募集廣告”.

설립된 최초의 중학교로서 안창호(安昌浩)가 설립한 평양의 대성학교(大成學校)와 이승훈(李承薰)이 설립한 정주(定州)의 오산학교(五山學校)와 함께 서북지방의 세 명문 사립중학으로 꼽히게 되었다.[12] 학교를 개설한 1년 뒤의 《대한매일신보(大韓每日申報)》의 다음과 같은 기사는 그러한 평판을 입증해준다.

> 안악 양산중학교는 해군 신사 김낙영(金洛泳), 한필호(韓弼昊), 박문소(朴文素), 이상진(李相晋), 김홍량 등 제씨가 제반 교무를 전담하야 교육에 열심하는 고로 학계의 모범이 될 만하다더라.[13]

청년학우회를 창립하고 청년운동을 벌이고 있던 대성학교의 안창호가 1909년 8월에 양산학교를 방문한 것도 그러한 평판에 따른 것이었다.[14] 중학부가 생긴 뒤에도 김구는 소학부를 맡아 가르쳤다.

안악은 황해도 교육계몽운동의 중심지였다. 황해도의 북동쪽 지방에 위치한 안악은, 고구려시대의 고분이 많이 있는 것으로도 알 수 있듯이, 옛부터 주민생활이 가멸찬 곳으로 이름난 지방이었다. 황해도의 여러 군 가운데에서 논이 차지하는 면적 비율이 가장 높은 곳으로서, 쌀과 각종 잡곡이 많이 생산되고 과수원도 많았다. 해산물도 부족하지 않았다. 그러한 안악이 교육계몽운동의 중심지가 될 수 있었던 것은 천주교와 기독교의 보급이 다른 지역보다 빨랐기 때문이다.[15]

안악 교육계몽운동의 중추적 역할을 한 것은 안악면학회였다. 면학

---

12) 李敬南, 《抱宇 金鴻亮傳 — 一代記와 安岳사람들》, 알파, 2000, p. 98.

13) 《大韓每日申報》 1909년 9월10일자, "學界: 陽山可範."

14) 《大韓每日申報》 1909년 9월1일자, "雜報: 安氏歡迎."

15) 趙顯旭, "安岳地方에서의 愛國啓蒙運動 — 安岳勉學會와 西北學會 활동을 중심으로", 《한국민족운동사연구》 28, 한국민족운동사학회, 2001, p. 34.

회를 설립하도록 적극적으로 부추긴 사람은 안창호와 함께 서북지방 일대에서 청년 교육운동가로 큰 신망을 얻고 있던 최광옥(崔光玉)이었다. 김구가 기독교에 입교한 뒤에 평양 사경회에 갔다가 오순형(吳舜炯)과 함께 최광옥을 장련으로 초청하여 같이 전도활동을 했던 것은 앞에서 본 바와 같다. 최광옥은 숭실학교를 졸업한 뒤에 일본에 유학했으나 폐병을 앓아 중도에 퇴학하고, 귀향하는 도중에 같이 유학했던 김홍량의 권유로 요양을 하러 구월산의 연등사(燃燈寺)에 와 있었다. 그 소식을 들은 안악의 많은 청장년들이 그를 찾아가자 최광옥은 그들에게 민지(民智)를 계발하고 교육사업을 일으킬 핵심단체의 조직이 급선무라고 역설했다. 최광옥의 말에 큰 감명을 받은 김용제, 최명식, 송종호(宋鍾鎬) 등 안악의 중견 유지들은 여러 날을 숙의한 끝에 면학회를 조직하기로 했다.[16)]

그러나 군단위의 단체조직은 전국적으로 선례가 없었기 때문에 회를 조직하는 방법부터 문제였다. 논의 끝에 《자강회월보(自强會月報)》 1호에 실려 있는 자강회 강령과 규칙을 참고하여 회칙을 제정하고, 회의 진행은 윤치호(尹致昊)의 《의회통례규칙(議會通例規則)》에 따르기로 했다. 면학회는 청년들에 대한 계몽사업, 산업의 증진, 교육의 장려 등을 회의 목적으로 표방했다. 이렇게 하여 1906년 11월에 안악면학회가 결성되었다.[17)]

면학회는 회장에 임택권(林澤權), 부회장에 송종호, 재무에 김용제, 서기에 양성진(楊星鎭) 등의 임원을 선출했다. 임택권은 안악교회 집사로서 교회의 중심인물이었으나 회를 주도하는 사람들 가운데에서는 가장 젊은 사람이었다. 면학회가 그를 회장으로 선출한 것은 기독교인들의 지원을 받기 위해서였다. 발기 당시에는 20여명의 회원으로 출발했

16) 崔明植, 앞의 책, pp. 15~16 ; 《安岳郡誌》, pp. 98~99.
17) 崔明植, 위의 책, p. 17.

던 면학회는 점차 회원이 늘어나서 73명까지 되었다. 입회금과 월례금을 거두었고, 본부는 정명재(鄭明哉)의 집에 두었다.[18]

면학회에 참가한 사람들의 성분은 가지가지였다. 우선 교육계몽운동에 뜻을 둔 청년들이 많이 참가했다. 김용제, 최명식, 송종호와 같은 중견층도 있었다. 최광옥과 김홍량은 일본유학생으로서 면학회 활동의 이론적 면을 주도했다. 또한 임택권, 차승용(車承庸)과 같은 기독교인들도 참여하여 교인들의 지원을 적극적으로 유도했다. 정명재와 김용규(金溶奎)는 한의사였고, 송한익(宋漢益)은 진사로서 개신유학자였다.[19]

면학회가 창립될 때에 김구는 장련에 있었으므로 창립과정에는 참여하지 않았던 것 같다. 그러나 그를 양산학교로 초청한 김용제와 동학농민봉기 이래의 동지였던 송종호 등이 면학회 창설의 핵심인물들이었던 점으로 보아, 김구도 안악으로 이사한 뒤부터는 면학회 활동에 적극적으로 참여했을 것으로 짐작된다. 면학회는 김구가 안악지역에서 신교육 활동을 추진할 수 있는 중요한 기반이 되었다.

안악이 신교육운동의 중심지로 발전할 수 있었던 것은 군내 유지들과 특히 신흥 부자들의 적극적인 지원이 있었기 때문이다. 김효영, 원명로, 최용권 세 사람은 모두 전통적 지주 출신이 아니라 근검하고 성실한 노력으로 자수성가하여 재산을 모은 사람들이었다. 이들은 양산학교와 면학회 설립 등 안악의 신교육 운동을 재정적으로 지원했다.

그 가운데에서 대표적인 인물은 김효영이었다. 그는 상민 출신이었는데, 포목 행상을 해서 번 돈으로 땅을 사서 거부가 된 사람이었다. 어렸을 때에 한학을 공부하다가 집이 너무 가난하여 공부를 포기하고 등짐장사를 시작한 김효영은 황해도의 포목을 사서 평안북도의 강계나 초산 등지로 행상하면서 돈을 모았고, 그렇게 모은 돈으로 개간하지 않은

---

18) 같은 책, pp. 17~18.

19) 趙顯旭, 앞의 글, pp. 42~43.

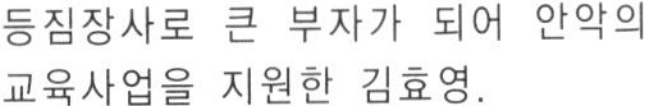

등짐장사로 큰 부자가 되어 안악의 교육사업을 지원한 김효영.

일본에 유학하고 김구와 함께 교육사업을 주도한 김효영의 손자 김홍량.

박토나 강변의 갈밭을 사들여 농토를 일구었다. 또한 그는 봄에 돈이나 곡식을 꾸어 주고 가을에 돌려받는 돈놀이를 하여 재산을 불려 갔다. 김효영은 이렇게 하여 장손 김홍량이 태어날 무렵에는 1만석에 가까운 부자가 되었다.[20] 면학회 결성과 양산학교 설립에 중요한 역할을 한 김용제는 김효영의 동생 김우영(金友英)의 장남이었다.

김구가 안악으로 이사했을 무렵에는 김효영은 이미 허리가 ㄱ자로 굽어서 지팡이에 의지하고서야 바깥출입을 했다. 그러나 그는 두뇌가 명석하고 정세를 관찰하는 능력이 뛰어났다. 안신학교를 설립하고 나서 직원들이 경비조달에 부심하면서 대책회의를 열었을 때였다. 모금함에 “무명씨 벼 일백 석 의연”이 들어왔다. 한참 뒤에야 김효영이 집안사람들에게도 알리지 않고 몰래 기부했다는 사실이 알려졌다. 장손 김홍량을 일본으로 유학시킨 것도 그의 교육에 대한 열정을 보여 주는 것이었다. 그는 애국심이 특출했다. 김구는 김효영의 넷째 아들 김용진(金庸

20) 李敬南, 앞의 책, pp. 50~51.

震)에게서 다음과 같은 이야기를 들었다.

김효영은 만년에 바둑과 술을 매우 좋아하여 원근의 몇몇 바둑친구들이 자기 사랑에 와서 함께 술을 마시고 바둑을 두는 것을 즐거움으로 삼았다. 김구의 고향 해주 서촌의 강경희(姜景熙)도 그러한 바둑친구의 한 사람이었다. 강경희는 대대로 내려오는 거부였으나 젊었을 때에 방탕한 생활로 재산을 다 날린 사람이었다. 그는 김구의 선조들을 멸시하고 핍박했으나 김구의 부친 김순영(金淳永)과는 친분이 비교적 두터웠다. 그런 강경희가 어느 날 김효영과 바둑을 두다가 무심결에 다음과 같이 말했다.

"노형은 팔자가 좋아. 노년에 가산이 풍족하고 자손도 번창할 뿐 아니라 다 효자들이니 … ."

이 말을 듣자마자 김효영은 화를 버럭 내면서 바둑판을 들어 문 밖으로 집어던졌다. 그리고는 큰 소리로 강경희를 꾸짖었다.

"자네의 지금 말은 결코 나를 위하는 것이 아닐세. 칠십 노구로 며칠 뒤면 왜놈의 노예문적에 편입될 운명을 가진 놈을 가리켜 팔자 좋다는 것이 무슨 소린가!"

김용진은 자기 아버지가 그처럼 나랏일을 염려하는 것을 보고 황송도 하고 비분을 느끼기도 했다고 말했다. 그리하여 강 노인에게는 노자를 넉넉히 주어 고향으로 돌아가게 했다는 것이었다.

김구가 김효영의 애국심을 보여 주는 이러한 이야기를 듣고 "피눈물이 눈자위에 자오르는 것을 금할 수가 없었다"[21]고 적고 있는 것은 그 자신의 눈물겨운 애국심을 보여 주는 것이기도 하다.

김효영은 아들과 같은 연배인 김구를 선생님이라고 해서 예의를 차렸다. 김효영은 며칠에 한번씩은 반드시 김구가 거처하는 방문 앞에 와서, "선생님, 평안하시오?" 하고 갔다. 김구가 그의 사랑으로 찾아가면

21) 도진순 주해, 《김구자서전 백범일지》, 돌베개, 1997, p. 201.

김효영은 바둑을 두다가도 반듯이 일어나서 맞이했다. 그의 이러한 겸손한 태도를 두고 김구는 그것이 2세 국민을 교육하는 일을 존중하는 뜻에서 우러난 태도라고 생각했다. 김효영은 김구에게 대해서뿐만 아니라 애국자라면 누구에게든지 뜨거운 존경심을 가지고 있었다.[22]

안악면학회가 가장 먼저 벌인 사업은 책을 보급하는 일이었다. 그것을 위하여 설립한 것이 출판사 겸 서점인 면학서포(勉學書鋪)였다. 회원들의 특별찬조와 입회금 및 월례금을 합하여 300원의 자본금을 마련하고, 그 자본금으로 우선 《대한문전(大韓文典)》과 《교육학》을 출판했다. 《대한문전》은 최광옥이 저술한 한글문법책이고 《교육학》은 일본책을 최광옥이 번역한 교육이론서였는데, 김용제가 원고를 서울로 가지고 가서 면학회 명의로 출판한 것이었다. 면학회는 이 책들을 서울의 각 서점에서 판매하기도 하고, 평양의 태극서관(太極書館)과 서울의 보성중학교(普成中學校)에 있는 다른 신서적들과 교환하기도 했다. 그리하여 면학서포는 날로 번창하여 각 지방에서 속속 설립되는 여러 소학교의 서적수요를 대기에 바빴다. 이익도 꽤 나서 면학회의 운영과 면학회가 추진한 여러 사업들을 위한 자금으로 쓰기에 부족하지 않을 정도가 되었다.[23]

면학회의 또 한 가지의 사업은 안악을 비롯한 이웃군 학교들의 연합운동회를 여는 일이었다. 앞에서 본 대로, 이 무렵 전국의 각급학교에서 운동회를 개최하는 일이 널리 퍼지고 있었는데, 안악지역의 연합운동회는 면학회의 주동으로 1907년 5월에 처음 열렸다. 이듬해 4월15일에 열린 두번째 연합운동회에는 안악군 내는 말할 나위도 없고 은율,

22) 위와 같음.

23) 崔明植, 앞의 책, pp. 18~19; 《安岳郡誌》, pp. 98~99.

재령, 신천, 문화, 황주, 봉산, 장련, 풍천 등 황해도 북부지방의 거의 모든 군과 평안도의 진남포에서까지 1,000여명의 학생들이 참가하여 전년보다 더욱 성대하게 거행되었다. 이때에도 체육대회의 경비는 김효영을 비롯한 도내의 유지들로부터 보조를 받았다.[24] 운동회는 이틀 동안 열렸다. 첫날에는 산술, 작문, 경주, 체조운동의 차례로 시험을 치른 다음 학생들의 연설이 있었고, 둘째 날에는 내빈들의 계몽강연이 있었다.

연합운동회에는 여러 지방학교의 선생들과 학생들이 참가하기 때문에 사람들을 한자리에 모을 수 있는 좋은 기회였다. 이러한 기회를 이용하여 주최 쪽에서는 대회의 중요한 행사로 계몽강연 프로그램을 마련하여 운동회를 국권회복운동의 마당으로 활용했던 것이다. 이 날 최광옥은 "사람"이라는 주제로, 서울에서 초청한 김성무(金成武)는 "생활"이라는 주제로, 미국인 선교사 쿤스(Edwin W. Koons, 君芮彬)는 "대한독립"이라는 주제로 연설을 하여 청중들에게 큰 감명을 주었다.[25]

각 지방의 연합운동회가 이처럼 정치적 열기를 더해 가자 통감부의 감시가 강화되었다. 처음에는 단순한 운동회로 생각하고 특별히 주의를 기울이지 않았으나, 모여드는 군중의 수효가 엄청나고 연사들의 열변으로 그 분위기가 마치 정치집회처럼 고조되는 것을 보고 일본인들은 마침내 제동을 걸었다. 통감부는 1908년부터 운동회를 학부에서 주관하게 했는데, 학부는 이듬해 10월27일에 재정난을 이유로 연합운동회를 폐지시켰다. 이 때문에 1909년으로 예정했던 안악의 세번째 연합운동회도 무산되고 말았다.[26]

김구는 1907년의 첫번째 연합운동회 때에는 장련의 광진학교 교사로

---

24) 《大韓每日申報》 1908년 4월3일자, "雜報: 學生運動會".

25) 《大韓每日申報》 1908년 4월24일자, "雜報: 運動盛況"; 崔明植, 앞의 책, p. 20.

26) 《安岳郡誌》, pp. 105~107.

서 백남훈(白南薰)과 함께 학생들을 인솔하고 참가했었다. 1908년의 두번째 연합운동회는 김구가 문화의 종산마을 서명의숙(西明義塾) 교사로 있을 때에 열렸는데, 이때도 참가했던 것이 틀림없다. 왜냐하면, 뒤에서 보듯이, 두번째 연합운동회 직후에 해서교육총회(海西教育總會)가 결성되고, 거기에서 김구는 학무총감으로 선출되었기 때문이다.

안악면학회가 가장 힘을 기울인 사업은 부족한 교사인력을 양성하기 위하여 사범강습회를 연 일이었다. 사범강습회는 전국적으로 개최되고 있었다. 황해도에서도 이미 여러 곳에서 실시되었다. 김구가 활동했던 장련에서도 장의택이 여름방학을 이용하여 읍촌의 소학교 교원 100여명을 모집하여 사범강습회를 열었다.[27]

안악교회에서는 해마다 봄이면 일주일씩 춘계사경회를 열었다. 그것은 물론 전도를 목적으로 한 것이었으나 교과목으로 지지(地誌), 물리, 생물, 생리학 등도 가르침으로써 신학문의 보급에도 기여했다. 거기에서 시사를 얻어서 교육인력을 좀더 조직적으로 양성하기 위해 생각해 낸 방안이 하기 사범강습회였다. 처음에는 강습회를 개최할 장소를 두고 고민했으나, 여름방학 기간에 양산학교 교사를 이용하기로 함에 따라 장소문제는 쉽게 해결되었다. 그리하여 안악면학회와 양산학교의 공동주최로 하계 사범강습회를 개최하게 되었다.

안악의 사범강습회는 1907년 여름에 시작하여 1909년 여름까지 모두 세 차례 실시되었는데,[28] 김구도 양산학교 교사로서 사범강습회에 열성적으로 참여했다. 그런데 자기 자신도 큰 역할을 했던 이때의 사범강습회에 대해 《백범일지》에 한번 있었던 것처럼 뭉뚱그려 서술하고 있어서 아쉬움이 없지 않다.

첫번째 사범강습회는 수강생 70여명을 모집하여 1907년 7월3일에 개

27) 《대한매일신보》 1908년 7월15일자, “잡보: 장씨교육”.

28) 崔明植, 앞의 책, pp. 19~20.

소식을 거행했는데, 수백명의 방청인들이 몰려와서 개소식 광경을 지켜보았다.[29] 이때의 강습회에는 안악뿐만 아니라 신천, 재령, 송화, 봉산, 은율, 장련 등지의 소학교 교사들과 교사 지망의 젊은이들이 참가했다. 평양의 최광옥이 강사로 초빙되어 국어, 생리학, 물리학, 식물학, 경제원론 등 전문강좌를 맡아 가르쳤다. 고정화(高貞華)는 한국사를, 이보경(李寶鏡: 李光洙의 아명)은 서양사를 가르쳤다. 이때에 이광수는 열일곱 살의 청년이었는데, 마침 일본유학생들로 조직된 야구팀과 함께 안악에 왔다가 유학시절의 친구인 김홍량 등의 요청에 따라 강사로 참여한 것이었다. 그는 자기가 일본책을 번역하여 등사한 것을 교재로 삼아 가르쳤다.

강사들은 열성적이었다. 특히 최광옥은 헌신적 노력을 기울였다. 《대한매일신보》는 최광옥의 모습을 "안악군 강습소 일은 전보에 게재하였거니와, 교사 최광옥씨는 월급도 받지 아니하고 열심교육하니, 최씨의 의무는 교육계에 제일 장하다고 사람마다 칭찬한다더라"[30]라고 보도했다.

첫번째 사범강습회가 성황리에 끝나자 강습회의 명성은 전국적으로 퍼져나갔다. 강습을 받은 사람들은 각기 지방농촌으로 돌아가서 구식서당을 신식학교로 개편하는 활동을 벌였다. 김구는 첫번째 강습회 때에는 장련에 있었는데, 이때에 그가 강습회와 관련하여 어떤 활동을 했는지는 분명하지 않다.

두번째 사범강습회는 1908년 7월1일에 개강했다. 이때에는 황해도뿐만 아니라 평양과 용강과 경기도에서까지 수강생이 300여명이나 몰려들어 성황을 이루었다.[31] 군수 이인규를 강습소 소장으로, 양산학교 교장을 역임한 이인배(李麟培)를 부소장으로 추대하고, 첫번째 때보다

---

29) 《大韓每日申報》 1907년 7월23일자, "雜報: 師範講習".

30) 《대한매일신보》 1908년 7월19일자, "잡보: 최씨열심".

31) 《大韓每日申報》 1908년 7월7일자, "雜報: 講所新設".

강사진을 더 보강했다.[32] 일본의 메이지 가쿠잉(明治學院)을 졸업한 김낙영, 숭실학교를 졸업한 김두화(金斗和)와 최재원(崔在源), 그리고 여자로 김낙희(金樂姬)와 방신영(方信榮) 등이 초빙되었다. 방신영은 뒷날 이때의 일을 다음과 같이 회고했다.

> 어느 여름방학 때의 일이었다. 선생님〔최광옥〕께서는 나에게 해서 지방으로 가서 여자강습회를 하라고 하시며 황해도 안악읍의 유력한 한 가정으로 나를 보내셨다. 그 집은 김홍량씨댁으로서 안악에서 부유하고 학벌 있는 집안이요, 특별히 최광옥 선생님을 받들어 모시고 애국운동에 앞장서서 자금과 사업에 큰 도움이 되고 있었다. 이리하여 안악에서는 여성들의 계몽을 위한 강습회가 활발히 진행되었다. 글 모르는 여자들에게 국문을 가르치고 그 밖에 신학문인 수학과 지리와 역사를 가르치기도 했다.[33]

수강자들이 많아서 수업은 갑, 을, 병 세 반으로 나누어 진행했고, 한 달 동안의 강습이 끝나자 8월13일에 시험을 보아서 합격자 130명에게 수업증서를 발급했다.[34]

김구는 양산학교 교사로서 두번째 강습회 때부터 적극적으로 관여했던 것 같다. 그는 《백범일지》에서 강습회를 자기가 "주선했다"고 적고 있는데,[35] 그 말은 강습회의 전반적 실무를 맡아보았음을 뜻하는 것일 것이다. 특히 이때의 강습회에서 김구가 수강생들에게 단발의 필요성을

32) 《大韓每日申報》 1908년 7월17일자, "雜報: 師範開學".

33) 方信榮, "나의 갈 길을 가르쳐 주신 崔光玉 선생", 《崔光玉略傳과 遺著問題》, 東亞出版社, 1977, p.63.

34) 《대한매일신보》 1908년 8월26일자, "잡보 : 안악강습소시험". 국한문판 《大韓每日申報》는 이때에 합격한 수강생이 30명이었다고 했으나, 이는 130명의 오식일 것이다(《大韓每日申報》 1908년 8월26일자, "雜報 : 安郡講習試驗").

35) 《백범일지》, p.203.

역설했고, 그의 주장에 따라 수강생 전원이 상투를 잘랐다는 사실은 눈여겨볼 만한 일이다.[36] 《백범일지》에는 김구 자신의 단발에 대해서는 아무런 언급이 없으나 그는 기독교에 입교하면서 진작 머리를 깎았던 것으로 짐작된다. 장련의 광진학교 교사시절에 이미 그는 단발을 하고 있었다.

세번째 강습회는 더욱 폭발적인 성황을 이루었다. 1909년 여름에 안악의 장림재 고개와 수박재 다리, 그리고 동경주 길목은 각처에서 모여드는 젊은이들로 길을 메웠다고 한다. 황해도 안에서는 말할 것도 없고 멀리 평북 의주 등지에서까지 300여명의 젊은이들이 몰려들었기 때문이다. 이때에는 김홍량의 주선으로 우리나라 신교육운동의 선구자 장응진(張應震)이 방문하여 수강생들을 격려했고, 명연설가로 주목받던 젊은 옥관빈(玉觀彬)의 연설은 수강생들에게 큰 감명을 주었다.[37] 강사진도 일본의 메이지 가쿠잉을 졸업한 이시복(李始馥), 경신중학을 졸업한 한필호와 이상진, 한문에 능통한 박도병(朴道秉) 등이 새로 보강되었다. 이때의 상황을 《안악군지(安岳郡誌)》는 퍽 실감나게 묘사했다.

> 새벽이면 향교까지 달려갔다 오는 구보행렬로 양산골이 쩌렁쩌렁했고, 저녁이면 한내에 나가 집단적으로 목욕하는 젊은이들로 남암골이 술렁거렸다. 수강생들은 휴일을 이용하여 연등사, 고정사, 수도암을 찾아 이 고장 명소의 풍광을 만끽했고, 더러는 은홍면 온천장까지 가서 몸을 씻기도 했다. 황해도와 평안도의 사투리타령도 휴게시간을 심심치 않게 했고, 특강이라 해서 교육계 선구자인 장응진을 은율에서 초빙하여 연설을 들었다. 모두가 구국의 정열로 불타는 젊은이들이었으므로 나라의 백년대계를 논하는 의견들이 불꽃을 튕기기도 했다.[38]

---

36) 崔明植, 앞의 책, p. 22 ; 《安岳郡誌》, p. 103.

37) 《大韓每日申報》 1909년 7월16일자, "學界 : 師範開學" ; 崔明植, 앞의 책, p. 23.

이러한 모습은 사범강습회라기보다는 정치결사나 사회단체의 수련회와 같은 느낌을 준다.

세번째 강습회에는 신교육에 종사하는 사람들뿐만 아니라 시골의 서당 훈장과 승려까지도 참석했다. 강습생 가운데에는 김구의 반가운 손님도 있었다. 마곡사 시절에 인연을 맺었던 박혜명(朴慧明)이 참가한 것이었다. 김구는 혜명을 몇 해 전에 서울 영도사(永道寺)에서 잠시 만난 적이 있었는데, 이때는 구월산 패엽사의 주지가 되어 있었다. 김구가 떠나온 뒤의 마곡사의 이야기도 이때에 들었다. 김구는 반가워서 그를 양산학교 교무실로 데리고 가서 동료교사들에게 형이라고 소개했다. 교사들은 의아하게 생각했다. 혜명은 김구보다 나이가 어려 보였을 뿐만 아니라, 그들은 김구가 누이동생도 없는 외아들임을 잘 알고 있었다. 김구는 자초지종을 설명하고 교사들에게 자신의 친형으로 대접해 달라고 부탁했다. 김구는 혜명에게 승속(僧俗)을 불문하고 교육이 급선무임을 역설했고, 혜명은 자기부터 먼저 사범학을 공부하여 패엽사에 학교를 설립하고 승속의 학생들을 가르치겠다고 다짐했다.[39]

강습이 끝나고는 모든 수강생들에게 수료증을 발급해 주었다.[40]

2. 해서교육총회의 학무총감

면학회 사업이 성공적으로 추진되자 주동자들은 좀더 큰 사업을 모색했다. 그 동안 사범강습회 등 면학회 행사에 다녀간 사람들은 줄잡아 1,000명가량 되었다. 그런데 후속 프로그램이나 도단위 조직이 없었기 때문에 교육의 효과가 조직적으로 확산되지 못했다. 강습회에서 교육받

38) 《安岳郡誌》, p. 104.

39) 《백범일지》, pp. 199~200.

40) 崔明植, 위의 책, p. 24.

은 사람들 가운데에는 각기 고향에 돌아가서 아이들을 가르치거나 새로 학교를 세울 계획을 추진하는 사람들도 있었으나, 뚜렷한 일감을 찾지 못한 채 비분강개만 하는 사람들이 많았다. 면학회 주동자들은 이들을 연결할 도단위 조직망의 필요성을 절감했다. 1907년 5월에 연합운동회가 처음 열렸을 때에 이미 그러한 조직의 필요성이 논의되어 그 자리에서 해서교육총회 준비위원회가 결성되고, 김구, 장원용(莊元瑢), 백남훈 세 사람이 장련군 학무위원으로 선정되었던 것은 앞에서 본 대로이다. 그랬다가 1908년 4월에 두번째 연합운동회가 열렸을 때에 해서교육총회의 조직문제가 구체적으로 논의되었다.

해서교육총회가 조직된 정확한 날짜는 알 수 없으나, 두번째 연합운동회가 끝난 직후였던 것은 틀림없다. 그것은 《대한매일신보》가 "서도에서 온 사람의 말을 들은즉, 해서 사람들이 모여 해서교육총회를 조직하고 처음 경비는 안악군 사는 이인배씨가 전담하기로 결정하였다더라"[41] 라고 보도하고 있는 것으로도 확인할 수 있다. 이인배는 일찍이 양산학교 교장을 역임했던 사람으로서, 두번째 사범강습회가 열렸을 때에는 부소장으로 추대되었던 안악의 유지였다.

이렇게 출범한 해서교육총회는 그러나 1908년 여름에 두번째 사범강습회가 끝날 때까지는 특별한 활동을 한 것 같지 않다. 그러한 사정은 8월 하순에 이르러 《대한매일신보》에 다음과 같은 속보가 보이는 것으로도 알 수 있다.

> 황해도 각군 인사들이 해서교육총회를 조직하였다 함은 이미 게재하였거니와, 본월 이십이일 오후 삼시에 안악군 양산학교에서 개회하고 사무를 처리한 후에, 각군 각학교의 과정을 일치케 하며, 내년에 춘기연합운동회를 각군에서 거행하면 재정이 손상이 될 터이라 하야 각군에서 몇십환씩 수렴하야 명년에 춘기연합운동회를

41) 《대한매일신보》 1908년 4월25일자, "잡보: 경비독당".

> 문화군에서 거행하기로 결정하고 폐회하였다더라.[42]

대한제국 육군 장교였다가 군대 해산 뒤에 고향인 풍천으로 내려와서 교육사업에 헌신한 노백린. 뒤에 그는 상해임시정부의 국무총리가 되었다.

이 기사로 미루어 볼 때에 어쩌면 이 회의가 해서교육총회의 실질적인 창립총회였는지 모른다. 그리고 주목되는 것은 이 회의가 도내 각 학교의 교과과정을 통일시키기로 한다는 등의 중요한 결정을 내린 점이다. 해서교육총회의 목적은 사범강습을 받은 사람들은 말할 것도 없고 지방유지들을 총망라하여 각처에 산재한 교육기관들을 유기적으로 연결하고, 도내의 교육보급을 촉진하는 운동을 벌이는 것이었다. 그리고 당면목표는 각 면에 소학교 하나씩을 설립하도록 하는 것이었다.

교육진흥을 위한 지방유지들의 교육총회 조직운동은 황해도에만 국한된 현상이 아니었다. 황해도와 가까운 개성군(開城郡)에서는 이미 1907년 10월에 교육총회를 조직하여 10여개교의 경비를 지원하고 있었다.[43] 개성교육총회의 활동에 대하여 《대한매일신보》는 "인재들을 모집하야 / 열심히 권면하니 / 신지식이 발달일세 / 계명성이 비쳤구나"[44] 라고 격찬을 아끼지 않았다.

---

42) 《대한매일신보》 1908년 8월26일자, "잡보 : 해서교육총회". 이 기사는 같은 날짜 국한문판 《大韓每日申報》에도 그대로 실렸다.

43) 《대한매일신보》 1907년 11월5일자, "잡보 : 개성학교의 흥왕".

44) 《대한매일신보》 1908년 6월5일자, "시사평론".

해서교육총회는 노백린(盧伯麟)과 장의택을 고문으로 추대하고, 송종호를 회장, 김구를 학무총감으로 선임했다.[45] 정부파견으로 일본육군사관학교를 졸업한 무관 출신의 노백린은 군대해산 뒤에 낙향하여 고향인 풍천(豊川)에 광무학당(光武學堂)을 설립하고 노동야학을 설립하기도 하면서 교육사업에 종사하고 있었다.[46]

학무총감의 임무는 지방을 두루 순시하면서 지방유지들과 접촉하고 학교설립을 권유하는 일이었다. 해서교육총회의 사업목적에 비추어 볼 때에 그것은 실제로는 가장 중요한 임무였다. 김구가 그처럼 중요한 임무를 수행할 책임자로 선임된 것은 그의 열성과 애국심이 최광옥을 비롯한 면학회 간부들의 큰 신뢰를 얻고 있었기 때문이었을 것이다. 게다가 김효영 집안의 적극적 지원도 김구가 학무총감을 맡는 데 힘이 되었을 것이다.

해서교육총회의 학무총감이 된 김구는 황해도 일대를 두루 순회하면서 지방유지들을 만날 뿐 아니라 환등기를 가지고 다니면서 계몽강연도 열성적으로 했다. 필요한 경비는 해서교육총회에서 지원했다. 이때의 김구의 활동이 서울에서도 관심사가 되고 있었던 것은 《대한민보(大韓民報)》의 다음과 같은 보도로도 짐작할 수 있다.

> 안악군에 있는 해서교육총회 본부에서는 일반 우민(愚民)을 개도(開導)하기 위하야 동서양 열방(列邦) 영준(英俊)의 유상(遺像)을 환등으로 연시(演試)하기 위하야 그 회에서 김구씨를 부근 각군에 파송 권면한다는데, 그 경비는 그 회에서 자담한다더라.[47]

김구는 각 지방을 순회하면서 교재가 부족한 학교에는 면학서포로부

---

45) 《백범일지》, pp. 204~205; 崔明植, 앞의 책, p. 22.

46) 李炫熙, 《桂園盧伯麟將軍研究》, 新知書院, 2000, pp. 57~59; 박민영 외, 《노백린의 생애와 독립운동》, 한국독립운동사연구소, 2003, p. 69.

47) 《大韓民報》 1909년 11월4일자, "地方短信: 好個幻燈".

터 구입하는 방법을 알선해 주고, 교사가 모자라는 고장에는 그곳 젊은 이들 가운데에서 안악의 사범강습회에 가도록 주선해 주고, 교육에 대한 관심이 낮은 고장에는 자신이 직접 강연을 하거나 최광옥 등을 연사로 초빙하도록 주선해 주었다.[48]

황해도의 교육운동이 큰 성과를 거둘 수 있었던 것은 각 지방의 유지들뿐만 아니라 군수와 관리들의 적극적 지원이 있었기 때문이었다. 그러한 사정은 김구가 20년 뒤에 《백범일지》를 쓸 때에 "직접 나의 일, 곧 교육사업에 관계있는 사람"들이라면서 안악군에서만 김용제, 김용진, 김홍량 집안 인물을 비롯하여 무려 32명의 이름을 열거하고 있는 것으로도 짐작할 수 있다.[49]

안악군수 이인규는 사범강습회를 적극적으로 후원하고, 500호 단위로 의무교육을 위한 학무회를 조직하여 사립학교와 야학설립을 촉진시켰다.[50] 재령군수 이용필(李容弼)은 유지들이 운영하는 야학을 지원하기 위해 사령청을 교사로 제공하고 운영비를 지원하는 등 재정적 기반 확충에 노력했다.[51] 황해도 경찰서 경무관 이덕응(李悳應)과 총순 전봉훈(全鳳薰)은 황해도재판소 주사 황이연(黃履淵)과 함께 제민야학교(齊民夜學校)를 설립했다.[52] 이들 세 사람은 특히 직원들과 학생들에게 단발을 역설하여 모두 상투를 잘랐다고 했는데, 이는 단발에 대한 김구의 태도와 같은 것이어서 주목된다. 이들 가운데에서도 전봉훈은 특기할 만한 업적을 남겼다. 그는 해주시내 점포의 주인들이 사환을 야학에 보내지 않으면 그들을 처벌하면서 아동들의 취학을 독려했다. 그

48) 《安岳郡誌》, pp. 107~108.

49) 《백범일지》, p. 198.

50) 《皇城新聞》 1908년 8월27일자, "雜報 : 五百戶의 一校".

51) 《萬歲報》 1907년 6월27일자, "雜報 : 樵牧夜學".

52) 《大韓每日申報》 1908년 4월1일자 "雜報 : 三氏熱心" 및 4월16일자 "雜報: 齊民設校"; 《皇城新聞》 1908년 5월7일자 "雜報 : 齊校續聞" 및 7월1일자 "雜報: 齊民勇進".

는 1908년 10월에 배천〔白川〕군수로 임명되었는데,[53] 부임한 뒤에는 면마다 사립학교를 설립하고 각 동리마다 야학을 설립했다.[54] 그는 또 최광옥을 비롯하여 전국 각지에서 명사들을 초청하여 강습회를 열고 군내 청년들의 애국심을 고취시켰다.

군수들은 김구가 순방할 때에는 으레 강연회를 준비했다. 군수들이 김구의 순회강연을 적극 지원한 데에는 이 시기의 정부의 교육정책과 전반적 사회분위기와도 관련이 있었다. 갑오개혁 이후로 신교육 진흥은 정치적 격변 속에서도 정부에서나 개화파지식인들 사이에서나 가장 시급하고 중요한 국가적 과제로 인식되었다. 계몽운동의 핵심사업도 학교설립 운동이었다.

'보호국'이라는 치욕적 상황 속에서 학교설립 운동은 일종의 구국운동으로 추진되었다. 고종은 1904년 5월23일에 학교설립을 촉구하는 조칙을 반포했었는데, 1906년 3월26일에는 더욱 강력한 「흥학조칙(興學詔勅)」을 반포했다. 고종은 이 조칙에서 학교설립을 위해 학부, 부(府), 군(郡) 등의 행정조직을 적극적으로 동원할 것을 지시했다. 그는 학교설립운동에 참여하지 않는 경우에는 죄로 다스리겠다고 천명하는 한편, 황실과 측근인사들로 하여금 직접 학교설립에 앞장서게 했다. 또한 고종은 전국의 부, 군에 학교설립비용을 직접 지원하기도 하고 학교설립을 독려하기 위해 관리를 지방에 파견하기도 했다. 이에 따라 각 지방의 관리들은 사립학교 설립에 적극적으로 나서고 있었다.[55] 이 시기의

---

53) 安龍植 編, 《大韓帝國官僚史硏究(Ⅳ)—1907. 8~1910. 8》, 延世大學校 社會科學硏究所, 1996, p. 353.

54) 《皇城新聞》 1908년 11월21일자, "雜報: 義務實施", 1908년 12월15일자, "雜報: 夜學又興", 1909년 2월23일자, "雜報: 晝夜勸學".

55) 邊勝雄, "韓末 私立學校設立動向과 愛國啓蒙運動", 《國史館論叢》 제 18집, 1990, pp. 37~38 및 柳漢喆, "1906년 光武皇帝의 私學設立詔勅과 文明學校設立事例", 《于松 趙東杰先生停年紀念論叢(Ⅱ) 韓國民族運動史硏究》, 나남출판, 1997, pp. 132~163 참조.

신문지상에 각 지방의 학교설립운동 상황이 자세히 보도되고 있는 것도 주목할 만한 일이다. 이러한 추세를 위험시한 통감부는 마침내 1908년 8월에 한국정부로 하여금 이른바 「사립학교령(私立學校令)」을 제정하도록 강요하여 사립학교 설립운동을 탄압하기 시작했다.[56]

김구는 바쁜 교무생활 속에서도 휴가에 성묘를 하러 고향을 방문했다. 여러 해 만에 고향을 찾은 그는 어린 시절을 회상하면서 이루 말할 수 없는 감회에 젖었다. 옛날에 자기를 안아 주고 사랑해 주던 노인들은 반수 이상이나 보이지 않았고, 자기가 어리게 보았던 아이들은 거의 다 장성해 있었다. 그러나 고향의 모습은 너무나 실망스러웠다. 이때에 고향마을 사람들을 보고 느낀 소감을 김구는 다음과 같이 매우 인상적으로 술회했었다.

> 성장한 청년 가운데에 쓸 만한 인재가 있는가 살펴보았으나, 그들은 모양만 상놈이 아니고 정신까지 상놈이 되고 말았다. 그들은 민족이 무엇인지, 국가가 무엇인지 터럭만큼의 각성도 없는 밥벌레에 지나지 않았다. 젊은 사람들에게 교육을 말한즉 신학문은 예수교나 천주교로만 알았다. 이웃동네인 양반 강 진사집을 찾아갔다. 그 양반들에게 이전처럼 절할 사람에게는 절을 하고, 입인사하던 사람에게는 입인사로 옛날과 똑같이 상놈신분의 예절로 대하면서 그들의 태도를 살펴보았다. 그토록 교만하던 양반들이 내게 대하여 올리지도 내리지도 못하는 말투로 나의 지극한 공경에 어찌할 줄 모른다. 생각컨대 작년에 강경희 노인이 안악의 김효영 선생과 바둑둘 때에 선생이 일어나서 나를 맞이하는 것과 양산학교에 사범

56) 柳漢喆, "韓末 '私立學校令' 이후 日帝의 私學彈壓과 그 특징", 《한국독립운동사연구》 제 2집, 독립기념관 한국독립운동사연구소, 1988, pp. 65~103 참조.

> 강습생이 사오백명 모인 가운데에서 내가 주선하는 것을 보고 나서 자기 집안 사람들에게 이야기한 것 같다. 여하튼 양반의 세력이 쇠퇴한 것은 사실이다. 당당한 양반들이 보잘것없는 상놈 하나 접대하기에 힘이 부쳐서 애를 쓰는 것을 볼 때에 더욱 가련하게 생각되었다. 나라가 죽게 되니까 국내에서 중견세력을 가지고 온갖 못된 위세를 다 부리던 양반부터 저 꼴이 된 것 아닌가. 만일 양반이 살아나서 국가가 독립할 수 있다면 나는 양반의 학대를 좀더 받더라도 나라만 살아났으면 좋겠다는 감상이 일어났다.[57]

이러한 술회는 김구의 우국충정을 말해 주는 한편으로 교육계몽운동에 정열을 쏟던 이때까지도 그가 어릴 때부터 지녀온 심한 상놈 콤플렉스를 불식하지 못하고 있었음을 보여 준다. 양반들에게 짐짓 지난날과 같은 상민의 예절을 다하면서 속으로는 연민의 정과 함께 쾌감을 느끼는 것은 그 때문이었다. 그러한 사정은 강(姜)씨 문중의 재사로 자처하며 호기를 부리던 강성춘(姜成春)을 찾아가서 나눈 대화를 적은 대목에서 더욱 뚜렷이 드러나 있다. 김구는 강성춘에게 구국의 방도를 물어보았다. 강성춘은 망국의 책임은 정부당국자에게 있고 자기와 같은 재야의 늙은이와는 관계없는 일이라고 조심스럽게 대답했다. 김구는 그에게 자제들을 교육시키라고 권했다. 그러자 그는 머리 깎는 것이 문제라고 했다. 김구는 교육의 목적은 머리 깎는 것이 아니라 인재를 양성해서 약한 나라를 부강하게 하자는 것이라고 역설했다. 그러나 강성춘은 김구의 말을 천주학(天主學)이나 하라는 것으로 알고, 자기네 집안에도 예수교인이 된 사람이 있다면서 대화를 피했다. 이러한 강성춘의 태도를 보고 김구는 "내 집안이 상놈의 상놈인 것이나 그대가 양반의 상놈인 것이나 상놈이기는 일반이라고 생각되었다"[58] 라고 적었다.

---

57) 《백범일지》, p. 203.

58) 위와 같음.

김구는 고향에 갈 때에도 환등기구를 가지고 갔다. 그는 인근의 양반들과 상민들을 다 모아놓고 환등회를 열었다. 이때에 역설했다는 다음과 같은 말은 《백범일지》 전편을 통하여 김구의 행동철학의 바탕을 가장 극명하게 드러내어 보이는 대목이다.

> 저주하리로다, 해주 서촌 양반들이여! 자기네가 충신 자손이니 공신 자손이니 하며 평민을 소나 말처럼 여기고 노예시하던 기염은 오늘 어디에 있느냐! 저주하리로다, 해주 서촌 상놈들이여! 오백년 기나긴 세월에 양반 앞에서 담배 한 대와 큰 기침 한번 마음놓고 못하다가 이제는 재래의 썩은 양반보다 신선한 신식 양반이 될 수 있지 않은가! 구식 양반은 군주 일개인에 대한 충성으로도 자자손손이 음덕을 입었거니와, 신식 양반은 삼천리 강토의 이천만 민중에게 충성을 다하여 자기 자손과 이천만 민중의 자손에게 만세토록 복된 음덕을 남길지라. 그 얼마나 훌륭한 양반일까보냐!
>
> 양반도 깨어라! 상놈도 깨어라![59]

사실 김구의 일생을 통한 행동철학은 기본적으로 유교사상에 바탕을 둔 것이었다. 유교사상의 실천윤리는 격식과 차별을 통한 위계질서이며, 그것을 구현하는 규범은 곧 예(禮)이다. 양반과 상민의 신분차별도 그러한 가치관에 입각한 것이었음은 말할 나위도 없다. 김구의 애국심이 같은 시기의 다른 개화파 지식인들에 비해 훨씬 더 근왕사상(勤王思想)과 융합되어 있는 것도 그 때문이라고 할 수 있다. 그러한 성향은 그가 순회강연을 할 때에도 나타났다.

군수 전봉훈의 요청으로 배천군에 갔을 때의 일이었다. 김구가 간다는 연락을 받고 전봉훈은 군내 여러 면(面)의 지도급 인사들을 소집하여 오리정(五里亭)에서 기다리고 있었다. 김구가 나타나자 그는 큰소리로 외쳤다.

---

59) 《백범일지》, p. 204.

"김구 선생 만세!"

그러자 모여 있던 사람들도 일제히 제창했다. 이 소리에 깜짝 놀란 김구는 황급히 군수의 입을 막으면서 망발하지 말라고 말했다. 왜냐하면 이때까지도 그는 "만세(萬歲)"라는 두 글자는 황제에 대해서만 부르는 것이고, 황태자에게도 "천세(千歲)"라고밖에 부르지 못하는 것으로 알고 있었기 때문이다.[60]

전봉훈은 당황해 하는 김구의 손을 잡으면서 말했다.

"김 선생, 안심하시오. 내가 선생을 환영하여 만세를 부르는 것은 통례요 망발이 아닙니다. 친구 상호간에도 맞이하고 보낼 때에 만세를 부르는 터인즉 안심하시고, 영접하는 여러분들과 인사나 하시오."

여러 군을 순회하면서 계몽강연을 하던 김구의 의식의 밑바닥에 깔려 있는 보수성을 상징적으로 말해 주는 에피소드이다.

김구의 정력적인 활동은 더욱 확대되었다. 그는 양산학교 교사와 해서교육총회 학무총감의 직무에 더하여 1909년부터는 재령군(載寧郡) 북율면(北栗面) 무상동(武尙洞)에 새로 설립된 보강학교(保强學校)의 교장을 겸하게 되어 그 학교에도 왕래했다. 보강학교는 여물평(餘物坪) 일대의 말감고들이 성금을 모아 설립한 학교였다.[61] 말감고란 곡식을 팔고 사는 장판에서 되나 말을 되어 주는 일을 생업으로 하는 사람을 말한다. 설립 초기에는 말감고 우두머리 이수길(李守吉)이 교장이었는데, 얼마 뒤에 학교의 진흥책으로 김구를 교장으로 초빙한 것이었다. 김구는 이제 황해도 일원에서 그만큼 큰 인망을 얻고 있었던 것이다.

김구가 초빙되었을 때에 보강학교의 교감은 허정삼(許貞三)이고, 전

---

60) 《백범일지》, p. 205.

61) 《大韓每日申報》 1909년 1월25일자, "學界 : 西道光線".

승근(田承根)이 주임교사였다. 전승근은 안악 출신으로서 신학교를 졸업한 기독교인이었다. 그는 뒷날 안신학교 교장이 되었다. 성격이 강직하고 언변이 좋은 그는 뒷날 '안악의 간디'로 불리면서 3·1운동과 6·10만세운동 등으로 여러 차례 옥고를 치렀다.[62]

《백범일지》는 이 무렵 보강학교에는 장덕준(張德俊)이 교사 겸 학생으로서 동생 장덕수(張德秀)를 데리고 교내에서 숙식하고 있었다고 적고 있다.[63] 장덕준 형제의 고향은 남율면이고 북율면에는 외가가 있었다. 이때에 만났던 장덕수의 암살사건과 관련하여 김구가 주한미군의 법정에 서는 것은 이때부터 40년이 지난 1948년의 일이다.

안악에서 보강학교까지는 20리 길이었다. 김구는 일주일에 한 번씩 보강학교에 갔는데, 안악읍에서 신환포(新換浦)의 서강(西江)하류를 배를 타고 건너 다녔다. 여름철에 나루터를 향해 갈라치면 학생들과 직원들이 건너편 강가로 김구를 마중하러 몰려나오곤 했다. 김구가 나루터에 도착하면 건너편에 있던 학생들이 전부 옷을 벗어던지고 강 속으로 뛰어들었다. 이를 보고 놀란 김구가 다급하게 큰소리로 고함을 지르자 강가에 서 있던 직원들은 웃으면서 안심하라고 했다. 김구가 나룻배에 올라 강 가운데로 나갈 즈음 거뭇거뭇한 학생들의 머리가 물 속에서 쑥쑥 솟아올라 뱃전에 매달렸는데, 그것은 마치 쳇바퀴에 개미떼가 붙는 것과 흡사했다고 김구는 회상했다. 이러한 광경을 보고 그는 마음 속으로 "장래에 만약 해군을 모집하게 되면 바닷가 촌락에서 사람을 모집하는 것이 좋을 것이라 생각했다"[64]고 적고 있다. 나라의 부국강병을 언제나 머릿속에 그리고 있던 김구의 상상력을 짐작하게 하는 술회이다. 재령군은 내륙지방이며, 김구가 건너다닌 서강은 대동강의 지류의 지류이다.

---

62) 《安岳郡誌》, p. 161, p. 180.

63) 《백범일지》, p. 209.

64) 《백범일지》, p. 211.

보강학교에서는 웃지 못할 소동이 벌어진 일이 있었다. 김구가 처음 부임했을 때에는 학교건물이 신축 중이었다. 지붕은 기와를 얹지 못하고 이엉으로 대강 얽어놓은 상태로 개교하여 아이들을 가르치고 있었다. 학교는 동네에서 외따로 떨어져 있었는데, 이따금 도깨비불이 난다고 했다. 김구는 학교 사무원들을 불러서 화재가 난 진상을 물어 보았다. 그들 역시 분명히 도깨비불이라고 했다. 학교 근처에 그 동네에서 해마다 제사를 올리는 부군당(府君堂)이라는 사당이 있고 그 주위에 아름드리 고목이 늘어서 있었는데, 학교건물을 새로 지은 뒤에 그 고목들을 베어 학교의 땔감으로 사용했다고 했다. 그 때문에 동네 사람들이 학교에서 부군당에 제사를 지내지 않으면 화재를 면하지 못한다고 믿고 있다는 것이었다. 김구는 교직원 한 사람을 불러서 은밀히 임무를 주었다. 화재가 번번이 밤이 깊은 뒤에 일어난다니까 사흘 동안 숨어서 사람이 나타나는지 살피고, 나타나거든 가만히 뒤를 밟아 행동을 살펴보라고 했다. 그러고 나서 이틀째 되는 날이었다. 학교에서 급한 연락이 왔다. 중대한 사건이 발생했다면서 교장이 빨리 와 달라는 것이었다. 김구가 달려가 보니까 학교를 지키던 직원이 불을 지른 범인 한 사람을 묶어 놓고 있었고, 주위에 둘러선 마을 사람들과 학생들은 죽이자 살리자 하면서 한참 소동을 벌이고 있었다.

직원의 보고는 이러했다. 두번째 화재가 난 뒤에 교사 부근에 숨어서 감시를 했다. 이틀째 되는 밤중에 동네에서 학교로 가는 길에 인기척이 있어서 가만히 따라가 보았다. 어떤 사람이 황급히 교사로 달려가서는 강당 지붕과 그 맞은편의 사무실 지붕 위에 무슨 물건을 던졌다. 강당 지붕에 불꽃이 퍼지고, 사무실 지붕에는 반딧불과 같이 반짝반짝하면서 아직 불꽃이 피지 않았을 때쯤 해서 그 사람이 급히 도망치려고 했다. 이때에 지키던 직원이 덮쳐서 범인을 결박했다. 그리고는 동네사람들을 불러서 불을 끄고, 급히 김구에게 연락한 것이었다.

범인은 그 동네 서당 훈장이었다. 김구가 동네유지들을 초청하여 신교육의 필요성을 설명하고 난 뒤로 자기가 가르치던 아이들 네댓 명이 모두 신식학교에 입학해 버려서 훈장은 하루아침에 밥벌이를 잃고 만 것이었다. 그는 고역인 농사밖에 생활방도가 없게 된 것을 원망하여 학교에 불을 놓은 것이었다. 훈장은 손가락 길이만큼 되는 화약심지에 당성냥 한줌을 묶고 줄 끝에 돌멩이를 매달아 지붕에 던져서 불을 놓았다고 했다. 김구는 훈장을 경찰에 고발하지 않고 조용히 마을을 떠나게 했다.[65] 어쩌면 김구는 어릴 때에 부친 김순영이 어렵게 훈장으로 모셔온 청수리(淸水里) 이 생원(李生員)이 밥을 많이 먹는다고 산동(山洞)의 신(申) 존위 집에서 쫓겨가던 일이 상기되었는지 모른다. 그것은 격심한 사회변혁기에 빚어지는 비극적 사례의 하나였던 셈이다.

김구가 보강학교를 왕래하면서 뒷날 동양척식회사에 폭탄을 던져 일본인들의 간담을 서늘하게 한 나석주(羅錫疇)를 만난 것도 이 무렵이었다. 나석주는 재령 북율면 출신으로서 이때에는 스무 살이 안 된 청년이었다. 그는 나라의 형세가 점점 기울어가는 것을 한스럽게 생각하여 무슨 일을 꾸며 보고자 했다. 마침내 그는 여물평 안의 남녀 어린 아이 열아홉명을 배에 싣고 비밀리에 중국으로 건너가 일본의 감시망 밖에서 교육시키려는 계획을 세웠다. 그러나 장련 오리(梧里)에서 배를 타고 출발하려 할 즈음에 일본경찰에 발각되어 여러 달 옥고를 치렀다. 그는 출옥하고 나서 겉으로는 상업이나 농사일을 하는 척하면서 속으로는 독립사상을 고취시키며 교육에 열성을 다하여, 평내의 청년 우두머리로 신망을 얻고 있었다. 나석주는 뒷날 상해임시정부에서 김구 밑에서 경무국 경호원으로 일하게 된다.

---

65) 《백범일지》, pp. 210~211.

3. 안중근사건으로 한 달 동안 구금

김구는 계속해서 황해도 일대를 순회하면서 유지들을 만나고 환등회를 열고 계몽강연을 했다. 재령군에서는 양원학교(養元學校)에서 유림들을 모아놓고 교육방침을 토의했다. 장련군에 가자 군수 이씨는 김구를 맞이하여 관내 각 면에 김구의 교육방침을 성심껏 복종하라는 훈령을 내려보내고, 김구에게 각 면을 순회해 달라고 부탁했다. 김구는 읍내에서 많은 사람들을 모아놓고 한 차례 환등회를 연 다음 군수의 부탁대로 각 면을 돌면서 강연을 했다.

김구가 송화군(松禾郡)에 간 것은 1909년 10월이었다. 수교(水橋) 장터에 도착하여 감승무(甘承武) 등 몇몇 유지의 요청에 따라 부근 대여섯 곳 소학교 학생들을 모아놓고 환등회를 열었다. 떠나려고 할 때에 군수 성낙영(成樂英)의 연락이 왔다. 초면인 장련군수는 인사만 하고도 각 면을 순회하며 강연까지 해주고 친한 자기는 찾아 주지도 않고 지나가려고 하느냐는 항의였다. 그리하여 김구는 하는 수 없이 송화읍으로 갔다. 송화는 황해도 서부지역 교통의 요지로서 의병투쟁 때에는 의병과 일본군 수비대 사이에 전투가 치열했던 곳이다. 김구의 송화방문은 여러 해 만이었다. 읍내 관사(官舍)는 거의 대부분이 일본의 수비대, 헌병대, 경찰서 등이 되어 있었고, 군수와 관속들은 민가를 빌려서 군청으로 쓰고 있었다. 이 광경을 보자 김구는 분한 마음이 머리끝까지 치밀어 올랐다.

환등회가 열렸다. 태황제(太皇帝)의 사진이 나오자 김구는 그 자리에 모여 있던 한국인 청중은 물론이고 일본군 장교와 경찰에게까지 일제히 일어나서 허리를 굽혀 절을 하게 했다. 환등회 장소에 황제인 순종(純宗)의 사진이 아니라 태황제인 고종의 사진을 내어 건 것이 사실이었다면 그것은 고종이 일본의 강압으로 양위한 것에 대한 저항의 뜻이 담긴 것으로서 매우 주목되는 일이다. 그런 뒤에 김구는 “한인이 배일(排日)

하는 이유가 무엇인가" 라는 연제로 강연을 했다. 김구는 이때에 한국인의 일본에 대한 감정이 청-일전쟁과 러-일전쟁 때까지만 해도 극히 우호적이었으나, 그 뒤에 을사조약이 강제됨에 따라 나쁜 감정이 격증했다고 말했다고 《백범일지》에 적고 있다. 그는 문화군의 종산에 있을 때에 일본병사들이 산골마을에 들이닥쳐서 닭이며 달걀을 노략질하는 것을 목격했던 사실을 소개하면서, 한국에 와 있는 일본인들의 이러한 나쁜 행위가 곧 한국인들의 배일감정의 원인이라고 큰 소리로 외쳤다.

그런데 청-일전쟁과 러-일전쟁 때까지만 해도 한국인들의 일본에 대한 감정이 극히 우호적이었다는 김구의 말은, 비록 을사조약의 부당성을 강조하기 위한 수사적인 면이 없지 않았다고 하더라도, 주의해서 검토해 볼 필요가 있다. 이 말은 일찍이 이승만이 《제국신문》의 논설 등을 통하여 한국에 나와 있는 하등 일본인들의 몰지각한 행동이 두 나라 사이의 우호관계 증진을 저해하고 있다고 했던 말을 연상시킨다. 이러한 주장은 장지연(張志淵)이 "시일야방성대곡"에서, 이토 히로부미(伊藤博文)를 가리켜 평소에 동양삼국의 정족안녕(鼎足安寧)을 주선하던 인물이었으므로 한국에 온 것을 관민상하가 환영해 마지않았는데 을사조약이 웬말이냐고 통탄하고, 한국의 대신들을 가리켜 개돼지만도 못하다고 맹렬히 힐책한 것과 일맥상통하는 말이다. 그것은 곧 이 시기의 개화파 지식인들의 제국주의 일본의 본질에 대한 인식의 한계를 말해주는 것이라고 할 수 있다.

그러나 김구의 그러한 발언마저도 위험시되는 시대상황이었다. 연설장에는 갑자기 긴장된 분위기가 감돌았다. 군수 성낙영과 그 역시 김구와 친숙한 이곳 세무서장 구자록(具滋祿)은 나란히 앉아 있다가 얼굴이 흙빛으로 바뀌었다. 일본인들은 노기가 등등했다. 사태는 급박하게 전개되었다. 일본경찰이 갑자기 환등회를 중지시켰다. 그리고 김구를 경찰서로 연행했다. 군중은 감히 말은 못 했으나 분한 마음에 격앙된 분위기였다.

1909년에 하얼빈역에서 이토 히로부미(伊藤博文)를 저격한 안중근.

연행된 김구는 한인 감독순사의 숙직실에서 같이 잤는데, 각 학교에서 학생들이 차례로 위로 방문을 하기로 하고 위문대를 조직하여 연속으로 찾아왔다. 김구는 자신이 연행된 이유를 잘 알 수 없었다. 그날 저녁 환등회에서 일본인을 비판한 것은 사실이었으나 그만한 비판은 이미 다른 곳에서도 여러 차례 했었다. 그런데도 유독 송화경찰이 자신을 연행한 것은 이해가 가지 않았다.

이튿날 김구는 하얼빈발 전보로 이토 히로부미(伊藤博文)가 "은치안"이라는 한국인에게 피살되었다는 신문기사를 보았다. 김구는 "은치안"이 누구인지 몹시 궁금했다. 다음날 아침에 신문을 보고 그가 바로 안응칠(安應七), 곧 안중근(安重根)임을 알았다. 김구는 10여년 전에 청계동에서 돔방총을 어깨에 둘러메고 사냥하러 다니던 명포수 안중근의 모습이 떠올랐을 것이다. 그제서야 김구는 어렴풋이나마 자신이 구금당한 원인을 짐작할 수 있었다. 그는 처음에 자신의 구금이 며칠 가지 않으리라고 생각했었는데, 하얼빈 사건과 관련된 혐의라면 좀 길게 고생할 것 같은 예감이 들었다.

며칠 뒤에 일본순사는 김구에게 몇마디 신문을 하고서는 그를 유치장에 구금했다. 유치장에 한 달 동안 구금했다가 해주 지방재판소로 압송했다. 해주로 압송되면서 수교장터의 감승무집에서 점심을 먹을 때에 시내 학교직원들과 유지들이 모여서 호송하는 일본순사에게 "김구 선생은 우리 교육계의 사표이니 위로연을 베풀 수 있게 해달라”고 요청했다. 그러나 일본순사는 해주에 다녀온 뒤에 실컷 위로하라면서 거절했다.

김구는 해주에 도착하자마자 바로 수감되었다. 이튿날 검사는 김구에게 안중근과의 관계를 물었다. 검사는 김구가 일찍이 안중근 집안과 각별한 관계가 있었으나 이번 하얼빈 사건과는 아무런 관련이 없다는 것을 확인하고 나서도 신문을 계속했다. 《백범일지》는 이때에 검사가 “김구”라고 쓴 100여쪽 분량의 책자를 내어놓고 신문했다고 적고 있다.[66] 그러면서 그 책자는 최근 몇 해 동안 자기가 각 지방을 돌아다니면서 일본관헌과 반목한 것에 대한 경찰보고를 모은 것이었다고 설명하고 있는데, 그 책자의 실체가 어떤 것이었는지는 밝혀진 것이 없다.

결국 김구는 불기소로 석방되었다. 그런데 이때의 김구의 구속에 대한 사람들의 반응을 보면, 그가 이런 저런 사람들로부터 두루 신망을 얻고 있었음을 짐작할 수 있다. 석방되자 김구는 행장을 챙겨서 박창진(朴昌鎭)의 책방에 들렀다. 박창진과 그 동안의 경과를 이야기하고 있는데, 옆에 있던 유훈영(柳薰永)이라는 사람이 인사를 하더니 자기 아버지의 회갑연에 참석해 달라고 부탁했다. 김구는 그의 초청을 받아들였다. 회갑을 맞은 사람은 해주 부호의 한 사람인 유장단(柳長湍)이었다. 그런데 송화경찰서에서 김구를 호송했던 순사들 가운데에서 한국인 순사들은 사건의 추이가 궁금하여 이때까지도 떠나지 않고 있었다. 김구는 이들을 음식점으로 초청하여 경위를 말해 주고 돌아가게 했다.

그리고 나서 이승준(李承駿), 김영택(金泳澤), 양낙주(梁洛疇) 등 해주에 있는 친지들을 찾아보고 있는데, 안악의 친구들이 한정교(韓貞敎)를 보내왔다. 그리하여 김구는 친구들이 걱정할 것을 생각하고 한정교와 함께 서둘러 안악으로 돌아왔다.

송화군의 용문면(龍門面) 반정리(伴亭里)에 흔히 ‘삼진사 만석(三進

---

66) 《백범일지》, p. 208.

士萬石) 꾼'으로 알려진 부자 삼형제가 있었다. 신석효(申錫孝), 신석제(申錫悌), 신석충(申錫忠) 세 진사가 그들이었는데, 김구는 신석제의 자손 교육문제로 반정리에 가서 하룻밤을 묵으면서 이야기를 나눈 적이 있었다. 신석제 진사집을 방문하려고 동네 입구에 들어서자 신석제의 아들 신낙영(申洛英)과 손자 신상호(申相浩) 등이 동구 밖까지 나와서 김구를 맞이했었다. 김구가 모자를 벗으면서 인사하자 신낙영 등은 서둘러 갓끈을 풀려고 했다. 김구가 웃으면서 만류하자 그들은 송구한 듯이 말했다.

"선생께서 관을 벗으시는데, 우리가 그냥 답례할 수 있습니까?"

김구는 도리어 미안한 생각이 들었다.

"내가 쓴 담벙거지는 서양 사람들이 쓰는 물건인데, 그들은 인사할 때에 모자를 벗기 때문에 나도 그런 것이니 용서하시오."

김구는 신석제 진사에게 하룻밤 동안 교육이 급선무라는 것을 역설하고 손자 상호의 교육을 의뢰받고 안악으로 돌아왔었다.

삼형제 가운데에서 막내인 신석충 진사는 해서의 저명한 학자요 큰 자선가였다. 안중근에게 독립운동 자금을 지원하기도 했던 그는 1910년 2월에 안악사건으로 일본 경찰에 체포되어 서울로 압송되는 도중에 재령의 삼지강(三支江) 철교를 건널 때에 강에 몸을 던져 자결하는 것은 뒤에서 보는 바와 같다.[67]

해주에서 돌아와서 얼마 되지 않은 어느 날이었다. 김구는 안악에서 노백린을 만나 함께 여물평 진초동(進礎洞)의 김정홍(金正洪)의 집으로 가서 하룻밤을 같이 자면서 해서교육총회의 일을 의논했다. 노백린은 서울에 가는 길이었다. 해서교육총회가 창립될 때에 고문으로 추대되었

67) 《백범일지》, p. 218 ; 信川郡誌編纂委員會, 《信川郡誌》, 1984, p. 307.

던 노백린은 1909년 여름에 장련에서 개최된 제2차 총회에서 회장으로 선출되어 있었다.[68] 김구는 학무총감으로서 총회의 실무 문제를 상의하기 위해 노백린과 자주 만났을 것이다. 김정홍은 진초학교(進礎學校) 교장이었다.

1909년에 종현천주교회당[명동성당] 앞에서 이완용을 습격한 이재명.

노백린과 김구가 진초학교 직원들과 함께 술을 마시고 있을 때였다. 갑자기 동네에서 소란스러운 소리가 들렸다. 김정홍은 당황하여 어쩔 줄 몰라하면서 사실을 설명했다. 진초학교에 오인성(吳仁星)이라는 여교사가 있는데, 남편 이재명(李在明)이 무엇인가 강경한 요구를 하면서 권총으로 위협하는 사품에 이웃집으로 몸을 피했다고 했다. 그러자 이재명이 미친 사람 모양으로 동네어귀에서 총을 쏘아대며, 매국노를 한 놈씩 총살하겠노라고 소리소리 질러서 동네에 큰 소란이 일어났다는 것이었다.

김구와 노백린은 이재명을 불렀다. 스물서너 살쯤 되어 보이는 청년이 화가 난 얼굴로 나타났다. 이재명은 처가에 대한 원망을 털어놓았다. 장모는 혼자였으나 살림이 넉넉하여 딸 셋을 모두 교육시켰는데, 처가식구들은 국가의 대사에 충성을 바칠 뜻이 없고 안일에 빠져서 자신의 의기와 충정을 이해하지 못한다는 것이었다. 그러면서 그는 그 때문에 자기네 부부 사이에도 사단이 생겨 학교에 손해를 끼칠까 걱정된다고 기탄없이 말했다.

68) 崔明植, 앞의 책, p.22 ; 李炫熙, 앞의 책, p.58 ; 박민영 외, 앞의 책, p.70.

두 사람은 이재명에게 경력과 학식과 앞으로 계획하는 사업에 대해 물어보았다. 그는 어린 시절에 하와이로 이민 가서 공부하다가 조국이 일본에 병탄된다는 소식을 듣고 귀국했으며, 지금 하는 일은 매국노 이완용(李完用)을 비롯하여 몇 놈을 죽이려고 준비 중이라고 말했다. 그러고는 단도 한 자루와 권총 한 정과 이완용 등의 사진 몇 장을 품 속에서 꺼내놓았다.

이재명은 평안북도 선천 출신으로서 어렸을 때에 아버지를 여의고 1904년에 하와이로 이민 갔다가 을사조약이 체결되자 이완용 등을 처단해야겠다고 생각하고 1907년에 귀국했다. 그리고는 때를 기다리다가 1909년 11월에 일진회(一進會)가 합방청원서를 내는 것을 보고는 마음먹었던 일을 실행하기로 결심했다. 그는 먼저 서울에서 오복원(吳復元)과 김용문(金龍文)을 동지로 포섭하고, 1909년 11월 말에 평양에 내려가서 12월 초순까지 박태은(朴泰殷)의 집에 묵으면서 김정익(金貞益), 이동수(李東秀), 전태선(全泰善), 이응삼(李應三) 등의 동지들을 규합한 다음 12월12일경에 서울로 올라왔다.[69] 김구와 노백린은 이재명이 서울로 올라오던 12월 초쯤에 그를 만났던 것 같다. 두 사람은 이재명이 시세의 격변 때문에 헛된 열정에 들뜬 청년으로 생각했다. 그래서 노백린은 이재명의 손을 잡고 간곡하게 말했다.

"군이 국사에 비분하여 용기 있게 활동하는 것은 극히 가상한 일이오. 그러나 큰 일을 도모하고자 하는 대장부가 총기로 자기 부인을 위협하고 동네에서 총을 함부로 쏘아 민심을 소란하게 하는 것은 의지가 확고하지 못한 것을 드러내는 징표이니, 지금은 칼과 총을 내게 맡겨 두고 의지를 더욱 강견하게 수양하고 동지도 더 사귀어, 실행할 만한 때에 총과 칼을 찾아가는 것이 어떻겠소?"

---

69) 宋相燾, 《騎驢隨筆》, 國史編纂委員會, 1955, pp. 156~158; "의사행적" 및 "재판기록(이재명)", 독립운동사편찬위원회, 《한국독립운동사자료집(11) 의열투쟁사자료집》, 1976, pp. 476~488, pp. 551~564 참조.

이재명은 두 사람을 한참 쳐다보다가 총과 칼을 노백린에게 주었다. 그러나 얼굴에는 못마땅해하는 기색이 역력했다. 이재명이 순순히 노백린의 말에 따랐던 것은 아마 육군무관학교 교장, 헌병대장 등 대한제국 군대의 간부로 활동했던 노백린을 알고 있기 때문이었을 것이다. 이재명과 작별하고 사리원역에서 노백린이 탄 기차가 막 떠나려 할 때였다. 이재명이 갑자기 나타나서 노백린에게 맡긴 것을 되돌려 달라고 말했다. 노백린은 웃으면서 말했다.

"서울 와서 찾으시오."

그러는 사이에 기차가 떠나버렸다.

그런 지 얼마 지나지 않아서 김구는 이재명이 서울 종고개에서 군밤장수로 가장하고 길가에서 군밤을 팔다가 이완용을 칼로 찔렀고, 여러 동지들과 함께 체포되었다는 신문기사를 보았다. 이재명은 1909년 12월22일 오전에 종고개 천주교당에서 벨기에 황제 레오폴드 2세(Leopold II)의 추도식을 마치고 나오는 이완용을 칼로 찌르고 현장에서 체포된 것이었다.

김구는 깜짝 놀랐다. 그러면서 그는 "이 의사가 권총을 사용했더라면 국적 이완용의 목숨을 확실히 끊었을 것인데, 눈먼 우리가 간섭하여 무기를 빼앗는 바람에 충분한 성공을 거두지 못한 것이다"[70] 라면서 노백린과 자기가 이재명의 권총을 빼앗은 일을 몹시 후회했다.

그러나 이재명은 체포될 당시에 권총 한 정을 휴대하고 있었다. 재판정에서 그는 평양 출신의 동지 전태선이 밤자루 속에 포장하여 보내 준 것이라고 진술했는데,[71] 그 권총이 서울에 도착하여 노백린으로부터 되돌려 받은 것이었는지, 아니면 다시 입수한 것이었는지는 알 수 없다. 그리고 왜 권총을 사용하지 않았는지도 분명하지 않다.

---

70) 《백범일지》, p. 214.

71) 《독립운동사자료집(11) 의열투쟁사자료집》, p. 494, p. 562.

이재명은 1910년 4월에 사형을 선고받고 그해 9월21일에 서대문형무소에서 순국했다. 그는 사형선고를 받자 재판관을 향하여 "공평치 못한 법률로 나의 생명을 빼앗지마는 국가를 위하는 나의 충성된 혼과 의로운 혼백은 가히 빼앗지 못할 것이니 한번 죽음은 아깝지 아니하거니와, 생전에 이루지 못한 한을 기어이 설욕신장하고 말리라" 하고 일갈했다. 그리고는 옆에 서서 기다리던 아내 오인성과 가족들을 향해 마지막 작별인사를 했다. 오인성은 "국적 이완용은 아직 살아 있는데, 우리집 가장은 무슨 죄로 사형에 처하느냐!" 하고 울부짖었다.[72]

일본의 한국병합을 눈앞에 둔 시점에 목숨을 걸고 감행된 이재명의 의거는 안중근의 이토 히로부미 저격사건 못지않은 큰 충격이었다. 이 무렵 블라디보스토크와 하얼빈에 밀파된 일본 경찰의 정보보고서는, 그곳에 있는 한국인들은 이재명이 조국의 수도, 더욱이 일본인 순사와 헌병이 배치된 가운데에서 이 장거를 수행했다는 사실은 처음부터 살아 돌아올 것을 기대하지 않은 결사의 행동이었으므로 그 용맹은 안중근보다 위에 있다고 말하면서, 안중근보다 우수한 제1등 공신을 냈다고 칭송하고 있다고 한다고 적었다.[73]

김구가 교육운동에 바쁜 나날을 보내는 동안 집안에 한 가지 파란이 있었다. 김구가 최준례와 결혼한 뒤에 동서되는 신창희(申昌熙)는 세브란스의전을 졸업하기 위해 공부를 계속하게 되어 아내와 장모까지 함께 서울로 갔다. 그리하여 신창희는 1908년에 세브란스의전의 제1회 졸업생이 되었다.

김구가 장련에 있을 때에 장모와 처형이 찾아온 적이 있었는데, 어찌

---

72) 위의 책, pp. 529~530.

73) "블라디보스톡 및 하얼빈在留韓國人의 安重根과 李在明의 比較", 國史編纂委員會, 《韓國獨立運動史 資料(7) 安重根 編 II》 1978, p. 255.

된 영문인지 처형은 신창희와 잘 맞지 않는 빛을 보일 뿐 아니라 거동이 상식에 어긋나는 데가 있었다. 김구 내외는 그러한 처형과 장모를 타일러 신창희에게로 돌아가게 했다. 안악으로 이사한 뒤에 장모와 처형이 또 안악으로 찾아왔다. 처형은 신창희와의 부부관계를 끝냈다고 했다. 김구와 곽씨 부인은 이들 모녀를 집에 받아들일 생각이 없었으나, 최준례는 성품이 매몰차지 못하여 집안이 몹시 불안에 빠졌다. 김구는 아내에게 가만히 자기가 시키는 대로 하라고 이르고는 장모를 보고 단호하게 말했다.

1908년 세브란스의전 제 1회 졸업생. 뒷줄 왼쪽부터 시계방향으로 김필순, 홍석후, 김구의 동서 신창희, 박서양, 홍종은, 김희영, 주현칙. 가운데는 당시 외과교수였던 허스트 박사.

"큰딸을 데리고 나가지 못하시겠거든 작은딸마저 데리고 나가 주십시오!"

말귀를 알아차리지 못한 장모는 그렇게 하겠다면서 세 모녀가 집을 떠나 서울로 갔다. 얼마 뒤에 김구가 서울에 가서 동정을 살펴보니까 아내는 따로 나와서 어느 학교에 나갈 계획을 하고 있었다. 김구는 아내에게 약간의 여비를 주고 돌아와서는 재령에 있는 쿤스 목사와 상의했다. 쿤스 목사는 최준례를 당분간 자기집에 있게 했다가 천천히 데려가라고 말했다. 김구는 곧 아내에게 편지를 하고 사리원역에서 기다렸다. 최준례 혼자 차에서 내렸다. 김구는 아내를 쿤스 목사 집에 데려다 두고 집으로 돌아와서 어머니에게 경위를 설명했다.

"장모와 처형이 비록 여자로서 도리에 위반되는 죄상이 있더라도 죄 없는 아내까지 내쫓는 것은 도리가 아니니 용서하십시오."

곽씨 부인이 말했다.

"그렇다. 네가 데려오는 것보다 내가 직접 가서 데려오마."

그녀는 그날로 재령에 가서 며느리를 데려왔다. 최준례는 그때부터 자기 어머니와 언니와는 인연을 끊고 지냈다. 그 뒤로 처형은 평산(平山) 등지에서 헌병보조원의 아내인지 첩인지가 되어 살고, 장모도 같이 산다는 소문만 들었다.[74] 헌병보조원이란 글자 그대로 일본헌병을 보조하던 부랑배 출신의 한국인으로서 온갖 잔악한 행위로 원성을 사고 있었다.[75]

김구는 첫아이를 잃은 지 이태 뒤인 1910년에 두번째로 딸을 낳았다. 화경(化敬)이라고 이름을 지었다.

김구는 1910년에 양산학교의 교장이 된 것 같다. 정확한 날짜는 알 수 없으나 8월29일에 이른바 한일합방조약이 체결될 때에는 이미 교장이 되어 있었던 것은 《백범일지》의 다음과 같은 기술로 짐작할 수 있다.

> 나부터 망국의 치욕을 당하고 나라 없는 아픔을 느끼나, 사람이 사랑하는 자식을 잃으면 슬퍼하면서도 자식이 곧 살아날 것 같은 생각이 나는 것처럼, 나라가 망했으나 국민이 일치 분발하면 곧 국권이 회복될 것같이 생각되었다. 그렇게 하려면 후진들의 애국심을 함양하여 장래에 광복하는 길밖에 다른 방법이 없다고 생각되어 계

---

74) 《백범일지》, p. 235.

75) 權九熏, "日帝 韓國駐箚憲兵隊의 憲兵補助員 硏究 — 1908~1910", 《史學硏究》 제 55-56 합집, 韓國史學會, 1998, pp. 727~746 참조.

속하여 양산학교를 확장하고 중소학부에 학생을 늘려 모집하면서 교장의 임무를 맡았다.[76]

국권을 잃은 통분 속에서도 후진들의 애국심을 함양하여 장래에 국권을 회복하는 길밖에 다른 방법이 없다고 생각했다는 것은 이 무렵의 김구의 교육관을 잘 보여 준다. 그리고 그것은 을사조약이 강제되었을 때에 서울에 올라가서 조약파기투쟁에 앞장서던 것과는 대조적인 모습이다. 그것은 아마 이때에는 김구가 비밀결사 신민회(新民會)가 추진하던 장기적인 국권회복운동 준비에 참가하고 있었기 때문이었을 것이다.

76) 《백범일지》, p. 215.

연 보

1899~1909년

연도	이승만
서기 1899 단기 4232 기해(己亥) 광무(光武) 3	**25세** (옥중) ▪ 1월3일. 중추원 의관에서 파면됨. ▪ 1월9일. 미국인 의료 선교사 셔먼(H. C. Sherman)의 통역을 위해 길을 나섰다가 별순검들에게 체포됨. ▪ 1월17일. 미국 공사 알렌, 외부대신 박제순(朴齊純)에게 이승만 석방 요구〔1주일 뒤 박제순은 알렌에게 석방거부 통보〕. ▪ 1월30일. 주시경(周時經)을 통해 반입한 권총을 가지고 독립협회 동지 최정식(崔廷植)과 같은 방의 서상대(徐相大)와 함께 탈옥. 두 사람은 탈옥에 성공했으나 이승만은 다시 체포됨. ▪ 2, 3월. 기독교에 입교. 목에 칼을 찬 채 영문 《신약》 읽음. ▪ 3월18일. 첫 공판. 《황성신문》은 "이승만은 사형을 면키 어렵다"고 보도. ▪ 3월22~24일. 부인 박씨가 이승만의 석방을 탄원하는 상소를 올리고 인화문(仁化門) 밖에 복합(伏閤). 상소문이 받아들여지지 않자 중추원에 헌의서 제출. ▪ 7월10일. 제2차 공판. 평리원 재판장 홍종우(洪鍾宇), 탈옥상해죄로 곤장 일백 및 종신징역 선고. ▪ 12월13일, 22일. 잇달아 감(減) 1등의 특사(特赦)를 받음. 10년으로 감형. ▪ 12월28일. 가족의 생계를 돌보아 준 아펜젤러에게 감사편지 보냄.
1900 4233 경자(庚子) 광무(光武) 4	**26세** (옥중) ▪ 가족이 장동(長洞)에서 창신동(昌新洞), 신설동(新設洞), 누하동(樓下洞), 동묘(東廟), 숭인동(崇仁洞)을 전전. ▪ 2월6일. 독서와 시작(詩作)에 열중하고 있다고 아펜젤러에게 편지. 영자신문 탐독으로 영어 학습. ▪ 2월12일. 간수장 김영선(金英善)이 감옥서장으로 승진하여 이승만에게 책 번역을 허락함. 《만국사기》를 한문으로 번역하기 시작하였으나, 선교사 알렌의 《중동전기본말(中東戰記本末)》을 한글로 번역하는 것이 시급하다고 판단하고 5

김 구	일반사
24세 ▪ 봄. 부모와 동지들의 소식이 궁금하여 금강산에 공부하러 간다는 핑계로 마곡사를 떠남. ▪ 서울에 도착하여 성밖의 여러 절을 떠돌다가 서문밖 새절〔奉元寺〕에서 혜명(慧明)을 만남. 새절에서 경상북도 풍기에서 온 혜정(慧定)을 만나 함께 평양구경을 가기로 함. ▪ 3월. 아버지 석방됨. ▪ 4월29일. 해주 수양산(首陽山) 신광사(神光寺) 북암(北庵)에서 부모를 만남. ▪ 5월4일. 평양에 도착하여 유학자 최재학(崔在學)을 만나고 그의 추천으로 대보산(大寶山) 영천암(靈泉菴)의 방주(房主)가 됨. 부모와 함께 기거. ▪ 절에서 열린 영사시회(靈寺詩會)에서 훈장과 시객들을 골려 주고 '걸시승(乞詩僧) 원종'이란 별명을 얻음. ▪ 9, 10월 경. 환속하여 부모를 모시고 고향으로 돌아옴.	▪ 1월. 최초의 민간은행 대한천일은행(大韓天一銀行) 창립. ▪ 3월. 청(淸) 산동(山東)에서 의화단(義和團) 봉기. ▪ 8월17일. 「대한국국제(大韓國國制)」 반포. ▪ 9월18일. 인천~노량진 사이 철도 완성〔한국 최초의 철도〕. ▪ 12월4일. 《독립신문》 폐간.
25세 ▪ 2월. 김두래(金斗來)로 변명하고 강화로 김주경(金周卿)을 찾아나섬. 김주경의 집에서 3개월 동안 아이들을 가르치며 지냄. ▪ 5월 무렵. 서울에 있는 김주경의 친구 유완무(柳完茂: 柳仁茂)를 방문. 연산(連山), 무주(茂州), 지례(知禮) 등지로 유완무의 친구들을 방문. 이들의 후원으로 서울에서 공부를 계속하기로 함. 이름을 구(龜)로 고치고, 자는 연상(蓮上), 호는	▪ 3월. 러시아에 마산포(馬山浦)의 조차 허용〔거제도협약〕. ▪ 4월9일. 활빈당 1,000여 명, 충북과 경북지방에 출몰. ▪ 6월21일. 청(淸), 북경에 출병한 8국에 선전포고.

연도	이승만
	월부터 번역을 시작하여 7월6일에 완료함. 번역서 제목을 《청일전기》라고 붙임. 출판을 위해 노력했으나 출판되지 못함. • 겨울, 고종이 언더우드 목사에게 머지않아 이승만을 사면하여 석방하겠다고 약속함. • 이 무렵 감옥서장 김영선에게 형정(刑政)의 개혁을 건의하는 "기본서장서(寄本署長書)"를 제출.
1901 4234 신축(辛丑) 광무(光武) 5	**27세** (옥중) • 2월. 이종일(李鐘一)의 부탁으로 《제국신문》 논설 집필시작. • 11월9일. 아펜젤러, 에비슨 등 미국선교사 5명이 내부협판 이봉래(李鳳來) 앞으로 고종의 이승만 사면 약속 이행을 촉구.
1902 4235 임인(壬寅) 광무(光武) 6	**28세** (옥중) • 4월. 서소문 옥사에서 종로감옥서로 이감. • 6월11일. 아펜젤러가 불의의 사고로 사망하여 크게 상심. • 8월. 수감중인 신흥우(申興雨), 양기탁(梁起鐸)과 옥중학교를 개설하고 소년수들과 성인 죄수들에게 한글과 신학문을 가르치고 기독교 전도. • 9월. 옥중에 콜레라가 유행하여 환자들을 헌신적으로 돌봄. • 12월25일. 선교사들의 후원으로 옥중에서 성탄절 기념 다과회 개최.
1903 4236 계묘(癸卯) 광무(光武) 7	**29세** (옥중) • 1월. 서적실을 설치하고, 유성준(兪星濬)과 함께 서적실에서 기거. • 4월17일. 《제국신문》 논설 집필 중단. • 4월20일. 게일(J. S. Gale)의 권고로 선교사들이 차입해준 《영한대사전》, 《화영사전(和英辭典)》을 참작하여 《영한사전》 편찬 시작. • 5월11일. 이경선(李敬善)이 아들의 사면을 위해 법부에 청원서를 제출. 이지용(李址鎔)에게 청탁하는 등 백방으로 노력함.

김 구	일반사
연하(蓮下)로 함. ▪ 12월. 부모를 이사시키기 위해 고향으로 돌아오던 길에 해주 비동(飛洞)의 고능선을 방문하고 시국에 관한 사상대립으로 논쟁.	▪ 11월12일. 경인철도 개통식.
26세 ▪ 1월28일(음 12.9). 아버지 사망. 간병하는 동안 허벅지살을 구워먹게 하고 피를 마시게 함. 서울에서 성태영(成泰英)이 와서 조문함. 이사계획 포기. ▪ 칩거하며 준영 숙부의 농사일을 도움.	▪ 2월12일. 신식화폐조례 공포〔금본위제 채택〕. ▪ 9월7일. 고종의 50회 탄신 축연 개최. 은사령(恩赦令) 반포.
27세 ▪ 1월. 장연 처녀 여옥(如玉)과 맞선보고 약혼〔탈상 뒤 결혼하기로 약속〕. 교재를 손수 만들어 여옥을 가르침. ▪ 장련, 은율 지방을 왕래하면서 우종서(禹鍾瑞), 송종호(宋鐘鎬), 허곤(許坤), 장의택(張義澤) 등과 신교육 문제 논의. 전도조사 우종서의 권유로 탈상 뒤 기독교를 믿기로 결심.	▪ 3월. 한성~인천 간 전화업무 개시. ▪ 7월. 서북(西北) 지방을 시작으로 전국적으로 콜레라 만연. ▪ 8월. 경남 하동(河東) 일대에 활빈당 크게 성함. ▪ 12월22일. 제물포에서 첫 하와이 이민 121명 출발.
28세 ▪ 2월. 약혼녀 여옥, 만성감기로 사망. ▪ 장련 군수 윤구영(尹龜榮)의 부탁으로 해주에 가서 뽕나무 묘목을 받아옴. 농부(農部)로부터 종상위원(種桑委員)에 임명됨. ▪ 가을. 기독교에 입교하고, 11월에 세례를 받음. ▪ 12월31일. 평양에서 열린 기독교사경회에 참가. 사경회에서 장련 갑부 오인형(吳寅炯) 진사의 막내동생 오순형(吳舜炯)을 만나 함께 기독교 전도	▪ 6월13일. 러시아, 압록강목재회사 설립. ▪ 8월7일. 하와이에서 윤병구(尹炳求) 등이 주도하여 신민회(新民會) 결성. ▪ 10월28일. 황성기독교청년회(YMCA) 창립.

연도	이승만
	▪《신학월보(神學月報)》에 "옥중전도"(5월호), "예수교가 대한 장래의 기초"(8월호), "두 가지 편벽됨"(9월호), "교회경략"(11월호) 기고. ▪ 틈틈이 한시 142수를 지어《체역집(替役集)》이라는 제목으로 엮음.
1904 4237 갑진(甲辰) 광무(光武) 8	**30세** (옥중) ▪ 2월19일.《영한사전》 편찬을 중단하고《독립정신》 집필. ▪ 6월29일.《독립정신》 탈고. ▪ 8월7일. 특사로 출옥〔수감된 지 5년7개월만〕. 배재학당에서 출옥환영 채플. ▪《제국신문》의 논설을 다시 집필. ▪ 10월10일. 이승만이 쓴 "논설"이 문제가 되어《제국신문》이 일본군 헌병사령부에 의해 무기정간 당함〔최초의 강제 신문정간〕. ▪ 10월15일. 상동교회(尙洞敎會)에서 세운 상동청년학원 초대 교장에 취임. ▪ 11월4일. 민영환(閔泳煥), 한규설(韓圭卨)로부터 딘스모어(H. A. Dinsmore) 하원의원에게 보내는 외교문서와 여러 선교사들의 소개장을 가지고 간수장 이중진(李重鎭)의 동생 중혁(重赫)과 함께 미국으로 떠남. ▪ 11월29일. 하와이의 호놀룰루에 도착. ▪ 11월30일. 호놀룰루를 출발하여 샌프란시스코와 로스앤젤레스를 거쳐 워싱턴으로 감. ▪ 12월31일. 저녁 워싱턴에 도착. 게일 목사가 써준 추천장을 가지고 커버넌트 교회의 햄린 목사(L. S. Hamlin)를 찾아감.
1905 4238 을사(乙巳) 광무(光武) 9	**31세** ▪ 1월1일. 아이오와 서클에 있는 한국공사관을 찾아가 서기관 홍철수와 김윤정(金潤晶)을 만남. ▪ 1월15일.《워싱턴포스트》지에 한국의 사정을 호소하는 인터뷰기사 실림. ▪ 2월12일. 걸리(Gurley) 기념 교회 연사로 초대 됨. 이때부터 여러 교회에서 한국의 형편과 기독교선교 실태를 소개하는

김 구	일반사
와 교육운동을 펼치기로 함.	
29세 ▪ 2월. 러-일전쟁 발발로 일본군이 평양으로 진군하자 오인형과 함께 장련으로 돌아옴. 곧바로 장련군 사직동(社稷洞)으로 이사. 오인형의 사랑에 학교를 개설하고 아이들을 가르침〔光進學校〕. 백남훈(白南薰)을 인도하여 기독교를 믿게 함. ▪ 여름. 평양에서 기독교회 주최 사범강습회에 참가. 방기창(邦基昌) 목사 집에서 최광옥(崔光玉)을 만남. ▪ 최광옥의 소개로 안창호(安昌浩)의 동생 안신호(安信浩)를 만나 혼인하기로 했으나, 양주삼(梁柱三)과의 문제로 성사되지 못함. ▪ 장련으로 돌아올 때에 최광옥을 초빙해 와서 전도활동을 벌임.	▪ 1월21일. 정부, 국외중립(局外中立) 선언. ▪ 2월8일. 러-일전쟁 발발. ▪ 2월23일. 한-일의정서 조인. ▪ 5월8일. 한-러조약 폐기. ▪ 8월18일. 송병준(宋秉畯), 윤시병(尹始炳) 등이 친일단체 유신회(維新會) 조직〔8월20일에 일진회(一進會)로 개칭〕. ▪ 8월22일. 제1차 한-일협약 체결.
30세 ▪ 봄. 성묘하러 고향에 가서 준영 숙부에게 문안을 드림. ▪ 가을. 준영 숙부가 김구를 만나러 장련에 옴. 김준영은 오진사를 만나고 나서 김구에 대한 오해가 풀림. ▪ 이 무렵 북간도를 다녀온 유완무와 주윤호가 찾아	▪ 1월. 일본 헌병대 서울의 치안경찰권을 장악. ▪ 4월5일. 안창호 주도로 샌프란시스코에서 공립협회(共立協會) 결성. 〔《共同新報》 발행〕. ▪ 7월29일. 태프트-가쓰라

연도	이승만
	연설을 하고 학비지원을 위한 의연금을 받음. ▪2월. 햄린 목사로부터 조지 워싱턴 대학교 총장 니덤(C. W. Needham)을 소개받음. 특별생으로 선교장학금을 받아 조지 워싱턴 대학교 컬럼비아학부 2학년에 편입학. ▪2월20일. 딘스모어 하원의원과 함께 국무장관 헤이(John Hay) 방문. 민영환, 한규설에게 보고편지 보냄. ▪4월23일. 부활절인 이날 햄린 목사로부터 세례를 받음. ▪6월4일. 아들 태산(泰山)이 박용만을 따라 미국에 옴. ▪6월19일. 뉴저지 주 오션 그로브의 보이드 부인 별장에서 여름방학을 보냄. ▪7월12일. 호놀룰루 한인대회에서 루스벨트(T. Roosevelt) 대통령에게 한국독립 청원서를 제출할 대표로 윤병구와 이승만을 선출. ▪8월5일. 윤병구와 함께 뉴욕 오이스터 베이의 사가모어 힐(Sagamore Hill)에 있는 여름별장으로 루스벨트 대통령을 방문하여 청원서를 제출하고 조-미수호조약에 따른 협조를 요청. 루스벨트는 청원서를 공사관을 통하여 국무부에 제출하라고 말함. ▪8월6일. 김윤정이 본국훈령이 없다면서 협조를 거절. ▪8월9일. 민영환에게 그동안의 활동내용을 알리는 장문의 보고편지를 보냄. ▪9월10일. 민영환이 편지와 130달러를 보내옴. ▪12월30일. 아버지에게 민영환의 자결로 가족의 생계를 걱정하는 편지를 보냄.
1906 4239 병오(丙午) 광무(光武) 10	**32세** ▪2월25일. 아들 태산이 필라델피아의 보육시설에서 디프테리아로 사망. ▪7월. 매사추세츠주의 노스필드(Northfield)에서 열린 '만국학도공회'에 조지 워싱턴 대학교의 한국학생대표로 참가. 이 회의에 참가하여 활동한 것을 편지로 《제국신문》에 보냄. 같은 편지를 《대한매일신보》에서도 전재.

김 구	일반사
옴. 유완무로부터 김주경이 거금을 모았다가 객사했다는 소식을 들음. ▪ 11월27일. 을사조약이 강제 조인된 뒤 진남포 엡윍스청년회 총무 자격으로 서울 상동교회에서 열린 을사조약반대 비밀집회에 참가. 회의 결정에 따라 대안문 앞에서 을사조약파기 상소를 올림. 상소대표가 일본경찰에 체포되고 해산당함. ▪ 11월28일. 《대한매일신보》에 장련 지사장이 된 광고가 실림. ▪ 11월30일. 상소를 중지하고 종로에서 공개연설회 개최. 민영환 빈소에 조문. ▪ 12월. 민중의 애국사상 고취와 신교육 실시를 결심하고 고향으로 돌아옴.	비밀협약 성립. ▪ 9월5일. 포츠머스 강화조약 조인〔러-일전쟁 종결〕. ▪ 11월17일. 을사조약 강제 조인. ▪ 11월20일. 장지연(張志淵), 《황성신문》에 "시일야방성대곡(是日也放聲大哭)" 발표. ▪ 11월30일. 민영환, 을사조약에 반대하여 장두칼로 목을 찔러 자결. 전국적으로 을사조약폐기를 주장하며 의병항쟁 발발. ▪ 12월1일. 손병희(孫秉熙), 동학을 천도교(天道敎)로 개칭.
31세 ▪ 《대한매일신보》 지사 운영에 힘씀. ▪ 이 무렵. 신천 사평동(謝平洞) 기독교회 양성칙(梁聖則)의 소개로 최준례(崔遵禮)와 약혼하고 그녀를 서울 경신학교에 유학 보냄. 선교사들은 두 사람의 혼인을 반대하여 김구를 책벌했다가, 책벌을 사면하고 혼인을 승인함. ▪ 4월. 학생들을 인솔하고 은율읍 광선학교에서 열	▪ 2월1일. 한국통감부(韓國統監府) 개청〔초대통감 이토 히로부미(伊藤博文) 부임〕 ▪ 6월4일. 최익현(崔益鉉) 임병찬(林炳瓚) 등이 전북 태인(泰仁)에서 의병을 일으킴〔최익현,

연도	이승만
1907 4240 정미(丁未) 융희(隆熙) 1	**33세** ▪ 5월경. 정순만(鄭淳萬)으로부터 만국평화회의에 참석해달라는 연락을 받았으나 학업을 이유로 거절. ▪ 6월5일. 조지 워싱턴 대학교 컬럼비아학부 졸업. ▪ 6월23일자 《워싱턴포스트》 지에 YMCA에서 행한 연설 "고요한 아침의 나라 한국"게재됨. ▪ 7월25일. 《에드베리 파크》, 《모닝포스트》 지에 인터뷰기사가 게재됨. ▪ 8월1일. 뉴욕에서 이상설(李相卨) 만남. ▪ 8월29일. 대동보국회(大同報國會) 간부들의 혈서편지 받음. ▪ 9월. 하버드 대학교 대학원 석사과정 입학. ▪ 10월3일, 11일. 《대동공보(大同公報)》에 대동보국회 혈서편지에 대한 이승만의 회답편지가 게재됨.
1908(4241) 무신(戊申) 융희(隆熙) 2	**34세** ▪ 3월4일. 《공립신보》에 "재미한인전도" 기고. ▪ 6월15일. 펜실베이니아주의 피츠버그에서 개최된 제1회 국제선교사 대회에 초청되어 연설함. ▪ 7월11~15일. 콜로라도주의 덴버(Denver)에서 개최된 애국동지대표회에서 의장으로 선출되어 회의 주재. ▪ 7월말. 스티븐스 암살사건 재판의 통역을 거절. ▪ 8월12일. 《공립신보》에 "남을 대적하려면 내가 먼저 준비할 일" 기고. ▪ 9월. 프린스턴 대학교 대학원 박사과정에 입학. ▪ 9월2일. 《공립신보》에 "일본이 개탄하는 일이 곧 우리의 행복될 일이라" 기고. 〔통감부, 치안을 방해하는 글이라 하여 《공립신보》 배포 금지〕. ▪ 12월16일. 《공립신보》에 "논미일협상(論美日協商)" 기고.

김 구	일반사
린 연합운동회 참가. ▪ 9월. 오인형 진사가 사업에 실패하고 울분으로 사망하자 오인형이 준 가산을 유족에게 돌려줌. 사촌형 태수가 뇌졸중으로 사망하여 형수를 처가로 돌려보내 재혼하게 하고 장련읍으로 이사.	대마도(對馬島)에서 12월30일 단식 순국].
32세 ▪ 2월12일. 《대한매일신보》에 장련 지사광고가 없어짐. ▪ 4월 무렵. 신민회(新民會) 가입. ▪ 5월. 안악에서 열린 연합운동회에 광진학교 교사로 백남훈과 함께 학생들을 인솔하고 참가. ▪ 7월. 안악 면학회(勉學會) 주최로 하기 사범강습회 개최. 김홍량, 최광옥, 이광수(李光洙) 등이 강사로 참여. ▪ 9월. 우종서의 초청으로 문화군 초리면(草里面) 종산(鍾山) 마을로 이사. 서명의숙(西明義塾) 교사가 되어 산골 아이들을 가르침. ▪ 첫딸을 낳음.	▪ 1월29일. 국채보상운동 시작. ▪ 4월20일. 이준(李儁), 이상설이 고종의 밀서를 휴대하고 헤이그 만국평화회의 참석차 출국. ▪ 7월20일. 고종 양위[순종 즉위]. ▪ 7월24일. 정미 7조약(한-일신협약) 체결. ▪ 7월31일. 군대해산조칙 발표[8월1일 해산].
33세 ▪ 3월. 일본군이 종산 마을을 약탈하자 이를 저지. ▪ 이 무렵. 김용제(金庸濟) 등의 초청으로 안악(安岳)으로 이사하고, 신설된 양산학교(楊山學校) 교사로 부임. 첫딸 사망. ▪ 7월. 제2회 하기 사범강습회 개최. 김구의 제안으로 참가자 전원이 머리를 깎음. ▪ 8월. 최광옥 등과 해서교육총회(海西敎育總會)를 조직하고 학무총감을 맡음. 황해도 일대 순회. ▪ 9월. 양산학교에 중학부가 개설됨에 따라 소학부를 전담.	▪ 3월23일. 장인환(張仁煥), 전명운(田明雲)이 샌프란시스코에서 친일고문 스티븐스(D. W. Stevens)를 저격. ▪ 11월1일. 최남선, 《소년(少年)》 창간. 최초의 신체시 "해에게서 소년에게" 발표. ▪ 12월28일. 서울에 동양척식주식회사 설립.

연도	이승만
1909(4242) 기유(己酉) 융희(隆熙) 3	**35세** ▪ 프린스턴 신학교 기숙사 '하지 홀' 411호에서 생활함. 윌슨(Woodrow Wilson) 총장 가족들과도 각별한 교분을 맺음. ▪ 8월. 석사학위 취득을 전제로 하버드 대학교 대학원에서 하계대학과정 이수.

김 구	일반사
34세 ▪ 1월. 재령의 보강학교(保强學校) 교장 겸임〔장덕준(張德俊) 장덕수(張德秀) 형제 보강학교에서 기거〕. 나석주(羅錫疇)를 만남. ▪ 7월. 제3회 사범강습회 개최. 시골의 서당 훈장과 승려들까지 참여하여 큰 성황을 이룸. 강습회에서 패엽사 주지가 된 마곡사 승려 혜명을 만나 스승 하은당과 보경대사가 실화로 사망했다는 소식을 들음. ▪ 10월. 환등기를 가지고 황해도 각 군을 순회하며 강연. 순회강연 도중 송화에서 안중근의 이토 히로부미 사살사건과 관련된 혐의로 체포됨. 한 달 동안 유치장에 구금되었다가 해주지방재판소로 압송되었으나, 혐의없음이 밝혀져 불기소로 석방됨. ▪ 12월초. 재령 여물평(餘物坪)에서 노백린(盧伯麟)과 함께 이재명(李在明)을 만남. ▪ 둘째딸 화경(花慶) 태어남.	▪ 2월1일. 재미한인단체의 통합조직으로 국민회(國民會) 결성〔1910년 5월10일에 대한인국민회로 개칭〕. ▪ 10월26일. 안중근(安重根)이 하얼빈 역에서 이토 히로부미 사살. ▪ 12월22일. 이재명이 서울 명동성당 앞에서 이완용(李完用)을 칼로 찔러 중상을 입히고 체포됨.

참고문헌

1. 자료

연대기, 정부기록, 신문 등

《日省錄(80)》, 서울大學校奎章閣, 1996.
《高宗純宗實錄(下》, 國史編纂委員會, 1970.
《舊韓國外交文書(七) 日案(7)》, 高麗大學校 亞細亞問題研究所, 1970.
《舊韓國外交文書(十一) 美案(2)》, 1967.
《舊韓末條約彙纂(中)》, 國會圖書館 立法調査局, 1965
《司法稟報 (1)》, 亞細亞文化社, 1988.
國史編纂委員會, 《高宗時代史(六)》, 探求堂, 1972.
______, 《大韓帝國官員履歷書》, 探究堂, 1972.
______, 《韓國獨立運動史(一)》, 1965.
______, 《韓國獨立運動史 資料(7) 安重根篇Ⅱ》, 1978.
독립운동사편찬위원회, 《독립운동사 자료집(3) 의병항쟁사자료집》, 독립유공자사업기금운용위원회, 1971.
______, 《독립운동사 자료집(11) 의열투쟁사자료집》, 1976.
朝鮮駐箚軍司令部, 《朝鮮暴徒討伐誌》, 독립운동사편찬위원회, 《독립운동사 자료집(3) 의병항쟁사자료집》, 독립유공자사업기금 운용위원회, 1971.
朝鮮總督府, 《要視察人名簿》, 1925, 《海外의 韓國獨立運動史料(XVII) 日本篇 ⑤》, 國家報勳處, 1996.
《駐韓日本公使館記錄(24)》, 國史編纂委員會, 1998.
韓國內部警務局, 《顧問警察小誌》, 1910.

《韓末新聞所藏目錄(1883~1910)》, 韓國硏究院, 1972.

露國外務省 著, 南滿洲鐵道株式會社庶務部調査課 譯, 《極東露領に於ける黃色人種問題》, 1912.
日本外務省 編, 《日本外交文書 35-2》, 國際聯合協會, 1957.
______, 《日本外交文書 38-1》, 1958.
______, 《小村外交史》, 原書房 影印版, 1966.
______, 《日本外交年表竝主要文書(上)》, 原書房, 1972.
Morison, Elting E. ed, *The Letters of Theodore Roosevelt*, vol. Ⅱ, *The Years of Preparation* (1898~1990), Harvard University Press, 1951.
______, *The Letters of Theodore Roosevelt*, vol. Ⅳ, *The Square Deal* (1903~1905), Harvard University Press, 1951.

《共立新報》, 《그리스도신문》, 《大韓每日申報》, 《대한매일신보》, 《대한크리스도인회보》, 《뎨국신문》, 《독립신문》, 《萬歲報》, 《매일신문》, 《新韓民報》, 《帝國新聞》, 《朝鮮日報》, 《漢城旬報》, 《漢城日報》, 《협성회회보》, 《皇城新聞》, 《서울신문》.
The Korea Daily News, *The New York Times*, *The New York Tribune*, *The Independent*, *The Korea Field*, *Korea Mission Field*, *The Korea Review*.

김승태·박혜진 엮음, 《내한선교사총람(1884~1984)》, 한국기독교역사연구소, 1994.
金允植, 《續陰晴史(下)》, 國史編纂委員會, 1960.
도산안창호선생전집편찬위원회 편, 《島山安昌浩全集(1)》, 島山安昌浩先生紀念事業會, 2000.
______, 《島山安昌浩全集(2)》, 2000.
______, 《島山安昌浩全集(3)》, 2000.
______, 《島山安昌浩全集(11)》, 2000.
《閔忠正公遺稿》, 國史編纂委員會, 1959.
백암박은식선생전집편찬위원회 편, 《白巖朴殷植全集(1)》, 동방미디어, 2002.
朴殷植 著, 李章熙 譯, 《韓國痛史(下)》, 博英社, 1996.
宋相燾, 《騎驢隨筆》, 國史編纂委員會, 1971.

《侍天教歷史(下)》, 韓國學文獻研究所 編, 《東學思想資料集(3)》, 亞細亞文化社, 1979.

우강양기탁선생전집편찬위원회 편, 《雩崗梁起鐸全集(3) 公判記錄 I》, 동방미디어, 2002.
兪吉濬, 《兪吉濬全書(IV) 政治·經濟篇》, 一潮閣, 1971.
______, 《西遊見聞》, 交詢社, 1895.
尹致昊, 《尹致昊日記(五)》, 國史編纂委員會, 1975.
______, 《尹致昊日記(六)》, 國史編纂委員會, 1971.
鄭喬, 《大韓季年史(下)》, 國史編纂委員會, 1957.
주요한 編著, 《安島山全書》, 三中堂, 1963.
車載明 編, 《朝鮮예수教長老會史記》, 朝鮮基督教彰文社, 1929(영인판, 2000, 한국기독교역사연구소).

개인자료

公報室, 《雩南詩選》, 1959.
徐廷柱, 《李承晩博士傳》, 三八社, 1949.
《獄中圖書貸出名簿》
李承晩 著, 辛鎬烈 譯, 《替役集(乾)》, 東西出版社, 1961.
______, 《替役集(坤)》, 東西出版社, 1961.
雩南李承晩文書編纂委員會 編, 《梨花莊所藏 雩南李承晩文書 東文篇(一) 李承晩著作 1》, 延世大學校 現代韓國學研究所, 1998.
______, 《梨花莊所藏 雩南李承晩文書 東文篇(二) 李承晩著作 2》, 1998.
______, 《梨花莊所藏 雩南李承晩文書 東文篇(十六) 簡札 1》, 1998.
______, 《梨花莊所藏 雩南李承晩文書 東文篇(十七) 簡札 2》, 1998.
______, 《梨花莊所藏 雩南李承晩文書 東文篇(十八) 簡札 3》, 1998.
리승만, "옥중전도", 《신학월보》 1903년 5월호.
______, "예수교가 대한 장래의 기초", 《신학월보》 1903년 8월호.
______, "두 가지 편벽됨", 《신학월보》 1903년 9월호.
______, "교회경략", 《신학월보》 1903년 11월호.
______, "대한 교우들의 힘쓸 일", 《신학월보》 1904년 8월호.

______, “상동청년회의 학교를 설시함”, 《신학월보》 1904년 11월호.
______, “독립정신 중간에 붙이는 말씀”, 《독립정신》, 正東出版社, 1993.
“청년이승만자서전”, 이정식 지음, 권기붕 옮김, 《초대대통령 이승만의 청년시절》, 동아일보사, 2002.
申興雨, “李承晩を語る”, 《思想彙報》 제 16호, 高等法院檢事局思想部, 1938년 9월.
“人間李承晩百年(43)~(56)”, 《한국일보》 1975년 5월16일~6월5일.
曺惠子, “人間李承晩의 새傳記(5)”, 《女性中央》 1985년 5월.
“Autobiography of Dr. Syngman Rhee”, George A. Fitch Papers, Yen-ching Institute, Harvard University.
Syngman Rhee, *Log Book of S.R.*, 1904.
Robert T. Oliver, *Syngman Rhee — The Man Behind the Myth*, Dodd Mead And Company, 1960.

金 九, 《金九自敍傳 白凡逸志》, 國土院, 1947.
______, 《金九自敍傳 白凡逸志》(親筆影印版), 集文堂, 1994.
______, 《백범학술원 총서① 金九自敍傳 白凡逸志》, 나남출판, 2002.
______, 《백범학술원 총서② 백범김구(金九)자서전 백범일지(白凡逸志)》, 나남출판, 2002.
도진순 주해, 《김구자서전 백범일지》, 돌베개, 1997.
윤병석 직해, 《직해 김구자서전 백범일지》, 집문당, 1995.
이병갑-김학민 주해, 《정본 백범일지》, 학민사, 1997.
白凡金九先生全集編纂委員會 編, 《白凡金九全集(3)》, 대한매일신보사, 1999.
白凡金九先生紀念事業協會 白凡傳記編纂委員會, 《白凡 金九 — 생애와 사상》, 教文社, 1982.
“民族의 큰 스승 白凡 金九 (56)~(57)”, 《문화일보》, 1996년 3월12일~3월19일.
박치정, “白凡 金九가 은거했던 마을”, 《月刊 藝鄕》, 1986년 3월호.

■■■ 문집, 지방지, 전기, 회고록, 여행기 등

高錫魯, 《後凋先生文集》, 景仁文化社, 1993.

柳麟錫, 《毅菴集》, 景仁文化社, 1973.

______, 《昭義新編》, 國史編纂委員會, 1975.

곽림대, 《안도산》, 윤병석-윤경로 엮음, 《안창호 일대기》, 역민사, 1995.

金元容, 《在美韓人五十年史》, Reedley, Calif., 1959.

金昌淑, "自敍傳(上)", 心山思想硏究會 編, 《金昌淑》, 한길사, 1981.

金鉉九, 《儉隱遺傳》(자필 원고본), 하와이대학교 한국학연구소 소장.

白南薰, 《나의 一生》, 解慍白南薰先生紀念事業會, 1968.

寺刹文化硏究院, 《전통사찰총서(12) 대전-충남의 전통사찰 I》, 1999.

宋吉燮, 《尙洞敎會百年史》, 上洞敎會, 1988.

宋容縡 編, 《洪州義兵實錄》, 洪州義兵遺族會, 1896.

신용하 엮음, 《안중근 유고집》, 역민사, 1995.

올리버 R. 에비슨 지음, 황용수 역, 《구한말 40여년의 풍경》, 대구대학교 출판부, 1984.

柳子厚, 《李儁先生傳》, 東邦文化社, 1947.

尹孝定, 《韓末秘史—最近六十年의 秘錄》, 鷲山書林, 1946.

李敬南, 《抱宇 金鴻亮傳》, 알파, 2000.

이만열 편, 《아펜젤러 — 한국에 온 첫 선교사》, 연세대학교 출판부, 1985

李恩淑, 《民族運動家 아내의 手記 — 西間島始終記》, 正音社, 1975,

張志淵, "海港日記", 《張志淵全書(八)》, 檀國大學校 東洋學硏究所, 1986.

전택부, 《人間 申興雨》, 基督教書會, 1971.

정정화, 《녹두꽃》, 未完, 1987.

崔明植, 《安岳事件과 3·1運動과 나 —兢虛崔明植先生略傳과 自敍》(타자본), 兢虛傳記編纂委員會, 1970.

최태영, 《인간단군을 찾아서》, 학고재, 2000.

韓國敎會史硏究所 編, 《黃海道天主敎會史》, 黃海道天主敎會史刊行事業會, 1984.

玄 楯, 《布哇遊覽記》, 玄公廉, 1909.

黃 根, 《參政大臣 江石韓圭卨先生傳記》, 韓國資料文化硏究所, 1971.

기독교대백과사전 편찬위원회 편, 《基督敎大百科事典》, 기독교문사, 1980.

信川郡誌編纂委員會, 《信川郡誌》, 1984.
安岳郡民會, 《安岳郡誌》, 1976.
殷栗郡民會, 《殷栗郡誌》, 1975.
黃海道誌編纂委員會, 《黃海道誌》, 1982.
洪原郡誌編纂委員會, 《洪原郡誌》, 1973.

小島義郎, 《英語辭書物語(下)》, ELEC, 1989.
《日本キリスト教歷史事典》, 教文館, 1988.

方信榮, "나의 갈 길을 가르쳐 주신 崔光玉선생", 《崔光玉略傳과 遺著問題》, 東亞出版社, 1977.
"朝鮮新教育側面史 — 培材校五十年座談會", 《朝鮮日報》 1934년 12월4일자.
"金亨燮大佐 回顧錄", 市川正明 編, 《日韓外交史料(10)》, 原書房, 1981.
Bishop, Isabella L. Bird, *Korea and Her Neighbours*, vol. II, John Murray, 1898.
Story, Douglas, *Tomorrow in the East*, Chapman & Hall, Ltd., 1907.
McKenzie, F. A., *The Tragedy of Korea*, E. P. Dutton Co., 1908.
______, *Korea's Fight for Freedom*, 1920, AMS Press, rep. 1970.

2. 연구논저

■■■ 단행본

김기정, 《미국의 동아시아개입의 역사적 원형과 20세기 초 한미관계연구》, 문학과지성사, 2003.
金炳華, 《近代韓國裁判史》, 韓國司法行政學會, 1974.
______, 《續 近代韓國裁判史》, 1976.
閔庚培, 《韓國民族敎會形成史論》, 延世大學校 出版部, 1974.
朴敏泳, 《大韓帝國期義兵硏究》, 한울, 1998.
박민영 외, 《노백린의 생애와 독립운동》, 독립기념관 한국독립운동사연구소, 2003.

方善柱, 《在美韓人의 獨立運動》, 翰林大學校 아시아文化硏究所, 1989.
서영희, 《대한제국정치사연구》, 서울대학교 출판부, 2005.
서정민, 《교회와 민족을 사랑한 사람들》, 기독교문사, 1990.
愼鏞廈, 《獨立協會硏究》, 一潮閣, 1976.
安龍植 編, 《大韓帝國官僚史硏究 1895. 4~1896. 7》, 延世大學校 社會科學硏究所, 1996.
______, 《大韓帝國官僚史硏究(Ⅰ) 1896. 8.1~1901. 7.31》, 1994.
______, 《大韓帝國官僚史硏究(Ⅱ) 1901. 8.1~1904. 2.29》, 1995.
______, 《大韓帝國官僚史硏究(Ⅲ) 1904. 3~1907. 7》, 1995.
______, 《大韓帝國官僚史硏究(Ⅳ) 1907. 8~1910. 8》, 1996.
H. G. 언더우드 저, 李光麟 역, 《韓國改新敎受容史》, 一潮閣, 1989.
유영익, 《이승만의 삶과 꿈 — 대통령이 되기까지》, 중앙일보사, 1996.
______, 《젊은 날의 이승만 — 한성감옥생활(1899~1904)과 옥중잡기 연구》, 연세대학교 출판부, 2002.
유동식, 《한국감리교회의 역사Ⅰ》, 기독교대한감리회, 1994.
윤경로, 《한국근대사의 기독교사적 이해》, 역민사, 1992.
尹炳奭, 《國外韓人社會와 民族運動》, 一潮閣, 1990.
______, 《增補 李相卨傳》, 一潮閣, 1998.
李光麟, 《韓國開化思想硏究》, 一潮閣, 1979.
______, 《韓國開化史의 諸問題》, 一潮閣, 1986.
______, 《開化派와 開化思想硏究》, 一潮閣, 1991.
______, 《올리버 알 에비슨의 생애》, 연세대학교 출판부, 1992.
李能和, 《朝鮮基督敎及外交史(下編)》(影印版), 新韓書林, 1968.
이덕희, 《하와이이민 100년 — 그들은 어떻게 살았나?》, 중앙M&A, 2003.
이만열, 《한국기독교와 민족의식 — 한국기독교사연구논고》, 지식산업사, 1991.
李庭植, 《金奎植의 生涯》, 新丘文化社, 1979.
이정식 지음, 권기붕 옮김, 《초대대통령 이승만의 청년시절》, 동아일보사, 2002.
李庭植, 《구한말의 개혁-독립투사 서재필》, 서울대학교 출판부, 2003.
李炫熙, 《桂園盧伯麟將軍硏究》, 新知書院, 2000.
전택부, 《한국기독교청년회운동사》, 범우사, 1994.

정병준, 《우남이승만연구 — 한국 근대국가의 형성과 우파의 길》, 역사비평사, 2005.
鄭晋錫, 《大韓每日申報와 裵說 — 한국문제에 대한 英日外交》, 나남출판, 1987.
정진석, 《歷史와 言論人》, 커뮤니케이션북스, 2001.
趙東杰, 《韓國民族主義의 成立과 獨立運動史硏究》, 지식산업사, 1989.
崔起榮, 《大韓帝國期新聞硏究》, 一潮閣, 1991.
최기영, 《한국 근대 계몽사상 연구》, 일조각, 2003.
한국기독교역사연구소, 《한국기독교의 역사 I》, 기독교문사, 1989.

中橋政吉, 《朝鮮舊時の刑政》, 治刑協會, 1936.
劉香織, 《斷髮 — 近代東アジアの文化衝突》, 朝日新聞社, 1990.
長田彰文, 《セオドア・ルーズベルトと韓國 — 韓國保護國化と米國》, 未來社, 1992.
田保橋潔, 《朝鮮統治史論稿》, 成進文化社, 1972.

Harrington, F. H., God, *Mamon and Japanese — Dr. Horace N. Allen and Korean-American Relations, 1884~1905*, The University of Wisconsin Press, 1961.
MacKenzie, Robert, *The Nineteenth Century — A History*, 1880, London Nelson.
Paik, L. George, *The History of Protestant Mission in Korea, 1832~1910*, Union Christian College Press, 1929.
Schmid, Andre, *Korea Between Empires 1895~1919*, Columbia University Press, 2002.

■■■ 논 문

高珽烋, "開化期 李承晩의 思想形成과 活動(1875~1904)", 《歷史學報》 제109집, 歷史學會, 1986.
權九熏, "日帝 韓國駐箚憲兵隊의 憲兵補助員硏究 — 1908~1910", 《史學硏究》 제55-56합집, 韓國史學會, 1998.
金甲周, "朝鮮後期 僧侶의 私有田畓", 《東國史學》 15-16합집, 東國史學會,

1981.
김기석, "光武帝의 주권수호외교, 1905~1907 — 乙巳勒約 무효선언을 중심으로", 이태진 편저, 《일본의 대한제국 강점》, 까치, 1995,
金祥起, "항일의병전쟁", 《한국사 (43) 국권회복운동》, 국사편찬위원회, 1999.
金祥起-蔡永國, "南滿洲에서의 韓國獨立運動", 한국독립유공자협회 엮음, 《中國東北地域 韓國獨立運動史》, 集文堂, 1997.
金英姬, "大韓帝國期의 蠶業振興政策과 民營蠶業", 《大韓帝國硏究(Ⅴ)》, 梨花女子大學校 韓國文化硏究院, 1986.
金春善, "'北間島'地域 韓人社會의 形成硏究", 國民大學校 博士學位論文, 1998.
金賢淑, "近代西洋人顧問官硏究, 1882~1904", 梨花女子大學校 博士學位論文, 1998.
金炯睦, "韓末 海西地方夜學運動의 實態와 運營主體", 《白山學報》 제 61호, 白山學會, 2001.
金興洙, "교육구국운동의 추진", 《한국사 (45) 신문화운동 I》, 국사편찬위원회, 2000.
都冕會, "1894~1905年間 刑事裁判制度硏究", 서울大學校 博士學位論文, 1998.
文 龍, "韓國英語敎育史(1883~1945)", 《省谷論叢》 제 7집, 省谷學術文化財團, 1976,
朴敏泳, "毅菴 柳麟錫의 衛正斥邪運動", 한국민족운동사연구회 편, 《義兵戰爭硏究(上)》, 지식산업사, 1990.
박정규, "대한매일신보의 참여인물과 언론사상", 《대한매일신보창간 100주년 기념학술회의》, 한국언론학회, 2004.
潘炳律, "露領沿海州 한인사회와 한인민족운동(1905~1911)", 《한국근현대사연구》 제 7집, 한울, 1997.
邊勝雄, "韓末 私立學校設立動向과 愛國啓蒙運動", 《國史館論叢》 제 18집, 國史編纂委員會, 1990.
서정민, "구한말 이승만의 활동과 기독교(1875~1904)", 延世大學校 碩士學位論文, 1987.
愼鏞廈, "舊韓末 韓國民族主義와 社會進化論", 《人文科學硏究》 제 1집, 同德女子大學校 人文科學硏究院, 1995.

梁潤模, "김구의 『백범일지』와 민족주의사상 연구", 仁荷大學校 博士學位論文, 2001.

오동춘, "전덕기 목사의 국어정신과 나라사랑", 《나라사랑 — 전덕기선생 특집호》 제 97집, 1998.

옥성득, "백범 김구의 개종과 초기 전도활동", 《한국기독교역사연구소소식》 제 47호, 2001.

柳美希, "근대예술의 발전: 무용", 《한국사 (45) 신문화운동 I》, 국사편찬위원회, 2000.

柳漢喆, "韓末 '私立學校令' 이후 日帝의 私學彈壓과 그 특징", 《한국독립운동사연구》 제 2집, 독립기념관 한국독립운동사연구소, 1988.

______, "1896~1900년간 柳麟錫의 西行, 渡滿과 그 性格", 《許善道先生停年紀念韓國史學論叢》, 一潮閣, 1992.

______, "柳麟錫의 義兵根據地論", 《한국독립운동사연구》 8, 독립기념관 한국독립운동사연구소, 1994.

______, "1906년 光武皇帝의 私學設立詔勅과 文明學校設立事例", 《于松 趙東杰先生停年紀念論叢(II) 韓國民族運動史硏究》, 나남출판, 1997.

尹炳奭, "日本人의 荒蕪地開拓權要求에 대하여", 歷史學會 編, 《韓國史論文選集(VI)》, 一潮閣, 1976.

尹炳喜, "第2次日本亡命時節 朴泳孝의 쿠데타陰謀事件", 《李基白先生古稀紀念韓國史學論叢(下)》, 一潮閣, 1994.

이광린, "평양과 기독교", 《한국기독교와 역사》 제 10호, 한국기독교역사연구소, 1999.

이덕주, "한말 기독교인들의 선유활동에 관한 연구", 《한국기독교와 역사》 제 10호, 한국기독교역사연구소, 1999.

이덕희, "하와이 한인들이 하와이 감리교회에 끼친 영향: 1903~1952", 《한국사론 39: 미주지역 한인이민사》, 국사편찬위원회, 2003.

李明花, "1910년대 재러한인사회와 大韓人國民會의 민족운동", 《한국독립운동사연구》 제 11집, 독립기념관 한국독립운동사연구소, 1997,

李松姬, "韓末愛國啓蒙思想과 社會進化論", 《釜山女大史學》 제 1집, 釜山女子大學史學會, 1984.

任善和, "선교사의 독립협회와 대한제국인식 — 언더우드와 아펜젤러를 중심으로", 《全南史學》 제 14집, 全南史學會, 2001.

鄭求福, "東國史略에 대한 史學史的 考察", 《歷史學報》 제 68집, 歷史學會, 1975.

鄭求先, "甲午改革期 官吏任用制度改革에 관한 一考察 — 科擧制度廢址 및 薦擧制受容을 중심으로", 《慶州史學》 제 12집, 慶州史學會, 1993.

정은경, "황해도-강원도지역의 농민전쟁", 《1894년 농민전쟁 연구(4)》, 역사비평사, 1995.

鄭濟愚, "韓末 黃海道地域義兵의 抗戰", 《한국독립운동사연구》 제 7집, 독립기념관 한국독립운동사연구소, 1993.

_____, "沿海州 李範允義兵", 《한국독립운동사연구》 제 11집, 독립기념관 한국독립운동사연구소, 1997.

鄭晋錫, "대한제국 최초의 '신문지조례' 제정과 그 내용", 제 7회 韋庵張志淵 기념 학술세미나, 2001.

조동걸, "백범 김구의 청소년기 생활과 의병운동", 《백범과 민족운동연구》 제 1집, 백범학술원, 2003.

조이제, "한국 엡윗청년회의 창립경위와 초기활동", 《한국기독교와 역사》 제 8호, 한국기독교역사연구소, 1998.

趙顯旭, "安岳地方에서의 愛國啓蒙運動 — 安岳勉學會와 西北學會 활동을 중심으로", 《한국민족운동사연구》 28, 한국민족운동사학회, 2001.

崔永浩, "韓國人의 初期 하와이 移民", 《全海宗博士華甲紀念史學論叢》, 一潮閣, 1979.

崔昌熙, "韓國人의 하와이 移民", 《國史館論叢》 제 9집, 國史編纂委員會, 1989.

河智姸, "타운센드상회(Townsend & Co.)연구", 《한국근현대사연구》 제 4집, 한울, 1996.

韓圭茂, "尙洞青年會에 대한 연구, 1897~1914", 《歷史學報》 제 126집, 歷史學會, 1990.

_____, "초기 한국장로교회의 결혼문제인식(1890~1940)", 《한국기독교와 역사》 제 10호, 한국기독교역사연구소, 1999.

許善道, "三·一運動과 儒教界", 《三·一運動50周年紀念論集》, 東亞日報社, 1969.

廣瀨貞三, "李容翊の政治活動(1904~07年) — その外交活動を中心に", 朝鮮史研究會, 《朝鮮史研究會論文集》 第 25集, 綠陰書房, 1988.

金明培, "韓國の英語辭典", 《英語教育》 1981년12월호, 大修館.
須川英德, "朝鮮開港後1880年代における生絲輸出の試みについて— 內衙門布示と蠶桑公司", 《朝鮮史研究會論文集》 第26集, 綠蔭書房, 1989.
劉孝鐘, "ハ-グ密使事件と韓國軍解散, 《三千里》 49호, 1987년 2월.

찾아보기(사항)

ㄴ · ㄷ

ㄹ · ㅁ

ㅇ

ㅈ

찾아보기(인명)

ㄴ · ㄷ

ㄹ · ㅁ

ㅂ

ㅇ

ㅈ